"十二五"普通高等教育本科国家级规划教材

# 市场营销学

张梦霞 编著

北京邮电大学出版社
www.buptpress.com

## 内容简介

《市场营销学》是"十二五"普通高等教育本科国家级规划教材、北京高等教育精品教材。本教材以我国高等教育市场营销学本科教学大纲为基础,教材编写突出市场营销学系统性、科学性、前瞻性和应用性等特点,教材内容充实且简明。在本教材中,每章都设有"本章学习要点""本章小结""关键名词""思考题"以及与市场营销学中的重点和难点问题相匹配的小案例和综合性案例,书中还设计了大量高度凝练的知识点图表。按照市场营销学的理论体系特点,本教材分为五篇共14章,内容和难度与我国高等院校市场营销学本科教学大纲一致。

### 图书在版编目(CIP)数据

市场营销学 / 张梦霞编著. -- 北京:北京邮电大学出版社,2019.1
ISBN 978-7-5635-5404-1

Ⅰ.①市… Ⅱ.①张… Ⅲ.①市场营销学—教材 Ⅳ.①F713.50

中国版本图书馆 CIP 数据核字(2018)第 044217 号

---

| | |
|---|---|
| 书　　名：| 市场营销学 |
| 编 著 者：| 张梦霞 |
| 责任编辑：| 马晓仟 |
| 出版发行：| 北京邮电大学出版社 |
| 社　　址：| 北京市海淀区西土城路 10 号(邮编:100876) |
| 发 行 部：| 电话:010-62282185　传真:010-62283578 |
| E-mail：| publish@bupt.edu.cn |
| 经　　销：| 各地新华书店 |
| 印　　刷：| 北京鑫丰华彩印有限公司 |
| 开　　本：| 787 mm×1 092 mm　1/16 |
| 印　　张：| 19 |
| 字　　数：| 499 千字 |
| 版　　次：| 2019 年 1 月第 1 版　2019 年 1 月第 1 次印刷 |

ISBN 978-7-5635-5404-1　　　　　　　　　　　　定　价:45.00 元

・如有印装质量问题,请与北京邮电大学出版社发行部联系・

# 前　言

《市场营销学》是"十二五"普通高等教育本科国家级规划教材和北京高等教育精品教材。

本教材基于经典的市场营销学理论体系、逻辑和内容，涵盖了市场营销学的基本原理、理论和方法，充分吸收和借鉴了国内外学术界的主流理论，以案例的形式分享来自企业营销管理实践中的真知灼见，反映了市场营销学的发展动态和新趋势。本教材不杜撰、不添加非主流的概念和思潮，坚持市场营销学理论的科学性、准确性、规范性和应用性。

本教材的编写以我国高等教育市场营销学本科教学大纲为基础，同时参考了专升本或本升硕类国家统考大纲，以涵盖知识考点。全书按照市场营销学理论体系将内容分为五篇共14章，教材的内容和难度与高校市场营销学课程本科教学大纲匹配。基于编著者多年从事市场营销学教学实践和教学管理的经验和体会，为了方便教师备课，同时帮助读者学习和巩固所学知识，在本教材中，每章都设有"本章学习要点""本章小结""关键名词""思考题"和综合性案例，书中还设计了大量的高度凝练的知识点图表，并配备了PPT教学辅助资料。

本教材有三个突出特点。第一，教材分为五篇，能够更好地体现市场营销学理论的架构和逻辑。第二，编著者严格遵循教材编写的基本原则，教材内容充实且简明，避免大量教辅内容在教材中喧宾夺主。第三，按照高等教育对教学中案例教学的要求，编著者在每章都穿插了鲜活、有特色、具典型意义的小案例和综合性案例，这些案例反映现代市场营销学理论和企业市场营销管理实践的变化和发展。每个案例均与相关章节的市场营销学理论匹配，以发挥案例在教学中帮助学生巩固理论知识和学以致用的作用，这是本教材的独特之处。

总之，本教材的宗旨是为读者打下坚实的市场营销理论基础，同时兼顾该学科的应用性特点，使读者能够在学习理论的同时联系企业营销管理实践，达到既丰富理论知识又提高实践能力和综合素质的目的。

本教材的读者是普通高等学校的本科生、MBA学生和在职研究生等，也可以是市场营销经理、从事市场营销管理和实践的专业人士。本教材由对外经济贸易大学张梦霞教授编著。对本书做出重要贡献的有：首都经济贸易大学的刘建梅副教授（第七章），王振江副教授（第十四章），博士研究生齐永智（兼山西财经大学副教授，第三、十、十二章）、周洋凯（第五、十三章）。特别感谢首都经济贸易大学硕士研究生丘伟辰、徐培培、桑晓月和对外经济贸易大学硕士研究生贺敏颖、董琼峰在资料和案例的收集、查新、整理中做出的重要贡献。

由于编著者水平有限,在教材编写过程中的疏漏和不当之处在所难免,敬请读者批评指正。本教材编著者希望通过该教材的出版,能够为我国高等教育中市场营销学课程的教材建设尽绵薄之力。

张梦霞

# 目　录

## 第一篇　市场营销和营销管理过程

### 第一章　导论 ……………………………………………………………………… 3

#### 第一节　市场营销学概述 …………………………………………………… 3
　　一、界定市场营销 ………………………………………………………… 3
　　二、市场营销学核心概念 ………………………………………………… 4
#### 第二节　市场营销观念的产生与演进 ……………………………………… 6
　　一、生产观念 ……………………………………………………………… 6
　　二、产品观念 ……………………………………………………………… 7
　　三、推销观念 ……………………………………………………………… 8
　　四、市场营销观念 ………………………………………………………… 8
　　五、社会市场营销观念 …………………………………………………… 9
　　六、市场营销理论新发展 ………………………………………………… 9
#### 第三节　市场营销学研究方法 ……………………………………………… 10
　　一、传统市场营销的研究方法 …………………………………………… 11
　　二、现代市场营销的研究方法 …………………………………………… 11
#### 第四节　市场营销的重要性 ………………………………………………… 12
　　一、市场营销对社会经济发展的作用 …………………………………… 12
　　二、市场营销对企业发展的重要性 ……………………………………… 13
本章小结 ………………………………………………………………………… 14
关键名词 ………………………………………………………………………… 14
思考题 …………………………………………………………………………… 15

### 第二章　企业战略规划与市场营销管理过程 ……………………………… 16

#### 第一节　企业战略规划 ……………………………………………………… 16
　　一、企业战略的界定与特征 ……………………………………………… 16
　　二、企业战略规划的基本过程与步骤 …………………………………… 18
　　三、企业愿景、使命、任务、目标与价值观 …………………………… 18

  四、战略业务单位及其战略选择 ………………………………………… 20
  五、波特五力模型和价值链理论 ………………………………………… 24
  六、战略业务单位发展战略 ……………………………………………… 26
 第二节 市场营销管理过程 …………………………………………………… 28
  一、市场营销战略与企业战略的区别 …………………………………… 28
  二、市场营销管理的基本过程 …………………………………………… 29
本章小结 ………………………………………………………………………… 31
关键名词 ………………………………………………………………………… 31
思考题 …………………………………………………………………………… 31

# 第二篇 市场营销环境和市场

## 第三章 市场营销环境 …………………………………………………… 35

 第一节 市场营销环境概述 …………………………………………………… 35
  一、市场营销环境 ………………………………………………………… 35
  二、市场营销环境的特点及其与市场营销活动的关系 ……………… 36
 第二节 市场营销宏观环境 …………………………………………………… 37
  一、概述 …………………………………………………………………… 37
  二、人口环境 ……………………………………………………………… 38
  三、自然地理环境 ………………………………………………………… 40
  四、社会文化环境 ………………………………………………………… 40
  五、经济环境 ……………………………………………………………… 42
  六、科学技术环境 ………………………………………………………… 44
  七、政治法律环境 ………………………………………………………… 45
 第三节 市场营销微观环境 …………………………………………………… 47
  一、市场营销微观环境概述 ……………………………………………… 47
  二、企业 …………………………………………………………………… 48
  三、市场营销渠道企业 …………………………………………………… 48
  四、顾客 …………………………………………………………………… 49
  五、竞争者 ………………………………………………………………… 51
  六、公众 …………………………………………………………………… 51
 第四节 SWOT 分析 …………………………………………………………… 53
  一、优势和劣势分析 ……………………………………………………… 53
  二、机会和威胁分析 ……………………………………………………… 53
  三、SWOT 分析的执行步骤 ……………………………………………… 53

四、SWOT分析的局限性 ·················· 56
　本章小结 ·································· 56
　关键名词 ·································· 57
　思考题 ···································· 57

## 第四章　消费者市场与购买行为 ············ 58

　第一节　消费者市场 ························ 58
　　一、消费者市场的概念 ···················· 58
　　二、消费者市场的特点 ···················· 58
　第二节　消费者购买行为模式 ················ 59
　　一、消费者行为的概念 ···················· 59
　　二、消费者行为模型 ······················ 60
　第三节　影响消费者行为的购买者因素 ········ 61
　　一、文化因素 ···························· 62
　　二、社会因素 ···························· 65
　　三、个人因素 ···························· 66
　　四、心理因素 ···························· 67
　第四节　消费者购买决策过程 ················ 72
　　一、与购买相关的角色 ···················· 72
　　二、消费者购买行为的分类 ················ 72
　　三、消费者购买决策过程 ·················· 73
　本章小结 ·································· 78
　关键名词 ·································· 78
　思考题 ···································· 78

## 第五章　组织市场与购买行为 ················ 79

　第一节　组织市场概述 ······················ 79
　　一、组织市场的概念 ······················ 79
　　二、组织市场的分类 ······················ 79
　　三、组织市场的特点 ······················ 80
　第二节　组织市场购买决策 ·················· 82
　　一、组织市场的购买决策者 ················ 82
　　二、组织购买行为的主要分类 ·············· 82
　　三、影响组织购买决策的主要因素 ·········· 83
　　四、组织购买决策过程 ···················· 85
　　五、组织购买产品的种类 ·················· 87

### 第三节 政府采购 ·················································· 89
#### 一、政府采购的概念 ············································ 89
#### 二、政府采购的特点 ············································ 89
### 本章小结 ···························································· 91
### 关键名词 ···························································· 92
### 思考题 ······························································ 92

# 第三篇 市场营销战略

## 第六章 市场竞争战略 ················································ 95
### 第一节 识别竞争者 ················································ 95
#### 一、识别竞争者 ················································ 96
#### 二、了解竞争者的战略选择 ···································· 96
#### 三、确定竞争者的战略目标 ···································· 97
#### 四、评估竞争者的优劣势及能力 ······························ 97
#### 五、判断竞争者的反应模式 ···································· 97
#### 六、确定直接的竞争者 ········································ 98
### 第二节 分析竞争者 ················································ 98
#### 一、市场占有率分析 ············································ 98
#### 二、财务管理能力分析 ········································ 99
#### 三、企业管理水平分析 ········································ 99
#### 四、创新能力分析 ············································ 100
#### 五、竞争优势来源分析 ······································ 100
#### 六、行动分析 ·················································· 100
### 第三节 竞争地位的确立与竞争战略 ··························· 101
#### 一、市场领导者战略 ·········································· 101
#### 二、市场挑战者战略 ·········································· 103
#### 三、市场追随者战略 ·········································· 104
#### 四、市场补缺者战略 ·········································· 105
### 本章小结 ·························································· 107
### 关键名词 ·························································· 107
### 思考题 ···························································· 107

## 第七章 目标市场战略 ················································ 108
### 第一节 市场细分 ·················································· 108

一、市场细分的概念 …………………………………………………………… 108
　　二、有效细分市场的标准 ……………………………………………………… 109
　　三、消费者市场细分的依据 …………………………………………………… 110
　　四、组织市场细分的依据 ……………………………………………………… 113
　　五、细分市场的评估 …………………………………………………………… 115
　第二节　目标市场选择 …………………………………………………………… 115
　　一、目标市场覆盖模式 ………………………………………………………… 115
　　二、目标市场营销战略 ………………………………………………………… 117
　　三、目标市场营销战略选择的影响因素 ……………………………………… 119
　第三节　市场定位 ………………………………………………………………… 120
　　一、市场定位的概念 …………………………………………………………… 120
　　二、市场定位的步骤 …………………………………………………………… 121
　　三、市场定位的影响因素 ……………………………………………………… 122
　　四、市场定位战略 ……………………………………………………………… 122
本章小结 ……………………………………………………………………………… 124
关键名词 ……………………………………………………………………………… 124
思考题 ………………………………………………………………………………… 125

# 第四篇　市场营销策略

## 第八章　产品、服务和品牌策略 ……………………………………………… 129

　第一节　整体产品 ………………………………………………………………… 129
　　一、产品的概念 ………………………………………………………………… 129
　　二、整体产品的概念 …………………………………………………………… 130
　　三、产品分类 …………………………………………………………………… 130
　　四、产品组合的概念 …………………………………………………………… 131
　　五、产品组合策略 ……………………………………………………………… 133
　第二节　包装 ……………………………………………………………………… 133
　　一、包装的作用 ………………………………………………………………… 134
　　二、包装策略 …………………………………………………………………… 134
　第三节　产品生命周期 …………………………………………………………… 136
　　一、产品生命周期的概念 ……………………………………………………… 136
　　二、产品生命周期各阶段的特点 ……………………………………………… 137
　　三、产品生命周期各阶段的营销策略 ………………………………………… 137
　　四、产品生命周期理论的意义 ………………………………………………… 138

## 第四节 新产品开发过程 ………………………………………… 138
一、新产品的概念及分类 …………………………………………… 138
二、新产品开发战略选择 …………………………………………… 139
三、新产品的开发过程 ……………………………………………… 139
四、新产品的采用和扩散 …………………………………………… 141

## 第五节 服务 ……………………………………………………… 142
一、服务与服务营销的概念和特点 ………………………………… 142
二、服务的消费者行为特征 ………………………………………… 143
三、服务营销策略 …………………………………………………… 143
四、服务质量管理 …………………………………………………… 144

## 第六节 品牌 ……………………………………………………… 146
一、品牌与商标的概念 ……………………………………………… 146
二、品牌的内涵 ……………………………………………………… 146
三、品牌策略 ………………………………………………………… 147
四、品牌的作用 ……………………………………………………… 147

**本章小结** …………………………………………………………… 149
**关键名词** …………………………………………………………… 149
**思考题** ……………………………………………………………… 149

# 第九章 定价策略 ……………………………………………… 150

## 第一节 企业定价的依据 ………………………………………… 151
一、企业定价目标 …………………………………………………… 151
二、影响企业定价的主要因素 ……………………………………… 153

## 第二节 制定价格的方法 ………………………………………… 155
一、成本导向定价法 ………………………………………………… 155
二、需求导向定价法 ………………………………………………… 155
三、竞争导向定价法 ………………………………………………… 155

## 第三节 常用定价策略 …………………………………………… 156
一、新产品定价策略 ………………………………………………… 156
二、折扣和折让定价策略 …………………………………………… 157
三、地区性定价策略 ………………………………………………… 157
四、心理定价策略 …………………………………………………… 158
五、产品组合定价策略 ……………………………………………… 159

**本章小结** …………………………………………………………… 160
**关键名词** …………………………………………………………… 161
**思考题** ……………………………………………………………… 161

## 第十章 分销策略 ... 162

### 第一节 分销渠道的概念与分类 ... 162
- 一、分销渠道的概念和功能 ... 162
- 二、分销渠道的分类和结构 ... 164
- 三、分销渠道系统 ... 166
- 四、分销渠道政策 ... 169
- 五、分销渠道发展态势 ... 170

### 第二节 分销渠道中间商 ... 171
- 一、中间商的作用 ... 171
- 二、中间商的分类 ... 172

### 第三节 分销渠道设计 ... 178
- 一、分销渠道设计的影响因素 ... 178
- 二、分销渠道设计步骤 ... 179

### 第四节 分销渠道管理 ... 182
- 一、选择渠道成员 ... 183
- 二、激励渠道成员 ... 184
- 三、评估渠道成员 ... 184
- 四、调控分销渠道 ... 184

### 第五节 物流管理 ... 185
- 一、物流管理的概念 ... 185
- 二、物流管理的内容 ... 185
- 三、物流规划与管理 ... 186

本章小结 ... 189
关键名词 ... 189
思考题 ... 190

## 第十一章 促销策略 ... 191

### 第一节 促销组合 ... 191
- 一、促销组合的概念 ... 191
- 二、沟通传播 ... 191
- 三、促销组合策略 ... 194

### 第二节 广告策略 ... 196
- 一、广告的概念 ... 196
- 二、广告的分类及广告媒体 ... 196
- 三、广告的开发和管理 ... 198

  四、广告效果评估 ································································· 200
 第三节 人员推销策略 ····················································· 201
  一、人员推销的概念 ································································· 201
  二、人员推销的结构及程序 ····················································· 202
  三、人员推销管理 ····································································· 203
 第四节 销售促进策略 ····················································· 204
  一、销售促进的概念 ································································· 204
  二、销售促进的形式 ································································· 205
  三、销售促进决策 ····································································· 206
 第五节 公共关系策略 ····················································· 208
  一、公共关系的概念 ································································· 208
  二、公共关系的功能与形式 ····················································· 208
  三、公共关系管理 ····································································· 209
本章小结 ························································································ 212
关键名词 ························································································ 212
思考题 ···························································································· 212

# 第五篇 市场营销计划与跨越式发展

## 第十二章 市场营销计划与管理 ········································· 215

 第一节 市场营销计划 ····················································· 215
  一、市场营销计划的概念 ························································· 215
  二、市场营销计划的作用 ························································· 215
  三、市场营销计划的步骤与内容 ············································· 216
  四、市场营销计划中的常见问题 ············································· 219
 第二节 市场营销组织 ····················································· 220
  一、市场营销组织的概念与目标 ············································· 220
  二、市场营销组织的演化 ························································· 221
  三、市场营销组织的分类 ························································· 222
  四、影响市场营销组织设置的因素 ········································· 224
 第三节 市场营销执行 ····················································· 225
  一、市场营销执行的概念 ························································· 225
  二、市场营销执行的过程 ························································· 225
 第四节 市场营销控制 ····················································· 226
  一、市场营销控制的概念 ························································· 226

二、市场营销控制的步骤 ································· 226
　　三、市场营销控制的内容 ································· 227
本章小结 ························································· 233
关键名词 ························································· 233
思考题 ···························································· 233

## 第十三章　国际市场营销 ····································· 234

第一节　国际市场营销概述 ································· 234
　　一、国际市场营销的概念 ································· 234
　　二、国际市场营销的特征 ································· 234
　　三、国际市场营销的重要性 ······························ 235

第二节　国际市场营销环境分析 ·························· 236
　　一、国际经济环境 ········································· 236
　　二、国际政治环境 ········································· 238
　　三、国际法律环境 ········································· 239
　　四、国际社会文化环境 ··································· 239

第三节　国际目标市场营销战略 ·························· 241
　　一、国际市场细分 ········································· 241
　　二、国际目标市场选择 ··································· 242
　　三、国际市场进入方式 ··································· 243

第四节　国际市场营销组合策略 ·························· 246
　　一、国际市场营销产品策略 ······························ 246
　　二、国际市场营销定价策略 ······························ 248
　　三、国际市场营销渠道策略 ······························ 250
　　四、国际市场营销促销策略 ······························ 252

本章小结 ························································· 255
关键名词 ························································· 255
思考题 ···························································· 255

## 第十四章　网络营销 ············································ 256

第一节　网络营销的概念、特征与内容 ················· 256
　　一、网络营销的概念 ······································ 256
　　二、网络营销的基本特征与主要特点 ·················· 257
　　三、网络营销与电子商务 ································ 259
　　四、网络营销的主要内容 ································ 259

第二节　网络营销与传统营销 ···························· 260

一、网络营销对传统营销环境的影响 …………………………………………… 260
　　二、网络营销对传统营销战略的影响 …………………………………………… 261
　　三、网络营销对传统营销策略的影响 …………………………………………… 262
　第三节　网络营销对消费者购买行为的影响 ……………………………………… 263
　　一、引发消费行为变化的新生因素 ……………………………………………… 263
　　二、对消费者行为的影响 ………………………………………………………… 264
　第四节　网络营销组合策略 ………………………………………………………… 267
　　一、网络营销产品策略 …………………………………………………………… 267
　　二、网络营销定价策略 …………………………………………………………… 269
　　三、网络营销渠道策略 …………………………………………………………… 273
　　四、网络营销促销策略 …………………………………………………………… 276
　　五、网络营销广告 ………………………………………………………………… 281
　第五节　网络营销工具的主要形式 ………………………………………………… 284
　本章小结 ……………………………………………………………………………… 287
　关键名词 ……………………………………………………………………………… 287
　思考题 ………………………………………………………………………………… 287

**参考文献** …………………………………………………………………………… 288

# 第一篇 市场营销和营销管理过程

# 第一章 导论

**本章学习要点**

- 掌握市场营销学核心概念
- 了解市场营销观念的产生和发展过程
- 了解市场营销学研究方法
- 本章小结

　　市场营销学是一门以经济学、行为科学、管理理论、心理学和其他相关学科为基础,研究以满足消费者需求为中心的企业营销活动及其规律性的综合性应用科学。本书将基于新的市场营销环境,系统阐述市场营销学的核心理论和市场营销管理过程以及企业营销管理的特点,包括企业战略规划,市场营销计划,市场营销活动的组织、实施、控制和调整等内容和方法,并通过大量案例启发读者的创新思维,达到掌握理论,善于思辨,学以致用的目的。在导论部分,读者应准确把握市场营销学的核心概念,全面理解市场营销观念的演变过程,正确认识市场营销对企业发展的重要作用。

## 第一节 市场营销学概述

### 一、界定市场营销

　　著名市场营销学家菲利普·科特勒提出,市场营销(Marketing)是指以满足人类的各种需要和欲望为目的,通过市场变潜在交换为现实交换的一系列的活动和过程。

　　根据这一定义,市场营销的概念包含以下三个要点。

　　第一,市场营销的最终目标是"满足他人的需要和欲望"。企业生产和出售某种产品和服务的目的,是使这些产品和服务能够满足他人某些方面的需求和欲望,从而使企业获利。

　　第二,"交换"是市场营销的核心。企业的价值目标是利润,交换的结果是交易双方均能够获得各自的利益或价值。怎样使企业生产和出售的产品和服务满足人们的需求和欲望,并使企业获得利润,从而达到双赢的效果,就是一个交换的过程。

　　第三,交换过程能否顺利进行,取决于营销者创造的产品和价值满足消费者需求的程度和交换过程管理的水平。市场营销学的研究对象是以满足消费者需求为中心的企业营销活动过程及其规律性。

市场营销的界定随着市场环境和企业营销实践的发展而发展。美国市场营销协会(American Marketing Association,AMA)在其早期即1985年做出的市场营销的定义的基础上,于2013年7月提出了最新审核的市场营销定义,即"市场营销,是在创造、沟通、传播和交换产品中,为顾客、客户、合作伙伴以及整个社会带来价值的一系列活动、过程和体系。"该定义一方面将参与市场营销活动的角色从客户和企业扩展到合作伙伴和整个社会等利益相关者的范围,另一方面将市场营销活动的内容从产品拓广到各种相关的事物。借助该定义,可以促进企业在一个更高的层面理解企业的市场营销活动。

## 二、市场营销学核心概念

市场营销学包含很多理论概念,其中核心概念主要有:需要、欲望和需求;产品、服务和体验;效用、价值和满足;交换、交易和关系;市场及市场营销者;市场营销管理。

### 1. 需要、欲望和需求

需要(Needs)是指人们没有得到某些基本满足的感受状态。人们在生活中,需要食品、衣服、住所、安全、爱情等。这些需要均非社会和营销者所创造,它们是人类自身的生理特征和心理、情感特征之使然。

欲望(Wants)是指人们为了满足某种基本需要所期待的特定方式和事物,它反映人的愿望。一个人为了满足食品需要,想到的满足方式可能是简单吃一个汉堡包,也可能是饱餐一顿丰盛豪华的米其林星级法式大餐;一个人为了满足娱乐需要,可能会想要去街心花园散步,也可能会想到搭乘国际航班去法国凡尔赛宫游览。欲望是人们内心一种深层次的需要,不同背景、经历的消费者其欲望不同,个体的欲望水平受内因和外因等综合因素的影响,比如来自不同的职业环境、社团、家庭等的影响。因而,欲望会随着社会环境和经济条件的变化而变化。市场营销者能够影响消费者的欲望,比如通过广告、推销或产品展示等方式刺激消费者。

需求(Demands)是指人们有能力购买并且愿意购买某个具体商品的欲望。当人们具备了相当的购买能力时,欲望便转换成产品或服务的需求。希望拥有一辆豪华私人轿车的人很多,但是只有少数具有支付能力的人能够实现这个愿望,因此,市场营销者不仅要有能力预测期待获得本公司产品的市场规模,还必须掌握有多少人真正愿意并且有能力实现购买。

### 2. 产品、服务和体验

产品(Product)是指任何能够满足消费者某种需要或欲望的事物。产品包括有形产品与无形产品。有形产品是一种实物,如一辆轿车,一杯饮料,等等。当人们购买有形产品时,其不仅仅是为了拥有该产品,也是为了满足需要或欲望,如购买豪华轿车是因为轿车不仅是交通工具,还可以彰显与众不同的身份。有形产品是企业向顾客传送服务的工具,或称之为向顾客提供服务的载体。

服务(Service)是一种无形产品。无形的产品或服务是通过其他载体提供的,这些载体包括人员、场合、活动、组织和观念等,计算机维修、教育培训、管理咨询、金融支持等都属于服务的范畴。随着市场经济的多元化发展,服务越来越多地被用来生产和交易,从1997年开始,服务业在美国国内生产总值中的比重就一直在70%以上,2015年美国服务业占其国内生产总值(GDP)的比例高达79.53%。2017年,我国服务业占全国GDP的比重为51.6%,年增长率达8%。

体验(Experience)是以无形的服务为平台,以有形产品为载体,将服务和产品合理搭配,达到满足消费者的体验需求目的的产品形式。如迪士尼乐园中的各种娱乐项目。

如果制造商对产品的关注超出其对所提供的服务的关注,就会目光短浅,导致"市场营销近视症"。营销人员的任务是传达产品中所包含的带给客户的利益或服务,而不是仅仅局限于对产品本身特质的描述。前者体现出顾客利益导向,后者则是企业盈利导向,有悖于企业市场营销的基本原则,企业最终会付出惨痛的市场代价。

**3. 效用和价值**

效用(Utility)是消费者对产品满足其需要的整体能力的评价,也就是消费者对满足其需要的产品的全部效能的估价。消费者如何选择所需的产品,主要是根据对满足其需要的产品的效用的估计而决定的。

人们是否购买产品并不仅仅取决于产品的效用,还取决于为获得该效用所付出的代价。一项交换活动能否顺利达成交易,往往取决于人们对效用和代价的权衡。当人们认为产品的效用大于所付出的代价时,再昂贵的产品也愿意购买;反之,再廉价的产品也难以被接受,这就是人们在交换活动中所遵循的价值原则。市场经济的客观规律揭示,人们只会去购买有价值的产品,并依据效用和代价的比较来认识价值的实现程度。只有在以适当的代价获得了预期效用的情况下,人们才会感受到真正的满足,甚至满意;而当感受到以较小的代价获得了较大的效用时,则会十分满意。只有在交易中感到满意的顾客才可能成为企业的忠实顾客。

例如,一个旅行者需要搭乘交通工具到某地,可以选择的交通工具有自行车、摩托车、汽车等。这些可供选择的产品构成了产品的选择组合。如果某人对需求的满足有更具体的要求,如对速度、安全性、舒适度及费用等的要求,这些要求便构成了此人的需求组合。这样,不同的产品选择会满足不同水平的需求期待,如自行车省钱,但速度慢,汽车速度快,但费用高等。消费者必须进行投入产出分析,将较高水平满足其需求到较低水平满足其需求的产品进行排列,从中选择出相对理想、顾客效用最大的产品。如旅行者到达某地的理想交通工具应该具备安全、健身、环保、低成本的特点,那么在路途较近的情况下,他就最有可能选择自行车作为相对理想的交通工具。

所以企业不仅要为顾客提供产品,更需要使顾客感知到在交换活动中较高的价值的实现程度,这样才可能促使市场交易顺利达成,进而获得稳定的市场。

**4. 交换、交易和关系**

交换(Exchange)是指通过提供某种事物作为回报,向他人换取所需事物的行为。交换的发生必须具备五个条件:①至少存在两方;②每一方都拥有被对方认为有价值的事物;③每一方都能够沟通信息和传送货物;④每一方都可以自由接受或拒绝对方的事物;⑤每一方都可以适当地或称心如意地与另一方进行交易。具备了上述条件,就有可能发生交换行为,而交换能否真正产生,取决于买卖双方能否通过交换得到比交换前更高水平的满足。所以交换也可以描述成一个价值创造的过程。

交易(Transactions Exchanges)是指人们通过提供或转移货物、服务或创意,以换取有价值的事物,是买卖双方价值的交换,它是以货币为媒介的,而交换不一定以货币为媒介,它可以是物物交换。交换是一个过程,而不是一种事件。如果双方正在洽谈并逐渐达成协议,称为在交换中。如果双方通过谈判并达成协议,交易便发生了。

关系(Relationship)是指精明能干的市场营销者为了促成交易与企业的顾客、分销商、经销商、供应商等建立长期、信任和互利的关系。关系的实现和维系有赖于持续的承诺以及为对方提供高质量产品、良好服务及公平价格等承诺的践行来实现,也有赖于双方共同加强经济、技术及社会联系来实现。与顾客建立长期合作关系是关系营销(Relationship Marketing)的核心内容。关系营销可以节约交易的时间和成本,使企业的市场营销活动从追求买卖单笔交易利润最大化,转向追求活动各方利益关系的长期化和关系价值的共享最大化。

**5. 市场及市场营销者**

市场(Market)由那些具有特定的需要或欲望,而且愿意并能够通过交换来满足这种需要或欲望的全部顾客所构成。具体而言,市场由三个要素构成:人、购买力和购买欲望。也可以采用下面的关系式表示:市场=人+购买力+购买欲望。

从市场营销学角度看,"市场"指某种现实的和潜在的顾客群体。这种对"市场"概念的认识是基于一种特定的视角,即站在企业(卖方)角度,市场主要是由顾客群体(买方)构成的。

市场营销者(Marketer)是主动从事市场营销活动的积极主体。市场营销者既可以是卖方,也可以是买方,也可以是买卖双方,还可以是参与交易活动的利益相关者。通常,卖方是市场活动的主导一方,相对于买方,卖方更积极主动地推动营销活动,比如推销产品或服务,以吸引买方的关注。当然,出于需求满足的目的,买方也可以积极主动地推动营销活动,比如提出独特的定制要求争取卖方的合作,此时买方便充当了市场营销者的角色。当买卖双方都在积极寻求交换时,称这种营销活动为相互市场营销。当利益相关者充当买卖双方交易的积极推手时,利益相关者即为市场营销者。

**6. 市场营销管理**

根据美国营销学会和郭国庆(《市场营销学通论(第六版)》,2014)对市场营销管理(Marketing Management)的定义,我们将市场营销管理做如下界定:市场营销管理是为了实现组织的目标,为创造、建立和保持与目标市场之间的有益交换和联系,而进行的有关产品或服务的研发和制造、定价、促销和分销方案的分析、计划、执行、控制和调整的系列化企业管理活动过程。

企业的市场营销管理过程,也就是企业市场营销的计划、组织、执行和控制的过程,是企业根据外部环境变化,结合自身资源特点,不断地制定、调整和修正营销战略和策略,以实现营销目标的管理活动。市场营销计划是企业市场营销活动的基础,而市场营销计划的顺利完成离不开有效的市场营销组织,市场营销控制则是市场营销活动能够按照计划实现的重要保证。

## 第二节 市场营销观念的产生与演进

自19世纪末20世纪初西方工业革命发生并发展的一个多世纪中,随着西方企业特别是美国企业市场营销活动的变化以及企业市场和经济环境的发展,市场营销观念的演进主要经历了5个阶段,并形成了5种特征鲜明的营销观念,即生产观念、产品观念、推销观念、市场营销观念和社会市场营销观念。本节主要就市场营销观念的产生与发展的各个阶段以及各种市场营销观念的特点进行阐述。

### 一、生产观念

生产观念也称生产导向的营销观念。这种观念认为,消费者偏爱那些价格低廉,可以方便买到的产品。以这种观念为营销导向的企业认为,获得产品的基本效用是消费者的主要目的,企业的任务就是生产并向市场提供顾客买得起的产品。提高生产效率和降低生产成本是经营者所关心的重要问题。企业主要以提高劳动生产率,扩大生产规模,并以此降低产品价格来吸引顾客,获得自身的市场地位,很少关注除此之外的其他市场因素,甚至不注重对产品的更新和改良。因此,生产主导型企业的管理者们总是致力于提高生产率和扩大市场规模。

生产观念产生的背景是市场以卖方市场为主导。以生产观念为导向的企业通常处于3种市场环境条件之下。一是产品明显地供不应求。由于产品的供不应求,消费者最关心的是能否获得产品,而不太关注产品的细小特征,于是企业不担心产品的销售问题,只是集中力量想方设法扩大生产。二是价格竞争是市场竞争的基本形态。在这种情况下,企业竞争的主要手段是降低产品的价格,而降低价格的前提则是生产规模的扩大和生产成本的控制。所以,企业必然将主要精力用于扩大生产和降低成本。三是实行计划经济体制。在计划经济条件下,企业实际上只是政府的附属体,是一个严格按照计划进行生产的工作部门,资源和产品的分配不属于企业的责权范围,所以企业也无须考虑除生产之外的其他问题。

20世纪20年代以前,生产的发展还不能满足需求的增长,多数商品都处于供不应求的状态,在这种典型的卖方市场中,只要商品的质量过关、价格便宜,就不难在市场上找到销路,许多商品甚至是顾客上门求购,于是生产观念应运而生。在这种观念的主导下,企业以产定销,关注于集中一切力量扩大生产、降低成本,力求生产出尽可能多的产品来换取更高的利润。这种生产导向型企业提出的口号是:"我们生产什么就卖什么"。

典型的例子是美国福特汽车公司的生产观念。在20世纪初,美国福特汽车公司曾倾全力于汽车的大规模生产,以降低成本,使大多数美国人能买得起汽车,扩大福特汽车的市场;同时因其生产的黑色T型轿车在市场上十分畅销,根本无须推销兜售,以致汽车大王亨利·福特先生曾傲慢地宣称:"不管顾客需要什么颜色和款式的汽车,我只生产黑色T型轿车。"这是当时生产观念的典型表现。然而,当其他公司所生产的彩色轿车风靡市场之后,福特才醒悟到自己当初的决策多么得愚蠢。显然,正是这种"生产观念"造成了福特汽车公司巨大的经济损失。

## 二、产品观念

产品观念是在生产观念基础上的发展,但仍属一种比较陈旧的市场营销观念。这种观念认为,消费者最喜欢那些高质量、多功能和有特色的产品。因而也把产品观念称为产品导向观念。产品导向型企业中,管理者总是致力于生产多功能、高品质的产品。其特征是,企业经营者不考虑客户的需求和利益,而是主要靠提高产品的功能和质量去开发和占领市场。

许多营销经理认为,顾客欣赏精心制造的产品,他们能够鉴别产品的质量和功能,并看到它们的价值,也愿意支付较多的金钱购买质量上乘的产品。然而,由于经理们往往会深深地迷恋上自己的产品,他们对该产品在市场上是否迎合顾客的偏好,是否顺应时尚潮流和趋势等关键问题缺乏敏感性与关注度,所以产品观念的局限性就在于对于产品的设计与开发只是从企业的角度出发,以企业为中心进行的。从经营者的视角出发,顾客想购买的只是产品,并没有认识到顾客所购买的实际上是出于对某种需要的满足。所以企业经营者仍只是关注企业内部的生产领域,而没有把眼光转移出去,注意研究企业外部的市场,即所谓的"营销近视症"。有这样一个小案例,一位办公文具柜制造商认为,他的文具柜一定好销,因为它们是世界上最好的柜子,并且他自豪地说:"这些柜子即便是从四层楼扔下去也能完好无损。"公司的销售经理对此表示赞同,但补充了一句:"不过我们的顾客并不打算把它们从四层楼扔下去。"这个例子说明,如果经营者不是基于消费者的需要开发和设计产品,那些自以为很好的产品可能不会拥有市场。

产品观念的奉行,使许多企业患有"营销近视症",这些企业将自己的注意力集中在现有产品上,集中主要的技术、资源进行产品的研究和大规模生产,它们看不到消费者需求的不断发展变化,以及对产品提出的新要求;看不到新的需求带来了产品的更新换代;看不到在新的市场形势下,营销策略应随市场情况的变化而变化,以为只要有好的产品就不怕顾客不上门,以产品之不变去应市场之万变最终导致企业经营的挫折,甚至失败。

### 三、推销观念

推销观念也称作推销导向观念。推销观念认为,企业仅仅依赖优良的产品和低廉的成本并不一定会自然而然地吸引顾客,必须通过对顾客的产品宣传和推销活动,促使顾客理解和接受产品。如果任凭消费者顺其自然的行为,他们不会购买足量产品。因此,企业必须主动推销,积极促销。

推销观念产生于西方国家由"卖方市场"向"买方市场"转移的过渡阶段。由于第一次世界大战后科技进步、科学管理和规模生产的理念得到了较好的推广,商品生产迅速扩大,市场格局逐渐呈现出商品供过于求的状况,企业间竞争加剧。在20世纪20年代,西方发达国家对产品的强烈需求走向消退,企业意识到它们必须去向买方"卖"产品。从20世纪20年代中期到50年代早期,企业把销售视为提高利润的唯一途径,这个时期是推销导向观念的代表时期。许多企业家认识到产品销路和销量是企业生命攸关的问题。企业不能只集中力量发展生产,因为物美价廉的产品也未必能够卖得出去。企业若要在日益激烈的竞争中求得生存和发展,必须重视和加强推销工作。由于推销导向型企业只是努力将自己生产的产品推销出去,却不考虑这些产品是否满足顾客的需要以及售后顾客意见,推销观念仍属于以企业盈利为中心的营销观念。

### 四、市场营销观念

在企业市场营销活动中,最重要的内容并非推销。营销的目的是要使推销成为多余。营销的目的在于深刻地认识和了解顾客,从而使产品或服务完全满足他们的需要,而实现产品的自我销售。理想的营销活动会面对有备而来的购买者,余下的工作就是如何使顾客获得满意的产品或快捷到位的服务。

市场导向,指整个企业的各级主管和各个职能部门都注重顾客目前及未来需求的市场情报的收集及其在企业内部各个部门之间的沟通传播,进而促进整个企业对市场需求做出及时正确的反应。在企业里常常被提及的"市场导向"就是市场营销观念导向。

市场营销观念是对生产观念、产品观念和推销观念的挑战,是营销观念的一种质的变革。市场营销观念的核心思想直至20世纪50年代中期才基本定型。其核心或本质思想是将以企业的需要(或盈利)为经营的出发点转变为以消费者的需要为经营的出发点,是一种以顾客需求为导向的营销哲学,是消费者主权论在企业营销管理中的体现。市场营销观念认为,实现企业经营目标的关键在于正确地确定目标市场的需求和欲望,并且能够比竞争对手更有效地满足目标市场。市场营销观念和推销观念的差异比较如表1-1所示。

表1-1 营销观念与推销观念的差异比较

| | 出发点 | 方法手段 | 经营目标 |
| --- | --- | --- | --- |
| 推销观念 | 企业现有产品 | 推销与促销(着眼于每次交易) | 通过销售获得利润 |
| 营销观念 | 企业目标顾客的需求和欲望 | 整体营销(着眼于整体市场) | 通过让顾客满意获得利润 |

市场营销观念的基本特征表现在以下三个方面：第一，企业的经营活动以目标顾客需求的满足为中心；第二，企业注重客户利益驱动型的长远发展和战略目标的实现；第三，企业必须通过各种营销策略的制定和实施，及其内部各个部门的基于市场需求导向的协同发展实现企业各项目标。

## 五、社会市场营销观念

社会市场营销观念是市场营销观念的发展。该观念产生于20世纪70年代西方资本主义国家出现能源短缺、通货膨胀、失业增加、环境污染严重、消费者保护运动盛行的背景下。1971年，杰拉尔德·萨尔特曼和菲利浦·科特勒最早提出了这一观念。

社会营销观念认为，企业营销的任务是确定目标市场的需求、欲望和利益，并以保证或者提高消费者和社会福利的方式，比竞争者更有效、更有利地向目标市场提供所期待的产品或服务。即企业在其经营活动中必须承担起相应的社会责任，保证企业利益、消费者利益同社会利益的一致性。

社会营销导向要求营销人员在营销活动中注重社会与道德问题。他们必须有意识地去处理和平衡公司利润、消费者需求满足和社会公共利益三者的关系。

## 六、市场营销理论新发展

**1. 绿色营销**

绿色营销是在人们不断追求健康、安全、环保的意识形态下形成并发展起来的营销观念。它是指企业在市场营销中要重视保护地球生态环境，防治污染以保护生态，充分利用并回收可再生资源以造福后代。绿色营销观念强调企业在营销活动中，要顺应可持续发展战略的要求，注重地球生态环境保护，促进经济与生态环境协调发展，以实现企业利益、消费者利益、社会利益及生态环境利益的协调统一。绿色营销要求企业在开展营销活动的同时，努力消除或减少生产经营对生态环境的负面影响和破坏，鼓励和推广基于企业、个体、社会与自然和谐共生的环境友好型的企业营销模式。

**2. 体验营销**

体验营销通过看(See)、听(Hear)、用(Use)、参与(Participate)的手段，充分刺激和调动消费者的感官(Sense)、情感(Feel)、思考(Think)、行动(Act)、关联(Relate)等感性因素和理性因素，重新定义、设计营销理念和方法。体验营销突破了传统上"理性消费者"的假设，认为顾客消费行为是理性与感性兼具的，消费者在消费前、消费中和消费后的体验才是购买行为与品牌经营的关键。体验营销策略主要包括感官式营销策略、情感式营销策略、思考式营销策略、行动式营销策略和关联式营销策略。

**3. 社会化媒体营销**

社会化媒体营销也称为社会化营销，其主要手段是利用社会化网络、新媒体、新兴网络社交平台传播和发布资讯，从而形成的营销、销售、公共关系管理和客户关系开拓和维系的一种方式。常见的社会化媒体营销工具包括：微博、微信、论坛、博客和当下流行的网络直播平台。网络营销中的社会化媒体主要是指具有网络性质的综合站点，其主要特点是传播内容由用户自愿提供，而用户与站点不存在直接的雇佣关系。

案例1-1　直播是怎么炼成的?[①]

近年来,随着网络的多元化发展,"网红"的商业价值开始被广泛关注,直播行业迅速崛起。据业内人士估算,当前我国直播平台已超过100家,"主播"人数超过80万人。直播引领着多个密切相关行业的快速发展。

"网络直播"模式充满着生机,是营销者不得不重视的新现象,网络直播只需要借助互联网,以极低的投入即可快速实现"一对多"的传播,使企业、产品、直播人或其他传播受益者快速达到目的。为什么直播会成为企业营销的新的关注点?原因大致有以下三点。

1. 概念带动,精准锁定目标受众

当前所流行的社会化营销表现为概念带动的特点,直播人可设计"主题"+"直播"的模式,用"直播"带动现场氛围,提升"主题"热度,并用"主题"的方式让受众选择直播,更加精准地锁定目标受众。

2. 网络直播提升曝光率

网络直播应用于社会化营销中,会充分利用直播特性,覆盖大范围的受众群体,吸引其关注。这一庞大的群体潜藏着无限的市场,相比传统的市场推广,网络直播能更好地挖掘潜在市场,企业只需要适时有效地提升曝光率,提高传播效率,就能以极低的成本进行超大规模的市场推广。

3. 加深粉丝亲密度

网络直播的另一大特性就是受众互动性,直播双方在直播过程中频繁互动,以此加深了主播与粉丝的亲密度,利用这种亲密度,主播能更容易地培养和引导受众偏好,为更大范围的市场推广打下基础。

【思考题】

(1) 你认为,网络直播营销属于营销发展新理念中的哪一种?
(2) 直播营销模式体现出当今营销理念的哪些发展特点?
(3) 你还能例举哪些类似的营销模式?

# 第三节　市场营销学研究方法

市场营销学的研究目标是排除市场交换活动中的障碍,促使市场交易的顺利实现。对市场营销学的研究涉及与交易成功有关的各种活动,其中包括:需要的产生和满足;产品的开发及其价值;参加交易的组织和个人行为及其影响因素;交易的过程与规律以及促使交易成功的各种策略组合。但就其学科理论体系的发展过程而言,市场营销学的研究方法正不断完善,它是随着市场营销学本身的发展而变化的。20世纪50年代以前,理论界对市场营销学的研究主要采用传统的研究方法,包括产品研究法、职能研究法和机构研究法。20世纪50年代以后,市场营销学从传统市场营销学演变为现代市场营销学,研究方法主要是现代科学方法,包括管理研究方法、系统研究方法及社会研究方法等。

---

[①] 资料来源:李雨虹."网红+直播"开启精准营销新时代.现代营销,2016(8):52.

## 一、传统市场营销的研究方法

**1. 产品研究方法**

19世纪末20世纪初,是市场营销的萌芽阶段,营销学者们主要通过对各种不同产品在市场交易活动中的特征分析来研究企业的营销行为,即以产品为中心的研究方法。

产品研究方法,是以产品为主体,对某类产品诸如农产品、纺织品、矿产品、消费品及劳务等进行分门别类的研究。主要研究这些产品的设计、包装、品牌、商标、定价、分销、广告及各类产品的市场开拓。

**2. 职能研究方法**

从企业营销职能的角度对市场营销学进行研究集中于20世纪30年代之前,即研究市场营销的各类职能以及在履行这些职能中所遇到的问题及解决方法。如将营销职能划分为交换职能(购买与销售)、供给职能(运输与储存)和便利职能(资金融通、风险承担、市场信息等)三大类,又可将其细分为购、销、运、存、金融及信息等内容分别或综合进行研究。职能研究方法在西方学术界颇为流行。

**3. 机构研究方法**

机构研究方法,主要分析执行营销职能的组织及其相互之间的关系。这种方法以研究市场营销制度为出发点,即研究渠道制度中各个环节及各种类型的市场营销机构,诸如代理商、经销商、批发商、零售商等市场营销问题,侧重研究流通过程中的这些环节或层次的市场营销问题。其研究成果最终为批发学、零售学等的成形做出了积极的贡献。

## 二、现代市场营销的研究方法

进入20世纪50年代以后,市场营销学发生了革命性的飞跃,市场营销学研究方法也随之发生了变化,主要的研究方法有管理研究方法、系统研究方法和社会研究方法。

**1. 管理研究方法**

从20世纪50年代开始,随着国际市场竞争的日益激烈,从企业整体角度进行营销的战略决策变得格外重要。管理研究方法,是一种从管理决策的角度来分析、研究市场营销问题的方法,该方法综合了产品研究方法、机构研究方法和职能研究方法的优点,并结合了市场营销活动的环境特点和营销管理特点,是西方营销学者和企业界采用较多的一种研究方法。

从管理决策的观点看,企业营销活动受到两大因素的影响:一是企业不可控因素,诸如人口、经济、政治、法律、自然、社会文化等因素;二是企业可控因素,即产品、价格、分销及促销等因素。

管理研究方法的研究框架,将企业营销决策分为目标市场和营销组合两大部分,研究企业如何根据其面临的"不可控因素"的制约,结合自身资源条件,即企业的可控因素,进行合理的目标市场决策和市场营销组合决策,实现企业盈利的目标。

管理研究方法广泛采用了现代决策论的相关理论,将市场营销决策与管理问题具体化、科学化,对营销学科的发展和企业营销管理水平的提高发挥了重要作用。

**2. 系统研究方法**

系统研究方法,是一种将现代系统理论与方法运用于市场营销学研究的方法,是从企业内部系统、外部系统,以及内部和外部系统协调的角度研究市场营销学的方法。

企业市场营销管理系统是一个复杂系统。在这个系统中,包含了许多相互影响、相互作用的因素,如企业(供应商)、渠道伙伴(中间商)、目标顾客(买主)、竞争者、社会公众、宏观环境力量等。一个真正面向市场的企业,必须对整个系统进行协调和"整合",使企业"外部系统"和企业"内部系统"步调一致、密切配合,达到系统优化,产生"增效作用",提高经济效益。

企业内部系统研究,主要研究企业内部各职能部门,诸如生产部门、财务部门、人事部门、销售部门等如何协调,以及企业内部系统同外部系统的关系如何协调。后者主要研究企业同目标顾客外部环境的关系。由于内部与外部系统又是通过商品流程、货币流程、信息流程联结起来的,所以只有当市场营销系统的各个组成部分相互协调时,才能产生较高的市场效益。

**3. 社会研究方法**

社会研究方法,主要研究企业营销活动的社会利益效应。市场营销活动,一方面带来了社会经济的繁荣,提高了社会及广大居民的福利;另一方面又造成了某些负面效应,诸如损害公众利益,污染自然环境,破坏生态平衡等。因此,企业有必要通过利用社会研究方法,寻求使市场营销的负面效应减少到最低限度的有效途径。

## 第四节　市场营销的重要性

今天的市场正在发生着翻天覆地的变化。网络信息技术、经济全球化、产业交融、跨界经营、零售转型、传播多元化,等等,为企业创造着众多的机会,也使企业面临着前所未有的严峻挑战。现代科技的飞速发展,从根本上改变着人们的生活方式和社会生产方式,带来了比以往更为复杂和快速变化的社会经济环境,以及更为剧烈的全球性竞争。无论在国家(地区)综合国力的宏观发展层面,还是在企业经营的微观发展层面,新时代带来的挑战是崭新的、全方位的。因此,在这种日益复杂的社会经济环境下,市场营销对于社会经济发展以及企业发展的作用显得越来越重要。

### 一、市场营销对社会经济发展的作用

许多国家的经济经验表明,市场营销观念的转变和贯彻,是经济增长的一个重要原因。市场营销对社会经济发展的作用主要表现在以下五个方面。

**1. 推动经济总量增长**

在社会主义市场经济条件下,经济总量的增长取决于能满足人民日益增长的物质文化需要的社会有效供给,即能为市场接受的价值生产的总增长。市场营销以满足消费者需求为中心,强调不断开拓新的市场,为生产者、经营者提供不断向新的价值生产领域拓展和产品价值实现的手段,有效地促进了经济成长。

**2. 促进科技发展**

营销战略与策略的创新能指导企业的新产品开发,促进科学技术的进步,并在经济增长中发挥重要作用。

**3. 拓展市场空间**

通过市场营销,刺激消费需求,这对于扩大内需、吸引外资、进军国际市场有着重要作用,从而为解决经济成长中的供求矛盾和资金、技术等方面的问题开拓了更大的市场空间。

**4. 为第三产业的发展开辟道路**

专业性市场营销调研、咨询机构的发展,企业营销机构的充实,市场营销支持系统的发展,

为社会提供了大量的就业机会,直接或间接地创造价值,促进了第三产业的成长和发展。

**5. 有利于经济的可持续发展**

市场营销强调经营与环境的系统性协调,倡导保护环境,绿色营销,对经济的可持续发展起到了重要作用。

## 二、市场营销对企业发展的重要性

美国著名管理学家德鲁克(Peter F. Drucker,2008)曾指出:"市场营销是企业的基础,不能把它看作是一个单独的职能。从营销的最终成果,即从顾客的观点看,市场营销就是整个企业。"

企业经营得以成功的关键因素之一是顾客。如今市场营销已成为企业经营活动考虑的第一任务,这一点在发达国家尤为突出。市场营销虽然不是企业成功的唯一影响因素,却无疑是关键影响因素。

市场营销作为一种企业活动,其重要性主要表现在以下四个方面。

第一,发现和了解消费者需求。现代市场营销观念强调市场营销应以消费者为中心,企业也只有通过满足消费者的需求,才可能实现企业的目标,因此,发现和了解消费者的需求是市场营销的首要功能。

第二,支持企业决策。企业决策正确与否是企业成败的关键。企业正是通过市场营销活动,分析外部环境变化及影响,了解消费者的需求和欲望,把握竞争者的现状和发展趋势,结合自身的资源条件,为其在产品、定价、分销、促销和服务等方面做出科学的决策提供支持。

第三,开拓市场。企业市场营销活动的另一个功能,就是通过对消费者现有需求和潜在需求的调查、了解与分析,充分把握和捕捉市场机会,积极研发产品,建立更便利的分销渠道,采用更有效的促销形式,开拓市场,促进销售。

第四,满足消费者的需求。正如文中反复强调的,满足消费者的需求是企业市场营销的出发点和中心,也是市场营销的基本功能。通过市场营销活动,企业可以从消费者的需求出发,根据不同目标市场的消费者需求差异,采取不同的市场营销策略,合理地组织企业的人力、财力、物力等资源,为消费者提供适合的产品以及优质的售后服务,获得消费者的认可。

案例1-2 大数据时代下的市场营销理念创新[①]

根据维基百科对大数据的定义,大数据,或称海量数据,指的是所涉及的数据量和规模巨大到无法通过目前主流软件工具测量统计,并且在合理时间内截取、处理并提取成为帮助企业做出经营决策的信息。

在营销体系中,大数据带来的影响不仅是数据量的几何级增长。在大数据视角下,传统的营销理念可以得到优化升级,从而更加契合不断变化的营销大环境。从大数据的视角出发,可以重新审视经典的4P理论,赋予其大数据内涵,并尝试提出"4P+1"的概念,其中"1"表示Prediction——预测。

1. Product——产品——个性化定制

顾客购买的不仅仅是产品和服务,他们需要的是产品和服务带来的利益。然而,顾客有哪些具体的利益诉求?什么样的产品和服务能满足顾客具体利益诉求?

---

[①] 资料来源:马宽.大数据时代下的市场营销新思路——基于4P理论视角下的"4P+1".商,2016(6).

2. Price——价格—动态定价

在大数据时代,消费者不再是单纯的受众,不再被动地接受信息,而是转变为参与者和推动者,成为营销的主体,这一点是颠覆性的变革。因此,企业的定价策略也要考虑到消费者的参与,毕竟在营销组合中,价格是唯一直接产生收入的要素。既然影响因素是变化的,而且价格也有灵活性这一特征,价格的制定就应该是动态的。

3. Place——渠道—打通线上线下(O2O)

近几年,电子商务的高速发展给传统行业带来了巨大冲击,网上购物几乎成了人们的首选购物模式,电子商务的触角已经伸向各行各业,传统企业必须实现转型。电子商务不是简单地把产品搬到网上去卖。电子商务要想继续保持良好的发展态势,必须做到更佳的消费者体验和更完善的服务,而这要依靠新型营销渠道的铺设。传统行业要想在大数据时代立足发展,必须打通线上线下。

4. Promotion——促销—互联网广告的精准投放

广告界有这样一句广为流传的话:"我知道在广告上的投资有一半是无用的,但问题是我不知道是哪一半。"广告能否打动受众的关键就是能否精准击中消费者内心的潜在需求。大数据分析将帮助企业找到潜在的机会,同时也为消费者提供自己确实需要的产品广告信息。

5. Prediction——预测

大数据的核心是预测,通过对系统采集的数据加以分析,预测未来走势,预测消费者对产品和服务的需求,预测广告受众的接收程度等。亚马逊可以为购买者推荐与其个人偏好相似的书,谷歌可以为关联网站排序,QQ可以知道我们可能的好友,等等。这些预测系统能够发挥作用,关键在于它们是以大数据为基础的。此外,随着系统接收到的数据越来越多,通过记录找到最好的预测模式,可以对系统进行改进,实现实时动态预测,进而提高预测的精准性。

【思考题】

(1) 相对于传统营销观念,大数据营销理念带来了哪些创新点?

(2) 预测消费者行为对于营销活动的重要性越来越大,你能否举几个例子?

## 本 章 小 结

市场营销是一门研究市场营销活动及其规律性的应用性科学,它是以满足客户的需求为目的,通过市场将潜在交换转变为现实交换的一系列活动和过程。准确把握市场营销学中的核心概念,理解市场营销观念的演进过程,正确认识市场营销的重要作用,对于加强企业经营管理,提升经济效益并实现可持续发展,具有重要意义。

## 关 键 名 词

市场营销　需求　欲望　营销管理　生产观念　产品观念　推销观念　营销观念
社会市场营销观念　市场营销学研究方法　市场营销学研究

## 思 考 题

1. 如何理解市场营销的概念?
2. 简要分析市场营销观念的产生与发展。
3. 市场营销对企业发展的重要意义是什么?

# 第二章 企业战略规划与市场营销管理过程

**本章学习要点**

- 掌握企业战略与市场营销战略的特征
- 掌握企业战略计划的制订过程
- 掌握营销管理过程的基本内容
- 掌握企业常用战略
- 掌握波特五力分析法
- 本章小结

明确并服从于企业的总体战略是企业市场营销活动的基本原则。市场营销管理工作的前提是明晰企业战略规划中的总任务和总目标,使得市场营销管理能够有效地支持企业总任务的完成和企业总目标的实现。此外,企业进行自身和竞争对手的运营能力和竞争力的比较性分析,有助于市场营销战略的选择。最后,对本企业战略业务单位的综合分析与评估,有利于实现企业资源的有效配置。本章中,读者应掌握在明晰企业总体战略规划的前提下,如何实现资源的有效配置;选择企业的市场拓展战略,实现有效的市场营销管理。

## 第一节 企业战略规划

### 一、企业战略的界定与特征

战略(Strategy)原本是一个军事术语,指的是指挥和领导军队、运用军事力量的计谋和艺术。由于市场竞争如同作战,于是战略一词就运用在了与市场竞争相关的学科领域,市场营销学作为一门系统地研究市场营销活动规律性的学科,自然也不例外。

**1. 企业战略的界定**

企业营销战略作为企业的职能层战略是企业总体战略的一部分,前者应服务于后者。因此,在明确市场营销战略前需要界定企业战略。

企业战略是企业在复杂多变的经营环境中,以未来为主导,将其主要目标、方针、策略及行动信号构成一个协调的整体结构和总体行动方案(周素萍,2012)。企业战略规划,是使企业的目标、资源、技能与变化的市场机会相互协调的一种管理过程,是根据企业外部环境和内部资源条件而制订的涉及企业管理各方面(生产、营销、财务、人力资源等)的全局性重大计划。有效的战略计划可以帮助企业预测未来发展方向,规避经营风险,选择目标市场,确定市场应变方案,实现经营目标。

**2. 企业战略的特征**

企业战略具有全局性、长远性、针对性和可变性的特征。

第一,全局性。战略的全局性体现在战略服务于企业的总体发展,它的研究对象是企业整体运行系统。任何一个部门和个人都应当具有全局观,结合自身资源,并以企业战略方针作为行动的规范和约束,从上到下统一规划,整体行动,达成目标。

第二,长远性。战略是一种谋略,无论服务对象是谁,都具备能够长远发展的特征,都是为了对象的持久发展而设计的。企业战略更是如此,它为了企业的长远利益,规划了企业未来发展的基本模式和思路,企业的各项活动都是在企业战略的指导下实施和展开的,企业战略必须放眼未来,在必要的时候不惜以牺牲短期利益为代价去保障企业的长期发展。

第三,针对性。企业战略要与企业经营大方向一致,服务于企业的发展目标,针对企业的目标市场,明确划定企业各项活动的基本底线。

第四,可变性。企业战略的制定和实施之所以需要控制,根本原因是战略具备可变性这一特点。企业的未来是不确定的,战略规划能够在一定程度上降低不确定性风险,但是它不能从根本上消除不确定性。因此企业战略要随着市场大环境和企业内部条件的变化而进一步调整和完善。

市场环境是动态变化的,企业为了提高市场主动性,积极应对市场变化带来的挑战,就必须以企业战略为导向,有预见性地、及时地、全局性地调整企业经营活动,掌控被动因素,提高经济效益。

案例2-1　互联网时代苹果公司的企业战略创新[①]

苹果公司曾经被认为是一家"硬件公司",软件产品仅仅是硬件产品的附带品。但是21世纪初推出的iTunes彻底改变了人们对苹果公司的刻板印象,使苹果公司成为一家实打实的"互联网+"企业。因此,在"互联网+"的时代,继续保持企业良好的战略管理,同时有创新意识,能够顺应甚至颠覆自己,是苹果公司的最终目标。苹果公司的企业战略管理特点出现了哪些变化?

首先是注重差异化的组合竞争,包括产品、性能、操作系统和服务的差异化。特别是在服务上,苹果手机的实体店都是以相同的色系装修店面,实体店的工作人员都很热情地接待顾客、介绍产品,并将样机摆在展台上方便用户实际体验,给人干净有条理的感觉。

其次则是新型营销模式。比如对品牌产品使用的饥饿营销战略。苹果公司的新产品不到最后都不会正式发布。在苹果公司制作下一款电子产品的过程中,外界都会流传很多关于其新出产品的新样式、新功能等,就好似2016年还没有面世的iPhone 7的概念机一样,苹果公司只会在最后时刻公布,并且产品的供应量会被限制在一个满足不了市场需求的水平。同时苹果公司的品牌营销,通过自身的用户体验,让用户自发地、主动地去传播信息、评论产品,这样的口碑营销具有自己的独特性和创新性,同时也具有客观性、真实性,更容易让大家接受。而其旗舰店则是一种另类的体验营销。苹果公司通过实体体验店,围绕苹果的产品,把"面对面"的交流与互动发挥到极致,让消费者、产品以及公司能产生情感上的交流。这种做法已经

---

[①] 资料来源:郭欢庆.在"互联网+"背景下苹果公司的企业战略管理创新分析.时代农机,2017(2).

被多家手机销售商所效仿。

**【思考题】**
1. 苹果公司是如何进行企业战略创新的?
2. 市场营销活动在其企业战略创新中扮演着怎样的角色?具体怎样做的?

## 二、企业战略规划的基本过程与步骤

在企业战略规划中,企业将确立组织的使命和目标、公司战略、营销目标、营销战略以及营销计划。在制定战略规划的过程中,营销者应该贯彻营销导向以确保顾客满意度受到应有的关注,并将其纳入整体战略规划之中。企业战略规划的组成部分如图 2-1 所示。

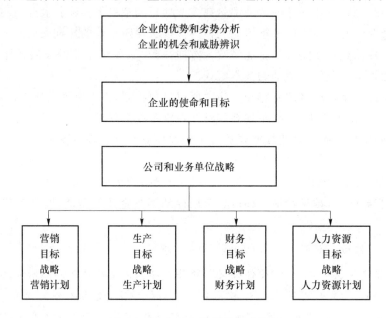

图 2-1 企业战略规划的组成部分

企业战略规划的制定是一个复杂的过程,包括:对发展目标的确定;对战略业务单位的选择;对行业的分析;对竞争对手的认识;对自身发展能力的评估;企业一般性战略;企业发展战略以及最终制定战略规划。企业战略规划的制定过程如图 2-2 所示。

下面的内容将按照图 2-1 描述的企业战略规划的制定过程进行详细阐述。

## 三、企业愿景、使命、任务、目标与价值观

企业愿景、使命、任务、目标与价值观是影响企业战略制定的最重要因素之一。一切战略和长短期目标的制定均服务于企业的愿景和使命。

**1. 企业愿景**

企业愿景主要回答的问题是:企业是什么,企业将会是什么,以及企业应该是什么。企业战略最重要的是方向,愿景则是战略发展方向和企业文化的交叉,从长远看是愿景,从短期看则是战略目标。企业愿景要求具有目的性,是对未来美好的憧憬,要能够体现出企业的文化和价值观。

**2. 企业使命**

企业使命界定在企业愿景的基础上,它描述企业在社会中的经济角色和经济贡献。企业的使命是愿景的一个方面,愿景中包含了企业使命。企业使命具体说明了企业的经济活动,它明确了企业的定位,描述了企业的经营理念和树立的公众形象,可以说,企业使命是实现企业愿景的手段,它主要回答了三个问题:企业所处的行业;客户的界定;股东、客户、员工和社会的利益关系。

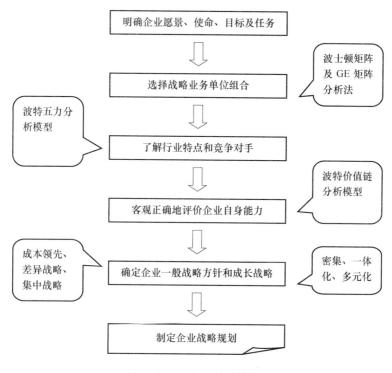

图 2-2　企业战略规划的制定过程

**3. 企业任务**

在明确了企业的愿景和使命之后,需要制定企业的任务,即明确企业的性质。在制定企业任务时,要结合企业自身特点及所处的行业环境特征。企业要考虑进入某行业的进入壁垒及退出障碍,同时要兼顾企业在消费者心目中的形象。

企业任务应当最终以任务书的形式体现,并且将责任落实到部门乃至个人。一份完整的企业任务书应当包括以下五个基本内容:

第一,企业所处的行业和本企业要涉足的领域;

第二,企业生产和销售的产品为哪一行业或者哪类消费者服务;

第三,企业以什么方式和态度与顾客和供应商等进行沟通与协调;

第四,企业的分销渠道和运营方式;

第五,企业即将开拓的市场的地理范围。

**4. 企业目标**

企业目标,是指企业在特定期限内考虑环境与条件或自身资源的可能性,在实施其使命中要求达到的程度和取得的绩效,是在一定时期内企业所要达到的各项具体目标的总称。企业的目标是具体化的任务,也包括一些重要指标:市场占有率、销售增长率、投资收益率、劳动生产率等,同时还有一些战略上的目标期望,比如树立良好的社会形象和品牌形象等。企业目标包括长期目标和短期目标,目标的制定应当明确、实际,并且尽可能地量化。

**5. 企业价值观**

企业价值观,是企业判断事物的标准,它决定了企业行动的原则。企业价值观对企业沿着既定方向发展起着关键作用。如果说企业愿景表述的是企业要到哪里去,企业使命描述了企业将要做什么,那么价值观则回答了企业这么做的原因。

为了使读者能够正确理解并区分以上阐述的概念,以下列举了三个著名企业的愿景、使命和价值观,如表 2-1 所示。

表 2-1 三个著名企业的愿景、使命和价值观

| 企业名称 | 愿景 | 使命 | 价值观 |
| --- | --- | --- | --- |
| 联想集团 | 未来的联想应该是高科技的联想、服务的联想、国际化的联想 | 为客户利益而努力创新 | 成就客户、创业创新、精准求实、诚信正直 |
| 华为公司 | 丰富人们的沟通和生活 | 聚焦客户关注的挑战和压力,提供有竞争力的通信解决方案和服务,持续为客户创造最大价值 | 成就客户、艰苦奋斗、自我批判、开放进取、至诚守信、团队合作 |
| 万科集团 | 建筑无限生活 | 成为中国房地产行业领跑者 | 创造健康丰盛的人生 |

## 四、战略业务单位及其战略选择

在确定了企业的未来发展方向,明确了企业的愿景、使命、任务、目标和价值观以后,企业需要对各项业务逐一进行分析,搞清哪些业务能够顺利地帮助企业实现远大目标,哪些业务和产品有可能会阻碍目标的实现,哪些业务可以产生大量的现金流,哪些业务有助于实现企业价值,哪些业务在给企业"拖后腿"等,从而明确哪些业务应当重点给予资源配置,哪些业务应当缩减资源配置,甚至撤出市场,从而确定企业的业务选择。企业的战略业务单位(Strategic Business Unit,SBU)是企业完成任务、实现目标的基本单元,企业战略规划最终要落实在对战略业务单位的目标管理上。下面将阐述战略业务单位的概念、评估战略业务单位的方法以及战略业务单位的战略选择。

**1. 战略业务单位**

战略业务单位,是 20 世纪 70 年代美国通用电气公司创造和发展的一种分权组织形式。它是指在大型企业内部,那些能够独立承担企业的一部分任务,实现企业目标并从中获利,拥有产品或品牌、技术和市场,使企业可以把它作为一个经营部门进行管理的单位。比如,宝洁公司的每个洗护发品牌均属于企业不同的战略业务单位。

战略业务单位通常具备以下三个特征。

① 它是一项独立的业务或者相关业务的集合体,但在计划工作上能与公司其他业务分开而单独作业;

② 它有自己的相关竞争者;

③ 它有一位专职经理,负责战略规划、利润业绩,并且该专职经理有能力控制影响利润的大多数因素。

战略业务单位可能是一个事业部,也可能不是事业部。一个事业部,由于面向不同市场,

也需要不同的战略。

一般地,企业拥有多个战略业务单位,由于受到诸多因素的影响,各个战略业务单位对企业的贡献或多或少,有绩优单位,也有绩劣单位,企业为了合理有效地分配有限的资源,就必须对其各个战略业务单位进行划分、评估和安排,即进行战略业务组合。波士顿矩阵分析法和 GE 矩阵分析法可以帮助企业达到该目的,进而为企业的资源配置提供决策支持。

**2. 评估战略业务单位的方法**

(1) 波士顿矩阵分析法(BCG Approach)

① 方法介绍

波士顿矩阵分析法由波士顿咨询集团(Boston Consulting Group,BCG)于 20 世纪 70 年代初开发,故又被称为波士顿咨询公司模型。该方法在进行企业战略业务单位评估时依据两个基本要素:市场增长率和相对市场占有率。市场增长率能够反映行业市场吸引力,而相对市场占有率反映了企业的市场竞争力。如果市场有很大的发展空间,但是企业实际的销售增长率不高,就说明该战略业务单位当前的实力还不够,或者管理有待提高;如果企业实力很强,但是没有增长空间,说明市场前景并不乐观。利用波士顿矩阵分析战略业务单位,企业可以找到二者的结合点,确定企业资源配置的重点和强度,在求发展中学会放弃那些没有发展潜力的业务。

因此,利用波士顿矩阵分析法根据企业战略业务单位的市场占有率和市场增长率,可以把企业战略业务单位划分为四个大类:问号类业务、现金牛类业务、明星类业务和瘦狗类业务,如图 2-3 所示。其中坐标系纵轴上的分界点 $A$ 和横轴上的分界点 $B$ 的选择,因产品、市场和行业的不同而不同,要具体问题具体分析。

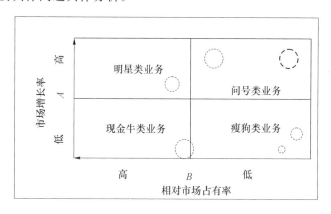

图 2-3 波士顿矩阵分析法

注:相对市场占有率=企业某战略业务单位的市场占有率/同行业市场领导者的市场占有率;图中的圆圈代表企业的若干个战略业务单位;圆圈面积的大小代表企业某战略业务单位的销售额。

② 四类战略业务单位特征及其战略选择

利用波士顿矩阵分析法得到的四类战略业务单位的发展战略选择是不同的。下面针对不同的战略业务单位的特征及其相应的战略选择进行阐述。

第一,问号类业务,即具备高市场增长率、低相对市场占有率的战略业务单位。高市场增长率说明市场机会大,前景好,而低相对市场占有率则说明在企业在营销上存在问题,没能占领足够大的市场。这类业务一般是公司的新业务,它们刚刚进入市场,市场占有率低,但是可能具备市场潜力。如果企业希望发展这类业务,就要加大投资力度,提高资金的利用率,加派得力的促销人员。如果发展态势好,企业应该派遣有丰富市场经验和才干的经理负责这类业务,还可以采用项目管理的方式进行业务管理,加大现金投入,采用增长战略,推动市场占有率增长;反之,企业则应当采取紧缩或收割战略,尽快撤离市场,避免资金流失。

第二,现金牛类业务,即相对市场占有率较高、市场增长率不高或停滞不前的战略业务单位。该类业务的市场占有率较大,是企业现金流的主要来源,其经营模式已经较为成熟。它们已经是市场上的领导者,企业基本不必进行大规模投资或实施大力促销。对现金牛类业务,企业应当采取稳定的发展战略,保证业务的现金流,充分获取市场利润,保持市场占有率。同时,企业要以追求利润最大化为目标,进行合理或适当的资源配置,维持现有的销售增长速度,或者降低其下滑的速度,宣传品牌价值,树立企业形象,力求稳定发展。

第三,明星类业务,即具备高市场增长率和高相对市场占有率的战略业务单位,这类业务的前身往往是发展态势好的问号类业务。这类业务正处于高市场增长期,但是,比起现金牛类业务,它们尚不是企业中最大的现金流贡献者,相反,企业为了维持它们的市场地位,还要不断地追加资金的投入和各种优质资源的配置,这类业务是企业的未来和希望。对于明星类业务,企业采取的战略应当以长远利益为导向,加强企业优质资源的配置,通过专业化管理,提升其生产能力和销售能力,扩大经营规模,利用有利的市场机会,充分发挥明星类业务的明星品牌优势,促进业务的健康发展。

第四,瘦狗类业务,即一类生命周期接近尽头的业务,它们的市场增长持续下滑,相对市场占有率越来越小。对待确实没有发展前途的瘦狗类业务,企业不需要继续投入资金,应当采取"收割、榨油"战略,并"下狠心"尽快结束这类业务的生命周期,以避免更大的经济损失。

通过波士顿矩阵分析法进行战略业务划分以后,企业的战略投资选择有以下四种:发展型战略,适用于明星类业务和有前途的问号类业务;维持型战略,适用于现金牛类业务;收缩型战略,适用于部分问号类业务和瘦狗类业务;放弃型战略,适用于没有发展前途的瘦狗类业务和问号类业务。

③ 波士顿矩阵的绘制

波士顿矩阵的绘制遵循以下四个步骤。

第一步,计算各类业务的销售额、市场(销售)增长率和市场占有率。

第二步,估算 $A$ 值和 $B$ 值。根据业务所处行业的产品和市场特征,估算分别用于划分市场增长率和市场占有率高低界限的 $A$ 值和 $B$ 值。

第三步,绘制波士顿矩阵图。具体地,纵坐标度量市场增长率,低于 $A$ 值为低增长,高于 $A$ 值为高增长;横坐标度量相对市场占有率,低于 $B$ 值为低增长,高于 $B$ 值为高增长。据此,坐标轴的第一象限被划分为四个区域,它们分别代表四类战略业务单位所处的区域。

第四步,定位战略业务单位。每个战略业务单位的市场增长率和相对市场占有率指标可以决定它们在矩阵中的位置,每个战略业务单位的销售额的大小用圆圈面积的大小加以区别。

④ 波士顿矩阵分析法的局限性

波士顿矩阵分析法的应用相当广泛,它为战略管理和营销管理提供了管理分析和管理决策的科学方法,它可以帮助企业了解目前所有业务的经营现状和发展趋势,调整业务组合,有效地配置企业的资源,学会放弃没有前景的业务。

但是,波士顿矩阵分析法存在局限性。首先,划分的标准比较单一,只有市场增长率和相对市场占有率两个主要指标;其次,评分等级带有折中性,使很多业务位于矩阵的中间区域,难以确定采取何种战略。同时,该方法也难以全面地反映企业战略业务单位的综合业务素质。

(2) GE 矩阵分析法(GE Approach)

① 方法介绍

GE 矩阵分析法,也称通用电气公司模型法。相对于波士顿矩阵分析法,GE 矩阵分析法最大的突破就是采用综合指标评估企业战略业务单位。在 GE 矩阵中,纵坐标采用了行业市场吸引力指标,横坐标采用了企业竞争力指标。具体地,影响行业市场吸引力的因素很多,如市场规模、市场收益率、进入障碍、投资风险、技术发展趋势、市场分销渠道结构等;反映企业竞争力的因素也很多,其中包括品牌价值、市场占有率、顾客忠诚度、企业融资能力、企业管理能力等。

矩阵的划分标准针对两个综合指标均采用了强、中、弱三个判断层级,从而将矩阵分割为九个区域。图中圆圈的大小代表某战略业务单位所在行业的大小,圆圈越大,说明行业市场规模越大;圆圈上的箭头代表行业的发展趋势;圆圈内的阴影部分代表该业务单位在给定行业中占据的市场份额,反映了这个业务单位在行业中的市场地位,如图 2-4 所示。

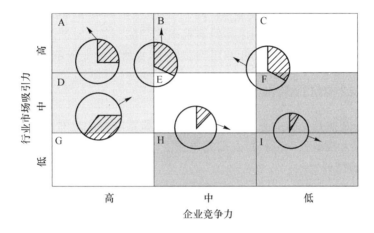

图 2-4 GE 矩阵分析法

图 2-4 中浅灰色所覆盖的三个区域,代表着行业市场吸引力较大和企业竞争力较强的区域,应当采用增长战略,优先配置资源,属于企业资源配置"开绿灯"的区域。而深灰色所覆盖的区域正相反,该三个区域则代表着行业市场吸引力不大、企业竞争力也不高的战略业务单位所在区域,该区域的战略业务单位应当是企业最后投资考虑的对象,企业可以选择撤退或者转移战略,这些区域属于企业资源配置"亮红灯"的区域。中间空白的区域要么竞争力强,但是市场发展前景不乐观,要么市场的发展空间大,但是企业没有能力把握,或者行业市场吸引力和企业竞争力都表现一般,属于企业次优先资源配置区域,企业应当采取慎重的发展战略,这些区域属于企业资源配置"黄灯警示"区域。

具体地,对于位于 A 区域和 B 区域的业务,企业应该努力加大投资力度,促使这些业务成为市场的领导者;对于位于 G 区域的业务,企业应当维持其市场地位,加大投资力度,充分发挥业务的核心竞争力;对于那些位于 C 区域的业务,企业应当促使它们提高经营能力,采用战略联盟等方式提高战略业务单位的自身竞争力;如果业务位于 D 区域或者 E 区域,这些业务应当考虑更有效的市场细分战略,寻找新的发展机会,比如从事专业化经营;如果业务位于 I 区域,则应当考虑放弃、收割;对于 H 区域的业务,应当减少投资,节约资金,选择新的市场或者提升竞争力;对位于 F 区域的业务,应当减少投资,立足小的专业化市场,并提升竞争力。最后,在分析各个战略业务单位的发展战略和资源配置规划时,还应该考量业务所在行业的发展态势和业务本身的市场地位。

② GE 矩阵的绘制

第一,分析并确定影响行业市场吸引力和企业竞争力的所有重要的评价因素;

第二,请专家分别就各个指标对行业市场吸引力的贡献程度赋予权重;

第三,对各个业务单位就每个因素进行绩效或程度测评,可以选择李克特 5 级量表,1 为得分最低,5 为得分最高;

第四,对每个战略业务单位求加权平均值,从而得到每个战略业务单位的行业吸引力和企业竞争力得分,并根据得分获得战略业务单位在矩阵中的定位;

第五,用面积不等的圆形表示行业市场规模(总销售额);用箭头表明行业的发展趋势;在圆上用阴影代表本企业战略业务单位的销售额。

至此,GE 矩阵绘制完毕。

③ GE 矩阵分析法的局限性

GE 矩阵分析法进一步完善了波士顿矩阵分析法,是更加科学和客观的分析方法,但是该方法也存在不足。比如,对各种影响因素的客观评估存在一定的困难,各因素的权重也难以确定,而且该方法忽略了各业务单元的相互影响和作用,视所有的业务单元相互独立等。

## 五、波特五力模型和价值链理论

除了需要考虑企业自身的业务组合,行业的结构和竞争强度也对企业战略的制定有重大影响。利用波特五力模型可以分析行业的竞争强度以及在价值链中自身的实力。

**1. 波特五力模型分析**

企业战略分为三个层次,即公司战略、经营战略和职能战略。企业的愿景和使命是公司最高层面战略制定的指导思想,是其主要内容,那么企业所进入的行业,所从事的业务,所处行业的竞争和发展能力,对于企业选择有效的竞争战略具有重要意义。

行业竞争强度的评估对于企业选择目标市场并制定相应策略起着决定性作用。为此,美国的迈克尔·波特教授提出了著名的"五力模型",为企业分析行业结构,选择目标市场提供了有力的理论依据。

波特认为,影响行业竞争强度的因素有五个,即来自现有竞争对手的威胁、来自潜在进入者的威胁、来自替代品的威胁、来自供应商讨价还价能力的威胁和来自顾客的讨价还价能力的威胁。这五个因素共同作用于行业的竞争强度,如图 2-5 所示。

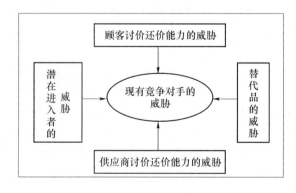

图 2-5 波特五力模型

(1) 现有竞争对手的威胁

对目前的竞争对手的分析是确定战略选择的最重要和最基本的工作。企业在研究现有竞争对手的时候，要重点考虑以下三个方面。

第一，明确竞争对手的目标客户群。欲确定本企业的目标客户群，企业必须首先明确竞争对手将目标锁定在哪一种类型的市场，该市场中的消费者特征是什么？如果本企业也进入同样的市场，本企业是否具备相对竞争优势？如何吸引竞争对手的忠诚客户？等等。只有掌握竞争对手的目标客户群，本企业才能有的放矢地确定企业的目标市场战略。

第二，了解竞争对手的经营管理水平。与经营管理水平相关的因素包括竞争对手的销售渠道、服务水平、领导者素质、财务管理水平、与供应商的关系，还有竞争企业销售人员的沟通水平、竞争企业资产负债率等。对竞争对手的经营管理水平的分析，可以使企业发现其优势和薄弱环节，也会为本企业未来的发展方向提供强有力的依据。

第三，知晓竞争对手的企业文化和价值观。企业价值观对企业战略制定起导向性作用。了解竞争企业的价值观，有助于发现对手的竞争方式偏好、经营模式偏好和营销组合策略的特点等，以便从中发现体现本企业核心竞争力的市场机会。

(2) 潜在进入者的威胁

当一个行业利润空间很大的时候，自然就会吸引新的投资者进入该行业。如果行业市场前景良好，企业就要警惕潜在进入者可能带来的威胁，并有预见性地做出战略规划的调整。新的进入者会使市场竞争更加激烈，每个企业的市场占有率趋于下降，商品价格可能会下降，各企业的利润可能会降低。因此，企业有必要调查目标客户对新品牌或者新产品的接受程度，尽可能地设置强有力的进入壁垒，比如努力扩张实现规模经济效应，或与客户签订长期合同等，迫使潜在进入者由于过高的机会成本而选择放弃进入，从而巩固本企业的市场地位。

(3) 替代品的威胁

替代品在各行各业广泛存在，对被替代产品的价格和销量影响巨大。面对各类替代品，企业首要的任务是通过科学的市场调查，确定哪些产品属于企业产品的替代品。替代品一般能够代替原有产品功能，有的替代品在满足原有功能的同时，还具备原产品不具备的功能，这种替代品的威胁性更大。由于替代品生产者的侵入，现有企业必须改变当前的策略，比如提高产品质量，或者通过降低成本来降低售价，或者使其产品具有特色，否则难以实现本企业既定的盈利目标。

(4) 供应商的讨价还价能力

企业和供应商处在同一条产业链上。如何处理和供应商的关系直接影响企业的成本节约和未来发展规模。随着供应商讨价还价能力的增强，来自供应商的压力就会越来越大，这会造成企业生产成本的大幅提高，从而削弱企业竞争力。为此，企业必须予以高度重视。

(5) 顾客的讨价还价能力

顾客是企业关注的核心点。顾客对产品的认知能力、对企业的信任程度、对产品的价值感知等与顾客购买决策行为相关的诸影响因素，直接关系到企业战略的制定。越来越多的产品或服务的供应商为顾客货比三家创造了优越的条件，顾客也比以往任何时候都更加聪明，如果企业的产品表现为高市场同质性，顾客的讨价还价能力就会增强，企业盈利的空间就会相应地萎缩。因此，企业必须通过市场调研，选择有效的差异化战略，去应对不断提升的来自顾客的讨价还价能力的威胁。

以上五种因素都影响着企业营销战略的制定，均在不同程度上影响着企业未来的发展。

**2. 价值链理论**

波特的价值链理论同样给予企业一个较为科学地评价自身运营能力的方法和手段。波特价值链简图,如图2-6所示。从图中可以看出,波特把企业活动划分为辅助活动和基本活动两种。辅助活动是和生产间接相关的活动,如计划、财务、管理信息系统、法律服务、研发、人力资源等,它们是企业的内部活动,不与目标客户发生接触,基本在企业内部进行,用以保证企业其他基本活动的顺利完成。与生产直接相关的活动则属企业的基本活动,包括内部和外部后勤、生产运营、营销销售和客户服务等,这些活动均为企业的利润来源,企业通过基本活动会与供应商、物流公司和客户等发生面对面的直接接触。

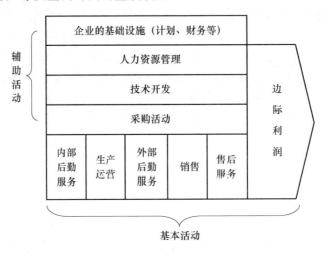

图2-6 波特价值链

并不是每一个企业均存在上述价值链中的所有环节,比如有的企业没有生产部门。企业依据此图,可以评价自身各运营环节的能力,发现薄弱环节,寻找利润源,巩固优势资源和能力,在分析自身能力的基础上,制定切实可行的营销战略。

## 六、战略业务单位发展战略

当企业确定了进入的行业、经营目标、业务种类、竞争方式,进入行业市场之后,下一步要进行的就是选择发展战略方针。这就是本节最后一部分要讨论的企业战略业务单位的发展战略。企业的业务拓展和扩张是企业发展的重要内容。企业要针对市场机会确定增长方式和战略模式。主要包括三个成长战略,即密集型成长战略、一体化成长战略和多元化成长战略。

**1. 密集型成长战略**

密集型成长战略,是指企业在原生产范围内充分利用市场潜力获得成长和发展,也称作集约式成长。密集型成长战略主要包括三种类型:市场渗透战略、市场开发战略和产品开发战略。

市场渗透战略,是指企业在目前所处的市场中通过现有产品销量的提高,争取更大的市场占有率。企业一般通过以下三个基本途径提高销量。第一,通过各种促销宣传手段提高现有顾客的购买量。具体有,开设更多的销售点、改变售卖方式、在客流量大的地方加大宣传力度等。第二,争夺竞争对手的客户,通过降低价格、提高产品质量、提高服务质量和营销创新等与竞争对手争夺客户。第三,说服不使用某产品的消费者尝试本公司的产品,争取潜在的新客户。

市场开发战略,是指将现有产品推向新的市场。如果现有市场已经趋于饱和,基本没有渗透的余地,而新市场又具有较大的挖掘潜力,那么采用市场开发战略将会是一个重要的战略选择。市场开发战略是多方位的,可以开发产品的新用途,可以寻找新的目标市场,可以从国内市场扩张到国际市场,也可以从商务市场拓展到消费者市场等。

产品开发战略,是指在现有市场中开发新产品,或者改进现有产品,以满足消费者不断变化的需求。具体可以采取的方法包括:加强新产品的研发和生产、改良产品、改变包装或规格、增强功能等。

表 2-2 所示的产品/市场发展矩阵(又称作安索夫矩阵)是密集型成长战略的汇总。

表 2-2 产品/市场发展矩阵

| 产品 | 市场 | |
|---|---|---|
| | 目前所在市场 | 将开发市场 |
| 现有产品 | 市场渗透 | 市场开发 |
| 新开发产品 | 产品开发 | 多元化增长 |

### 2. 一体化成长战略

一体化成长战略,即企业整合自身各项优势,根据物流或者资金流的方向和方式,连接产供销各个环节,在现有基础上向企业的外部发展,向深度和广度发展。一体化成长战略帮助企业选择经营范围和经营内容,尤其对企业如何选择企业上下游价值链上的业务提供理论依据。

一体化包含三种形式,即前向一体化、后向一体化和水平一体化,如图 2-7 所示。

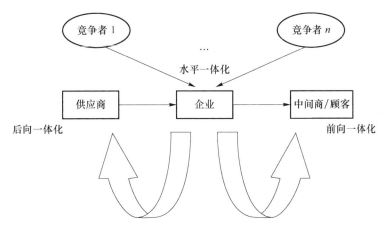

图 2-7 一体化成长战略

前向一体化,指按照物流、资金流的顺方向移动或沿着当前业务的最终端,向下延伸式的协作或合并,比如生产企业通过某些方式与中间商的协作或合并,制造企业收购批发商和零售商等。后向一体化则相反,它是沿着物流、资金流的反方向移动式协作或合并,沿着企业目前业务的最前端向上发展,比如计算机公司兼并硬件供应商。前向或后向一体化的战略选择,有利于提升技术水平,满足资本投资的需求,扩大经营范围,降低单独经营成本,提高管理水平。

水平一体化,也可称作横向一体化,即与处于同等地位的竞争者的协作或合并,比如竞争对手间的企业联合,有助于企业实现规模经济效应,减少竞争对手,共同获利,实现双赢或者多赢。

**3. 多元化成长战略**

多元化成长战略,是一种跨行业的全新发展战略。当规模较大且实力较强的企业在现有行业内难以继续盈利或者面临市场困境的时候,采用该战略的企业可以在目前经营范围以外开发新市场、新产品。新增业务可以与以前的业务毫无关系,也可以存在一定联系。

多元化成长战略有三种形式:同心多元化、水平多元化和整体多元化,三种形式划分的依据是新增的市场机会和产品与原经营内容之间关系的密切程度。

同心多元化,是指企业进一步发展与原来生产技术有关系的新产品,是以现有技术为基础,发展新市场,生产新产品。企业可以利用原有的技术优势,降低风险,保证材料供应、技术水平等,相对比较容易地达到预期效果。比如,生产自行车的厂家进一步生产三轮车或其他非机动运输工具等。

水平多元化,是指企业发展那些与原有销售产品有关系的跨行业产品。这种发展模式能够满足原有客户对其他商品的需求,从而扩大销售额。比如,过去只销售计算机的厂家现在开始生产计算机配件。由于企业已在消费者心中树立起良好的企业形象,新产品更加容易得到老顾客的信任,并与其他竞争者抗衡。

整体多元化,是指企业开发与原市场产品和技术毫无关系的新产品,以寻求新的市场机会。这是一种比较冒险的增长方式,一般不适用于中小企业。

总之,不论是哪一种发展方式,都需要企业具备较好的协调能力和管理能力,也只有如此,企业才可能在不同的市场中采用不同的方式与竞争对手抗衡,实现企业的可持续发展。

# 第二节  市场营销管理过程

## 一、市场营销战略与企业战略的区别

市场营销战略是企业基于市场营销环境的分析,就如何运用企业的资源优势和市场优势参与市场竞争,确定发展目标,在目标导向下对企业市场营销活动的开展所设计的谋划和艺术。

企业战略规定企业的发展方向,是企业的蓝图规划,是市场营销活动的总体方针思想。而市场营销战略则决定了怎样实现企业战略,如何达成企业战略制定的企业目标,如何保证企业能顺利按照预定经营目标发展。企业战略是市场营销战略的前提和基础,市场营销战略是企业战略实施的必要步骤和重要过程,二者相辅相成,缺一不可。

市场营销战略的制定要符合企业发展目标,二者要协调一致,企业战略的制定也要充分考虑执行的可行性,否则再完美的战略也是空谈。一个优秀的企业一定整合了企业战略和市场营销战略,使二者互为内容,互相补充。企业战略和营销战略的区别和联系,如表2-3所示。

表2-3  企业战略与市场营销战略的比较

| 战略项目 | 环境分析对象 | 战略目标 | 主要内容 |
| --- | --- | --- | --- |
| 企业战略 | 宏微观环境 | 企业目标和任务等 | 价值链分析;成本领先、差异化、密集型成长、一体化、多元化战略选择等 |
| 营销战略 | 宏微观环境 | 营销目标和任务等 | 市场细分、目标市场选择、定位、市场竞争等 |

不断变化的市场需求,社会科技的发展,消费者价值认知水平的不断提高,都会对企业的发展方向产生影响。总体来说企业战略比市场营销战略的稳定性更强,一旦被制定,就不会轻易改变或放弃,但是也会随着市场的变化做出局部调整。市场营销战略则不同,随着企业战略、环境条件、消费者爱好、居民收入水平等的变化,市场营销经理会调整目标市场、市场定位等战略,并进一步调整产品、价格、渠道或促销等市场营销策略,以保证企业总体战略目标的实现。但是,市场营销战略毕竟是战略层面的市场营销管理,同样具有长远性、稳定性等特点,因此在制定和修订市场营销战略的时候,应持谨慎的态度。

在制定企业全局战略和市场营销管理战略的同时,重视企业内部各个部门的配合和协调,有助于实现企业的远大目标。如果财务管理部门预算不足,人力资源部门没有招聘到适用的员工,生产管理部门不能提供符合目标顾客需要的产品等,都会直接影响企业战略和营销战略的实施。

案例2-2 "淘宝"的"双十一"狂欢[①]

11月11日,俗称"光棍节",因日期里有四个"1"而得名。本来"光棍节"是单身族的一个节日,产生于校园,并通过网络等媒介广为传播,逐渐演绎为"光棍节文化",在2009年由淘宝发起变身为"双十一购物狂欢节"。淘宝作为一个网购平台,是如何造节成功的呢?

2009年,为了推广"品牌商品五折"活动,淘宝打出"光棍节一个人逛商场,太凄惨了吧"的广告语,目标选定以大学生和白领为主的年轻群体,看中他们渴望品牌产品却没有足够资金购买的心理,营造促销氛围,利用流行的"光棍节文化",开展大促销活动。

到了2016年,阿里巴巴已经将"双十一"打造成全国性的购物狂欢节。首先,利用大众媒体微博进行宣传。2015年"双十一"相关话题累计阅读量超过17亿次;天猫广告在微博的到达率高达94%,效果显著。通过微博等平台发布抢红包的信息,各大营销号、段子手创造相关话题进行内容创作引爆"双十一"微博战场。其次,2015年,阿里首次推出天猫"双十一"晚会直播,利用"电商+电视+网络"的传播形式使"双十一"引爆全民聚焦。2016年,全渠道的营销发展策略成为阿里的核心发展策略,2016年天猫"双十一"营销扶持60多个商家,强调门店发货。全渠道的营销发展策略表现在一方面阿里巴巴尽全力打通品牌营销的线上和线下,另一方面阿里巴巴平台的大型品牌商也实现线上和线下商品的流通发展,构建会员服务体系,比如绫致集团、GAP、优衣库等品牌。

【思考题】

(1)"双十一"购物狂欢节体现了怎样的市场营销战略?

(2)"双十一"购物狂欢节体现了怎样的企业战略?

## 二、市场营销管理的基本过程

在明确了企业整体的战略方针之后,营销管理活动就具备了行动的指南针,有了方向和目的地。营销管理活动的基本内容和过程基于已经明确制定了的企业战略,包括营销环境分析、目标市场选择、营销策略制定、营销计划制订以及营销控制管理,本章只是将营销管理过程和内容的架构展示给读者,如图2-8所示,旨在给读者一个明确的有关企业市场营销管理过程和内容的逻辑体系。市场营销管理过程将在本书以后的章节中逐一系统地阐述和分析,本节不

---

[①] 资料来源:岳磊,郭博昊.天猫双十一的营销方式研究论述.现代商业,2017(1).

做赘述。

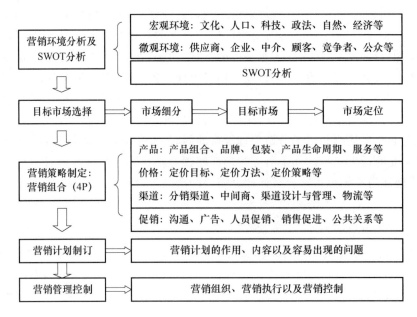

图 2-8 市场营销管理过程和内容

案例 2-3 顺丰速运的波特五力分析①

顺丰速运于 1993 年成立于广东顺德,自成立以来,顺丰不断丰富产品和服务种类,截至 2016 年 11 月,顺丰在中国大陆地区已经拥有近 1.5 万台自有营运车辆,以及遍布中国大陆的 1.3 万多个营业网点。

在与运输供应商的合作之间,由于我国的油料大体上由中石油、中石化、中海油这三家公司供应,油料价格的波动会对快递行业的成本产生重要的影响;同时,快递行业与水路、公路、铁路和航空等企业的合作非常紧密,但是这些基础设施的建设还处于国家垄断地位;所以总体而言,顺丰在运输方面处于劣势。

快递行业的购买者主要包括个人消费者和集团消费者。个人消费者的议价能力较弱,而集团消费者由于用量较大,占有优势地位,比个人消费者的议价能力强。顺丰速运以"安全快速"在行业间享有知名度,应保持其差异性优势,根据客户的不同需求,提供差异性的服务,与大客户达成长期合作。

对于快递行业这个已经趋于饱和的行业来说,进入所需的资金和能获得的利润已经无法再吸引更多潜在竞争者。2009 年 10 月 1 日起实施的新《中华人民共和国邮政法》的第五十二条规定了快递注册资本下限,同样也为新进入者造成了一定的进入障碍。然而这并不代表威胁不存在。目前快递行业中最大的替代品来自部分企业自建的配送中心,比如亚马逊和京东商城自己的配送体系,京东快递于 2012 年获得快递牌照,并且在成本控制方面领先于竞争对手阿里巴巴。

随着快递行业的不断发展,国内各个民营快递公司逐渐形成了自己的市场定位,其大多数集中在低端市场。这个层次的竞争主要是价格竞争,技术含量较低。顺丰速运定位于中高端

---

① 资料来源:徐晓丽.关于顺丰速运的波特五力模型探析.商场现代化,2017(3).

市场的发展,对高新技术的要求较高。从价格上说,顺丰速运的价格普遍高于其他民营快递企业,在价格上没有竞争优势。从服务水平来说,顺丰速运推出了各种类型的产品和增值服务产品。比如顺丰即日、顺丰次晨、顺丰次日、顺丰隔日、顺丰标快(港澳台)、顺丰特惠(港澳)、顺丰标快(国际)、国际特惠-出口、国际重货、物流普运、顺丰特安、国际特惠-进口;另外,还有买卖保、代收货款、系统对接服务、包装服务、易碎保、安检报备、超时退费等增值服务。相比其他民营快递企业,顺丰的产品更加丰富多样,已经形成了统一可靠的服务标准。

【思考题】
(1)请运用波特五力模型,分析顺丰速运公司在市场上所面临的竞争压力。
(2)你认为,顺丰公司应该采取怎样的发展战略?

## 本 章 小 结

战略帮助企业选择成长路线,帮助企业设立发展目标,提高凝聚力,具备全局性、长远性、针对性和可变性的特点,对企业营销管理活动有重要意义。企业的战略选择要遵循科学的程序和方法,要考虑市场特征和竞争对手特点。

企业战略分为三个层次:公司层、经营层和职能层,市场营销战略属于职能层战略,企业要正确把握二者的关系,企业战略是总体方针。波特五力模型和价值链分析有助于企业了解行业的竞争强度以及企业在价值链中自身的实力。企业的一般战略有成本领先战略、差异化战略和集中战略。企业的发展战略有密集型成长战略、一体化成长战略和多元化成长战略。

常用的战略业务单位划分方法有波士顿矩阵分析法和 GE 矩阵分析法。无论采用哪一种方法进行战略分析,都要与竞争对手进行比较分析才有意义。

市场营销管理过程包括五个主要的组成部分:营销环境分析、目标市场选择、营销策略制定、营销计划制订以及营销管理控制。

## 关 键 名 词

企业战略　营销管理　波士顿矩阵分析法　GE 矩阵分析法　波特五力模型　价值链

## 思 考 题

1. 企业战略规划的制定过程包括哪些内容?
2. 企业愿景、使命和价值观的关系是什么?
3. GE 矩阵分析法的局限是什么?
4. 如何通过波特五力模型分析竞争强度?
5. 企业的成长战略主要有哪些?主要内容是什么?
6. 市场营销管理过程包括哪些内容?

# 第二篇　市场营销环境和市场

# 第三章 市场营销环境

**本章学习要点**

- 掌握市场营销宏观环境的内容
- 掌握市场营销微观环境的内容
- 了解在不同营销环境下的市场营销策略
- 掌握 PEST 分析的内容
- 掌握 SWOT 分析过程
- 本章小结

企业的营销活动是在一定的市场环境中进行的,企业的生存和发展除了要受自身条件的制约,也要受外部条件的制约,关注并研究企业内外部环境的变化趋势,识别环境变动造成的机会和威胁,主动调整自身经营策略,是营销活动的主要任务之一。企业只有从环境分析中确认趋势和市场发展方向,并根据变化及时采取合理、正确的措施来应对动态的环境,才能最终制定出有效的营销策略。本章主要介绍市场营销环境的宏微观内容以及不同市场营销策略和分析过程。

## 第一节 市场营销环境概述

### 一、市场营销环境

市场营销环境就是影响企业市场营销活动不可控的参与者与影响力。从上述定义可以看到,环境是不可控因素,各种营销活动要在环境大背景下,变被动为主动,因势利导地调整战略和战术,去适应变化的市场营销环境。一个企业的市场营销环境由市场营销各项职能外部的利益相关者、行动者和力量共同组成,而这些因素直接影响着企业的生存,调整着企业产品和市场需求的发展趋势,并有可能改变企业的目标顾客的心理状态,甚至影响交易达成。同时环境的变化也有可能会给企业带来一些扩展市场的机会或潜在的市场机遇,甚至由于社会整体生活水平的提高,消费者价值观、购买动机、购买力水平的改变等,会改善企业目前的经营状况。由此看来,在同样的市场环境下,不同企业的发展方向可能截然不同,关键在于企业如何把握环境,扬长避短,趋利避害。

关于市场营销环境的划分方法有很多,菲利普·科特勒将其高度概括为市场营销宏观环境和市场营销微观环境,如图 3-1 所示。

市场营销宏观环境,指间接影响企业营销活动的各种巨大的社会参与性不可控因素,主要包括人口环境、经济环境、政治法律环境、自然地理环境、科学技术环境、社会和文化环境等因素。

市场营销微观环境,指与企业紧密相连、直接影响企业为目标顾客服务能力的各种社会参与者或角色。企业的市场营销微观环境由企业本身、供应商、市场营销中介、竞争者、顾客和各种社会公众等因素构成,这些因素都是一些与企业活动联系最为密切和直接的企业外部不可控因素。

在特殊情况下,宏观环境也可以对企业产生直接影响,微观环境也可能间接作用于企业,二者共同影响着企业的各种营销活动和行为。

值得注意的是,市场营销宏观环境和市场营销微观环境不是并列关系,而是主从关系,市场营销微观环境中所有因素都要受到市场营销宏观环境的影响。

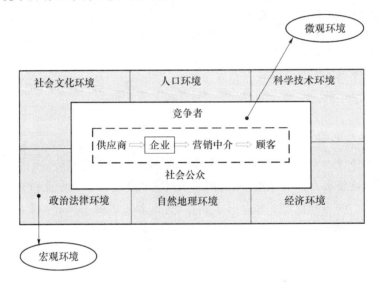

图 3-1 市场营销环境

## 二、市场营销环境的特点及其与市场营销活动的关系

**1. 不可控性**

环境的不可控性,指环境作为企业外在的不以营销者意志为转移的因素,是客观的、独立的和强制的。一旦政府某项政策出台或者目标客户群购买能力发生改变,企业就会被迫做出市场营销战略和策略的调整以适应环境。

尽管市场营销环境是不断变化的、不可控制的,但是环境的种种变化遵循一定的客观规律。随着社会的进步、自然环境的变化、科学技术的不断发展,人们受教育层次的提高和购买力水平的普遍提升,市场营销环境也会随之发生变化。如果企业能够尊重并抓住环境变化的客观规律,进行科学有效的环境预测,有能力比其他企业提前一步调整运作方案,更好地去适应环境,就会获得更多的利润。

**2. 差异性**

环境的差异性,指不同企业所处的环境不同,而同一环境因素的变化对不同企业的影响也不同。不同的国家和市场有着不同的历史、文化、地理、自然环境、消费习惯等特征,这种特征差异对企业市场营销活动的影响也是不相同的。由于各企业的核心产品不同、员工素质不同、生产运营能力不同、服务水平和服务对象不同、目标客户群的定位不同、合作商不同等因素,即使面临同样的环境,受到的影响也不同。

### 3. 动态性

环境的动态性,指市场营销环境的各种要素是不断变化的。一方面,各种环境因素自身是不断变化的。另一方面,某一环境因素的变化又会引起相关环境因素的变化。以中国市场为例,改革开放前,中国商品市场基本是卖方市场,商品供不应求,企业基本忽略市场营销。随着改革开放的进程加快和社会的进步,人们生活水平有了明显的提高,社会的供求关系也发生了变化,由卖方市场向买方市场转变,企业市场营销环境发生了根本性的转变。

如今消费者的消费观更趋于关注自我的个性化需求,消费者的消费心理也日趋成熟。因此,市场营销环境的动态性要求企业必须及时关注分析不断变化的市场环境,及时调整市场营销策略和营销模式,必要时需要革命性的改变。

### 4. 相关性

环境的相关性,指组成市场营销环境的各个因素之间不是孤立存在的,它们相互关联且相互影响,一个因素的变化可能导致其他因素的变化。比如一项用于提供新能源的科技发明,会直接影响企业对能源的需求状况。此外,企业在制定决策的时候,也不会只受到某个单一环境因素的影响和制约,例如企业在推广某个新产品的时候,就会同时受到人口统计特征变量和社会文化特征等因素的制约。

### 5. 可影响性

环境的可影响性,指企业可以通过采取适当的市场营销策略,对外部环境施加一定的影响,从而使某些环境因素向企业所预期的积极方向发展。一般地,市场营销环境是客观不可控的,但这并不意味着企业永远只能被动接受环境。相反,企业应当通过各种途径、先进的市场营销理念、灵活的市场营销管理手段,在一定程度上影响环境,使其向着有利于企业发展的方向发展。对此,科特勒曾提出了大市场营销的理念,即在传统的营销组合(4P:产品 Product、价格 Price、分销 Place、促销 Promotion)策略的基础上再加上两个 P,它们是权利(Power)和公共关系(Public Relations)。其目的是特别强调企业通过自身努力发挥对环境的影响力。

上述分析显示,市场营销环境对于企业的发展和市场营销管理工作起着至关重要的作用。在本章第二节的宏观环境分析和第三节的微观环境分析中还将做出系统且深入的阐述。

## 第二节 市场营销宏观环境

### 一、概述

市场营销宏观环境包括人口环境、自然地理环境、社会文化环境、经济环境、科学技术环境和政治法律环境。

人口环境,主要指人口的数量、分布、年龄和性别结构等。不同的人口特性会对市场格局产生深刻影响。

自然地理环境,主要指自然资源和自然物质环境的综合,是自然界能够提供给企业的自然禀赋。

社会文化环境,主要指一个国家或地区的宗教信仰、教育水平、价值观、语言文化等特征。可以被概括为两大部分:国家或地区的主流文化和亚文化。

经济环境,指构成企业生存和发展的社会经济状况和国家经济政策,是影响消费者购买能力和支出模式的因素。

科学技术环境,主要强调科学技术带给企业营销活动的深刻变化和深远影响。网络营销和电子商务的蓬勃发展就是电子信息技术推动和作用的结果。

政治法律环境,主要指国家的政治制度和法规。政治制度调节着企业营销活动的方向,法律法规则为企业规定了商业活动的准则。二者共同对企业营销活动发挥着重要的影响。

市场营销主要宏观环境因素及其基本内容如表3-1所示。

表3-1 市场营销宏观环境的基本内容

| 宏观环境因素 | 内容 |
| --- | --- |
| 人口环境 | 人口规模、增长速度、地理分布、出生率、死亡率、自然增长率、年龄和性别结构、人口流动、人种、家庭结构、民族等 |
| 自然地理环境 | 自然资源、地理环境、环境保护等 |
| 社会文化环境 | 宗教信仰、教育水平、价值观、审美观、风俗习惯、语言文字、民族特性、伦理道德等 |
| 经济环境 | 消费者收入、消费结构、储蓄与信贷、通货膨胀与通货紧缩、社会总体购买力水平、城市化进程、经济体制、行业特点、生产力和经济发展水平等 |
| 科学技术环境 | 科技进步对营销战略和策略、对企业内部经营管理和对零售商业和购物习惯产生影响等 |
| 政治法律环境 | 政治制度、政策方针、法律法规、政治形势、社会秩序、公众和利益团体等 |

下面就市场营销宏观环境各个因素对企业营销活动的影响进行具体分析。

## 二、人口环境

人口因素是市场营销宏观环境分析的首要因素。西方经济学提出,商品需求是指消费者在一定时期内在各种可能的价格水平下愿意而且能够购买的该商品的数量。这里强调了两个因素,一个是消费者的购买意愿,另一个是消费者的购买能力。仅有愿望不够,还要有经济实力实现愿望,二者共同构成了市场需求。消费者数量的多少、人口的分布、出生率、死亡率、教育程度等都直接影响着消费者的购买意愿和购买力水平,会对市场格局产生深远的影响。企业经营者要重视对该首要影响因素的调查研究,密切注意人口的发展态势,及时调整市场营销策略。

**1. 人口规模和增长速度对市场营销活动的影响**

人口规模决定了市场潜量的上限。一般地,人口数量越大,市场的规模就越大。中国近些年之所以能够吸引大量外资进入中国市场,一个很重要的原因就是中国是一个人口大国,拥有巨大的市场容量和市场潜力。

全球的经济发展促进了世界人口的快速增长。人口增加给企业带来了市场机会也带来了威胁,一方面,人口规模是决定市场规模和潜量的一个基本要素,如果收入水平不变,人口越多对衣食住行的需求也越多,企业可以依照人口规模大致估算出市场规模。另一方面,人口的迅速增长也给企业带来很多不利影响,比如人口增长可能导致收入下降,也会改变原来的市场结构和消费结构,这些都会对企业产生影响,也要求企业制定新的营销策略。

**2. 人口的地理分布对市场营销活动的影响**

居住在不同地区的人群,由于地理环境、气候条件、自然资源、风俗习惯等的不同,消费需求会存在很大差异。中国虽然地理面积广大,但是真正可以从事经济活动的空间却非常有限,人口分布非常不平衡。中国人的宜居面积约占国土总面积的47%,基本集中在东部,那里聚集了全国约94%的人口,特别是东南沿海地区,人口密度极大。而广袤的西部地区自然环境恶劣,经济发展落后,居民收入和生活水平偏低。

面对我国这样典型的人口地理分布特征,企业在开发市场的时候,要充分考虑到人口的地域性消费水平和购买力的差距,在不同地区应考虑是否执行不同的营销策略。

**3. 出生率、死亡率和自然增长率对营销活动的影响**

全世界不同国家、不同地区的出生率和死亡率有着很大的差别,对于企业营销活动有着重要的影响。美国的婴儿潮出现在第二次世界大战后的1946—1964年间,而中国的婴儿潮却出现在1962—1980年间,所以在2006到2020年这十几年的时间里,在中国婴儿潮期间出生的人将会是中国生产、投资和消费的主力军。2013年年底,我国单独二胎政策放开,这也会进一步增加人口出生率。企业要想长久发展,就要有预见性地看到出生率、死亡率和自然增长率对未来市场变化或市场潜力的影响,并做好营销准备。

**4. 年龄和性别结构对营销活动的影响**

不同年龄和不同性别的顾客在消费需求、购买习惯和购买行为上会有很大差异。人口的年龄分布变化有利于形成特定的市场,如婴儿市场、儿童市场、青少年市场和中老年市场等。

依照性别特征差异,可以将市场划分为男性用品市场和女性用品市场,男性和女性消费者在购物偏好和家庭购物决策权上会有所区别。根据美国《汽车周刊》报道①,美国女性更喜欢小型车和跨界车,而男性则偏爱诸如法拉利这类的赛车或酷车。宝马Mini、日产汽车、起亚及本田的购买者近45%是女性,而男性作为车辆最大的购买群体,购买这些车的比例却不足50%。

**5. 人口流动对营销活动的影响**

人口流动是近些年来全球人口变化的特点。最核心的特征就是人口从农村流向城市,从内陆流向沿海,简而言之,就是从不发达地区流向相对发达地区。随着经济全球化和一体化,各个国家或地区之间的交流越来越频繁,促进了世界人口的流动。通过经商、旅游观光、文化交流等形式,人口逐渐开始涌向发达国家和地区。人口流动改变了原有市场的性质、结构和市场需求特点,也创造着无限商机。

**6. 家庭结构对营销活动的影响**

家庭是社会的基本细胞,也是购买和消费的基本单位,一个市场拥有家庭单位的数量、家庭成员平均数量以及家庭组成状况,对市场消费需求、消费潜量和消费结构有十分重要的影响。近年来,全球人口快速增长,家庭规模却逐渐趋向小型化,这使得全世界家庭数量日益增多。在二孩政策全面放开之后,中国的家庭规模和结构将面临新的调整。

近年来,丁克等特殊家庭结构也渐渐增长,虽然占比小,但是也能为一些行业创造商机。

**7. 民族结构对营销活动的影响**

许多国家的人口都是由多民族构成的。研究不同民族的消费习惯、宗教信仰、价值观导

---

① 汽车购买存在性别偏好,男性女性各有所好. 环球网. http://auto.huanqiu.com/news/hot/2012-04.

向,有助于企业深刻地了解消费者购买决策行为,并以此制定针对不同消费群体特征的营销策略。

### 三、自然地理环境

营销活动既受自然地理环境的影响,也对自然地理环境保护承担责任。

一个市场的资源储备量、分布密度和广度,以及使用条件对企业的市场营销模式乃至跨国营销战略均起着重要作用。由于自然资源是一种自然禀赋,非人类可控,它的位置和储藏量分布是客观存在的、有限的,有些是不可再生的,因此,企业必须有效地、合理地、以可持续发展的发展观为导向去利用自然资源。

**1. 自然资源对企业营销活动的影响**

自然资源可以简单分为三类,即有限不可再生资源、有限可再生资源和无限资源。

有限不可再生资源的典型代表是矿产资源和非金属矿产,如煤、碳、石油等重要矿产原料。当企业面对有限不可再生资源带来的资源威胁时,应力争开发新型材料资源。

有限可再生资源包括农作物、树木、植被等生物资源和非生物资源,这些资源能够循环再生,可以循环使用。需要注意的是,由于近些年城市化进程的加快,这些可再生资源的总量在减少。比如,尽管树木可以再种植,但是树木赖以生存的土地面积在减少,资源总量自然呈下降趋势。

第三种资源是无限资源,如空气和风能等。随着世界人口的迅速增长以及全球温室效应的出现,水资源已经不再是无限资源。在这样的环境条件下,一些企业已经或准备进入节能低耗领域,在能源危机的不利条件下,寻求新的市场机遇。

**2. 地理环境对市场营销活动的影响**

一个地区的地理环境主要指该地区的地容地貌,气候条件等,如高原丘陵地带、平原盆地地带、干旱少雨地带和温暖湿润地带等。在我国,干燥少雨的北方地区,加湿器受到市场的欢迎,但是该产品并不适合多雨潮湿的南方市场。鉴于地理环境因素的特点,企业在制定不同区域市场营销策略时,必须考虑由于区域地理环境差异导致的市场差异。

**3. 环境保护运动对营销活动的影响**

保护环境是企业的社会责任和义务。面对日益恶化的自然环境,政府出台并不断完善着有关环境保护的法律法规,社会环境保护组织也加大了对企业环保行为的监管力度。

环境保护对企业市场营销管理提出了更高的要求,也加大了企业市场营销管理的短期成本。但是,随着可持续发展观念的深入人心,"绿色环保"可能会成为消费者对产品品质的基本要求,企业正面临着一场前所未有的来自环保责任的挑战。为此,企业应当以长远的、发展的眼光看待这一变化,把来自政府和社会的环保限制转变成企业发展的机遇,以企业长远利益为出发点,将环保纳入企业的长期市场营销发展战略。

### 四、社会文化环境

社会文化是一种特殊的环境。研究表明,消费者购买行为的背后是文化在起根源性作用,这种作用是在个体长期的成长过程中慢慢形成的,又无时无刻不反映在个体行为中。对这种影响,市场营销者难以察觉,消费者自身也难以表述,因为它是潜移默化的。

社会文化环境因素包含的内容很多,以下简要分析与企业营销关系较为紧密的几个方面。

**1. 宗教信仰**

不同的宗教信仰有不同的文化倾向和戒律,宗教是影响人们消费行为的重要因素之一。如果企业市场营销活动和产品风格符合当地消费者的宗教信仰,则有关宗教组织可能会给予大力支持,或不必担心由于宗教信仰冲突导致来自市场的抵制。教徒出于对宗教的崇拜,自然会乐意接受"宗教促销",容易成为宗教型忠诚客户,这是一般的促销宣传难以实现的效果。相反,如果企业不了解当地的宗教信仰特点,企业市场营销活动就有可能冒犯宗教禁忌,与人们的宗教信仰发生冲突,结果只会失去宝贵的市场机会。因此,企业一定要深入了解各民族的宗教信仰,并且给予足够的尊重,在进行市场营销活动时,注意着装、风俗习惯和沟通方式,一旦获得消费者的信任就等于向成功迈出了关键的一步。

**2. 教育水平**

教育水平指消费者的受教育程度。一个国家或地区的普通教育水平影响着市场营销方式的选择。受教育程度较高的消费者一般消费较为理性,有较强的判断力,个性特征突出,不易受他人影响。而教育水平偏低的消费者则相对容易受他人影响,更加容易接受企业的促销宣传。可以从以下四个方面来分析教育水平对市场营销活动的影响。

第一,对于销售产品的影响。受教育程度较高的消费者偏爱功能多样、设计精美、包装高贵典雅、性价比高等特点的产品,他们对售后服务等产品的附加属性有较高要求。而受教育程度偏低的消费者则更偏爱功能简单、廉价的产品,对售后服务没有明确要求。

第二,对促销策略的影响。在教育程度低,比如文盲率较高的地区,产品说明书、海报或者传单的功效较低,电视、广播、现场操作演示和现场宣传会更加有效。

第三,对营销调研的影响。高教育水平的地区可以采取发放问卷式的邮寄访问或电子访问,而对于阅读能力较弱的消费者,现场拦截式访问更奏效。

第四,对目标市场选择的影响。由于在教育发达和欠发达的国家或地区消费者对于产品的需求明显不同,企业可以依据消费者的受教育水平进行市场细分和目标市场选择。

**3. 价值观**

罗克奇(Rokeach,1973)指出,价值观是一个持久的信念:"一种具体的行为方式或存在的终极状态,对个人或社会而言,比与之相反的行为方式或存在的终极状态更可取。"

一个民族或国家的消费者具备相似的价值观,而不同文化背景下,人们的价值观会有很大差别。现代中国人的价值观体系主要是中国传统文化价值观即儒释道价值观的传承和西方文化价值观的渗透之综合作用的结果。

一项关于中国传统文化价值观对消费者购买行为的影响的实证研究揭示,儒家文化价值观中的合乎体统、维护尊严(或好面子)、主张平等和权益维护等因子对中国消费者高档商品的购买行为影响显著(张梦霞,2005;张梦霞,2010)。价值观影响着人们的行为方式、生活方式和消费方式。因此,企业有必要针对不同价值观的消费者采取不同的营销策略。比如对于喜欢猎奇和富有冒险精神的消费者,应强调产品的新颖和奇特;对于一些注重传统的消费者企业应强调产品和传统文化的融合。此外,消费者的价值观也决定了企业营销模式的选择。

**4. 审美观**

审美观通常指人们对事物的好坏、美丑、善恶的评价。消费者在挑选商品时,会结合自己的审美观选购商品,判断商品的外形是否美观,形状、颜色、大小、包装、饰物搭配等是否协调一致,也会考虑商品的内在属性是否符合自己的审美观,如商品是否环保,是否有利于健康。当然也会追求购买环境的优雅,如商场的装饰风格、背景音乐等,这些都是个体的审美观在起作用。

不同国家的人群具有不同的审美观,即便是同一国家不同地区的人们审美观也会有所区别。比如,英国贵族宁愿住在相当古老的房子里,只因为这些房子位于贵族街区,是身份地位的象征,这是贵族消费者的审美标准。针对这样的审美观,该街区的各项商业活动会充分考虑贵族世袭的文化传统延伸的消费理念,提供符合消费者高贵身份诉求的商品和服务,如商品包装庄重,色彩淡雅、素净等。而在美国,拉斯维加斯的美国居民们偏爱选择线条明快、简单清新,集现代、豪华、气派于一体的建筑,这是迎合了当地人的审美观。显然,企业营销人员应了解并关注与不同消费群体审美观匹配的消费需求,特别要把握不同文化背景下消费者审美观及其变化趋势,用于指导企业的市场营销活动。

**5. 风俗习惯**

风俗习惯是社会文化习俗的重要组成部分,是一种经由一代代人传承下来的习惯和风俗,其模式固定,不易被改变。风俗习惯会引导趋同性消费行为和产品需求。

苏格兰人不论男性女性,都有穿花格裙子的传统,这是因为不同图案的花格布代表着不同的氏族,每一个氏族都为自己设计一种代表氏族精神及血缘关系的花格布裙,穿上它就能穿出族人的骄傲、责任与忠诚。如果企业在那里销售花格子图案的服装,就必须充分考虑当地的风俗传统。再如,英国人在购买商品时不习惯讨价还价,因为他们认为这是丢面子的事情。那么,企业在英国开拓市场时,就必须制定客观公平的定价策略。

**6. 语言**

语言是人类沟通传递思想的重要工具。不同国家和地区有不同的语言文字,即使同一国家或地区也可能有多种语言文字共存,即使在语言文字相同的一些地区,也可能存在语言的表达和交流方式的差异。企业的广告、推销、商标、谈判等市场营销活动有赖于用适当的语言进行沟通,不当的语言表达往往会造成沟通障碍。

## 五、经济环境

经济环境是企业市场营销活动所面临的另一个极为重要的外部环境。一个国家或地区的经济发展状况、行业发展水平、城市化程度、人均收入水平和社会总体购买力水平等因素直接或间接地影响着企业的市场营销活动。

西方经济学认为,有购买欲望和购买能力的人组成了市场需求。购买力水平决定着市场规模的大小,而社会总体购买力水平与国民经济发展水平和人均国民收入水平密切相关,是影响企业营销活动最为直接的环境因素。

影响市场营销活动的经济因素有直接因素和间接因素,下面分析几个对购买力影响较为直接的经济因素。

**1. 消费者收入水平**

消费者的劳动报酬包括现金收入和非现金收入,如工资、福利、奖金、晋升等,消费者的商品购买力一般来自于现金收入,但是并不是全部现金收入都可用于购买商品或者劳务。如何提高能够影响商品购买的这部分现金的数额,是企业市场营销的重要内容之一。

(1) 个人可支配收入对市场营销活动的影响

个人可支配收入是个人收入减去个人税收和其他非税支付后剩余的收入。个人可支配收入是消费支出的基础,是能够用以作为个人消费或者储蓄的数额,它一般被用于衡量一个国家的国民生活水平。国家统计局公布的统计数字显示,我国2016年全国居民人均可支配收入为 23 821 元,比 2015 年增长 8.4%,扣除价格因素,实际增长 6.3%;全国居民人均可支配收入中位数为 20 883 元,增长 8.3%。2010—2016 年我国居民人均可支配收入如图 3-2 所示。

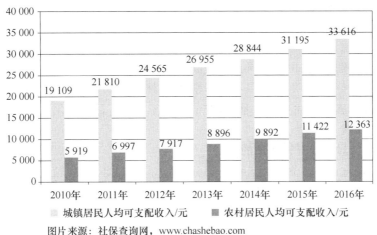

图 3-2 2010—2016 年我国居民人均可支配收入

(2) 个人可任意支配收入对市场营销活动的影响

个人可任意支配收入是指个人可支配收入减去个人和家庭生活必需的支出和其他固定支出后剩余的那部分收入,如购买高档商品、出境旅游等项目的支出来自个人可任意支配收入。关注消费者的个人可任意支配收入水平,是企业拓展高端市场的购买力基础,也是企业市场"挖潜"的重点。

(3) 家庭收入对市场营销活动的影响

很多产品是以家庭为单位消费的,如冰箱、家具、炊具等,家庭收入的高低会影响这部分产品的需求。一般而言,家庭收入高,购买力大,对家庭消费品需求大;反之,则购买力小,需求小。企业还应重点了解家庭收支的结构,如家庭收入中用于子女的教育支出额占比,类似的收支信息能够为企业有效地把握市场提供重要依据。

**2. 消费结构对市场营销活动的影响**

消费结构指个体或家庭消费支出的具体构成,比如某家庭的消费结构是用于食品支出的花销占家庭总消费支出的 45%,教育支出占 10%,保险支出占 2%……所有支出比例的总和为 100%。消费结构受收入的影响,恩格尔系数可以反映这一关系和变化。

恩格尔系数是根据恩格尔定律而得出的比例系数。该定律的主要内容是指一个家庭收入越少,用于购买食物的支出在家庭收入中所占的比重就越大。恩格尔系数等于食物支出金额除以总支出金额,国家或家庭越贫穷,恩格尔系数就越大。联合国依据恩格尔系数值将贫富档次进行了划分:恩格尔系数在 59% 以上为绝对贫困;50%~59% 为温饱;40%~50% 为小康水平;30%~40% 为富裕;30% 及以下为最富裕。恩格尔系数越小,生活水平就越高,消费需求就越高,企业营销机会就越大。

在考虑恩格尔系数的同时也要结合基尼系数①进行生活水平的综合评价。把两个系数放

---

① 基尼系数(Gini Coefficient)是意大利经济学家基尼(Corrado Gini,1884—1965)于 1922 年提出的,定量测定收入分配差异程度。其值在 0 和 1 之间。越接近 0 就表明收入分配越是趋向平等,反之,收入分配越是趋向不平等。按照国际一般标准,0.4 以上的基尼系数表示收入差距较大,当基尼系数达到 0.6 以上时,则表示收入差距很大。

在一起就可以判断,"蛋糕"是否做大了以及"蛋糕"分配是否均等。近些年来,我国的恩格尔系数呈下降趋势。国家统计局数据显示,2016年,全国居民人均食品烟酒消费支出增长7.0%,占消费支出的比重为30.1%,比2015年回落0.5个百分点。其中,城镇居民和农村居民的食品烟酒消费支出比重分别为29.3%和32.2%,分别比2015年下降0.4和0.8个百分点;全国居民人均衣着支出增长3.3%,在消费支出中的比重为7.0%,比2015年下降0.4个百分点。与个人发展和享受相关的支出增长迅猛。居民人均居住、用品及服务、医疗保健、交通通信支出分别增长9.6%、9.7%、12.3%和12.0%,增速分别比2015年提高2.8、2.8、0.8和0.4个百分点,人们越来越多地关注生活质量,消费结构已经发生了显著变化,市场规模在迅速扩大,企业营销处处是商机。

**3. 储蓄与信贷对市场营销活动的影响**

储蓄指消费者将可任意支配收入的一部分储存待用,它是一种推迟的、潜在的购买力。储蓄的形式可以是手持现金,可以是银行存款,也可以是购买债券。消费者储蓄量的增大,对于其固定的收入总量而言,其消费量必定会减少,表现为市场上其购买力的下降。习惯于储蓄的消费者必然是企业促销活动的重要对象。我国居民素来就有储蓄的习惯,近年来我国居民储蓄额增长率较大,这显然会降低企业产品的市场需求能力,不过从另一个角度来看,企业若能调动消费者的潜在需求,就可以开发出新的目标市场。

信贷指消费者凭借信用先取得商品使用权,然后按期归还贷款,以购买商品。近些年来,我国消费者开始效仿发达国家的消费者,采取提前消费即信贷消费的形式,提前获得商品的使用权,之后再分期付款,尤其在一些价格高昂的耐用品上,赊销的现象越来越普遍。比如购买房屋时签订分期付款合同,这样产权不仅归消费者所有,而且消费者还可以在付清房款前提前使用房屋。采用信用卡进行实际消费的结账和预付也属信贷消费。研究表明,信用卡消费更容易导致消费者的冲动购物行为。

**4. 通货膨胀和通货紧缩对市场营销活动的影响**

在现代经济学中,通货膨胀指的是整体物价水平上升,货币发行量超过实际需求量,造成货币贬值,消费者的购买力下降;通货紧缩是指市场上流通的货币量减少,人们手中获得的收入减少,物价下跌,消费者购买力下降,处于供过于求的状态。不论通货膨胀还是通货紧缩,二者都对消费者的购买力造成影响。企业在制订市场营销计划的时候,要分析经济大环境,要研究通货膨胀或者通货紧缩对消费者购买力和实际收入造成的影响,进而对企业造成的影响,并据此制定有针对性的市场营销策略。

以上因素较为直接地影响了市场营销活动的各项规划和决策,但是还有一些影响市场营销活动的间接经济因素值得企业关注,如国家经济发展水平、国家经济运行体制、行业发展水平、城市化程度等。鉴于篇幅所限,本书不再赘述。

## 六、科学技术环境

科学技术对人类社会的影响是广泛的,它对营销环境也产生着深远影响。比如,避孕药的发明使近些年来家庭结构发生了变化,消费者的消费模式发生转变,一些行业严重受到威胁,但是航空客运业和旅游业却因此受益匪浅;电视机的发明给人们的视觉带来巨大冲击,使得收音机逐渐退出历史舞台,相关行业也逐渐消失;因特网的出现极大地改变了人们的消费观念和消费模式,数字经济给电子商务提供了始料未及的巨大营销空间。

新的科学技术的发展使企业在制定营销组合策略时,必须考虑以下变化。

**1. 产品策略**

科学技术的发展大大缩短了产品的生命周期,产品更新换代的速度迅速加快,创新成为企业新的生命力来源。在惠普公司,新打印机的研发时间已从过去的 4 年半迅速缩短到现在的 22 个月。精明的市场营销管理者应当清醒地认识到,只有不断寻找新的市场机会,开发新技术,使用新技术,接受新理念,才能在竞争日趋激烈的市场中占有一席之地。

**2. 价格策略**

科学技术的应用,不断降低产品的生产成本,企业要不断修改和制定新的价格策略,利用信息技术,加强信息反馈,寻找新的供求平衡点,把握可能的利润空间。

**3. 分销策略**

由于新技术的不断开发和使用,特别是电子商务的蓬勃发展,人们的生活方式和购物偏好发生了很大变化,消费者更加追求个性化、一体化、一条龙的渠道服务,他们渴望更多的购物渠道:虚拟的、跨境的、跨界的,等等。

**4. 促销策略**

促销手段多样化是科学技术发展带来的最为显著的变化,特别是新技术创造的新媒体已经深入消费者的日常生活中。以 App 广告[①]为例,随着智能手机和平板计算机的兴起,消费者的注意力向移动终端转移,App 广告由于具备移动、互动、趣味三大展示优势,又兼具分众识别、个体锁定、定向推广的三大执行优势,日益受到营销界的重视。

科学技术对市场营销活动的影响还体现在它对人的消费习惯的冲击。自动榨汁机的发明使得消费者增加了对天然食品的需求,降低了对制成品的购买频率;自动售货机的出现使得消费者能够在 24 小时内随时获得商品服务,不受时间限制。但是我们也应当看到信息科学技术的发展带来的一些负面作用。随着科学技术越来越精密和高深,信息不对称的情况会愈发严重,也给企业市场营销活动增添了不少的困难。

## 七、政治法律环境

一个国家或地区的政治以及法律制度是影响企业市场营销决策的最重要的环境因素之一。政治和法律直接决定了企业的各项决策,不仅仅是市场营销决策。新政策的出台和新法律的颁布都会对企业目前的市场营销活动产生影响,可以起到促进作用,也可以起到制约作用。政治法律因素对企业的市场营销活动的影响具有强制性特征。政治局势、方针政策、经济法律和公众与社会团体是政治法律环境对市场营销活动影响的四个主要方面。

**1. 政治局势对市场营销活动的影响**

政治局势是指企业市场营销的外部政治形势。稳定的政治局势是企业正常运行的根本保证。以目前中东地区的政局为例,该地区人口众多,市场规模大,又具备较为独特的民族特色和消费群体,本应是一个具有发展潜力的市场。但是动荡的政治局势,致使当地居民生命和财产安全受到威胁,日常消费需求维持在最基本的水平。是否应该在这样的市场寻求发展,企业必须持谨慎的态度。

政治局势的另一个重要方面就是国际关系,包括外交关系、经济联系、文化交流、军事关系等。如果两国维持睦邻友好关系,那么两国贸易往来和经济文化交流就会较为畅通,两国企业

---

① App 广告是移动设备第三方应用程序(App,全称 Application)中的内置广告的简称。

间的国际经济合作和业务推广,就会得到国家政策的支持,有利于市场营销活动的顺利开展,这对于跨国公司进行国际营销尤为重要。相反,企业市场营销活动则会面临众多的阻碍。所以,企业在进行国际营销活动的时候,认真研究本国与东道国间的国际关系是必要的。

**2. 方针政策对市场营销活动的影响**

各个国家或地区在不同的时期会根据经济发展的需要制定不同的经济方针政策,方针政策相对于国家政治法律制度其变化性、灵活性和针对性较强,如人口政策、财政政策、货币政策、能源政策、物价政策、税收政策等。一项政策的出台,会直接或间接地影响某些企业的营销环境,并要求企业调整发展策略。比如国家提高个人所得税的政策,会降低消费者的实际收入水平,进而降低消费者的购买力水平,这样也就间接影响了企业的营销活动。

**3. 经济法律对市场营销活动的影响**

法律是由国家制定或认可,并以国家强制力保证实施的行为规范的总和。企业的运行受制于法律环境,也受相应法律法规的保护。法律具有约束性、强制性特征,企业注册成立、雇佣员工、签订合同、缴纳税金、破产清算等都在法律的约束下进行,法律法规也为企业发展提供了一个安全稳定的经营环境。

在我国,与营销活动密切相关的法律包括专利法、产品质量法、消费者权益保护法、商标法、价格法、票据法、合同法、反不正当竞争法等。企业市场营销者必须充分掌握并严格遵守国家或产业的法律规范,规范生产,正当竞争,在实现效益最大化的同时,维护市场规范和秩序。同时,企业也要善于利用各种法律来保护自己的合法权益。

**4. 公众与社会团体对市场营销活动的影响**

公众和社会团体一般通过游说、讲演、宣传和社会舆论等方式对企业市场营销活动进行监督和限制,制造压力,保护公众和消费者权益。社会团体是由公众组成的组织,它们根据宪法和相关法律独立自主地开展各项活动,联合社会公众和各界人士,参与国家和地方的政治生活,协调公共事务,维护着人民大众的合法权益。

我国有两千多个社会团体,与经济活动联系最为密切的社会团体包括中国消费者协会、中国国际贸易促进会等。其中中国国际贸易促进会的职责是根据中华人民共和国的法律、法规和政策,开展促进对外贸易、利用外资、引进外国先进技术及各种形式的中外经济技术合作等活动,促进中国同世界各国的贸易和经济技术关系的发展。在国外也有类似的社会团体,如美国消费品安全委员会(CPSC),它是对各行业有广泛司法权的重要联邦委员会之一。总之,公众和社会团体数量会不断增加,影响也会越来越大,对企业市场营销活动的社会监督也会越来越强,企业在营销时应充分考虑这部分力量。

案例 3-1 "滴滴"在宏观环境中找到增长点[①]

网约车从诞生之日起,就一直游离在相关政策规则之外,直到2015年10月10日,交通运输部对外发布《网络预约出租汽车经营服务管理暂行办法(征求意见稿)》。然而,正是在网约车规定出台前的政策空窗期内,没有规则约束的滴滴却开启了疯狂的扩张模式,完全无视可能的政策风险,滴滴也因此成为网约车市场政策空窗期的最大"既得利益者"。

2016年7月28日,在网约车合法化仅仅四天之后,滴滴便再次开启并购扩张模式,宣布

---

① 资料来源:张超,杜鸣皓.傲娇的滴滴:政策空窗期的"既得利益者".中国品牌,2016(11).

与优步中国进行合并,同时滴滴与优步全球交叉持股,并于次日履行了股权变更登记手续,完成交割。彼时,滴滴的疯狂扩张没有考虑到下一轮的政策风险。

2016年10月8日,北京、上海、广州、深圳四大一线城市同时公布《网络预约出租汽车经营服务管理暂行办法(征求意见稿)》,办法对网约车和驾驶员的准入规定很不利于疯狂扩张后的滴滴。

这一次,一度高歌猛进的滴滴,终于在政策风险面前情绪激动地"跳脚"了。当天,滴滴便发布声明对暂行办法提出反对意见,认为地方政府对网约车轴距、排量、车辆准入年限以及网约车驾驶员需有当地户籍的规定,无形中抬高了门槛,是变相的数量管控,称此举将导致车辆供给骤减、数百万司机失去工作机会和收入、网约车车费翻倍的后果。不过,同属网约车平台的易到则表达了与滴滴完全不同的看法,针对各地新规,易到表示将会完全支持,积极贯彻。

【思考题】
(1)政策空白期给滴滴的发展带来了哪些机会?
(2)为什么同为网约车平台的易到表达了与滴滴完全不同的看法?

# 第三节 市场营销微观环境

## 一、市场营销微观环境概述

市场营销微观环境,是指对企业服务其顾客的能力构成直接影响的各种力量。微观环境包括五个组成部分:本企业、市场营销渠道企业(包括供应商和营销中介)、顾客、竞争者和公众。上述几个部分的作用关系如图3-3所示。企业为了通过满足目标市场需求而获取利润,首先要从供应商那里获得所需要的原材料、设备等生产要素,然后通过企业内部各部门的分工合作,生产出产品,再通过营销中介将产品销售给顾客,这样就形成了从供应商—企业—营销中介—顾客的营销价值链条。与此同时,企业的盈利能力与服务能力还要受到竞争者与公众等环境因素的影响,这些要素共同构成了企业微观环境的全部内容。

图3-3 市场营销微观环境系统

市场营销微观环境中的企业自身这一因素中,营销部门需要充分考虑和其他各部门之间的联系配合与协调统一。而供应商以及营销中介都属于营销渠道中的企业,企业为降低成本,保证原料供应,都需要和供应商打交道,与其建立长期友好的合作关系。各类营销中介则可以协助企业进行专业化促销和分销,使得产品能够最终送达消费者。顾客的概念很广泛,除了包括一般产品市场上的消费者,还包括了政府、中间商、社会团体、生产者以及外国顾客等。单个企业很少能够成为市场的唯一产品提供者,商家经常要面临大量同行业竞争对手、潜在竞争者和替代品威胁等,因此企业还要充分考虑竞争者的影响。公众是企业重点公关的对象,包括政府机关、新闻媒体、金融机构、社会大众等,能否处理好与公众的关系直接关系到企业营销的成败。市场营销微观环境因素如表3-2所示。

表3-2 市场营销微观环境因素

| 微观环境因素 | 单位或部门 | | |
|---|---|---|---|
| 企业 | 企业内部各个职能部门:制造部门、采购部门、研发部门、财务部门、营销部门等 | | |
| 市场营销渠道企业 | 供应商 | | |
| | 中间商 | 商人中间商:零售商、批发商 | |
| | | 代理中间商 | |
| | 营销中介 | 运输、仓储和物流公司 | |
| | | 金融证券机构:银行、信托中心、保险公司等 | |
| | | 咨询服务公司:市场调研公司、广告公司、市场咨询公司等 | |
| 顾客 | 消费者市场、生产者市场、中间商市场、组织市场(政府市场和非营利组织市场)以及国际市场 | | |
| 竞争者 | 行业的角度区分:现有竞争者、潜在竞争者、替代品竞争者 | | |
| | 市场的角度区分:愿望竞争者、类别竞争者、产品形式竞争者、品牌竞争者 | | |
| 公众 | 金融公众、媒体公众、政府公众、社团公众、社区公众、一般公众、内部公众等 | | |

## 二、企业

企业自身包括市场营销管理部门、其他职能部门和企业高管层。市场营销部门内部也由各级领导和员工组成,通过市场营销总监、策划经理、调研经理、推销员、广告设计者等之间的工作关系和协调作用,共同完成各项营销任务。其他部门一般包括制造部、采购部、财务部、销售部、市场营销策划部、研发部等。市场营销的各项活动通常由各部门统一协调才能完成。供应商、企业、市场营销中介和顾客共同构成了企业的市场营销链,企业每一项市场营销活动都要处理好这四者之间的关系。而企业本身则是该链条的核心,企业一切市场营销计划的制定和实施都是在企业高层的领导下由企业市场营销部门和其他相关部门协同完成的。

因此,市场营销部门在制定市场营销决策时除了考虑外部环境力量,还要考虑企业内部环境影响。一是要考虑企业最高管理层的意图,所有市场营销活动要在高层管理者规定的计划范围内从事决策,重大决策必须要得到高层管理者的批准才能进行。二是要考虑市场营销部门如何与其他职能部门密切配合与相互协调,共同制订长期与短期计划,就相互协调配合而言,如市场营销部门的各项费用开支均不能超过财务部门所规定的预算指标,策划部门的各种想法和预期也需要销售部门的配合才能实现。

## 三、市场营销渠道企业

**1. 供应商**

供应商是指向企业及其竞争者提供生产产品和服务所需资源的企业或个人。供应商提供的资源主要包括原材料、设备、劳动力、资金等。供应商是企业市场营销微观环境中最重要的因素之一,供应商对企业市场营销活动的重大影响主要体现在以下三个方面。

第一,供货价格与企业价格决策。供应商的供货价格会直接影响企业产品的生产成本,从而影响企业的定价策略。企业一方面要注重建立与关键供应商的战略共赢关系,另一方面也要结合宏观环境的变化预测供货价格的变动趋势,做好应对供应商价格变动的准备。

第二,供货稳定性、及时性与企业运营。供应商提供的各种原材料、设备、资金等资源的稳定性与及时性直接决定了企业各项运作是否能够顺利完成。供应量不足或者供应商延期交货都会直接影响企业完成各项指标和任务。

第三,供货质量水平与企业产品质量。供应商供货质量直接会影响企业产品的质量。此外,供货的质量除了商品本身的内在质量外还包括各种供应商销售服务水平。

综上,企业在选择供应商的时候,应当评估其管理水平和运营能力,了解供应商的资信状况。此外,企业在选择供应商的时候为了避免过度依赖某一供应商,应注意选择的多样化和分散化原则,以规避经营风险。

### 2. 中间商

中间商是在销售渠道中参与交易活动或者协助交易活动完成的中间机构,是专门从事商品由生产领域向消费领域转移业务的经济组织或个人。中间商分为两类:商人中间商和代理中间商。商人中间商包括批发商、零售商等,主要从事购销活动,首先以较低的价格购买企业的产品,再以高于购买价的价格出售给最终顾客,从中间赚取差价。另一类中间商是代理中间商,如代理人、经纪人等。这类中间商专门介绍客户或与客户磋商交易合同,但不拥有商品所有权,其主要收入来源是收取一定金额代理费或佣金。关于中间商的营销理论将在后面章节进一步阐述。

### 3. 市场营销中介

市场营销中介,或称市场营销服务机构。企业从购买原材料、生产产品到最终销售产品给客户的整个市场营销链中,每一个环节都需要各种市场营销中介的支持和辅助,企业如果全部独立完成,成本会相当高,而且有的环节企业根本不能独立完成,需要一些从事辅助性工作的机构和企业提供专业化服务,但这样的市场营销服务机构并不直接经营产品。营销中介包括以下三类组织:运输、仓储和物流公司,金融证券机构和资讯服务公司等。

第一类市场营销中介是运输、仓储和物流公司。这类机构协助企业储存产品和帮助把产品从原产地运往销售目的地。这类公司的作用在于为企业创造时空效益提供帮助。

第二类市场营销中介是金融证券机构,包括银行、信托中心、保险公司等协助企业融资或分担货物购销储运风险的机构。这些机构是企业融资扩大经营规模的重要渠道,是企业收取货款的重要保证,同时也是消费者维护个人权益的重要保证。企业的营销决策基于各种贷款成本和还款利息,因此,现金和资金的拥有量极大程度上影响企业的运营和决策制定。

第三类市场营销中介是资讯服务公司,如调研公司、广告公司、咨询公司等。这类服务机构能够帮助企业选择自己的目标市场,通过调研获得市场数据资料,为企业进行产品广告设计,也能帮助企业向选定的市场推销产品。因此,企业通常委托这样的市场营销服务机构帮助其进行广告宣传、市场资料和数据搜集以及分析,拟定相关销售合同。

## 四、顾客

顾客是企业服务的目标市场或者对象,顾客可以是个人和家庭,也可以是组织机构。市场营销最重要的任务就是研究顾客的需求,并根据调研结果确定生产什么产品,如何销售产品,以什么价格出售等。根据购买者和购买的目的,可以将顾客分为以下五类群体:消费者市场、生产者市场、中间商市场、组织市场以及国际市场。

### 1. 消费者市场

消费者市场是一般意义上所指的市场,是由购买产品和劳务以满足个人和家庭生活消费需要的个人和家庭组成的市场,它对企业的营销活动起着决定性作用。成功的营销者一定能够有效挖掘对消费者有价值的产品,运用科学和创新的营销理念,以及形象生动、极具吸引力的促销方式把产品展现给消费者。

消费者市场最大的特点就是人数众多,需求各异,市场规模庞大。消费者购买行为复杂,受到很多因素的影响。在消费者市场中,一般出售大众消费品,产品的生命周期比较短,市场对购买便利性要求较高,购买次数比较频繁。消费者市场的竞争最为激烈,同类产品较多,消费者的选择也很多,产品需求的价格弹性偏大,企业可以考虑通过降价扩大市场占有率,但同时还要注意品牌形象的维护。此外,大多数消费者的购买行为属于非专业购买,因而消费者的购买行为表现为感性的和容易受企业宣传的引导。

**2. 生产者市场**

生产者市场也称为产业市场,它由购买产品和劳务用于生产其他产品和劳务以供出售、出租从而获取利润的个人和组织构成。

生产者市场的购买者数量比较少,而为了集中生产和体现规模效应,购买成交量又比较大。由于生产流程和技术不会在短期内改变,因此,生产者对生产资料的价格变化一般不太敏感。此外,生产者市场企业一般分布集中,由于能源资源地理分布的局限性,该市场的企业通常集中建厂,从而普遍降低生产价格。最后,相对消费者市场而言,生产者市场的购买决策比较复杂,购买更具有专业性,通常涉及众多的专业人工,如财务、工程技术、采购、管理人员等都要参与购买决策。

生产者市场的需求是派生需求,是基于消费者市场的需求,所以该市场中的企业不仅要研究服务对象的需求,更要了解消费者市场终端的需求,这是出发点。

**3. 中间商市场**

中间商市场又称为转卖者市场,是指购买产品和服务用于转售或租赁以获取利润的组织和个人,包括批发商市场和零售商市场。批发商处于商品流通中间阶段,连接了生产企业和零售企业,在购买商品的同时向零售商批发商品,成交量一般比较大,始终处于流通领域中。另一类中间商是零售商。零售商则直接把商品销售给最终消费者,是连接生产者、批发商和最终消费者的桥梁,处于商品流通的最后一个环节,是整个市场营销渠道的出口和末端。零售商具有不同业态,常见的零售业态有百货商店、超市、便利店、专卖店、专业店和购物中心等。

**4. 组织市场**

组织市场包括政府市场和非营利组织市场。政府市场由为履行政府主要职能而采购商品和劳务的各级政府机构组成。政府采购的目的是为实现公众目标,采购范围极为广阔,近年来开始从货物类采购向工程类、服务类采购扩展,从传统的通用类货物服务向专业新型货物服务扩展。根据我国财政部发布的消息,2015 年全国政府采购规模为 21 070.5 亿元,首次突破 2 万亿元,比 2014 年增加 3 765.2 亿元,增长 21.8%;占全国财政支出和 GDP 的比重分别达到 12% 和 3.1%。从政府采购结构来看,货物类、工程类和服务类采购金额分别占全国政府采购规模的比重为 31.2%、52.9% 和 15.9%。可见,政府市场对企业来说,是个有巨大潜力的市场。非营利组织市场是指一些组织购买产品和劳务用于社会公益等非营利性的用途而构成的市场。这类组织的购买行为与该类组织为公众提供商品和服务的需求有关,如社会对公共品或准公共品的需求。

**5. 国际市场**

国际市场的购买者主要在国外,主要由国外的消费者、生产厂商、中间商、政府和非营利组织等构成。国际市场营销最大的特征是跨国营销,这就更加要求企业充分了解外国消费者的消费理念、消费模式和消费需求,针对不同地区、不同文化和不同消费水平进行差异化营销。

## 五、竞争者

竞争者一般是指那些与本企业提供的产品或服务相似,并且所服务的目标顾客也相似的其他企业。企业不可能单独为顾客提供商品或者劳务服务,要面对大量竞争对手。企业必须加强对竞争者的研究,才能确立独特竞争优势。

企业首先面对的就是同行业竞争者,同样是生产电视机的厂商,消费者可以选择创维、TCL、海尔、松下等各种品牌,对于电视机生产商而言,它直接面对的就是同行业不同品牌之间的竞争。在市场上同行业企业越多,企业面临的竞争就越激烈,一旦策略不当就会面临市场占有率的下降。此外,企业还要面对跨行业的竞争者,它们提供各类替代品以满足消费者需求。

## 六、公众

公众是指对企业实现其营销目标有实际或者潜在利害关系和影响力的一切群体和个人。企业的营销活动必然要和公众发生千丝万缕的关系,因而会影响公众的利益,而各种公众同时也会关注、监督、影响和制约企业的营销活动。公众有的时候能够帮助企业完成自己的使命,实现目标,但有时候也会给企业市场营销造成障碍和压力。一般来说企业通常要面对七类主要公众:金融公众、媒体公众、政府公众、社团公众、社区公众、一般公众、企业内部公众。企业要对公众的作用给予充分重视,并主动协调各方关系,甚至要学会利用公众的力量展开有效的营销沟通活动。

### 1. 金融公众

金融公众主要指那些关心和影响企业获取资金能力的金融机构,包括银行、投资公司、保险公司、信托公司等。一方面,金融机构若能及时为企业提供资金及财务问题解决方案,可以很好地促进企业的发展。一个企业的发展不可能完全依赖于自有资金,有时还需要借助资金财务杠杆的支持。另一方面,若企业经营效益好,也能促进相关金融机构的良性循环,反之亦然。

### 2. 媒体公众

媒体公众主要指一些具有广泛影响力的大众媒体,如报纸、杂志、广播、电视、互联网,这些媒体对企业声誉具有举足轻重的作用,尤其是被称作第五大媒体的"互联网媒体"作用更是不可估量。企业必须与各种媒体组织建立友好关系,争取更多更好的有利于本企业的新闻、评论等。当"自媒体时代"[①]来临时,这种媒体公众的正向和负向几何级放大力量更是不可估量。

### 3. 政府公众

政府公众指负责管理和能够影响企业经营活动的有关政府机构,如国家相关的立法机构、工商行政管理局、税务局、物价局等。企业在制订营销计划时,必须充分和政府的发展计划、产业政策、法律法规保持一致,并遵纪守法,同时争取了解并利用各种政府机构的有利的相关政策法规。

---

① 自媒体是指一个普通市民或机构组织能够在任何时间、任何地点,以任何方式访问网络,通过现代数字科技与全球知识体系相连,提供并分享他们的真实看法、自身新闻的一种途径和即时传播方式。当前,以微博、微信为代表的自媒体,已成为网络传播最活跃的主体和新兴舆论场。

**4. 社团公众**

社团公众主要是指各种群众团体,如消费者协会、妇联、工会、环境保护组织及其他群众团体。这类公众可能会指责企业损害消费者利益、企业经营活动会破坏环境、企业生产的产品不符合民族伦理道德等。企业必须处理好和这类公众的关系。

**5. 社区公众**

社区公众主要指企业所在地的邻近居民和相关社区组织。从地理上看,企业嵌入在社区公众中,社区公众对企业的态度会影响企业的经营活动,企业必须要保持与这类公众的良好关系,经常注意他们对企业的反应和要求,并积极支持社区的各种活动,争取社区公众的理解和支持。

**6. 一般公众**

一般公众指一般社会公众。这类公众一般并没有购买企业的产品,但他们会影响企业真正的消费者对企业及其产品的看法。企业应经常了解这类公众对企业及产品的印象与态度,并通过一些公关活动力争在他们中间树立良好的形象。

**7. 企业内部公众**

企业内部公众指企业内部的所有员工,包括高层管理人员和一般员工。企业的所有营销工作需要全体员工的充分理解、支持和具体执行,员工的满意度、价值观和责任感会传播并影响外部公众。企业应经常性地通过多种方式和内部员工加强沟通,以增进了解,激励员工,使员工对企业充满信心,从而让这种影响力从内部公众辐射到外部公众。

现代企业是一个开放的系统,企业在各种经营活动中,必然要和各种公众发生或多或少的关系,公众对企业影响的力量近年来显得越来越重要,公众关系处理不仅仅是企业管理层的任务,更是全体员工的任务。

案例3-2 运营商在促进新兴业务发展中的角色①

运营商是指提供网络服务的供应商,中国的三大运营商即中国联通、中国电信、中国移动。而在移动互联网和智能商业高速发展的时代,运营商们为了不沦为"管道工",必须要适应市场环境的快速变化,不断拓展新兴业务领域,进入移动互联网、互联网金融、产业互联网、文化产业、电子商务以及"互联网+"等领域。

然而当前的网络市场几乎在任何发展比较完善的细分领域,市场格局都已基本形成,对于新进入者来说,难有发展机会。如即时通信领域有微信、QQ,应用市场有苹果AppStore,视频领域有优酷、爱奇艺、搜狐视频,移动支付市场有支付宝、微信支付。正是因为这些市场都有强者把持,导致运营商在这些领域并不成功,有的业务还硬撑着,浪费了企业资源。在这样的市场环境下,唯一的希望就是通过跨产业、跨领域的产业融合,寻找新的机会。比如,共享单车是互联网与传统自行车行业的融合跨界的成功案例。

在当今新产品、新公司、新业态不断涌现,国家大力推进创新创业的市场环境中,运营商要开发好的产品,要利用一切可以利用的力量,深入洞察用户,追求极致的用户体验,发挥大数据的威力,找到用户真正的痛点,并设法满足用户需求。同时运营商要利用自身用户普及度高、依赖性强、资金雄厚等优势,从市场边缘入手,鼓励创新创业,寻找新的业务增长点,增强企业创新能力,推动企业转型升级。

---

① 资料来源:胡世良.促进新兴业务发展,运营商做点啥? 人民邮电报,2017-04.

**【思考题】**
(1) 新的市场环境对运营商的拓展行为带来了什么变化？
(2) 运营商应如何根据市场环境的变化调整市场营销策略？

# 第四节 SWOT 分析

SWOT 分析法，也称态势分析法，是由麦肯锡咨询公司提出的一种战略环境分析工具，它通过对企业的优势(Strengths)、劣势(Weaknesses)、机会(Opportunities)和威胁(Threats)四个方面状况的综合评价，去帮助企业识别与自身优势适宜的环境机会，制定适合企业发展的营销战略。SWOT 分析涉及外部环境因素和内部能力因素。其中外部环境因素即机会和威胁，属于客观因素。而内部能力因素包括优势因素和劣势因素，它们是公司发展中自身存在的积极因素和消极因素，属于主动因素。

从战略视角看，企业在进行 SWOT 分析时，同时进行 PEST 分析是必要的，PEST 即 Politics(政治)、Economics(经济)、Society(社会)、Technology(技术)首字母的组合，其分析的内容涉及宏观环境中的政治、经济、社会和科技因素，即通过上述四方面评价企业营销环境中的机遇和威胁。

## 一、优势和劣势分析

优势是企业超越竞争对手的核心竞争力，是企业实现经营目标的根本。优势涉及的范围很广，从产品到管理都可以是企业的优势。如企业产品种类丰富、产品质量高、服务热情、员工爱岗敬业等。在进行 SWOT 分析时，企业要把自身优势资源进行分解，越细致越好，这样才能找到差异，强化竞争意识。劣势的分析则正相反。企业可以通过波特的价值链分析寻找自己在经营过程中可能的劣势环节。财务运营、人力资源、市场营销、售后服务、仓库管理、物流运输、工作设置、部门衔接、协调关系等都要作为分析的对象。同时企业还要注意营销环境的优劣势分析。

## 二、机会和威胁分析

进行企业优劣势分析的出发点是对企业自身的能力与竞争对手能力的比较，而对机会与威胁的分析则更多地从营销环境出发。因此 SWOT 分析是一种结合了企业自身内部环境和企业外部环境的综合分析方法。

环境的变化会使企业面临环境的威胁。环境威胁是一种对企业发展不利的因素，在企业成长过程中起了阻碍作用。如强势竞争者的力量、替代品的增多、市场增长率的下降、产品生命周期进入衰退期、消费者购买需求下降等。环境变化有时也为企业创造市场机会。市场机会是有利于企业发展的因素，是外部环境提供给企业的发展机会，如某项政策的出台会提供给企业某种意义上的法律保护。特别要强调的是，企业在对自身进行 SWOT 分析的时候，一定要注意和竞争对手进行对比分析，否则是没有意义的，因为优势和机会是相对的概念。

## 三、SWOT 分析的执行步骤

一般地，在进行 SWOT 分析时要遵循以下四个步骤：第一，结合组织的外部环境和市场发展趋势,确定未来企业走向,寻找环境变化带来的发展机会和威胁;第二,结合企业内部资源管理能力和竞争对手的经营能力,发现自身优势和劣势;第三,制作 SWOT 矩阵图;第四,进行 SWOT 分析。SWOT 综合矩阵图的基本框架,如图 3-4 所示。

|  | 内部 | |
|---|---|---|
| 外部 | 优势（Strengths）<br>1.<br>2.<br>3.<br>⋮ | 劣势（Weaknesses）<br>1.<br>2.<br>3.<br>⋮ |
| 机会（Opportunities）<br>1.<br>2.<br>3.<br>⋮ | SO<br>B<br>A | WO<br>B<br>A |
| 威胁（Threats）<br>1.<br>2.<br>3.<br>⋮ | ST<br>B<br>A | WT<br>B<br>A |

其中：A 为本企业状况，B 为竞争对手状况

图 3-4　SWOT 综合分析矩阵

企业的威胁和机会矩阵也是 SWOT 分析的重点内容,分析了企业的威胁和机会之后,还要评价每一种威胁的严重程度和出现的可能性,预测可能的市场机会的吸引力和成功的概率。上述分析的结果将是企业制定战略的依据。

以市场机会的吸引力和机会成功的概率分别为纵向和横向变量可以构建营销机会矩阵,如图 3-5 所示,这个图可以用于企业机会分析。从图中可以看出企业面临的最佳机会是矩阵图左上角的那些机会,企业应该采用适当投资和发展的策略以追求其中一个或几个机会。图中右下角的机会太小了,可以忽略。而右上角和左下角的机会应密切关注,因为机会的吸引力和机会的成功概率都是动态变化的。

|  | 市场机会成功的概率 | |
|---|---|---|
|  | 高 | 低 |
| 市场机会的吸引力　大 | 适当投资和发展 | 关注 |
| 小 | 关注 | 忽略 |

图 3-5　市场机会矩阵

以环境威胁的严重程度和环境威胁出现的概率分别为纵向和横向变量可以构建营销环境

威胁矩阵,如图 3-6 所示,这个矩阵用于威胁分析。从图中可以看出,左上角的威胁是关键性的,它的伤害性和出现的概率都很高,对于这样的威胁应高度关注,可以采取三种策略:一是反抗策略,即试图限制或者扭转不利因素;二是减轻策略,即通过调整企业营销策略,试图减轻和规避环境威胁的严重性;三是转移策略,即转移到其他威胁较小机会较多的市场。图中右下角的威胁比较微弱,可以忽略。图中左下角和右上角的威胁不需要及时应对,但需要密切关注,因为它们可能转化成重大威胁。

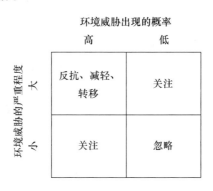

图 3-6　环境威胁矩阵

以企业业务面临的机会和威胁分别为纵向和横向变量构建机会/威胁矩阵,可以得出具有不同前途的四种业务分类,如图 3-7 所示,称为市场机会/环境威胁交叉矩阵。这样的矩阵可以用于划分企业业务的不同分类。图中一是理想业务,即高机会和低威胁的业务;二是冒险业务,即高机会和高威胁的业务;三是成熟业务,即低机会和低威胁的业务;四是困难业务,即低机会和高威胁的业务。

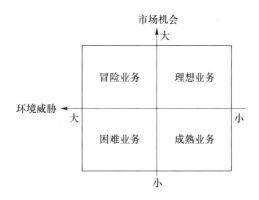

图 3-7　市场机会/环境威胁交叉矩阵

进行 SWOT 分析的基本内容是将优势、劣势、机会、威胁进行双元素分析,包括优势和机会、优势和威胁、劣势和机会、劣势和威胁四种组合。优势和机会组合(SO):结合企业的自身强势和外部环境提供的发展机会,寻找企业扩张途径。优势和威胁组合(ST):企业具备自身优势,但是需要用自身优势去抵御环境的变化带来的威胁和挑战。劣势和机会组合(WO):企业自身较弱,外部市场却提供了发展机会。劣势和威胁组合(WT):这是最糟糕的组合,是企业最不愿意看到的局面。上述四个组合分析的结果,可以为市场营销策略提供决策支持。

## 四、SWOT分析的局限性

由于SWOT分析是由企业内部人员绘制和分析的,不可避免地会带有主观性,分析人员容易倾向于选择有利于自己的一面进行分析,难以做到绝对的客观评价。此外,在该分析中,企业没有考虑改变现状的主动性。事实上,企业可以自己创造市场机会,挖掘自身潜力,寻找发展方向,制定战略。鉴于上述分析,企业在使用SWOT分析时,要坚持客观、精确的原则,争取提供有说服力的定量数据以弥补定性分析的不足。

案例3-3 "迪士尼"的SWOT分析[①]

迪士尼2016年第三季度财报显示,电影业务营收增长39.6%,达28.5亿美元,营业利润增长62%,达7.66亿美元。迪士尼遵循传统,复刻动画帝国以及20世纪50年代的红火时代。迪士尼(中国)除了一些本土化业务以外,核心业务较其总公司变化不大。但迪士尼合作开发的项目大多呈现出极为明显的"水土不服"现象。迪士尼乐园海外表现始终不佳,迪士尼第三季度财报显示乐园增长6%,其中上海迪士尼开园缓和了巴黎和香港游客下滑的情况,但也认为上海乐园前期成本投入过高,游客入园率不及预期。迪士尼公司进入中国的优势与劣势,机遇与威胁该如何权衡?

迪士尼是一个庞大的娱乐帝国,共有四大品牌:Disney、Pixar、Marvel和Lucas。我们所熟知的米奇、维尼等属于DisneyClassic。Pixar制作了大量的3D动画,如国内所熟知的总动员系列。Marvel系列电影建立起漫威宇宙。Lucas拥有星战与夺宝奇兵系列。同时迪士尼还开发了许多周边产品。迪士尼的每一部电影在开发过程中就考虑到后续的跟进。迪士尼消费品部门采取"授权商"模式,自身不生产产品,授权形象给生产方,迪士尼会对授权企业、产品设计等进行审查,同时承担推广工作。为了保持在娱乐行业的领先地位,迪士尼一直追求精益求精的技术。由于中国对于引进外国片的限制,使其进入中国市场并非一帆风顺。加之迪士尼乐园在中国票价偏贵,又没有充分考虑其与中国文化的差异性,因此反响不热烈。

更致命的是盗版现象严重损害了迪士尼及其授权商的利益。同时,国内的政策变化对很多业务形成威胁,如之前外来剧禁令对迪士尼相关部门造成的冲击。但威胁中也蕴含着机遇。中国制造业的许多企业在谋求转型,小商品制造业需要品牌打开市场建立口碑,这非常适合迪士尼的"授权商"模式。中国电影市场的规模不断扩大,迪士尼是以电影为核心产业带动周边发展,《我们诞生在中国》的尝试为以后迪士尼(中国)本土电影的投资提供了可能。市场的发展有利于这一行业不断开放也有利于美国迪士尼电影的进入,进一步提升迪士尼(中国)的影响力。

【思考题】

(1) 请根据案例,对迪士尼在中国的发展进行SWOT分析。
(2) 试分析迪士尼在中国发展面临的宏观市场营销环境。

# 本 章 小 结

市场营销环境既会给企业带来市场机会,也会使企业面临市场威胁。企业必须尊重市场

---

[①] 资料来源:王锐.华特迪士尼(中国)有限公司的媒体战略分析与对策.艺术科技,2017,30(1).

发展的客观规律,主动顺应环境变化。市场营销环境具有不可控性、差异性、动态性、相关性、可影响性特征。市场营销环境分为微观环境和宏观环境,其中微观环境受到宏观环境的制约。

宏观环境包括六个方面,即人口环境、自然地理环境、社会文化环境、经济环境、科学技术环境和政治法律环境。人口环境,即人口规模、增长速度、地理分布、出生率、死亡率、年龄性别结构、流动性、家庭结构、民族结构等影响因素;自然地理环境,即自然资源、地理环境、环境保护等影响因素;社会文化环境,即宗教信仰、教育水平、价值观、审美观、风俗习惯和语言等影响因素;经济环境,即消费者收入、消费结构、储蓄与信贷、通货膨胀与通货紧缩等影响因素;科学技术环境中的科技进步对市场营销管理的影响不可忽视;政治法律环境,即政治局势、方针政策、法律、公众和社会团体等影响因素。微观环境包括五个方面:企业自身、市场营销渠道企业、顾客、竞争者和公众。

SWOT分析是企业结合自身状况和外部环境进行现状评价的重要市场营销工具。优势和劣势分析是针对企业自身而言的,机会和威胁分析是针对外部营销大环境而言的。基于SWOT分析,企业可以明确自身实力,为制定新的市场营销战略提供依据。SWOT分析存在局限。

企业要分析研究环境变化,预测发展态势,把握发展方向,结合自身实际调整市场营销管理方式,不断创新,抓住市场机遇,迎接挑战。

## 关键名词

市场营销宏观环境　市场营销微观环境　SWOT分析　PEST分析

## 思考题

1. 什么是市场营销环境?
2. 市场营销的宏观环境包括哪些重要因素?
3. 市场营销的微观环境包括哪些重要因素?
4. PEST分析的基本内容是什么?
5. 如何进行SWOT分析?
6. 企业市场营销管理如何面对由于环境变化带来的机遇和挑战?

# 第四章 消费者市场与购买行为

## 本章学习要点

- 掌握消费者购买行为模型
- 理解环境因素对消费者购买行为的影响
- 理解个体因素对消费者购买行为的影响
- 掌握消费者购买决策过程
- 本章小结

本章从消费者购买决策模型出发,阐述影响消费者购买决策的各种因素,以及如何对这些因素进行监控或实现管理适应,以达到最佳的市场营销绩效。

## 第一节 消费者市场

### 一、消费者市场的概念

消费者市场是由购买产品和劳务以满足个人和家庭生活消费需要的个人和家庭组成的市场,在整个市场结构中,消费者市场占据重要地位。它的发展,直接或间接地影响着工业品市场的发展及整个社会经济的发展。而影响消费者市场的主要因素在于对消费品的需求。

市场对消费品的需求受人口数量和人口结构的影响,也受消费品的数量、质量及花色品种的影响,但最主要的因素是人们的购买力。它与人们的收入水平直接相关,也受收入分配结构的制约。

### 二、消费者市场的特点

从交易的商品看,消费者市场主要受到消费者自身因素如文化修养、审美、习惯、收入水平等方面的影响,加之产品的花色多、品种多,产品的生命周期短;商品的专业技术性不高,替代品较多,因而商品的价格需求弹性较大,即价格变动对需求量的影响较大。

从交易的规模和方式看,消费者市场中的购买者众多,市场分散,成交次数频繁,但交易数量零星。因此绝大部分商品都是通过中间商销售,以方便消费者购买。

从购买行为看,消费者的购买行为具有可诱导性特征。一是因为消费者在决定采取购买行为时,不像生产者市场的购买决策那样,常常受到生产特征的限制及国家政策和计划的影响,而是具有自发性、感情冲动性;二是消费品市场的购买者大多缺乏相应的商品知识和市场知识,其购买行为属于非专业性购买,他们对产品的选择受广告、宣传的影响较大。由于消费者购买行为的可诱导性,生产和经营部门应注意做好商品的宣传广告,指导消费,一方面当好消费者的参谋,另一方面也能有效地引导消费者的购买行为。

从市场动态看,由于消费者的需求复杂,供求矛盾频发,加之随着城乡交往、地区间往来的日益频繁,旅游事业的发展,国际交往的增多,人口的流动性越来越大,购买力的流动性也随之加强,因此,企业要密切关注市场动态,提供适销对路的产品,同时要注意增设购物网点和在交通枢纽地区建立规模较大的购物中心,以适应流动购买力的需求。

## 第二节　消费者购买行为模式

### 一、消费者行为的概念

消费者行为学知名学者所罗门在其著作《消费者行为学》第十版(Solomon,2011)中对消费者行为的界定如下。

消费者行为(Consumer Behavior)研究的是个人、群体和组织如何挑选、购买、使用和处置产品、服务、构思或体验来满足他们的需要和欲望的过程。

消费者行为是一个过程体系,具动态性、多样性、可认识性和可引导性等特征。

**1. 动态性**

消费者行为是动态的,也就是说消费者行为会随着条件的变化而改变。如消费者的消费结构与消费者所处的家庭生命周期以及消费者本身的状态都有关系。因此,市场营销经理所能做到的就是实时地监控消费者的变化,进而使市场营销策略适应变化。

**2. 多样性**

消费者行为具有多样性,不仅消费习惯因人而异,即使在个体不同的生命周期阶段,其对产品或服务的偏好也不同。例如,有的人喜欢喝啤酒,而有的人偏爱白酒;年轻时偏爱摇滚音乐,年老时喜欢古典音乐等。

**3. 可认知性**

消费者行为虽然复杂多变,但是,是可以认知的。通过市场营销调研了解消费者购买决策的影响因素,可以帮助市场营销经理走近消费者。例如,如果调研显示影响目标消费者购买私人轿车的真正原因是运营成本,即单位里程的耗油量,制造商可以通过设计和生产低能耗轿车,满足消费者需求。

**4. 可引导性**

消费者行为可以被引导。营销者可以通过制定营销策略去刺激消费者的购买欲望水平,例如,一项关于消费者奢侈品购买行为的研究揭示,我国"80后"消费者的奢侈品购买动机之一是"自我褒奖",即针对个人较大进步的自我奖励。基于这样的研究成果,市场营销者可以通过提示或刺激消费者的自我奖励动机,引导该群体消费者的奢侈品购买行为。

市场营销经理通常会借助营销研究收集消费者信息,以制定市场营销决策。通常,针对消费者行为的研究可以采用 7Os 研究框架,如表 4-1 所示。

表 4-1　7Os 研究框架

| 何人购买？Who? | 购买者 Occupants |
|---|---|
| 购买什么？What? | 购买对象 Objects |
| 为何购买？Why? | 购买目的 Objectives |
| 谁参与购买？Who? | 购买组织 Organizations |
| 怎样购买？How? | 购买方式 Operations |
| 何时购买？When? | 购买时间 Occasions |
| 何地购买？Where? | 购买地点 Outlets |

针对表 4-1 中的 7 个问题,往往要通过广泛深入的营销调研获得答案,相关信息有助于企业认识消费者的购买行为规律,并针对其行为规律开展营销活动。

## 二、消费者行为模型

消费者行为模型,是对消费者购买行为过程中涉及的全部或局部变量之间因果关系的理论描述。企业的市场营销活动对一个具体的消费者购买行为是否能够产生作用,能够产生多大作用,对哪些人最为有效,可以借助心理学的"认识-刺激-反应"模型获得认知。该模型是研究消费者行为的基本方法,任何消费者的购买决策都是在一定的内在因素的驱动和外在因素的激励之下做出的。基于"认识-刺激-反应"模型,企业建立消费者行为模型,有助于营销者发现消费者购买行为的基本规律。

"认识-刺激-反应"模型建立在黑箱理论的基础上,如图 4-1 所示,处在中间的模块被看作是一个认知黑箱,此处"黑箱"是指消费者在脑海中进行的购买判断和决策过程,是隐性不可知的。市场营销刺激因素和外部环境的刺激因素作用于消费者的意识、消费者的特征和决策过程导致了消费者选购某种商品的行为结果。市场营销者的任务就是要了解在外部刺激与消费者决策之间消费者的意识会发生怎样的变化。

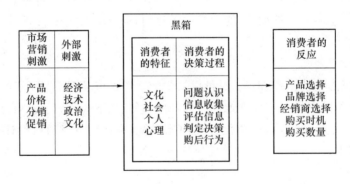

图 4-1　消费者行为模型

从消费者行为模型中可以看到,具有一定潜在需要的消费者首先是受到企业的市场营销活动刺激和各种外部环境因素的影响而产生购买意愿;而不同特征的消费者对于外界的各种刺激和影响又会基于其特定的内在因素和决策方式做出不同的反应,形成不同的购买倾向和购买行为。这就是消费者行为的一般规律。

在该模型中,"市场营销刺激"和各种"外部刺激"是显性的,可以被观察到,消费者最后的决策和选择同样也是显性的,可以被观察到,但是消费者如何根据外部的刺激进行判断和决策的过程却是隐性的、不可视的,这就是心理学中的"黑箱"效应。对消费者行为研究的重要内容之一就是聚焦该"黑箱",设法了解消费者的购买决策过程以及影响这一决策过程的各种因素的影响规律。所以对消费者购买行为的研究主要包括两个部分,一是对影响消费者行为的各种因素的分析,二是对消费者购买决策过程的探索。

在市场营销学中,对消费者行为模型的研究借鉴了众多心理学中著名的理论,其中特别需要提到的是维布雷宁社会心理模型和霍金斯的消费心理与行为模型。维布雷宁社会心理模型认为,人是一种社会动物,其需求和购买行为通常受到社会文化和亚文化的影响,并遵从所处的相关群体、社会阶层和家庭等特定的行为规范,这些社会因素往往在很大程度上决定着消费者的购买行为。霍金斯的消费心理与行为模型认为,消费者在内外因素的影响下形成自我概念和生活方式,消费者的自我概念和生活方式又导致产生一致的需求,这些需求就有可能转变为具体的消费行为。

案例 4-1 通过社交网络认识消费者行为[①]

在社交网络时代,市场营销者通常基于用户生成内容(User-generated Content,UGC),采用文本分析法(Text Mining)对顾客的品牌认知和消费行为进行测评,但是这一方法往往又具有语意不明、工作量大等局限性,因此文本分析的结果精确度较低。

为解决这些问题,来自美国伊利诺伊理工大学计算机系的 Aron Culotta 和西北大学凯洛格商学院的 Jennifer Cutler 两位学者提出了社交网络挖掘法(Social Network Mining,SNM)。该社交网络挖掘法根据某个品牌的关注者集合与一组表示属性的大量账户的关注者集合的重叠程度,来推断某个品牌的某个属性的感知强度,并通过这类有共性的用户的消费习惯和行为特征来判断其年龄、收入、对商品的注意点、购买决策过程的种种行为。

这项成果利用社交网络挖掘方法,为挖掘用户品牌认知提供了新的思路,经实验表明,其在实现自动化评价的同时可以获得较准确的评价结果,与传统的问卷调查分析方法所得结果有较强的相关性。营销者可以利用该方法进行顾客品牌认知的评价和消费者行为特征的描述,避免传统评价方式所需的烦琐操作和选取大量消费者样本,直接依据现有的网络数据进行挖掘,即可产生较为准确的结果。

【思考题】
(1)你认为,社交网络挖掘法能够挖掘消费者行为的哪些特征?
(2)在实际运用中,社交网络挖掘法能用在哪些行业的哪些营销分析中?

# 第三节 影响消费者行为的购买者因素

经济因素(如收入)对消费者购买行为固然有着重要的影响,但一些非经济因素对消费者购买行为同样会产生影响。研究发现,影响消费者购买行为的非经济因素有内外两个方面。

---

① 资料来源:钱明辉,尚奋宇.如何利用社交网络来挖掘用户的品牌认知并获得靠谱的结果.微信公众号:RUC-MRCC.

外部因素包括消费者所处的文化环境、消费者所在的社会阶层、消费者所接触的各种社会团体（包括家庭）以及消费者在这些社会团体中的角色和地位等；内部因素则指消费者的个人因素和心理因素，这些因素从不同的角度影响着消费者的购买行为模式，如图 4-2 所示。

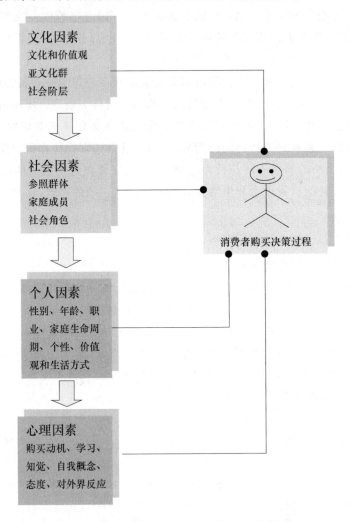

图 4-2　影响消费者购买行为决策的购买者因素

## 一、文化因素

文化因素对个体的消费者行为和决策有着最广泛和最深远的影响。市场营销者必须了解消费者文化和价值观，以及个人所处的亚文化群和社会阶层是如何影响其购买决策的。

**1. 文化和价值观**

关于文化和价值观的概念，我们已经在第三章中做了介绍，并了解到文化和价值观对企业营销决策具有重要的影响作用。事实上，在对消费者行为的研究中，对消费者文化及其价值观的研究，有助于我们探索消费者行为的真正动因。

为了深入研究文化对消费者行为的影响，学习者有必要了解文化的一些基本属性特征。

文化是一个大概念。从广义上讲，文化是指人类在社会历史实践中创造的物质财富和精神财富的总和，涵盖社会的经济、政治、科技、法律等；从狭义上讲，是指社会的意识形态以及与之相适应的制度和结构,包括语言、文学、艺术、信仰、态度、风俗习惯、教育方式以及社会组织等各方面。

文化具有以下四个主要特征。

(1) 明显的区域属性

生活在不同的地理区域的居民的文化特征会存在较大差异,这是由于文化本身也是一定的生产方式和生活方式的产物。同一区域的居民具有基本相同的生产方式和生活方式,能够进行较为频繁的相互交流,故能够形成特征基本相同的文化。而不同区域的居民由于生产与生活方式上的差异,交流的机会较少,文化的差异就比较大。如西方人注重个人创造能力的发挥,崇尚个人奋斗精神,注重个人自由权的保护;而东方人注重集体协作力量,要面子,看重与团队的融合和被认可,注重领导权威。这种文化意识往往通过正规的教育和社会环境逐渐形成。然而,随着人们区域间交流频率的提高和交流范围的扩大,区域间的文化也会相互影响和相互交融,并可能被区域文化逐步地改变或同化。

(2) 很强的传统属性

文化的传承性不可忽略。由于文化影响着教育、道德观念甚至法律等对人们的思想和行为发生深层次影响的社会因素,所以一定的文化特征就能够在一定的区域范围内得到长期延续。对某一市场的文化背景进行分析时,一定要重视对传统文化特征的分析和研究。此外,必须注意到,文化的传统性会引发以下两种不同的社会效应:怀旧复古效应和追新求异效应。针对怀旧复古效应,企业可以依托传统文化创造出有中国特色的市场机会;针对追新求异效应,企业可以研发新奇产品,以"新"和"异"吸引求新求异者。这将提醒我们在研究文化特征时注意多元文化的影响,并利用文化影响效应创造出新的市场机会。

(3) "潜移默化"的影响作用

文化对人们的影响在大多数情况下以"潜移默化"的方式渗透。许多成功的文化渗透事件往往从影响人们的生活和工作环境开始,进而达到改变人们行为的目的。20世纪80年代,一些外国家电企业在中国举办"卡拉OK""家庭演唱大奖赛"之类的民间活动,首先创造了单位或家庭自娱自乐的文化氛围,然后它们向中国成功引进了组合音响、家庭影院等家电产品。

(4) 可习得性

文化作为一种知识源于学习,文化这种可习得的特性是其得以传承的重要因素和条件。文化就是在消费者成长的过程中不断学习而获得的知识,其中有生活知识,也有各种技能知识,所有这些构成一个完整的个体未来的社会生活基础。例如,很多家长在孩子小的时候都会要求孩子去读书,同时也会受到身边的各种人的影响,这就是个体经历的社会化的过程,是被文化作用的过程。显然,文化对个体的作用是持续的。

从上述文化的特征出发去思考消费者行为启示我们,那些以往难以理解的消费者行为,其形成或存在的本质原因往往是文化作用的结果,比如个体的时间观念,对给定物体颜色的审美观点,关于某些语言文字上的某些细微差别的语义理解等,市场营销经理应该特别予以关注。

**2. 亚文化群**

亚文化(Subculture),是指存在于一个较大社会群体中的一些较小社会群体所具有的特色文化。人类社会的亚文化群主要有三大类:国家亚文化群、种族亚文化群和地域亚文化群。

(1) 国家亚文化群

国家亚文化群指来源于某个国家的社会群体。在一些移民国家里,国家亚文化现象尤为明显。例如在美国等西方国家的大城市里都有"唐人街",那里集中体现了中国的国家文化。

但是由于"唐人街"地处国外,所以中国文化在当地是一种亚文化。

(2) 种族亚文化群

种族亚文化群是指由于民族信仰或生活方式不同而形成的特定文化群体。由于自然环境和社会环境的差异,不同的少数民族拥有不同的亚文化群。这些亚文化群在饮食、服饰、建筑、宗教信仰等方面表示出明显的不同。

(3) 地域亚文化群

同一个民族,居住在不同的地区,由于各方面的环境背景不同,也会形成不同的地域亚文化。我国各地的饮食文化也有着明显差异。西北人喜食咸辣口味,东南沿海地区的人偏爱甜淡口味;北方人以面食为主,南方人则以米食为主等。

对于亚文化现象的重视和研究能使企业对市场的地域差异有更为深刻的认识,对于有效地细分市场、有的放矢地开展营销活动具有十分重要的意义。

**3. 社会阶层**

社会阶层也属于文化的范畴。社会阶层是指由于人们在经济条件、受教育程度、职业分类以及家族背景等方面的差异而客观形成的社会等级差异,美国的社会阶层划分如表4-2所示。

表4-2 美国的社会阶层划分

| 上层社会阶层 | 资本家阶层 1% | 资本家阶层的投资决策左右着国民经济;其收入来源于自身挣得的或者继承他人的财产;接受过高等教育 |
|---|---|---|
| | 中上阶层 14% | 上层经理、教授、中等规模的企业业主;接受过大学教育;家庭收入相当于平均国民收入的两倍 |
| 中产阶级 | 中等阶层 33% | 中等白领,上层蓝领;教育程度一般高于高中水平;收入水平位于平均国民收入水平之上 |
| | 劳动阶层 32% | 中等蓝领;低等白领;收入略低于平均国民收入水平 |
| 较低社会阶层 | 贫穷的劳动者 11%~12% | 收入较低的服务行业工人和熟练工人;其中一些人上过高中;其生活标准低于多数人的生活标准,但高于贫困线的水平 |
| | 下层阶级 8%~9% | 经常处于失业状态,主要依赖于社会保障制度来维持生活;几乎没有接受过教育;生活标准低于贫困线水平 |

社会阶层作为一种文化特征表现为如下特点:一是处于同一阶层的人的行为相对有更大的相似性;二是当个体的社会阶层发生较大的变化时,其行为特征也会随之发生明显变化;三是社会阶层的行为特征受到经济、职业、职务、教育等多种因素的影响,根据不同的标准划分社会阶层,其结果会有所不同。因此,判断个体社会阶层的归属有时要依据对其最具影响力的因素来确定。

社会阶层对人的行为产生影响的文化价值观基础在于人们的等级观念,人们一般会采取同自己的社会等级、身份相吻合的行动,也表现在个体的消费行为与购买行为中。

市场营销学注重对社会阶层的研究出于两个重要原因。首先,对于那些安于自身社会阶层的消费者,市场营销者可以借鉴同一阶层的人们的消费行为特征制定市场营销策略;其次,对于那些希望进入更高社会阶层的消费者,市场营销者必须深入分析消费者的目标阶层人群的欲望,了解目标阶层的消费者行为特征,并据此去制定相应的市场营销战略和战术,这也是企业市场营销的市场突破口。

## 二、社会因素

大多数消费者在购物前可能会寻求他人的看法,以节省他们在搜寻信息和评估过程中所花费的精力,或者降低交易的不确定性,尤其是在决策的可预见风险较高的时候。总之,消费者行为常常会受到社会因素如参照群体、相关专家群体、社会角色与地位和家庭等的影响。

**1. 参照群体**

个体生活在一定的社会群体之中,其思想和行为不可避免地要受到周围人的影响。从主动的意义上讲,人们会经常向周围的人征询决策的参考意见;从被动的意义上讲,人们所处的特定社会群体的行为方式会不知不觉地对其产生引导和同化或异化作用。市场营销学中把对个体的态度和行为有较大影响的社会群体称作参照群体。

参照群体一般可以分为以下三种。

(1) 成员资格型参照群体

人们往往会分属于不同的社会团体。由于社会团体需要协同行为,作为团体成员,其行为应该与团体的行为相一致。在美国,哈雷摩托车俱乐部成员们的着装和配饰都是一致的,并统一配带"哈雷"标志。

(2) 接触型参照群体

个体能够参加的团体数目是有限的,但是其接触各种团体的机会却很多。我们的父母、兄弟、亲戚、朋友、同事、老师、邻居等会分属于各种社会团体,我们可以通过他们接触更多的社会团体。接触型参照群体对消费者行为会产生一定的影响。比如某人的邻居是一位体育工作者,这个人就有机会更多地了解国内体育市场的发展动态,观看各种体育比赛,甚至受邻居的影响去参加一些体育人士的聚会或活动。

(3) 向往型参照群体

向往型参照群体是指那些与消费者没有任何联系,但对消费者又有很大吸引力或影响力的人。人们通常会向往某一种事物,羡慕某一种生活方式,甚至崇拜某一方面的杰出人物。当这种向往不能成为现实的时候,人们往往会通过模仿行为去满足这种出于向往的心理需求。向往型团体对消费者行为的影响是间接的,但由于这种影响与消费者的内在渴望趋同,因此消费者会有明显的模仿行为表现。与向往型参照群体相反的是排斥型参照群体,其对消费者行为的影响刚好相反。

**2. 意见领袖**

意见领袖也是一种可以直接或间接影响消费者决策的人群,他们经常是参照群体中的领袖人物。显然对市场营销经理来说,说服这些领袖人物购买其产品或服务是非常重要的。许多产品开始鲜为人知,后来逐渐流行开来,大多是受意见领袖影响的结果。

意见领袖通常在社区活动中、工作上和市场中都是典型的积极参与者和意见建议者,他们自己喜欢尝试新的事物,也愿意建议他人尝试新事物,而且具备很强的说服力。市场营销人员要善于利用意见领袖展开市场营销沟通工作。

**3. 家庭**

家庭是以婚姻、血缘和收养关系为纽带结成共同生活的社会基本单位。在相关的社会群体中,家庭对个人购买决策的影响最大,也最直接。例如,在一个非常重视绿色环保的家庭里,子女们的购物行为也会受到这种家庭习惯的影响,即子女们也会在购物时关注商品上是否贴有环保或绿色标识。也就是说,一个家庭的生活习惯极有可能传给下一代。

家庭成员在商品的购买与使用过程中,分别扮演着倡议者、影响者、决策者、购买者和使用者中的一种或几种角色。在许多情况下,产品和服务的倡议者多为使用者,购买者不一定是使用者,如妻子为丈夫购买衣服,父母为子女购买玩具等。由于家庭成员互相充当购买代理人的角色,企业在研究消费者行为时,不仅要分析自我购买者的消费心理,还要分析代理购买者的消费心理。如销售人员在出售儿童玩具时,不仅要考虑儿童的喜好,还要考虑家长对孩子的期望和要求。营销者还应了解提供给市场的产品是消费者自用,还是多个家庭成员共用;那些相关的角色如购买倡议者、最终使用者、购买者等,谁对最终购买决策的影响力最大;谁才是企业广告真正的有效受众。

**4. 社会角色和地位**

每个人在不同的社会群体中所处的角色和所拥有的地位是不一样的。比尔·盖茨在他的微软帝国中是总裁,在他的家庭中是妻子的丈夫、女儿的父亲。角色是指个体在不同的场合中被期待的表现。个体充当的角色不同,其购买行为也会表现出差异性特征。

角色往往与地位相匹配,它反映了社会对个体的总体评价和要求。研究表明,人们总是购买与其自身角色匹配的产品和服务,因为他们担心给外界造成不协调的印象。比如,当人们看到总经理秘书的私用轿车远比总经理的私用轿车昂贵时,就会表现出不理解。市场营销人员要善于分析和总结不同的社会角色下人们的消费行为特征,目的是找到与人们期待的产品标志性意义相一致的产品属性特征,满足消费者需求。

## 三、个人因素

除了文化和社会的差异外,消费者的个人因素在其购买决策中也发挥着重要的作用。在相同的社会和文化背景下,消费者的购买行为也存在着相当大的差异。生活在同一个家庭中的子女,有喜欢古典音乐的,也有喜欢摇滚乐的,生活兴趣各异;在同一单位工作的同事,有的喜欢广交朋友,有的则偏好一人独处。这些现象说明除了文化与社会的因素外,消费者的个人因素对于其购买行为起着更为显著的作用。个人因素主要包含年龄与性别,职业与教育,收入水平以及个性与生活方式等。

**1. 年龄与性别**

年龄与性别是消费者最为基本的个人因素,相同的年龄段和相同性别的人群具有较强的行为共性特征。年轻人热情奔放,喜欢接受新事物,愿意对其消费;老年人一般比较平和稳健,不易冲动消费。男女消费者在购物内容、偏好和方式上的差异尤为明显。例如,在家庭购买决策中,购买大件耐用消费品及技术含量较高的商品决策往往男士起主要作用,而购买家庭日用消费品的决策则多数是女士的责任。在市场营销研究中,研究人员常常把年龄和性别作为区分细分市场的标准,目的是了解年龄和性别在消费者购买决策过程中的差异表现和规律性。

**2. 职业与教育**

职业与教育实际上是社会阶层因素的个体表征或集中反映。例如,一个大学生,在校读书期间喜欢身穿运动衫,脚穿旅游鞋;而毕业以后,进入大公司当上了高级白领,这个人就会穿得比较正式。这是因为运动衫、旅游鞋符合大学生的身份,而西装和公文包则是公司白领的角色标志。

**3. 个性与生活方式**

个性是指对人们的行为方式稳定持久地发生作用的个人素质特征。人的个性会以行为的方式表现出来,这种个性特征的外在表现,启发营销研究人员从个体的外在行为表现去探索这种行为产生的个性特质,从而为市场营销决策提供依据。

个性的特点突出表现在以下两个方面。首先,个性是差异性和相似性的统一。每个消费者的个性形成都会受到特定的个体心理条件和社会因素影响,但是,一个人不论其个性多么独特,总会与其他人在个性上存在相似点。正因为如此,市场营销人员可以通过细分市场来对同质性个性群体开展市场营销活动。其次,个性是稳定性和发展性的统一。人的个性是在长期生活过程中逐渐形成的,具有相对的稳定性。但是,个性并非一成不变,它会随着个人成长和外部条件的变化而变化。例如,一个果敢自信的人在受到较大的人生挫折后,会变得谨小慎微或优柔寡断,这是个性变化的表现。

个性对于个体的生活方式和消费方式会产生较大的影响,或者说,个性往往是通过其生活方式和消费方式表现出来的。这一特征为营销者研究目标市场消费者的个性提供了有益的思路。日本东京的R&D调查公司的一项有关个性的专题研究发现,人们的个性存在四种类型,如表4-3所示,并以此来分析人的欲望和生活方式特征,具有一定的借鉴意义。

表4-3 个性与生活方式

| 个性特征 | 欲望特征 | 生活方式 |
| --- | --- | --- |
| 活跃好动 | 改变现状<br>获得信息<br>积极创意 | 不断追求新的生活方式<br>渴望了解更多的知识和信息<br>总想做些事情来充实自己 |
| 喜欢分享 | 和睦相处<br>有归属感<br>广泛社交 | 愿与亲朋好友共度好时光<br>想同其他人一样生活<br>不放弃任何与他人交往的机会 |
| 追求自由 | 自我中心<br>追求个性<br>甘于寂寞 | 按自己的意愿生活而不顾及他人<br>努力与他人有所区别<br>拥有自己的世界而不愿他人涉足 |
| 稳健保守 | 休闲消遣<br>注意安全<br>重视健康 | 喜欢轻松自在,不求刺激<br>重视既得利益的保护<br>注重健康投资 |

## 四、心理因素

心理是人的大脑对于外界刺激的反应方式与反应过程。正如我们一开始就指出的,消费者的购买行为模式在很大程度上就是建立在其对外界刺激的心理反应基础之上的。但是由于个体思维方式和反应方式是主观的,所以对同样的外界刺激不同的人心理状况是很不相同的。这是因为除了天生就有的无条件反射之外,人的绝大多数心理特征都是在各自不同的生活经历中逐步形成的。这是使得消费者购买行为变得十分复杂的重要原因。影响消费者购买行为的心理因素主要包括:动机、学习、知觉、自我概念、态度等。

**1. 动机**

动机是一种无法直观的内在力量,它是人们因为某种需要产生的具有明确目标指向和即时实现愿望的欲求。动机是购买行为的原动力。需要是产生动机的基本原因,但需要并不等于动机,动机有其固有的表现形态。

为了深入认识个体的行为动机,有必要了解三个著名的动机理论,即弗洛伊德的潜意识动机理论、赫茨伯格的双因素理论和马斯洛的需求层次理论。

(1) 弗洛伊德的潜意识动机理论

弗洛伊德认为,潜意识的物品是动机能量的本能补充的源泉。他特别强调潜意识对人类行为的影响作用。他进一步指出,这些个体无法知觉的潜意识无形中主宰着个体的行为,使个体出现了无法用常理解释的行为表现。弗洛伊德的潜意识理论阐明,决定个体行为的最根本的原因不是发生在显性意识,而是发生在不为外界所知的或者不为自身控制的潜意识。因此,动机的根源也是无法从根本上得以控制的。但是,心理学家们发展了一系列的方法去认识人的潜意识,从而为认识人的行为开辟了道路。

(2) 赫茨伯格的双因素理论

赫茨伯格认为,主要有两类因素影响着人们的行为,即保健因素和激励因素。它们之间彼此独立,但能够以不同的方式影响人们的行为。

保健因素是指那些与人们的不满情绪有关的因素,如企业政策、工资水平、工作环境、劳动保护;在市场营销领域里,如高档产品的质量、产品的基本功能等。这类因素处理不当会引发员工对工作的不满情绪,处理得恰到好处可预防和消除员工的不满情绪。但是,保健因素不能起到激励作用,只能起到保持个体积极性、维持工作现状的作用。能够促使人们产生工作满意感的因素叫作激励因素,如额外的带薪度假、特殊的荣誉;在市场营销领域里,如额外的赠品、个性的包装或利益给予。产生于不同背景下的需要会伴随不同分类的动机。双因素理论对消费者行为的研究起着十分重要的作用,它启示市场营销人员关注两类动机在培育和提升消费者满意度方面的不同作用,并努力维护保健因素,有效提升激励因素作用。

(3) 马斯洛的需求层次理论

需求层次理论阐明,人的需要和动机在不同的环境条件下其侧重点是不同的。从基本的生理需要出发,人们首先会产生像寻求食物以充饥和获得衣物以御寒等最基本的生理需求动机;而当生理问题解决之后,安全又会成为人们所关心的问题;当人们的安全问题得到解决之后,人们又会把社交作为重要的追求,以满足其对社会归属感的追求;而有了一定社交圈的人们又开始关注来自他人的尊重以及社会身份和地位的提升;追求自我价值的实现是最高层次的需要和动机。上述五种需求层次如图4-3所示。

图4-3 马斯洛的需求层次理论

人们会在各种需要得到满足的前提下,努力按自己的意愿去做那些能够体现自我价值的事情,并从中寻求一种精神满足感。马斯洛认为,低层次需求尚未得到满足的人一般不会产生高层次的动机。显然,这一结论似乎有些武断。但马斯洛理论对于市场研究却不失为重要的理论依据和思维方式。例如,当我们分析顾客购买某种商品的动机时就应当弄清楚,他是为了满足自己的某种需要,还是为了赠送朋友,以达到社交的目的。对于消费者不同的需要,企业的营销策略是不同的。

马斯洛需求层次理论对市场营销的真正意义在于使市场营销者认识到人的需求是不同的,是有层次之别的,因此需要细分市场,把握不同细分市场的需求特点,从中选择企业的目标,制定营销组合策略,以最大限度地满足目标客户的需求。

在市场营销学界,有众多的专家学者致力于针对消费者购买行为的心理特征研究。以下是对一些典型心理特征的概述,如表4-4所示。

表4-4 消费者购买心理

| 求实心理 | 即注重商品的实际效用,使用方便及其使用耐久性 |
|---|---|
| 求新心理 | 即重视商品的款式和社会流行式样,讲求新颖、独特 |
| 求美心理 | 即讲究商品的造型、色彩、包装装潢,希望在消费商品的同时,实现美的享受 |
| 同步心理 | 由于社会风气、时代潮流、社会群体等社会因素的影响,消费者通常会产生迎合某种流行风气或群体的同步心理,这种购买心理突出表现在流行服装与耐用消费品的购买上 |
| 求名心理 | 消费者通常重视商品的商标与品牌,对名牌产品、优质产品有一种信任感和忠实感,乐于按著名商标去认购商品 |
| 选价心理 | 价格是大部分消费者购买商品时要注意的,有的人希望价廉物美,但有些人在购买馈赠礼品时,却购买价格较高的商品。求廉和求贵都属选价心理 |
| 便利心理 | 消费者购买商品希望获得方便、快捷的服务,迅速买到商品。同时,还要求商品携带方便,使用方便和维修方便 |
| 惠顾心理 | 对具有这种心理的消费者,由于他们长期习惯于使用某种商品或服务,就会对某种商品或服务产生特殊的好感,于是他们往往习惯性地购买某个品牌商品或服务,甚至乐于充当义务宣传员,去树立某种商品的良好形象,扩大它们的正面影响 |
| 偏好心理 | 某些消费者由于受习惯爱好、学识修养、职业特点、生活环境等因素的影响,会产生对某类特殊商品的稳定、持续的追求与偏爱 |
| 求奇心理 | 许多消费者对构造奇特,式样新颖或富有特别科学趣味的商品,会自然产生一种好奇的感觉,希望能亲自试用,满足其求新求异的欲望 |
| 习俗心理 | 由于地理、气候、民族、宗教、信仰、历史、文化和传统观念的影响而产生的习俗心理,也影响消费者的购买行为 |
| 预期心理 | 消费者在进行现实购买时,不仅注意眼前的商品,还会对未来市场进行粗略的估计。当消费者预计某种商品近期市场可能供不应求时,就会加速加量购买,甚至出现抢购行为;当消费者预计某种商品近期市场将会供过于求,就会持币待购,采取观望的态度 |

**2. 学习**

影响消费者行为的另外一个重要因素就是学习。学习是指个体在活动中获得经验的过程和结果。一个人通过学习可以获得任何的经验,包括知识、技能和行为。

学习分为体验型学习和概念型学习。体验型学习即生活实践学习，即通过亲身经历或者亲眼看见事情的发生，自己总结经验，得出结论，加以应用。在市场营销实践中经常出现的就是消费者会通过以往购物的经历来评价一个销售人员或者某一厂家、商家的态度、信誉度以及相关的诸多因素，从而决定以后是否会再次购买，这就是典型的体验型学习的过程。

概念型学习是通过对知识的学习形成个人的观点，在实践中加以运用的一个过程。广告就是商家运用概念型学习与消费者进行沟通的营销方式，通过广告向顾客输入一种预定的信息即该商品品质卓越，是值得人们去购买和消费的。消费者此时要根据自己以往的经验，对广告的信息和相关的商品进行对比，形成个人的看法。

**3. 知觉**

知觉是人脑对直接作用于感觉器官的客观事物的反映。它是个体选择、组织和解释输入的信息，从而创造一个有意义的图像的过程。

知觉是一种人的内外因素共同作用的过程，取决于两个方面：外界的刺激和内在的反映。由于受到人的认知能力的局限，个体对外界刺激的反映是有选择的。具体表现在三个方面，即选择性注意、选择性扭曲和选择性记忆。

（1）选择性注意

对消费者产生刺激的因素很多，但并非所有的因素都会引起消费者的注意。例如，一个想去购买风衣的顾客会对食品或者玩具广告视而不见。消费者在面对广告的时候往往是有选择地注意。

（2）选择性扭曲

消费者并不会注意所有的信息，当然也不会对所有注意到的信息做统一的解释，只是对他自认为正确的信息进行正面的解释，而对于那些他自认为错误的信息就会进行负面的解释。

（3）选择性记忆

如果说注意是第一次刺激的反应，那么记忆就是整个知觉行为的后续反应，它是对所解释信息的再筛选，进而保留在记忆中的一个过程。例如，消费者经常接触到各种各样的电视广告，但是能够留在其记忆中的广告则为数很少，这就是消费者主观记忆选择的结果。

市场营销者应该认识到在消费者对产品的知觉过程中"暗示"或"信号"的重要作用，这会直接影响消费者的知觉结果。事实上，市场营销经理首先应该确认目标消费者所期待的产品信息，然后在此基础上来传递这些信息。市场营销人员在传递信息时应该进行信息选择，也应该预测到所传递的信息给予消费者的刺激程度，以及目标客户群对信息的关注程度，这些是广告策略特别需要注意的。这部分内容将和以后的广告策略联系起来阐述，在此不再赘述。

**4. 自我概念**

自我概念即自我认知，是个体对自己的认知和态度。这种认知可能是符合客观现实的，也可能只是一个虚幻的理想状态，或者是存在偏颇的。自我概念是个体体验和环境综合作用的结果，它是个体在社会化的过程中，对自己的行为进行反观而形成的结论性的自我评价和态度。

自我概念基本上有以下四种分类。①实际的自我，即消费者能够客观地看待自身的那个自我，这一点往往最难做到。②理想的自我，是消费者认为自己应该是什么样的人的一种自我评价。人们往往过高地评价自身的价值。③社会的自我，即消费者认为社会如何看待他。④理想的社会自我，是指消费者希望社会如何看待他。

个体的自我概念是动态的、可变的，它对消费者行为产生很大的影响。消费者的购买行为有时候源于多重动机，有些需求并不属于基本的生理需求，它与社会认同有关。消费者的自我概念直接影响其购买商品的分类以及所消费产品的档次。典型的就是,一位自认为是上流社会的人士,会尽量购买与自己的身份相符合的名牌商品。这就是典型的自我概念的影响。市场营销人员应该特别关注消费者的自我概念对消费的影响,尤其要深入研究在其实际的自我和理想的自我这两个概念差别比较大的时候,消费者会采取哪种消费方式。

5. 态度

态度描述了个体对某些事物或观念长期持有的好与坏的认识上的评价、情感上的感受和行动倾向。态度具有三个明显特征:方向和强度、结构性以及可习得性。

(1) 方向和强度

态度具有正反两个方向,正向态度即消费者对某一客观事物感到喜欢,表示赞成;反向态度即消费者对某一客观事物感到不喜欢,表示不赞成。所谓的强度就是指消费者对某一客观事物表示赞成或不赞成的程度。由于态度的强度特征,人们在研究消费者的态度时,常常采用李克特5级量表测量态度强度。例如,对测项"××品牌是值得信任的",采用以下度量:1代表完全反对,2代表反对,3代表中立,4代表赞成,5代表完全赞成。

(2) 结构性

消费者的态度是一个系统,其核心是个体价值观。各种具体的态度分布在价值观的周围,它们相对独立,但非孤立存在,而是有某种一致性特征,都受到价值观的影响;它们参差不齐,离中心较近的态度具有较高的向心性,离中心较远的态度具有较低的向心性。长期形成的态度比较稳定,短期形成的态度则比较容易改变。

(3) 可习得性

态度是经验的升华,是学习的结果,包括自学和向他人学习。消费者自身的经历和体会,如得到过的嘉奖或惩罚都会建立和改变其态度;家人、朋友以及推销人员所提供的意见和看法是一种间接的经验,同样会对人们的态度产生积极或消极的影响。

促使消费者建立对自身产品的积极态度应当是企业市场营销活动的主要目标。而如果消费者对竞争者的产品态度积极,则会对本企业构成很大威胁。从某种程度上讲,建立和改变消费者的态度也是市场竞争的焦点内容之一。

企业可采用两种策略来建立或改变消费者的态度:适应策略和改变策略。

(1) 适应策略

适应策略通过迎合消费者的需要来建立消费者的态度,这种策略具体体现为四种做法:一是通过不断提高产品质量、改进产品款式、完善售后服务、不间断地做广告去增强现有消费者的积极态度;二是为现有消费者提供新产品,新品牌,满足他们的求新要求,以增强现有消费者对企业的好感;三是强调现有产品的特点,吸引新顾客;四是及时了解市场新动向,为新的消费者提供新的产品。

(2) 改变策略

改变消费者的态度远比适应消费者的态度困难得多,实施这种策略的做法主要有:突出强调企业产品的优点和品牌优势;尽量冲淡产品较弱属性的影响。

案例 4-2 感官营销——俘获消费者的五感[①]

感官营销是指品牌经营者在市场营销过程中,利用人体感官的"视觉""听觉""触觉""味觉"与"嗅觉",开展以"色"悦人、以"声"动人、以"味"诱人、以"情"感人的体验式情景销售。从本质上来看,感官营销是传统市场营销与体验营销融合后的一种创新,感官营销通过在产品的

---

① 资料来源:感观营销——俘获消费者的五感.搜狐网:http://mt.sohu.com/20161028/n471617923.shtml.

市场营销过程中融入能够带给人们感官刺激的成分,让消费者在消费的过程中主动感知产品的属性特点,得到视觉、听觉、触觉、味觉、嗅觉的全方位满足。

科学研究表明,一个普通儿童的整体感官机能是成年人的两倍,儿童的嗅觉灵敏度甚至是中年人的200倍。在产品的选择上,儿童对色彩、声音、味道十分敏感,在这些方面有特色的产品通常会得到儿童的喜爱。色彩鲜艳的童装、带有声音的鞋子、散发香味的橡皮,这都是感官营销在儿童用品市场成功运用的体现。

相对于男性,女性在感官上具有相对优势:触觉上更细腻,味觉上更明显(女性比男性拥有更多的味蕾数量);同时,女性的消费心理也偏向于感性。在某种程度上,感官营销就是一种感性元素的营销,更容易对女性消费者产生诱惑力。因此,在女装店里喷洒香水,为手机设计鲜艳的色彩常常会对销售产生出其不意的效果。

就老年人而言,他们在消费上往往品牌观念淡漠,更重视多年积累的生活经验和对产品的直接感受。在购物时,他们喜欢尝一尝、摸一摸,所以要想得到老年消费者的认同,商家应该多给他们一些对产品试用、试吃的体验机会。

**【思考题】**
结合案例,请分析感官营销能够刺激消费者的哪些心理特征?

## 第四节 消费者购买决策过程

本节将研究消费者购买决策过程,通过分解其中各个环节,分析各个环节的特点,以期把握其中的规律性。

### 一、与购买相关的角色

消费者的购买决策通常不是一个人的简单决策,它涉及很多相关影响角色,其中最主要的角色有:发起者、影响者、决策者、购买者和使用者。

发起者,即购买行为的建议人,他首先提出购买某种产品的需求或请求。

影响者,对发起者的建议表示支持或者反对的人,这些人不能对购买行为的本身进行最终决策,但是他们的意见会对购买决策者产生影响。

决策者,是对是否购买、怎样购买有权进行最终决策的人。

购买者,是执行具体购买任务的人。购买者会对产品的价格、质量、购买地点进行比较选择,并同卖主进行谈判和交易。

使用者,即产品的实际使用人,通常称之为消费者。消费者对产品的满意程度会影响其后行为和再次购买的决策。

上述五种角色对购买决策的影响程度不尽相同,且存在角色的重叠和交叉,这就需要市场营销人员密切关注并加以识别和区分。一方面企业可根据各种不同角色在购买决策过程中的作用进行市场营销宣传活动;另一方面也必须注意到购买决策中的角色错位,目的是找到准确的市场营销对象,提高市场营销活动的效果。

### 二、消费者购买行为的分类

消费者购买不同产品的时候可能会采取不同的购买模式。同样是购买个人计算机,对于一个 IT 专业人士而言就比较简单,可能很快就可以做出购买决策,但是对于一个不懂信息技术的人来说事情就变得比较复杂。研究不同的购买行为模式对市场营销人员做好销售工作很有借鉴意义。

美国市场营销学家阿萨尔(Assael)依据品牌间的差异程度和由于购买决策过程的复杂程度导致的消费者的介入程度,将消费者的购买行为分为四类,即复杂的购买行为,减少失调感的购买行为,寻求多样化的购买行为和习惯性购买行为,如表 4-5 所示。

表 4-5 消费者购买行为的分类

| 购买者的介入程度 | | 品牌间差异程度 | |
|---|---|---|---|
| | | 低 | 高 |
| | 高 | 减少失调感的购买行为 | 复杂的购买行为 |
| | 低 | 习惯性购买行为 | 寻求多样化的购买行为 |

**1. 复杂的购买行为**

复杂的购买行为主要发生在那些风险感知高、品牌间差异大、价格昂贵、产品信息有限、购买频率不高的耐用消费品购买活动中。消费者对产品不够熟悉,因此需要搜集较多的信息,需要较长的决策时间。

**2. 减少失调感的购买行为**

同样是购买价格比较昂贵的商品,也面临较大的购买决策风险,由于消费者难以辨别商品的品牌差异,因此,在做出购买决策前需要对品牌差异知识、商品的价格、购买地点以及各种款式进行比较,其目的是为了避免因决策的不明智而导致的心理失调感。

**3. 寻求多样化的购买行为**

对于某些消费者不太熟悉的新产品,它们的价格比较低廉,品牌繁多款式多样,消费者的购买决策重点是满足不同口味的需求,这样的购买行为属于寻求多样化的购买行为,如购买流行时装和多口味食品等。企业市场营销活动的重点是提供充足的货源,占领充足的货架,投入大量广告,实施体验营销等,以追求最大的市场回报。

**4. 习惯性购买行为**

对于那些消费者比较熟悉而价格低廉的产品,消费者的购买行为是一种习惯性行为,如购买食盐的行为。在没有新的强有力的外部吸引力的情况下,消费者一般不会轻易地改变其固有的购买方式。

了解购买行为的分类,有助于企业根据消费者购买行为的典型特征去设计和安排其市场营销计划,知道哪些信息是应当重点予以推广和宣传的,哪些只需做一般的介绍,以使企业的市场营销资源得到合理有效的分配和使用。

## 三、消费者购买决策过程

消费者在购买产品时,一般遵循如下消费者决策过程:①确认需求;②收集信息;③评估备选方案;④做出购买决策;⑤购后行为。这五个步骤是消费者从对产品和服务的需求确认直至购买的一般过程,它有助于企业去认识和理解消费者购买决策过程。下面针对这五个步骤进行具体的阐述。

**1. 确认需求**

消费者购买决策过程的第一阶段就是确认需求,对需求需要从多个角度上来确定。并不是所有的需求都是仅仅由于内部原因而引发的,有很多需求可能源于外部的各种刺激因素。例如,在炎炎夏日里的足球赛后,您口干舌燥,想前往超市买一瓶矿泉水解渴,此时您突然发现今天的橙汁特价,您可能改买橙汁,这是典型的外界刺激后需求。

市场营销人员的工作目标一方面是确认消费者的现实需求,另一方面是刺激或开发其潜在需求。对于后者,市场营销人员的工作是促使消费者认识到他们的现实状况与所渴望的状况之间存在着不平衡,通过各种不同的刺激方式,使消费者的潜在需求转变为现实需求。此时,对消费者的消费偏好进行调查,有利于营销人员了解消费者的需求偏好,从而可以提供更好的具有针对性的产品和服务,满足消费者需求。

消费者需求可根据需求的可预见性和紧迫性特征被划分为四类,如表 4-6 所示。

表 4-6 需求的分类

|  |  | 紧迫性 | |
|---|---|---|---|
|  |  | 强 | 弱 |
| 可预见性 | 高 | 日常需求 | 计划内需求 |
|  | 低 | 紧急需求 | 待识别需求 |

(1) 日常需求

消费者天天面临大量的日常需求,如主副食品、牙刷牙膏、毛巾肥皂等的消费。在解决日常需求问题时,消费者的购买决策过程一般比较简单,而且容易形成品牌忠诚,多属习惯性的购买行为。但是,如果消费者对前一次购买的商品不满意,或发现了更好的替代品,也会改变购买习惯。

(2) 紧急需求

紧急需求是突发性的、必须立即满足的需求。如行驶中的自行车突然爆胎急需马上更换的情景。紧急需求问题若不立即解决,正常的生活秩序将被打乱。紧急问题一般难以从容解决,这时消费者首先考虑的是如何尽快买到所适用的商品,而对商品的品牌、销售的商店,甚至商品的价格都不会表现出过度的敏感。

(3) 计划内需求

计划内需求是那种预期的需求,不必立即给予满足。计划内需求大多发生在涉及价值较高的耐用消费品的购买活动上,如一对新婚夫妇准备年内购置私家轿车。对于计划内的需求问题消费者从认识需求到实际解决问题的时间比较长,因而对于这种分类的购买活动,消费者一般都会审慎考虑,收集信息和比较各种备选方案的过程也比较细致、周密。

(4) 待识别需求

待识别需求实际是消费者潜在的进一步识别的需求。例如,一种新型面料的服装出现在市场上,大部分消费者不会立即购买它,而是采取观望的态度。当随着时间的推移,这种面料的服装的优点日益显示出来时,原先的待识别的需求就演变成了现实需求。

区分不同的需求分类,主要是为了针对不同的需求特点寻求不同的营销应对策略。当然,需求的划分还有其他的方法,得到的结果也会不同。营销人员要做好营销,就必须针对目标消费者进行需求确认,只有这样才能更好地满足消费者的需求,取得较大的经济效益。

**2. 收集信息**

消费者在对自己的需求进行确认以后,就会搜索市场上各种可供选择的产品信息,以满足其需求。所谓收集信息通俗地讲就是寻找和分析与满足需求有关的商品和服务的信息资料。

消费者一般会通过以下几种途径去获取其所需要的信息。
① 个人来源：家庭、朋友、邻居、熟人等。
② 商业来源：广告、推销员、经销商、包装、展览等。
③ 公共来源：大众传播媒体、消费者评价机构等。
④ 经验来源：产品的检查、比较和使用等。

消费者关注的信息主要涉及三个方面。第一，恰当的评估标准。比如，某人欲购买一块手表，他首先关注的信息可能是品牌和功能，这里的品牌和功能就是评估标准。第二，已经存在的各种解决问题的办法，比如考虑目前在市场上出售的各种手表。第三，各种解决方案所具备的特征，比如这些手表的品牌和功能等方面的相关信息。

消费者所需信息的来源包括内部来源和外部来源。内部信息检索就是在记忆中回想已经储存的信息。储存的信息主要来源于以前对该产品使用的体验。

外部信息来源主要有非市场营销控制的外部信息来源和市场营销控制的外部信息来源。非市场营销控制的外部信息来源与推销某一产品的营销人员无关。你的朋友很可能会向你推荐某品牌的笔记本式计算机，因为他曾经使用过，而且根据他使用的经验，认为该品牌的笔记本式计算机是同类中比较好的。非市场营销控制的信息来源包括个人的经历（使用、观察某一新产品）、个人的信息来源（家庭、朋友、熟人和同事）和公共的信息来源（各种消费者或行业数据库）。

市场营销控制的外部信息来源通常会偏向某一特定产品，因为消息来源于产品的营销者。市场营销控制的外部信息来源包括大众传媒广告（收音机、报纸、杂志以及电视上的广告）、促销（产品展示、评比以及赠送活动等）、促销人员、产品标签和包装、互联网和其他新媒体等。

**3. 评估备选方案**

消费者在充分收集了各种有关信息之后，就会进入购买方案的选择和评价阶段。该阶段消费者主要要对所收集的各种信息进行梳理，形成不同的购买方案，然后按照一定的评估标准进行评价和选择。

根据消费者进行评价和选择的评估标准和评估方法的不同，评估备选方案阶段会有以下五种情况。

① 单因素独立评价。其原则是消费者只以一个评估标准为依据评估信息。例如，某些消费者选择某一商品时可能会以价格作为唯一的评估标准。

② 多因素联合评价。其原则是消费者在购买商品时同时考虑该商品的各方面特征，并规定各个特征所具备的最低标准。例如，消费者购买和租赁房屋时要考虑房屋的价格、结构、地段、层次、朝向、内部设备等。

③ 词典编辑式评价。其原则实质是单因素独立评价原则的扩展，即当消费者使用他认为最重要的评估标准评估商品时，若未能得出令人满意的结论，他便会使用认为第二位重要的标准继续进行评估。如用第二位重要标准仍然不行，则采用第三位重要标准，依此类推。事实上，在消费者心目中商品评估标准的重要性是不同的，因此在进行方案评价时客观上会有一个逐次按不同标准及其重要性进行筛选的过程。

④ 排除式评价。其原则是消费者在选择商品时逐步排除那些不具备最低要求的品牌。例如，消费者购买服装首先考虑知名度高的商品，杂牌的服装不在考虑之列；其次预定价格的大致范围，超出这一范围不予考虑；其三是款式；其四是色彩等，依此类推。消费者会不断地把不符合其基本指标的商品一一排除，直到满意为止。但采用这种评价方法的消费者往往会发

现,最后没有一件商品能使其感到满意,于是或是放弃购买,或是修改标准,重新选择。在这种情况下,销售人员的恰当介入会起到促成交易达成的作用。

⑤ 互补式评价。其原则与上述四种原则完全不同。它是综观商品的各个特性,取长补短,综合利用,在考虑信息集或选择信息集中挑选一个最满意的商品。这是消费者最常用的一种方法。

消费者对信息进行评估的过程是一种综合因素作用的过程,所有这些因素共同影响和决定着消费者在评估和决策过程中的复杂程度。

**4. 做出购买决策**

消费者在对所掌握的信息进行分析评价之后,会做出购买决策,决定是否购买给定的商品。但是,在形成购买意图和做出购买决策之间,仍有一些不确定的因素存在,会使消费者临时改变其购买决策。这些因素主要来自两方面:一是他人的态度;二是意外情况。如果他人在消费者准备购买时提出反对意见或提出了新的建议,会有可能使消费者推迟购买或放弃购买。他人态度影响力的大小主要取决于两点:反对的强烈程度以及此人在消费者心目中的地位。反对得越强烈,或其在消费者心目中的地位越重要,其对消费者购买决策的影响力也就越大;反之,就比较小。

意外情况,指的是在购买者形成购买意图之后和发生购买行为之前所发生的无法预料的变化。比如,当购买者来到收银台准备付款时,收银员一个不耐烦的微小举动,都有可能使交易终止。许多时候,意外情况的发生与商家直接有关,下面进行重点分析。

(1) 商品陈列

研究人员发现,正确的商品陈列能大大提高陈列商品被人们注意的机会,与之相关的新包装、新配方、新工艺等新信息便会被人们关注。此外,在自选商场里,增加活动货架,就能增加该货架陈列商品的销量。商品陈列的高度也十分重要,陈列得太高或太低效果都不好。当所陈列商品与人的视线大体相当时,便增加了消费者看到该商品的机会,销量便可能因此上升。

(2) 价格减让及其他促销措施

店内的价格减让和促销政策(赠送礼品、抽奖等)也能影响消费者的购买行为。对于低介入类消费决策来说,如果价格减让能与区域性电视广告、报刊广告配套进行,往往能达到促进销售的目的。当然,消费者受店内促销的影响而购买降价商品,并不一定意味着消费者已经改变了他们的态度,而是说明当消费者对几种品牌的商品的喜好程度相差无几时,某种品牌商品的降价暂时改变了他们的购买行为。

(3) 商店内部布局

改善商店内部布局也能提高消费者接触某商品的机会,进而达到改变消费者购买行为的目的。为此,必须首先仔细观察并记录消费者逛商店时的行走路线,确定大致的客流走向,然后与消费者购买的商品对比考虑,去确定客流、店内布局与购买行为之间的关系。

(4) 脱销现象

脱销指某种品牌的商品因销售较快在商店里暂时无货可供的情况。显然,这是影响消费者购买行为的一个重要因素。在这种情况之下,消费者面临着三种选择:第一,在本商店购买替代品牌的商品;第二,光顾其他商店的该脱销品牌的商品;第三,耐心等待直到脱销品牌的商品重新补货。

**5. 购后行为**

消费者购买商品后,并不意味着整个消费者购买行为的结束。消费者在购后就会有购后体验和感想,形成对所购买商品的态度,这种态度会对消费者的未来购买行为产生影响。

满意度是消费者购买商品之后最主要的感觉。它一方面取决于其所购买的商品是否同其期望(理想的产品)相一致——若符合或接近其预期水平,消费者就会比较满意;另一方面还取决于他人对其购买商品的评价,若周围的人对其购买的商品持肯定意见的多,消费者就会感到比较满意,持否定意见的多,他就会不满意。对消费者满意度的管理,重点要从产品或服务的质量入手,这对于中国的大多数消费者来说很具有现实意义。

感到满意的消费者一般会采取两种做法:一是不向他人进行产品或服务的推荐宣传;二是向他人进行宣传。当然企业很希望满意的消费者产生第二种行为,因为消费者的良好口碑是最有效的宣传方式。

感到不满意的消费者的行为方式往往比较复杂。如果他们所采取的是一种个人行为,如到商店要求对商品进行退换,将不满意的情况告诉亲朋好友等,其影响的程度相对小一些;如果他们的做法是将其不满公之于众,如向消费者协会投诉,向新闻媒体披露,甚至诉诸法庭,这样的行为就会使企业蒙受巨大的损失。企业应当尽可能避免这样的情况出现。事实上,即使出现消费者不满意的情况,企业若能妥善处理,也有可能使消费者转怒为喜的。比如,妥善处理好退换商品的工作,耐心听取消费者意见并诚恳道歉,公开采取积极的改进措施,在必要的情况下,主动对消费者进行赔偿等。

综上所述,对消费者行为的研究是一个复杂的系统工程。市场营销的核心是在满足目标客户群的需求的基础上实现企业的盈利。本章介绍的内容为企业研究消费者需求和消费者行为,特别是购买行为,提供了一套系统的思路和方法。但是,鉴于不同的客户群的需求差异很大,企业对消费者行为的研究仍然任重而道远。

案例4-3 征服年轻一代的"GUCCI"[①]

经历了2013到2014年的衰退期,Gucci CEO Marco Bizzarri面对全球奢侈品市场不振的情况,终于在2015年做出重大改革,其改革围绕一个核心问题:找回消费者。

Gucci想吸引哪些消费者?显然不是购买力下降的消费群体,Gucci将聚焦年轻市场。工艺质量显然不是奢侈品品牌实现差异化的主要途径,最重要的是其品牌输出的价值观。Gucci从前的设计风格以高冷低调为主,以迎合高消费水平者的品位和需求,然而其创意总监Michele却将其完全颠覆,用活泼与怪诞带来一种凸显个性的价值观。

消费者们发现,Gucci忽然开始变得时髦年轻了。Michele的设计综合了英国风、意大利奢华风和意大利的手工技艺,灵活运用了华丽复古、动植物图腾、色彩饱满等细节,突出Gucci新潮高调新风格。同时消费者可以对年轻一代最喜爱的Dionysus酒神系列箱包进行个性化的定制。消费者可以在大中版型的包包上加上刺绣图案,增添装饰或金属零件,甚至是在包包上绣上自己的名字。Gucci此次推出的个性化DIY定制服务主要还是为了满足消费者展示自我的需求,同时塑造品牌人性化、个性化的标签。

改变的不仅是产品设计,更是整个品牌价值理念。Michele把Gucci的成衣秀场从米兰市中心的奢华剧院搬到户外的废弃火车站、威斯敏斯特大教堂,运用更加个性化、能接触到更多年轻一代消费者的秀场,向他们推广全新的个性化价值观。不仅如此,Gucci还与街头艺术家联名,和潮人/潮牌合作,让其为品牌注入个性化价值,让品牌更贴近年轻人。Michele与纽约音乐艺术家Trevor Andrew合作设计了GucciGhost小精灵系列,Andrew的街头涂鸦在一夜之间贴在了Gucci纽约第五大道旗舰店的外墙,一改Gucci从前的高冷形象。

---

[①] 资料来源:谭爽.超越LV,Gucci如何重塑品牌.成功营销,2016(9).

而在实体店上的改革,Gucci更是煞费苦心。一方面注重于门店产品的更新,力图要让消费者在看完时装秀后到门店,感觉更棒,能够马上定制、不断购买。另一方面重新设计其旗舰店的装修,整体装修并不太奢华,大理石地板,浅灰色墙体,显得复古亲民。"我希望重现昔日精品店的那种感觉。它的模样应该特别时髦,更应该服务于平民百姓。"Michele言道。

为了更好地传达品牌新价值,Gucci必须通过年轻人喜爱的网络平台进行宣传。2016年,Gucci在Instagram账号上推出活动#24HourAce,邀请24位艺术家玩创意秀,而这24位艺术家不乏潮人和网络红人。同时Gucci加强内容营销,投资拍摄新的品牌短片,和康泰纳仕合作拓宽广告渠道,并把广告片放在千禧一代用户居多的音乐网站Pitchfork上。在销售渠道上,Gucci正在投资自己的网站和电商渠道。2015年5月,Gucci与全球奢侈品线上专卖店Net-A-Porter合作,由Michele设计出20款新单品在Net-A-Porter平台上出售。加大电商投入的一个直接效果,就是让更习惯于网购的年轻人可以在网上购买。开云集团CFO Jean-Marc Duplaix表示,在2016年,千禧一代消费者为Gucci贡献了50%的销售额。

【思考题】
1. Gucci公司做了哪些改革满足消费者需求?
2. Gucci公司考虑消费者需求的重点在何处?
3. Gucci公司的改革影响消费者购买行为决策的哪些方面?

# 本 章 小 结

消费者是如何做出购买决策的?他们是如何使用和处置购买的产品和服务的?这些是消费者行为学要研究的基本问题。

消费者行为模型,是对消费者购买行为过程中涉及的全部或局部变量之间因果关系的理论描述。其中的"黑箱"理论为企业认识消费者购买行为打开了一扇窗。

影响消费者行为的购买者因素主要包括文化因素、社会因素、个人因素和心理因素等,消费者的购买决策过程一般包括五个步骤:确认需求、收集信息、评估备选方案、做出购买决策和购后行为。

了解消费者的需求和购买过程是成功营销的基础。

# 关 键 名 词

消费者行为 消费者行为模型 购买决策

# 思 考 题

1. 消费者市场的概念是什么?
2. 影响消费者行为的关键因素是什么?
3. 消费者购买行为有哪些分类?
4. 在国际市场上,中国企业如何做好市场营销?

# 第五章 组织市场与购买行为

**本章学习要点**

- 介绍组织市场营销的特点
- 掌握营销组织行为的主要因素
- 掌握组织购买决策特征
- 了解电子商务对组织购买行为的影响
- 本章小结

组织市场营销,又称商务市场营销,是以非个人消费为目的,向个人和组织销售产品和服务的营销活动。组织的种类很多,不仅包括企业,还包括各种政府组织、社会团体以及事业单位等。组织市场营销不仅有通过市场传统交易形式,也有通过互联网的电子商务交易形式。本章主要介绍组织市场概述、组织市场购买决策以及政府采购等内容。

## 第一节 组织市场概述

### 一、组织市场的概念

组织市场是指企业为了从事生产、销售等业务活动以及政府部门和非营利组织为履行职责而购买产品和服务所构成的市场。简而言之,组织市场是以某种正规组织为购买者所构成的市场。组织市场和消费者市场的主要区别在于:组织市场的购买者主要是企业或社会团体而不是个人或家庭消费者;组织购买是为了用于生产或转卖以获取利润,而不是为了满足个人或家庭的生活需要。企业在关注消费市场的同时,必须对组织市场给以足够重视。

### 二、组织市场的分类

按照组织的性质,可将组织市场分为生产者市场、中间商市场、非营利性组织市场及政府市场四类。

**1. 生产者市场**

在某些场合,生产者市场也可称作产业市场或工业市场。生产者市场采购商品和劳务是为了生产出其他产品以供出售、出租,从而获取利润,而不是为了个人消费。生产者市场主要由以下九种产业构成:①农、林、牧、渔业;②采矿业;③制造业;④建筑业;⑤运输业;⑥通信业;

⑦公用事业；⑧银行、金融、保险业；⑨服务业。以生产者市场为服务对象的企业，必须深入研究生产者市场的特点，分析其购买行为，才能实现营销目的。

**2. 中间商市场**

中间商市场是由所有以盈利为目的、为了转卖或租赁而购买产品或服务的个体和组织构成。批发商和零售商是中间商市场的两大重要角色。中间商在地理分布上比产业购买者分散，但比消费者集中。在许多场合中，批发和零售往往作为营销渠道的组成部分被提出来，而不作为组织市场的一部分被提出来。

**3. 非营利性组织市场**

非营利性组织市场也称机构市场，主要是指一些由学校、医院、疗养院、监狱和其他为公众提供商品和服务的部门所组成的市场，它们主要从事因社会对公共品或准公共品的需求而进行的采购活动。

**4. 政府市场**

政府是商品和服务的主要购买者之一，在大多数国家，政府是商品和服务的大买家。政府市场是指政府消费而形成的市场，由那些为执行政府主要职能而采购或租用商品的各级政府单位构成。由于政府的采购决策要受到公众的监督，因此它们的采购行为受到法律法规的限制。在我国，《中华人民共和国政府采购法》是政府采购行为的主要依据。此外，政府采购市场还具有诸如以竞价投标为主、喜欢向国内供应商采购等方面的特点。研究政府采购行为，对于满足政府市场需求、扩大企业销售收入具有重要意义。

## 三、组织市场的特点

由于组织市场需求是源于其客户需求的派生需求，其购买决策由多人参与，通常由一个叫作采购中心的组织负责采购，其决策过程相对于消费者市场更为复杂。

组织市场中的生产者市场具有以下九个主要特点。

**1. 购买者数目少，但购买规模大**

组织市场上的购买者比消费者市场上的购买者要少得多。例如，我国煤炭的主要消费者和购买主体是钢铁、火力发电、化工、焦化、水泥等行业的企业。另外，组织市场不仅买主人数少，而且其购买频次也少。比如，一家生产企业的主要设备要若干年才购买一次，原材料与零配件也大都只签订长期合同。组织购买者每次的购买量较大，这种特征在生产密集型行业里更为明显，通常少数几家大企业的采购量就占产品总销售量的大部分比例。

**2. 购买者在地域上相对集中**

由于资源和区位条件等因素，各种产业在地理位置的分布一般具有相对的集聚性，所以组织市场的购买者在地域上也具有相对集中特点。例如，中国的重工业大多集中在东北地区，石油化工业集中在东北、华北以及西北的一些油田附近，金融保险业在北京、上海相对集中。因为地理区域集中有助于降低产品的销售成本，所以组织市场在地域上就形成了相对的集中态势。

**3. 看重人员销售**

企业在面对少数大批量购买的组织市场的客户时，往往倾向于通过人员销售。因为，一个好的销售代理可以通过演示和说明不同产品的特性、用途以吸引买方的注意力，并根据实际情况及时调整原有的销售政策。

### 4. 适宜直接销售

消费品的销售通常都经过中间商,但组织所需生产资料大多直接向生产者购买。这是因为,一方面组织市场购买者数量有限,而且大多属于大规模购买,直接购买的成本较间接购买要低得多;另一方面组织市场的购买活动在售前售后都需要由生产者提供技术服务,因此,直接销售是组织市场常见的销售方式。

### 5. 专业性强

组织机构的购买行为通常比个人消费者更加系统化、专业化,其采购过程往往是由具有专门知识的专业人员负责。如采购代理商,这些代理商有丰富的专业采购经验。

### 6. 衍生需求,且需求波动大

对组织市场上的购买需求最终来源于消费者对消费品的需求,企业之所以需要购买生产资料,归根到底是为了使用这种生产资料生产出消费资料。例如,消费者购买皮包、皮鞋,因而生产企业需要购买皮革、钉子、切割刀具、缝纫机等生产资料。由于组织市场的这种衍生需求,消费者市场需求的变化将直接影响组织市场的需求。有时消费品需求仅上升10%,就可引起生产这些消费品的企业对有关生产资料的需求增长200%。而若需求下降10%,则可导致有关生产资料需求的全面暴跌。这种现象在经济学上被称为"加速原理"。

### 7. 价格弹性水平低

组织市场的需求受价格变化的影响不大。例如,皮鞋制造商在皮革价格下降时,不会打算采购大量皮革;同样,皮革价格上升时,它们也不会因此而大量减少对皮革的采购,除非它们发现了更好的皮革替代品。组织市场对某种产品的需求是受消费者对其产品需求量的大小影响的。因此,组织市场的需求在短期内弹性水平低,因为厂商不能随意改变。

### 8. 互惠原则

互惠原则是组织购买行为中比较普遍遵循的原则。由于生产资料的购买者本身总是某种产品的出售者,因此,当企业在采购时就会考虑为其自身产品的销售创造条件,这是互惠原则的一种体现形式。但是,互惠原则的条件是存在利益互惠的基础。

### 9. 租售现象

一些组织购买者乐于租借大型设备,而不愿意全盘购买。租借对于承租方和出租方都有诸多好处。对于出租方,当客户不能支付或不愿支付购买其产品的费用时,它们的优惠出租制度便找到了用武之地。对承租方,租借为它们节省了大量资金,又获得了最新型设备的使用权。此外,租期满后还可以购买折价的设备。这种方式目前在工业发达的国家有日益扩大的趋势。特别适用于包装设备、重型工程机械、运货卡车、机械工具等价格昂贵、磨损迅速或并不经常使用的设备。

组织市场中的中间商市场的特点与其业务特点密切相关。该市场更关心自身采购活动与组织的配货决策、供应商组合决策和供货条件决策的关系。可采取选择一家生产商的独家配货策略;选择多家生产商的同类产品;选择行业内种类繁多产品提供商的广泛配货策略;以及在中间商经营范围内的多元化配货策略。供应商组合决策涉及供应商的选择,最后供货条件决策主要涉及价格、交货期、服务及其他交易条件。关于中间商市场我们将在渠道理论部分做进一步介绍。

组织市场具有不同于消费者市场的典型特征,在研究组织市场行为的时候要具有和研究普通消费者市场不同的思维方式。实践证明,企业在研究消费者决策的基础上,进一步研究组织决策,更有利于了解组织决策过程。

## 第二节 组织市场购买决策

有效的组织市场营销建立在对与该市场组织购买行为相关问题的深刻认识的基础之上,这些问题主要涉及组织市场的购买决策者、组织购买行为的主要分类、影响组织购买决策的主要因素以及组织购买决策过程等。

### 一、组织市场的购买决策者

谁在从事价值不菲的组织市场采购呢?谁是主要的购买决策者?为了回答类似的问题,我们必须了解采购组织的决策单位"采购中心"(Buying Center)。采购中心即所有参与购买决策过程的个人和集体,它由五种不同的角色构成:使用者、影响者、决策者、购买者、守门者。

**1. 使用者**

使用者是指组织中将使用所采购产品或服务的成员。在许多场合中,使用者首先提出购买建议,并协助确定产品规格。

**2. 影响者**

影响者是指影响组织购买决策的人,他们协助确定产品规格,并提供方案评价的情报信息,技术人员往往是重要的影响者。

**3. 决策者**

决策者是指有权决定产品需求量和供应商的人。在重要的采购活动中,经常会涉及主管部门或上级部门的批准,从而构成多层决策的状况。

**4. 购买者**

购买者是指正式实施购买的人,他们的主要任务是选择卖主和进行交易谈判。在较为复杂的购买活动中,高层管理人员会直接参与交易谈判。

**5. 守门者**

守门者是指有权阻止销售员或信息员与采购中心成员接触的人。守门者主要是为了控制采购组织的信息保密工作。例如,采购代理人、接待员和电话接线员都可以阻止推销员与用户或决策者接触。

在一个组织内,采购中心会随采购内容和性质的不同而不断调整。显然,参与购买一台重要机械设备的决策人数肯定会比参与购买一般办公文具的人数要多。作为产品营销人员应该知道谁是主要的决策者,其影响决策的程度如何,只有了解了商务客户的这些情况,才能有针对性地与之沟通,实现交易。

### 二、组织购买行为的主要分类

组织购买者行为的复杂程度和采购决策特征,取决于采购业务的分类。我们把它分为三类:直接再采购、修正再采购和新购。

**1. 直接再采购**

直接再采购指采购方按照既定方案不做任何修订直接再次采购的行为。这是一种简单重复性的采购活动。企业按一定程序进行采购,基本上不做新的采购决策。在这种情况下,采购人员的工作只是从以前有过购销关系的供应商中,选取那些能够满足本企业的需要和能使本企业满意的供应商,向它们继续订货。很多企业和组织采取直接再采购的原因很多,其中比较重要的原因一是避免因寻找新的卖家,造成不必要的损失和面临新的风险;二是希望和供应商之间建立长期的战略伙伴关系,达成合作契约,实现双赢等。因此,入选的供应商应该尽最大的努力,保持产品和服务的质量,以巩固和老客户的关系,实现关系营销。

**2. 修正再采购**

修正再采购指组织购买者对以前已采购过的产品通过修订其规格、价格、交货条件或其他事项之后的重新采购行为。这类采购比直接再采购要复杂,购销双方需要重新谈判。当为修正再采购所进行的谈判失利时,商务客户可能会放弃原来的供应商,而转向其他的供应商。而成功的商务谈判会使供应商获得满意的忠诚客户。

**3. 新购**

新购指组织购买者第一次购买商品的购买行为。新购的成本费用高,风险大,参加决策的人数多,所需信息量也大,并且制定决策的时间也长。新购为所有供应商提供了相同的市场机遇。

随着直接再采购、修正再采购和新购等采购形式的不同,组织购买行为的复杂性在不断增加,这为其产品或服务的提供者的营销决策也带来了越来越大的难度。

### 三、影响组织购买决策的主要因素

一般来说,影响组织购买决策的因素可分为四类:环境因素、组织因素、人际因素和个人因素,如图5-1所示。

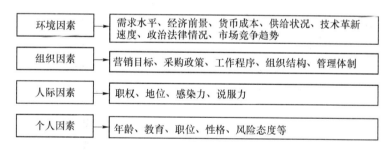

图5-1 影响组织购买决策的主要因素

**1. 环境因素**

市场营销环境不能脱离大的经济环境,以及市场的整体经济状况,这与消费者市场有很多相同的地方。例如,在文化问题上,组织也会受社会文化的影响,同时不同的组织也会有自己的亚文化,这些都会影响购买决策。同时,经济环境以及经济趋势对组织的购买决策也有很大的作用。例如,在经济衰退时期,组织购买者会减少对厂房设备的投资,并设法减少存货。组织营销人员在这种环境下刺激采购是无效的,他们只能在维护其市场份额上做出艰苦的努力。

原材料的供给状况是否紧张,也是影响组织用户采购的一个重要环境因素。一般企业都愿意购买并储存较多的紧缺物资,因为保证供应是采购部门的重要职责。同样,采购者也受到技术因素、政治因素以及经济环境中各种发展因素的影响。组织必须密切关注所有这些环境因素对采购的有效性和经济性造成的影响,并设法规避风险或使风险转化为机遇。

**2. 组织因素**

每一采购组织都有其具体目标、政策、程序、组织结构及系统。组织的目标决定了其经营目的的不同,也决定了其运作模式的不同。

组织内部采购制度的变化也会对采购决策带来很大影响。如对于大型百货商厦来说,是采用集中采购的进货政策还是将进货权下放给各个商品部或柜组,其采购行为就会有很大差别;一些组织会用长期合同的方式来限制供应渠道,另一些组织则会采用临时招标的方式来选择供应商。由此可见,组织因素对组织采购行为影响很大。

**3. 人际因素**

采购中心通常包括一些具有不同地位、职权、兴趣和说服诱导力的参与者,组织购买决策行为会因这些参与者本身的特点的不同而不同,也会受其意见是否一致、他们之间的关系是否融洽等因素的影响。因此,市场营销人员有必要充分了解组织采购行为背后的人际因素对组织购买行为的作用。

**4. 个人因素**

购买决策过程中每一个参与者都带有个人动机、直觉和偏好,这些因素取决于参与者的年龄、收入、教育、专业文化、个性以及对风险意识的态度,因此,供应商应了解客户采购决策人的个人特点,并处理好个人之间的关系,这将有利于营销业务的开展。

组织市场购买行为的重要特点往往表现为组织与组织之间的交易关系,这似乎应当比消费者购买行为更为理性,不涉及个人情感。但实际上并非如此,因为在组织采购过程中的每一个过程都是由具体的人员去完成的。执行组织采购任务的具体人员的个性与情感对于其做出相应的采购决策同样有着重要的影响。所以注意研究组织购买行为中的个人因素,对深刻认识组织市场行为具有重要意义。

案例 5-1 "IBM"的购买选择[①]

IBM 品牌代表的是最新的高价值产品与服务,特别是目前的三大战略业务:大数据,云计算和移动社交技术,因此通过怎样的市场营销手段加速品牌成长以及业务拓展十分关键。

首先,IBM 会有选择地赞助一些与自身品牌形象和目标客户契合,同时又有机会利用自身的技术提升体育赛事体验的体育赛事,从而让消费者切身体会到 IBM 先进的技术和服务,如网球四大满贯赛事、美国高尔夫公开赛等。由于产品不能直接被消费者采用,因此赞助形式大多是通过植入非体育产品来推广品牌。例如饮料生产商会赞助体育比赛,让消费者在赛场看到产品的商标,并能够品尝、体验产品。

同时,IBM 还与腾讯合作,将 IBM 的社交分析工具应用于腾讯世界杯的社交平台上,及时分析中国球迷对足球比赛的评论,找出球迷关注的热点,不仅增强了普通球迷的参与感,也让他们看到了社交分析工具的使用方法,有利于技术的进一步传播和推广。很多企业客户正是在腾讯上看到了 IBM 大数据技术在舆情分析上的应用,来找 IBM 合作,从而有效地推广了 IBM 的大数据分析解决方案。

【思考题】

(1) 影响 IBM 选择体育赛事作为市场营销方式的因素有哪些?

(2) 为什么 IBM 选择与腾讯合作去推广它的大数据分析解决方案?

---

[①] 资料来源:孙丽军. B2B 企业如何玩转体育营销. 清华管理评论,2014(Z2).

## 四、组织购买决策过程

如图 5-2 所示,组织的购买决策过程包括以下八个方面:提出需要、确定总体需要、详述产品品质与规格、寻找供应商、征求供应信息、供应商选择、发出正式订单和绩效评估。

**1. 提出需要**

当公司中有人认识到某个问题或某种需要可以通过购买某一产品或服务得到解决时,便开始了采购过程。"提出需要"受到两种刺激因素的影响。①内部刺激。如企业决定推出一种新产品,于是需要购置新设备或原材料来生产这种新产品;企业原有的设备发生故障,需要更新或需要购买新的零部件;或者已采购的原材料不能令人满意,企业考虑物色新的供应商。②外部刺激。外部刺激主要指采购人员受到外部事件影响后产生了新的采购意图。比如在某个商品展销会现场看到更好的产品,或者接受了广告宣传中的推荐,或者接受了某些推销人员提出的可以供应质量更好、价格更低的产品的建议。可见,组织市场的供应商应主动推销,经常开展宣传活动,派人访问用户,以发掘潜在需求。

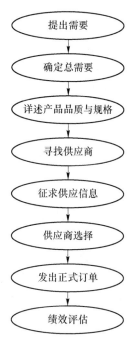

图 5-2 组织购买决策过程

**2. 确定总体需要**

提出了某种需要之后,采购者便着手确定所需项目的总特征和需要的数量。简单的采购任务由采购者直接决定。而面对复杂的任务,采购者要会同其他部门人员,如工程师、使用者等共同来决定所需项目的总特征,并按照产品的可靠性、耐用性、价格及其他属性的重要程度来加以排列。在此阶段,组织营销者可通过向购买者描述产品特征的方式向他们提供帮助,协助他们明确其组织对产品或服务的需求。

**3. 详述产品品质与规格**

在采购时,采购组织会向供应方提供一个详细的产品品质和规格清单。通常,采购组织会按照产品的技术规格要求,专门组建一个产品价值分析技术组来完成这一工作。价值分析的目的在于降低成本,它主要是通过仔细研究一个部件,如看其是否需要重新设计,是否可以实现标准化,是否存在更廉价的生产方法等来确定具体的产品规格。此小组将重点考查产品中成本较高的零部件,还要检查出哪些零部件是寿命比产品本身寿命还长的超标准设计的零部件。最后,该小组要确定最佳产品的特征,并把它写进商品说明书中,它就成为采购人员拒绝那些不合标准的商品的根据。如果供应商能够通过参与产品价值分析,影响采购者所确定的产品品质与规格,那么该供应商中选的机会就会大大提高了。

**4. 寻找供应商**

采购者现在要开始寻找最佳供应商。为此,他们会从多处着手,可以咨询商业指导机构;在计算机上查询信息;打电话给其他公司,要求推荐好的供应商;观看商业广告;参加展览会。供应商此时应做好宣传工作,争取在市场上树立起良好的信誉。组织购买者通常会拒绝那些生产能力不足、声誉不好的供应商;而对合格的供应商,则会登门拜访,察看它们的生产设备,了解其人员配置。最后,采购者会归纳出一份合格供应商的名单。

## 5. 征求供应信息

此时采购者会邀请合格的供应商提交与采购商品或服务相关的信息报告。当所需产品复杂而昂贵时，采购者会要求待选供应商提交内容详尽的报告。采购者会通过新一轮的筛选比较，选中其中最佳者，要求其提交正式文件。

## 6. 供应商选择

采购中心在做出最后选择之前，还可能与选中的供应商就价格或其他条款进行谈判。市场营销人员可以采用市场营销策略来抵制对方的压价。如当供应商所能提供的服务优于竞争对手时，市场营销人员可以坚持目前的价格；当供应商的价格高于竞争对手的价格时，则可通过产品或服务的价值分析提升商务购买者的价值感知。

此外，采购中心还必须确定供应商的数目。许多采购者喜欢多种渠道进货，这样一方面可以避免自己过分地依赖于一个供应商，另一方面也可以使自己对各供应商的价格和业绩进行比较。当然，在一般情况下，采购者会把大部分订单集中在一家供应商身上，而把少量订单安排给其他供应商。这样，主供应商会全力以赴保证自己的地位，而次要供应商会通过多种途径保护立足之地。总之，供应商间的竞争对组织购买者利益的维护会起到积极的作用。

## 7. 发出正式订单

采购者选定供应商之后，就会发出正式订货单，写明所需产品的规格、数目、预期交货时间、退货政策、保修条件等项目。通常情况下，如果双方都有着良好的信誉，一份长期有效的合同将建立一种长期的交易关系，从而避免重复签约的麻烦。在这种合同关系下，供应商会允诺在一特定的时间之内根据需要按协议的价格条件连续供应产品给买方，而产品的库存由卖方或双方负责。因此，它也被称作"无存货采购计划"。这种长期有效的合同会使买方更多地依赖于现有供应商，并从该货品来源购买更多的产品项目。这就使得供应商和采购者的关系更加紧密。

## 8. 绩效评估

在此阶段，采购者对各供应商的绩效进行评估。科学的绩效评估往往是通过建立一套指标体系，通过对供应商的绩效打分，再求加权平均进行的。简单的绩效评估方法是直接征求使用者意见，或者把绩效不理想的开支加总，以确定包括价格在内的采购成本。通过绩效评估，采购者将决定延续、修正或停止向该供应商采购。

在整个组织的购买决策过程中，各个决策群体的参与度是一样的，同样，不同的购买分类下所使用的决策过程也不同。表 5-1 显示了不同购买分类下的采购决策内容差别。

表 5-1 不同购买分类下的采购决策内容

| 购买分类 | 购买阶段 | | |
|---|---|---|---|
| | 新购 | 修订再采购 | 直接再采购 |
| 1. 提出需要 | 是 | 可能 | 否 |
| 2. 确定总体需要 | 是 | 可能 | 否 |
| 3. 详述产品品质与规格 | 是 | 是 | 是 |
| 4. 寻找供应商 | 是 | 可能 | 否 |
| 5. 征求供应信息 | 是 | 可能 | 否 |
| 6. 供应商选择 | 是 | 可能 | 否 |
| 7. 发出正式订单 | 是 | 可能 | 否 |
| 8. 绩效评估 | 是 | 是 | 是 |

组织购买决策过程相对消费者购买决策过程更加复杂,对前者的把握特别强调信息的充分性和买卖双方的讨价还价的能力。商务客户可以组织专业人员进行相关信息的检索,获取充分的信息,同时,在市场上因为其采购属于大宗采购,可以享受较大的折扣,此外在付款方面也有明显的优势。但是,相对而言,组织的购买决策牵涉的关联方比较多,尤其是会经常出现购买者和使用者不属同一群体的情况,这样就会明显降低采购的效果。

从表 5-1 还可以看出,新购最为复杂,需要经历所有八个阶段;直接再采购最简单,只需经过两个阶段;而在修正再采购或直接再采购的情况下,其中有些阶段可能被简化、浓缩或省略。例如在直接再采购的活动下,采购者可能会拥有一个或一批固定的供应商而很少会考虑其他供应商,而在实际购买情况中,也有可能发现这八个阶段以外的其他情况,这要求组织营销者对每一情况分别建立模型和相应的具体的工作流程。这样的购买流程能为营销人员提供很多有利的市场线索。

总之,组织市场是一个富有挑战性的领域,其中最关键的问题就是要了解采购者的需要、购买参与者、购买标准以及购买步骤。了解以上各点,组织营销人员就能够因势利导,为不同的商务顾客设计不同的营销计划。

## 五、组织购买产品的种类

组织购买产品不仅在购买的形式上和普通的消费者差别比较大,同时在其购买的产品上也和普通的消费者有比较大的差别。按照功能分类,组织产品可以分成如下几类。

**1. 大型设备**

大型设备指大型的、昂贵的机器,大型计算机、鼓风炉、发电机、飞机和建筑物之类的资本品,有时也称大型装置。大型设备随着时间的推移而折旧,不计入当年的费用。往往是企业的大型固定资产。此外,大型设备往往是依据客户的需求进行设计的。在此方面,人员销售就成为大型设备销售的重要组成部分,因为分销渠道往往采取从制造商到产业用户的直销。

**2. 附属设备**

附属设备总的来说要比大型设备更便宜,且寿命短,如钻孔机、电动机、微型计算机、传真机等。附属设备的购入通常在购置当年就作为费用支出,而不是按时间折旧。与大型设备相反,附属设备通常是标准化的,购买的客户比较多,客户的分布也较分散。例如,几乎目前所有的企业都要购置计算机。

本地的行业分销商在附属设备的营销中起着重要的作用,这是因为企业购买者通常从它们那里购买附属设备。不管附属设备从何处购得,相对于大型设备来说,广告是相对重要的促销工具。

**3. 原材料**

原材料是未经加工的矿产品和农产品,如矿石、原油、木材、小麦、水果、蔬菜等。原材料构成产成品的一部分。原材料的采购也有大用户和小用户之分,如大型钢铁厂、木材加工厂会大量采购原材料。因为小型原材料的销售厂商众多,所以,市场上的竞争比较激烈,没有哪个企业或组织可以控制和左右这类产品的市场价格,价格弹性低。促销大多需要经过人员推销来完成。大型的原材料供应商对原材料的供应具有很大的决定权。

**4. 零配件**

零配件指等待装配的产成品或只需少量加工即可装配的零件,如火花塞、轮胎和汽车的发动机等。零配件的一个特征是在其成为最终产品的一部分以后,它依然保留着原来的特征。比如,汽车轮胎即使装配在汽车上,它仍然保持着其轮胎的特征。此外,由于零配件易损,所以在最终产品的使用过程中,零配件需要更换多次。因此,就会出现两个重要的市场:原始设备制造商市场和替换设备制造商市场。

原始设备制造商市场中的零配件单位成本与售价之间的差异常常很小,但是因为其销售量很大,所以利润还是可观的。替换设备制造商市场是由组织和个人组成的,他们购买零配件替代用坏了的零配件。因为零配件在最终产品上保持其本身固有的特性,所以用户可以选择由制造商生产的同一品牌的零配件来替代。例如,同样的一个品牌的计算机就可以使用同一品牌其他计算机的相关零配件,甚至可以使用非相关品牌的零配件。然而,替换设备市场的操作与原始设备零配件市场的操作不同。

**5. 半成品材料**

半成品材料是在制造其他产品中直接使用的产品。与原材料不同的是,它们已经经过相应的加工,如化学制品、塑料、布料等。但是半成品和零部件也不同,因为在最终产品上,半成品不再保持原来的特性。

大多数半成品材料向原始设备制造商进行营销或者向服务于原始设备制造商市场的分销商进行营销。半成品一般是根据客户的规格和行业的标准进行销售的,如钢材和木材。组织客户在选购这些商品时,需要考虑的主要因素是价格和服务。

**6. 易耗品**

易耗品是可供消费的产品,但是由于其价格便宜和使用寿命特别短,所以称其为低值易耗品。易耗品通常是标准化的产品,一般分为三类——维护易耗品、修理易耗品、经营易耗品。

**7. 组织服务**

组织服务是最终产品以外的开支项目。厂商通常有外部的供应商来进行保安、广告、法律、管理咨询、市场调研、维修和其他各种各样的服务。例如,企业会聘用专门的会展公司人员提供会展服务。

案例 5-2 联手电商发力,施耐德电气拥抱双十一[①]

施耐德电气公司是一家历史悠久的法国工业先锋企业,它依靠精湛的工艺技术和先进的设计理念,致力于为消费者提供更多集美感、安全、舒适和智能于一体的优秀产品。

随着一年一度的天猫"双十一"购物狂欢节进入倒计时,全球能效管理专家施耐德电气提前宣布以"11.11 万人试用"的活动拉开 2014 年"双十一"购物狂欢帷幕,在"双十一"前 45 天内诚邀万名消费者免费试用施耐德电气,通过为消费者量身定制出线上最受欢迎的产品色系,让消费者参与超值大促活动,施耐德电气吸引了无数消费者的广泛关注和热情参与。

在"双十一"大型促销活动期间,施耐德电气天猫旗舰店主推简约大气的 Pieno 丰尚系列开关产品。同时,在参加此次促销活动的施耐德电气开关面板家族成员中,还包括掀起开关纯平设计革命的 ZENcelo。此外,C65 系列小型断路器,简致系列插线板,以及适合商务人士使用的旅行转换插座、车载充电器等其他畅销产品也加入此次超值大促。累计有 1 500 名消费者通过签到抽奖获得了装修大礼包,该礼包不仅包含施耐德电气为当年"双十一"定制的明星产品,还包含了美标、安信、飞利浦、多灵及 PPG 大师漆这些家装一线品牌的试用商品,或专属

---

[①] 资料来源:林莹,王叔良.B2B 营销案例精选.中国广告,2015(3).

"双十一"优惠券,为有家装需求的消费者提供了极佳的售前体验。

**【思考题】**
(1) 施耐德电气公司和天猫的合作能够给公司带来哪些机遇?
(2) 这次合作会对施耐德电气公司的组织购买行为产生怎样的影响?

## 第三节 政 府 采 购

### 一、政府采购的概念

政府采购也是一个特定的组织市场,和一般的企业采购不同的是政府作为采购主体,其主要采购物品的用途与一般企业不同,而且采购量一般比较大。中国政府2002年6月正式颁布的《中华人民共和国政府采购法》对政府采购的含义进行了定义:"政府采购是指各级国家机关、事业单位和团体组织,使用财政性资金采购依法制定的集中采购目录以内的或者采购限额标准以上的货物、工程和服务的行为"。这一定义反映出政府采购的一些基本要素。

**1. 政府采购的主体**

政府采购的主体是国家机关、事业单位和团体组织,而不是一般的个人或企业。从这些主体本身的性质而言,可认定其采购的目的主要是满足开展日常的政务活动或为社会公众提供公共服务的需要。

**2. 政府采购的范围**

政府采购的范围并不包括所有的商品和服务,而是有所限定的,那就是"依法制定的集中采购目录以内"的商品和服务,以及"采购限额标准以上"的商品和服务。这说明政府采购实际上是一种通过必要的法定程序,被纳入法制管理范围的组织购买行为。

**3. 政府采购的资金来源**

政府采购的资金来源是财政性的资金,即全民的公有财产。这就是要对政府采购进行必要的法制管理的主要原因。但并非所有财政性资金的使用都纳入政府采购的管理范畴,还应根据资金的使用方向,看其是否在政府采购的管理范围之内。

### 二、政府采购的特点

同私人或企业采购相比,政府采购具有行政性、社会性、法制性、广泛性和公开性等主要特点。

**1. 行政性**

政府采购决策是一种行政性的运行过程,要严格遵守行政决策的程序和过程,要代表政府的意志,遵循组织原则,并非将经济利益作为唯一的评价标准。

**2. 社会性**

政府要承担社会责任和公共责任,所以其采购行为必然要综合考虑对诸如环境、就业以及国家安全等各方面的影响。同时,政府采购行为的本身也要接受社会监督。相比私人采购要接受董事会和股东的监督而言,其接受监督的范围要大得多。

**3. 法制性**

在法治国家中,政府行为的基本特征是必须在法律的范围内运行,所有行为必须符合法律的规范原则。所以政府采购的对象、程序和操作都必须用法律的形式加以规定并严格执行。

**4. 广泛性**

政府是对国家和社会实行管理和服务的机构,其涉及的范围极其广泛,政治、经济、军事、教育、医疗卫生、资源开发、环境保护,几乎无所不包。所以其采购的领域必然也十分广泛,涉及的货物、工程和服务会和众多的产业有关,从而也给各行各业创造了市场机会。

**5. 公开性**

政府采购有一个很大的特点就是采用招标方式进行采购,一般供应商要竞价投标,才有可能与政府达成买卖关系。政府相关部门一般选取信誉较好的供应商,并签订长期供货合同。企业一旦与政府达成买卖协议,就意味着获得了一个比较稳定的资金来源。由于政府是一个很特殊的顾客,很多时候不是企业制定价格,而是政府对价格进行限制,因此对政府推行各种市场营销手段实现起来有一定困难。由于政府的采购政策强调价格,这就促使了供应商致力于降低成本,一旦产品被具体详尽规定后,基本就不存在产品差异了,企业的市场营销工作很难展开。但这不代表企业只能被动接受政府选择,企业甚至要专门设立公关部门,加强与政府的沟通,建立良好关系。政府采购也是为了实现公众目标,企业若能提前一步进行市场调研,搜集公众信息,降低价格,就很有可能在竞标中取胜,赢得市场。

案例5-3 "沃尔玛"的购买决策①

沃尔玛是全世界零售业销售收入位居第一的巨头企业,素以精确掌握市场、快速传递商品和最好地满足客户需求著称,曾是"世界500强"排行榜上的冠军。而全球采购正是沃尔玛成功的必要条件之一。

在沃尔玛的全球采购中心总部,有一个部门专门负责检测国际贸易领域和全球供应商的新变化对其全球采购的影响,并据此指导和调整公司的全球采购政策。沃尔玛的采购政策大致可以分为以下三个方面。

第一,永远不要买得太多。沃尔玛提出,减少单品的采购数量,能够方便管理,更主要的是可以节省营运成本。沃尔玛的通信卫星、GPS以及高效的物流系统使得它可以最快的速度更新其库存,真正做到零库存管理,也使"永远不要买得太多"的策略得到有力的保证。

第二,价廉物美。"沃尔玛采购的第一个要求是价廉物美"。在沃尔玛看来,供应商都应该弄清楚自己的产品跟其他同类产品有什么区别,以及自己的产品中究竟哪个是最好的。供应商最好尽可能生产出一种商品专门提供给沃尔玛。沃尔玛最希望以会员价给顾客提供尽可能多的在其他地方买不到的商品。

第三,突出商品采购的重点。沃尔玛一直积极地在全球寻找最畅销的、新颖有创意的、令人动心并能创造"价值"的商品。造成一种令人高兴、动心的购物效果,从而吸引更多的顾客。

沃尔玛的商品采购的价格决策和品项政策密不可分,它采取全面压价的方式从供应商那里争取利润以实现天天低价;沃尔玛还跟供应商建立起直接的伙伴关系以排斥中间商,直接向制造商订货,消除中间商的佣金,在保证商品质量的同时实现利润最大化。下面从宏观和微观两个方面说明沃尔玛的采购流程。

(一)宏观方面

全球采购办公室是沃尔玛进行全球采购的负责组织。但是这个全球采购办公室并没有采

---

① 资料来源:李慧. 沃尔玛全球倾销的秘密. 市场营销,2016(10).

购任何物品。在沃尔玛的全球采购流程中,其作用就是在沃尔玛的全球店铺买家和全球供应商之间架起买卖之间的桥梁。因此,沃尔玛的全球采购活动都必须以其采购的政策、网络为基础,并严格遵循其采购程序。

在全世界商品质量相对稳定的情况下,只有紧密有序的采购程序才能保证沃尔玛采购足够量的货物。

(二)微观方面

沃尔玛的商品采购是为保证销售需要,通过等价交换取得商品资源的一系列活动过程,包括:筛选供应商、收集产品信息及报价单、决定采购的货品、与供应商谈判、审核并答复、跟踪检查。

(1)筛选供应商。沃尔玛在采购中对供应商有严格的要求,不仅在提供商品的规格、质量等方面,还对供应商工厂内部的管理有严格要求。

(2)收集产品信息及报价单。通过电子确认系统(EDI),向全世界4 000多家供应商发送采购订单及收集产品信息和报价单,并向全球2 000多家商场供货。

(3)决定采购的货品。沃尔玛有一个专门的采办会负责采购。经过简单的分类后,该小组会用电子邮件的方式和沃尔玛全球主要店面的买手们沟通,这个过程比较长。以在中国市场的采购为例,在世界各大区买手来到中国前(一般一年两到三次),采办会的员工会准备好样品,样品上标明价格和规格,但决不会出现厂家的名字,由买手决定货品的购买。

(4)与供应商谈判。买手决定了购买的产品后,买手和采办人员对被看上的产品进行价格方面的内部讨论,定下大致的采购数量和价格,再由采办人员同厂家进行细节和价格的谈判。谈判采取地点统一化和内容标准化的措施。

(5)审核并答复。沃尔玛要求供应商集齐所有的产品文献,包括产品目录、价格清单等,选择好样品提交,并会在审核后的90天内给予答复。

(6)跟踪检查。在谈判结束后,沃尔玛会随时检查供应商的状况,如果供应商达不到沃尔玛的要求,则根据合同,沃尔玛有理由终止双方的合作。

【思考题】

(1)简述沃尔玛的采购政策。
(2)沃尔玛是如何依据采购政策制定采购流程的?
(3)为什么沃尔玛的采购流程能够保证其高效有序地进行组织采购?

# 本 章 小 结

组织市场是指工商企业为从事生产、销售等业务活动以及政府部门和非营利组织为履行职责而购买产品和服务所构成的市场。简而言之,组织市场是以某种正规组织为购买者所构成的市场。组织市场营销,是以非个人消费为目的,向个人和组织销售产品和服务的营销活动。组织市场可以分为生产者市场、中间商市场、非营利性组织市场以及政府采购市场。组织市场具有购买者少、购买规模大、购买者在地域上相对集中等特点。作为一个特殊的组织市场,政府采购是指各级国家机关、事业单位和团体组织,使用财政性资金采购依法制定的集中采购目录以内的或者采购限额标准以上的货物、工程和服务的行为。

## 关键名词

组织市场　组织市场营销　组织产品的种类　生产者市场　中间商市场　政府市场
非营利组织

## 思考题

1. 组织市场与消费者市场有何不同？
2. 组织市场有哪几种分类？
3. 组织购买的产品有哪些？
4. 政府采购的特点是什么？

# 第三篇　市场营销战略

# 第六章 市场竞争战略

**本章学习要点**

➤ 了解如何识别主要的竞争者
➤ 掌握分析竞争者的方法
➤ 掌握四种市场竞争角色的特征及其战略
➤ 本章小结

企业的生存与发展与市场竞争为伴,在竞争中寻求机遇,规避风险,在竞争中扬长避短是企业成败的关键。竞争者的目标选择和战略选择,直接影响企业选择自己的目标市场和营销战略,竞争者的管理水平、经营能力也直接影响着企业的获利能力,竞争者商品价格的改变、广告内容的更新、促销手段不断多样化、新产品陆续推出等都会给企业造成或多或少的威胁。企业只有了解了竞争者的目标客户、市场定位、领导水平、财力状况、合作对象等一切有关信息,才能准确地确立自身的市场竞争地位,有的放矢地制定市场营销战略和战术,实现企业的可持续发展。

## 第一节 识别竞争者

在市场竞争中,识别竞争者是首要任务。为了能够更加准确有效地了解现有和潜在的竞争者,企业分析竞争者依照以下六个步骤实施,如图6-1所示。

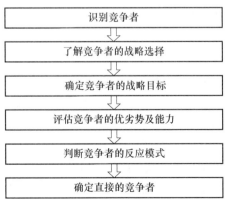

图6-1 识别竞争者的六个步骤

## 一、识别竞争者

竞争者是指那些与本企业提供的产品或服务相似,并且所服务的目标顾客也相似的其他企业。识别竞争者可以从供给与需求或产业与市场两个方面着手。从供应的角度看,提供同一类产品或可相互替代产品的企业,构成一种产业,叫作产业竞争者,如汽车产业、医药产业等。从需求即市场的角度看,那些满足相同市场需要或服务于同一目标市场的企业构成的竞争者,叫作市场竞争者。比如,顾客可以搭乘飞机、火车、轮船或汽车到达某目的地,那么提供交通服务的这些公司就互为竞争者。

识别竞争者看似简单,然而由于公司现实和潜在的竞争者无数,这项工作十分艰难。新技术的出现带来的崭新行业,可能会加剧竞争威胁。比如,在纸质媒体与网络媒体激斗正酣之时,自媒体平台的兴起却吸引了更多的眼球。以微博、微信为代表的自媒体,已成为网络传播最活跃的主体和新兴舆论场。自媒体通常比纸媒、网媒传播得更为快速,更为平民化、个性化。可见,企业在辨别竞争对手的时候,除了要关注同行业内部的竞争对手,还要有前瞻性的眼光,去预测出新行业、新的替代品带来的潜在的威胁和竞争对手。

## 二、了解竞争者的战略选择

竞争者主要会选择三大战略:成本领先战略、差异化战略和目标集聚战略。

### 1. 成本领先战略

成本领先战略即企业利用自身的低成本和低价格优势进行市场竞争。因为即便是处于竞争激烈的市场环境中,具有低成本优势的企业仍可获得高于行业平均水平的收益;低成本地位有利于企业在强大的买方压力中保护自己,也有利于企业抵御来自供应商的威胁;由于低成本优势通常是以规模经济或成本优势体现的,这就为进入者设置了较高的进入壁垒,从而削弱了新进入者的竞争力。此外,低成本企业还可以采取降低价格的办法提高消费者转向使用替代品的转换成本,降低替代品对企业的冲击,为企业赢得反应时间。

但是,实行该战略的企业通常会由于购买先进设备需要较大的前期投资,可能使企业面临初期的亏损状态。有些低成本导向的企业可能会将过多的精力放在降低成本上,不注重变化的客户需求,不关心新产品的研发,使得产品供需脱节。另外,一旦出现具有破坏性的新技术变革,并在生产中得以应用,则会使企业的成本优势荡然无存,严重的情况是企业产品不得不快速地在市场中衰退,最终退出市场。

### 2. 差异化战略

差异化战略即企业针对不同目标客户群的需求差异制定不同的市场营销战略。差异化战略的形式有产品差异化、服务差异化、形象差异化、人员差异化和渠道差异化等。采用差异化战略的企业往往会利用顾客对产品特色的特别偏好而导致的对产品价格的敏感度降低,制定相对竞争者较高的商品市场价格。正是这种差异化优势,使得企业可以避开价格竞争,凭借产品特色在行业中保持相对稳定的经营优势,使企业的利润增长不以追求低成本为代价。如果企业能够利用差异化优势培育市场,扩大忠诚顾客群,则会大大地提高竞争者的进入成本。但是,当企业实施差异化战略时,难以追求单一产品的市场份额最大化。而且,由于差异化往往以新产品研发、市场调研和了解客户差异化需求为前提,所以,企业的差异化成本相对较高。

**3. 目标集聚战略**

目标集聚战略即企业在分析宏观和微观环境的基础上,针对某个特定的顾客群、产业内一种或一组细分市场开展生产经营活动,充分发挥企业资源效力,为该市场群体提供定制服务,赢得竞争优势。当多家企业的目标客户是相同的,一个顾客会面对不同厂家的几乎没有差异的相似的甚至相同的产品;加之顾客的选择有很强的自主性,从而导致市场竞争的白热化。实施目标集聚战略,可以使企业划分并控制一定的势力范围。在此范围内,企业具有特定优势,所以市场占有率比较稳定。目标集聚战略有两种形式,突出企业成本领先优势的集聚战略叫作成本集聚战略;突出企业在目标市场上的差异化优势的集聚战略叫作差异化集聚战略。

## 三、确定竞争者的战略目标

竞争者的战略目标有追求利润增长(当期利润最大化)、市场占有率增长、现金流量、技术领先、服务领先、低成本领先、市场扩张等。明确竞争者的发展目标,有助于企业把握竞争者的发展方向和竞争实力。因为,竞争者目标决定着竞争者企业对各种行业竞争行为的敏感度和反应方式,决定着竞争者企业的经营模式。有时,尽管两个企业当前目标客户是一样的,但是由于各个企业所求各异,从发展的眼光考量竞争态势,你的企业可能会发现,现在的竞争者未必是未来的竞争者。两个目前战略相同的企业,一个想要在本地市场占据一半以上的市场份额,而另一个则力图在国外市场站稳脚跟,那么二者的竞争可能在开始会很激烈,但是发展到一定程度以后,双方的竞争态势会产生变化,最终会向着不同的方向发展。企业一定要认真调查研究竞争者的扩张计划。

## 四、评估竞争者的优劣势及能力

了解了竞争者的优劣势,就可以评估竞争者完成目标的可能性,比如,竞争者是不是资金周转畅通,它们与供应商的合作是否融洽,它们的投资回报是否让投资人满意,它们与媒体公众的关系如何,是否有强大的社会力量作为支持,它们的经营理念是否正确等。如果企业发现竞争者的目标虽然远大,但实际上运营能力有限,就可以有足够的信心超越它、战胜它。在评估竞争者的优劣势时,SWOT方法是有效的,同时,企业还必须收集反映竞争者业务绩效的关键数据:销售额、销售额增长、市场份额、市场份额增长、毛利、投资回报率、现金流量、新投资力度、设备利用状况、发展战略等。除此之外,还应考察那些反映消费者偏好、态度、知觉等心理特征的重要指标,如心理份额、情感份额、价值感知等指标状况,了解竞争对手在目标客户心目中的偏好水平、知名度和美誉度等。

## 五、判断竞争者的反应模式

在确定竞争者分类、战略、目标选择和优劣势之后,企业一定要预测竞争者在面对可能的市场竞争压力时会有怎样的反应。每个竞争者都有一定的经营哲学。如果能够预知竞争者可能采取的反击策略,企业就可以提前做好应对准备,防患于未然,并采取较为积极的行动。一般地,竞争者的反应模式可以归为以下四类:从容型竞争者、选择型竞争者、凶狠型竞争者和随机型竞争者。

第一,从容型竞争者。这样的竞争者对敏感事件、社会舆论、市场行动几乎没有明显的反应,或者反应不激烈。此时,企业要研究竞争对手"从容"的原因,是资金不够,是反应迟钝,还是盲目自大,或是有其他战略意图。这对于企业下一步的策略选择有直接影响。企业要小心在自己进攻的时候,反被对方利用。

第二,选择型竞争者。这些竞争者只对企业的一部分活动产生反应,进行回击,而对其他方面则不予理睬。此时,企业要通过多次行动变化,分析并预测竞争对手可能对哪些竞争策略做出应对,如竞争者对企业加大促销力度可能会做出反击,也以加大促销力度回敬对手。至于竞争者没有做出回应的方面企业也要格外谨慎,应了解竞争者的真正动机,不能盲目乐观。

第三,凶狠型竞争者。与从容型竞争者相反,凶狠型竞争者对来自涉及企业经营业务范围内的所有进攻都会给予强烈回击。当企业遇到这类竞争对手时,应该避免与其正面冲突。从侧面争取竞争地位的主动不失为明智的决策。比如,当那些生产洗护发产品的中小企业进行市场开拓时,可能会遭到来自市场领导者的凶狠报复,此时,企业不妨从领导者无暇关心的特殊市场打开缺口。

第四,随机型竞争者。随机型竞争者对市场竞争往往采取令人难以揣摩的随机方式进行反击。企业难以预测竞争对手是否会做出反击,反击的程度会达到怎样的水平。

## 六、确定直接的竞争者

当企业完成以上各步骤的分析之后,就可以准确把握竞争者群中各个竞争者的特点,确认为数较少的直接竞争者,并针对它们制定市场竞争战略。通常,企业的直接竞争者往往是与己势均力敌者,或相对差距较小者。对于那些相对自身企业小而弱的竞争者,企业可以通过采取逐个击破、吞并的战略扩大势力范围,发展壮大。

从竞争原则上考量,一个规范的企业会秉承遵守行业规则的信念去参与行业竞争。这样的企业参与合理竞争,遵循市场法则和客观规律,依照成本定价,根据产品生命周期规律研发和推广产品,不断提高服务质量,满足消费者需求,使企业实现合理的盈利。但是,在市场竞争日趋激烈的今天,恶性竞争事件频繁发生。有些企业经常违反行业规则,并通过非正当手段谋取利益,违反法律法规,损害消费者权益,当然企业也难以实现可持续发展。企业如果采取正当手段与这类竞争者展开竞争,可能的结果就是失败。正所谓"君子难过小人关"。反之,如果进行正当的企业竞争,企业间可以共同承担市场风险,分享良性的市场竞争带来的市场效益。

市场是复杂的,竞争是激烈的。企业在分析竞争者的时候,应当精心设计一个营销调研方案,成立独立部门,由专人负责,专门搜集竞争对手的竞争情报。通过对竞争情报的分析、处理和评估,为营销经理提供完整、及时、准确的信息和相应的竞争决策支持。

## 第二节 分析竞争者

对竞争者的分析将从以下六个方面展开:市场占有率、财务管理能力、企业管理水平、创新能力、竞争优势来源以及现在及未来可能采取的战略,如图6-2所示。

### 一、市场占有率分析

竞争者的市场占有率直接表现了它们的经营能力,它能够在一定程度上代表企业在市场中的地位水平。企业在确认竞争者时,那些经营规模同等或者相似的企业是直接的竞争者,而那些经营规模差距较大的企业为其间接的竞争者。一个刚刚涉足新行业的企业显然不适宜与该行业中的龙头企业比较市场占有率,更不能据此要求员工,因为其结果只会挫伤员工的信心,但是不妨将龙头企业视为榜样,当作企业愿景。

图 6-2　分析竞争对手的六个方面

分析竞争者的市场占有率需考虑两个指标,一个是它的整体市场的市场占有率,据此能够从一个宏观的角度把握竞争者在行业中所处的竞争地位;另一个是其在共同目标市场的市场占有率,据此能够确定其在目标市场中的市场地位。

## 二、财务管理能力分析

从财务管理的角度来讲,评价一个企业的财务状况可以通过比较法、比率法、趋势法、因素法进行分析。第一,竞争者企业的偿债能力分析。企业的偿债能力大小,对企业所有人、投资人、客户、竞争对手等都是至关重要的,它是衡量企业获利能力、投资能力的重要因素,包括长期和短期偿债能力。第二,竞争者企业的运营能力分析,主要指的是资金周转能力。资金周转越快,企业的活力越强,经营水平越高,包括流动资产周转情况、存货周转率、固定资产周转率等财务指标。第三,竞争者企业的盈利能力分析,也就是企业的获取利润的能力,它直接表明竞争者的生产、促销和管理成果,主要指标有销售利润率、成本费用利润率、总资产收益率、每股收益等。第四,竞争者企业的现金流量分析,据此可以预测企业未来的经营能力、发展态势和竞争强度。对现金负债总额比率和每股现金流等指标的分析也是十分必要的。上述内容汇总如表 6-1 所示。

表 6-1　常见的财务管理能力分析内容和相关指标汇总

| 分析内容 | 常见的主要指标 |
| --- | --- |
| 偿债能力分析 | 流动比率、速动比率、现金比率、资产负债率、所有者权益比率、权益乘数 |
| 运营能力分析 | 流动资产周转情况、存货周转率、固定资产周转率 |
| 盈利能力分析 | 销售利润率、成本费用利润率、总资产收益率、总资产报酬率、主营业务利润率、每股收益、每股股利、市盈率 |
| 现金流量分析 | 现金负债总额比率、每股现金流 |

## 三、企业管理水平分析

管理者的个人素质、个人修养、知识经验等直接决定着企业管理水平的高低。一个敢于冒险、重视创新的领导者,会不断地为企业寻找新的出路和发展机会;而一个做事稳重,以不变应万变的领导者则会注重挖掘企业自身的潜能。了解竞争企业领导者的个人特质,有助于企业预测竞争者的未来发展态势,提前做好应对准备。

对竞争者的企业文化的分析也是非常重要的。竞争企业是否从上到下齐心协力,员工是否认同企业的任务、目标和价值观,企业发展与员工职业生涯的设计是否一致等,都影响着竞争企业的经营和获利水平,也影响着企业的可持续发展。

人力资源管理水平是企业管理水平的另一重要标志。竞争企业的激励机制是否健全,是否能够吸引和留住优秀人才,企业是否给员工提供个人深造机会,是否为他们制定职业生涯规划,员工是否满意企业的薪酬制度,这些也都关系着企业的生存和发展能力。

### 四、创新能力分析

面对瞬息万变、竞争激烈的市场,企业只有不断创新才能生存。如果竞争者已经拥有较高的市场份额,但是几乎很少有研发投入,从不创新,那么它的生命力就应引起质疑。企业要调查竞争对手近期有过哪些创新活动及其具体的创新分类,创新的分类包括产品创新、管理创新、促销创新、服务创新、渠道创新等,并了解那些成功的创新和失败的创新,取长补短,以使本企业有可能获取高于行业平均水平的市场回报。

### 五、竞争优势来源分析

对竞争者竞争优势的分析还远远不够,还应该分析其优势的来源。比如,竞争者到底为消费者提供了什么,它们是如何满足消费者需求的,其消费者需求的主要内容和特点是什么等。关于对竞争者竞争优势来源的分析,可以借助波特的价值链理论、SWOT分析方法和营销组合策略分析等,通过细致的分析和对比,找出竞争对手的优势所在。竞争者优势可以细化至其具体的产品或服务特色、竞争策略、广告的内容及投资、渠道特点、价格水平等。只有找到了竞争者的优势来源,才能够真正找到其利润来源,甚至与此同时还能够找到竞争者的弱点。对竞争者竞争优势来源的分析必须客观,不能主观臆断,要建立在科学的营销调研的基础之上。

### 六、行动分析

一个企业的市场发展战略通常属于商业机密,分析竞争者现在和未来可能采取的市场战略是一个难题。但是,企业仍然可以借助竞争企业过去的各种营销活动和行为,分析其已经建立的社会公众形象,并综合多种因素进行分析、归纳和预测。同时,企业还要综合考察竞争者的领导者风格、企业文化,结合市场走势,预测其未来的战略规划和部署。企业要建立对竞争者行动的持续监控系统,及时收集信息情报,通过对其各种历史行为的分析发现规律,提高把握竞争者现在和未来可能采取的战略的能力。

案例6-1 "联想"手机如何面对竞争对手[①]

根据市场调研机构 IHS Technology 2016年第三季度的报告,联想手机市场份额已经跌出国内前十,其在四五线城市用户流失率高达96.03%。而2014年,根据 TrendForce 的数

---

[①] 资料来源:徐赫.联想手机大溃败,明明有能力,为何卖不好.销售与市场(管理版),2017(3).

据,联想+摩托罗拉还占据全球第三的地位,同时2016年,联想手机在海外市场也保持强势地位,从侧面证明手机质量没有问题。

那是什么导致了联想手机的溃败?是其对竞争对手状况的忽视。在智能手机发展的第一次浪潮中,从运营商渠道向互联网渠道转换,联想占据领导者的地位,但其采取继续与运营商合作,用"机海战术"来扩大销量获取巨大利润的市场战略。这一市场战略使得联想手机品质没有保障,对品牌伤害较大,不利于后续的社会化渠道发展。而反观其竞争对手华为,则选择了减少出货量,着手精品建设和网络营销的市场战略,同时加强品牌创新能力,因此后来的路反而越走越顺。

而在第二次浪潮,即从互联网渠道转向线下渠道时,联想同样也没有提前布局相应市场战略,无法与有多年积累的OPPO和VIVO竞争,因此进一步落后。

2016年,联想推出的Moto Z,则看准了国内市场空缺,专注于国内外高端市场,并采用模块化的创新方向,试图重新建立领先优势,虽然目前前途尚未明朗,但却代表着联想重新打造联想手机品牌形象的强烈渴望。

**【思考题】**
(1) 联想手机忽视了竞争对手的哪些能力?
(2) 2016年,联想手机是如何制定竞争战略的?

## 第三节 竞争地位的确立与竞争战略

根据企业在市场中的竞争地位,可以把企业分为四类:市场领导者、市场挑战者、市场追随者和市场补缺者。

每一类的企业都有着适合于本企业的竞争战略,下面根据竞争地位的四种分类,逐一进行分析。企业的竞争地位及其战略选择模式,如表6-2所示。

表6-2 竞争地位与战略选择

| 竞争者地位 | 战略选择 | |
| --- | --- | --- |
| 市场领导者 | 扩大市场总需求量 | 发现新用户、开辟新用途、增加使用量 |
| | 保持市场占有率 | 阵地防御、侧翼防御、以攻为守、反攻防御、机动防御、撤退防御 |
| | 提高市场占有率 | 以上方式均可 |
| 市场挑战者 | 确定战略目标和挑战对象 | 攻击市场主导者、攻击与自己实力相当者、攻击地方性小企业 |
| | 选择进攻战略 | 正面进攻、侧面进攻、保卫进攻、迂回进攻等 |
| 市场追随者 | 紧密追随 | 尽可能效仿主导者 |
| | 距离追随 | 追随主导者,但设法与其保持若干差异 |
| | 选择追随 | 某些方面追随主导者,另一些方面又自行其是 |
| 市场补缺者 | 专业化营销,满足特殊市场、特殊顾客的特殊需求 | |

### 一、市场领导者战略

市场领导者即同行业拥有最大的市场份额的企业。该企业是市场的权威,对该市场中各企业有着广泛的影响,处于主导地位,如美国通用汽车公司、微软公司、可口可乐公司等。市场领导者拥有较高的顾客忠诚度，具备较高的市场运营能力，能够满足目标市场消费者的需求，市场美誉度最高。但是主导毕竟不是唯一，即便是市场领导者，也要面临来自市场的竞争和挑战，主导地位时时需要维护，制定应对竞争的战略。市场领导者的战略选择主要有以下三种：扩大市场总需求量、保持市场占有率和提高市场占有率。

**1. 扩大消费者需求的最大受益者是市场领导者**

消费者需求增多，市场规模提高，市场容量扩大，对于市场占有率最高的企业来讲，是一个绝佳的再发展基础。因为市场占有率是一个比值，一旦市场需求增大，加之绝大多数消费者是市场领导者的忠诚客户群，企业的销量就会大幅度提高。因此，处于主导地位的企业应当千方百计地刺激消费者的购买欲望，为消费者开辟便利的购买渠道，尽可能扩大市场需求。

首先，扩大市场需求最直接的办法就是开发产品的新用途。新的用途就可以满足新的需求，也会吸引新的消费者进行购买，从而扩大市场需求。其次，企业还要努力寻找潜在的消费群体，通过各种市场营销手段，拉动消费。企业要研究这些消费者购买行为，了解以前他们没有进入目标客户群的原因，以便有效地刺激新的消费需求。最后，企业还要重视对现有客户的需求潜力的挖掘，重视他们的意见领袖作用和口碑宣传作用，不仅自己多消费，同时还要能够影响和带动周围的消费者购买。

**2. 保持市场占有率是保证企业自身主导地位的根本前提**

不论领导者企业采取什么样的竞争战略，都要保证自己的市场占有率最高。一个安于现状的市场领导者只能面临其他有实力的、不断进取的竞争对手的赶超，失去有利的市场地位。为了保持市场占有率，市场领导者往往采用以下六种防御策略。

（1）阵地防御

防御的最基本概念是单纯防守现有的阵地或产品。这是一种不可取的防御策略，是一种市场营销近视病。福特汽车公司在其 T 型车的发展战略上就患了这种市场营销近视病，导致这家在鼎盛时期拥有 10 亿美元现金储备的强大汽车王国一度濒临破产。事实上，即便是像可口可乐和拜尔阿司匹林那样曾被业界誉为"不朽的品牌"的产品，也不能被其公司当作未来发展和盈利的永久性的主要来源。尽管可口可乐的产量几乎占世界软饮料的一半，但是可口可乐公司仍然在积极地开发酒类市场，还收购了几家果汁饮料公司，并把资金分散经营用于海水淡化设备和塑料的生产。

（2）侧翼防御

市场领导者不仅应守卫自己的领土即主要盈利产品，还要建立一些延伸产品，作为保护空虚市场的防御阵地，必要时可将其作为反击基地。

通用汽车公司和福特汽车公司曾经犯过忽视侧翼防御重要性的错误。几年前，它们轻率地设计了维佳（Vega）和平托（Pinto）这两种小型汽车，目的是要击退日本和欧洲汽车生产商发动的小汽车攻击战。不幸的是，美国消费者普遍认为美国小汽车粗制滥造，他们更偏爱外国小汽车。由此看来，面对来自市场的任何一种潜在威胁，市场领导者都必须对其认真评估，审慎应对。

（3）以攻为守

一种更积极的防御战术是在竞争者对自己发动进攻之前先发制人，争取主动，抢先将其产品优势削弱或扼杀在摇篮中，防患于未然，比如市场领导者对市场进入者发起的价格战。

（4）反攻防御

如果一个市场领导者虽然采取了侧翼防御、以攻为守等策略，但是仍然受到了攻击，则必须向对手进行反击。面对竞争者的降价行为、闪电战式的促销和产品革新，领导者不能甘于被动挨打,可选择迎击对方的正面市场进攻、迂回攻击对方的空白市场,通过供应商和合作商等第三方对竞争者进行打击等策略。

严峻的竞争态势有时会导致市场占有率的快速损失,市场领导者必须迎头痛击。但是,防卫者在战略上若有回旋的余地,往往可在承受初次攻击之后,再选准适当时机进行有效的反击。在很多情况下,市场领导者也可采取先以退为进、再后发制人的策略。

(5) 机动防御

机动防御要求领导者不但要积极防守现有产品占有率,还要将其占有率扩展到可作为未来防御和进攻产品的新领域。领导者与其采取一般的品牌多样化战略发展新市场,不如在以下两个方面做大胆尝试:市场扩展和市场多元经营。市场领导者通常有资源能力进行市场扩展和市场多元经营,采取这样的发展战略可使企业在"战略上有更多的回旋余地",使其有能力抗击连续进攻,并有可能发动报复性反攻。

(6) 撤退防御

有时,即便是那些属于市场领导者的大公司,也无力防守所有市场。它们的兵力过于分散,而竞争者正在蚕食其部分市场。这时,最好的行动似乎是有计划的撤退,也称之为战略撤退。有计划的撤退不是放弃市场,而是放弃薄弱的领域,集中优质资源于有较强发展潜力的领域。有计划的撤退可以巩固和加强市场竞争力,在关键市场上集中优势打击对手。

**3. 有效提高市场占有率是最理想的竞争手段**

尽管有一些市场营销组合变量有利于市场占有率的提高,但是未必有利于利润的提升。只有在如下两种条件下,较高的市场占有率才能产生较高的利润。第一,单位成本随着市场占有率的提高而下降。因为市场领导者的经营规模较大,在成本上体现规模经济效应,成本经验曲线下降较快,使得单位成本下降。也就是说有一种既可提高市场占有率又可提高利润的市场营销策略,即在本行业刻意追求最低成本,并且通过降低价格将节省的成本提供给顾客。第二,企业提供优质产品,并以大大高于成本的价格出售。

## 二、市场挑战者战略

市场挑战者是市场占有率仅次于市场领导者的企业。由于市场挑战者的市场占有率较高,它们对市场领导者构成较大的威胁。

市场挑战者的主要攻击对象就是市场领导者,尽管为了攻击领导者需要付出较高的代价,但是迫于市场领导者地位的巨大吸引力,市场挑战者仍然坚韧不拔地与市场领导者抗衡。挑战者的工作要点是发现领导者的弱势,从薄弱环节出发去攻克市场领导者。它们必须对市场足够敏感,从市场领导者的点滴失误中向其发动进攻,这也正是市场领导者采取侧翼防御策略的原因。向市场领导者挑战是高风险策略,但是也可能是高收益策略。处于市场挑战者的地位,值得为争夺市场霸主地位去铤而走险。当然,这不是简单的冒险,它应该建立在对竞争对手充分了解的基础之上。

除了直接挑战市场领导者,挑战企业还要善于以强搏弱,通过战胜与本企业实力相当或较弱的企业,减少对本企业构成较大威胁的挑战者的数量,逐渐壮大本企业的实力,扫清通向市场领导者道路上的各种障碍。

市场挑战者可以采取的竞争战略主要有正面进攻、侧翼进攻、围攻和迂回进攻四种。正面进攻是企业集中优势直面竞争者的优势市场发起的进攻,如百事可乐对可口可乐的竞争策略就是正面进攻。侧翼进攻是利用自身企业优势向对方弱势发起的进攻。围攻是一种全方位、大规模、孤注一掷的进攻战略。没有对竞争对手实力的准确信息,应慎用该战略。迂回进攻战略是采用间接的方式进攻对手。该战略的特点是避免与竞争者正面冲突,企业表面上与竞争对手和平共处,甘当行业老二,同时借助行业老大的市场地位和市场价值,使本企业从不知名的企业蹿升至知名企业的行列,或是采取产品或市场的多元化,以及从产品或市场创新寻求发展的战略。

案例 6-2 "华为"挑战"苹果"之路[①]

3 000 元以上高端手机市场是块"香饽饽",谁都想啃一口。苹果和三星占据全球高端手机市场"蛋糕"的大部分。近年来,华为在国产手机中脱颖而出,成为 3 000~4 000 元档位手机销量增长最快的品牌,如今华为正试图以自己的 P 系列手机挑战三星和苹果。

2016 年 4 月 15 日,华为在上海举办盛大发布会——华为 P9 正式上市,华为 P9 面向的消费者是拥有优雅品位、精致生活的人群。华为消费者业务 CEO 余承东强调华为的目标是成为行业第一,挑战三星、苹果,未来 3 年在市场份额上超过苹果。为了实现该目标,华为做了以下尝试。

首先,产品创新和品质依然是华为的重中之重。为了突破高端产品创新瓶颈,P9 选择的亮点是与摄影界传奇品牌徕卡的强强联手,设计了相机与双摄像头,意图打造差异化优势。与此同时,P9 在保持机身厚度仅 6.95 mm 的同时,首次搭载麒麟 955 处理器,高达 2.5 GHz 的主频为 P9 带来更强的运算处理能力和更为畅快的手机使用体验。

其次,在 P9 的宣传中,处处体现时尚元素,包括现场时装秀,加大模特和好莱坞明星的代言投入,以视觉化的方式向消费者传递时尚信息。

华为手机要挑战苹果,在服务方面也大力提升。华为正加速多渠道(运营商、公开渠道、电商渠道)布局,目前华为已在全国拥有 400 多家服务中心、260 余家服务专营店。市场研究机构 Kantar Worldpanel ComTech 的最新数据显示,2015 年 12 月至 2016 年 2 月,华为超过苹果成为中国城市最畅销智能手机品牌,市场份额为 24.4%,比苹果的 22.2%领先 2.2 个百分点。鉴于智能手机的海外市场增长空间更大,华为除了继续发力中国市场以外,还将全力布局海外市场。

【思考题】

(1) 华为与苹果的竞争采用了怎样的挑战者战略?

(2) 你觉得华为和苹果的差距主要体现在哪里?

## 三、市场追随者战略

市场追随者是指安于次要地位,不热衷挑战的企业。它们模仿市场主导者的战略,基本不发起挑战,不追求短期的市场占有率,与市场其他企业,尤其是市场领导者和挑战企业保持关系平衡发展。但是市场追随者也有自己的目标客户,企业据此选择自己的营销组合策略,构建独特的企业文化,实现长远发展。

产品或服务模仿战略是市场追随者的主要战略。除非追随者或挑战者能够先发制人,通过实现产品重大革新或配销实现重大突破,否则,它们通常宁愿追随领导者,做本企业力所能及的事情。因为如果市场追随者以低价、完善的服务或其他的产品或服务手段冲击市场时,市

---

① 资料来源:黄海峰. 从 P9 手机看华为挑战苹果之路. 通信世界,2016(11).

场领导者便会迅速吸取他人之长甚至发扬光大与之抗衡。因此,在企业刚刚起步阶段或尚不强大的时候,企业通过对市场领导者的产品或服务的模仿,可以大大节省昂贵的研发投入,实现企业的原始积累,在短期内迅速发展起来。此外,依市场追随者对市场领导者的产品或服务的模仿程度又可分为三种追随战略:紧密追随、距离追随和选择追随。

紧密追随,即市场追随企业在不侵犯市场领导者根本市场利益的前提下,几乎采取全面的"克隆战略"去模仿市场领导者。

距离追随,即市场追随者采取既追随模仿又体现自身企业的经营特征,与市场领导者总是保持一定的距离。它们主要在市场营销组合策略上追随领导者。这种追随者很容易被领导者接受,因为它们几乎不去干扰市场领导者的市场计划。此外,市场追随者的市场占有率指标是市场领导者免受垄断指责的依据,这是市场领导者所希望的。距离追随者可以通过兼并同行业中的较小企业发展壮大。

选择追随,即市场追随者只是模仿市场领导者那些特别行之有效的市场策略,它们有自己独特的市场竞争优势和核心竞争力,选择追随的目的是取长补短。那些市场挑战者的前身往往是这一类市场追随者,有朝一日它们具备了较强的实力,就会成为市场挑战者,向市场领导者发起进攻。

### 四、市场补缺者战略

市场补缺者,是指那些善于捕捉有利的市场空隙利用自身企业的专业优势在夹缝中实现生存发展的企业。这种有利的市场空隙叫作补缺市场,有时又被称为利基市场。市场补缺者利用市场中被其他企业忽略的市场机会,发挥企业自身的专业化优势,获得较高的市场回报。它们往往采用差异化战略参与市场竞争。

市场补缺者核心任务是发现补缺市场、扩大补缺市场和创造补缺市场。它们应避免与市场主导者和市场挑战者发生正面冲突,走差异化路线,寻找那些没有被满足的、不被大企业重视的消费者市场,通过提供专业化、细致化的服务,拾遗补阙,努力发展成为市场缝隙中的局域领导者。因此,提供专业化的市场营销服务、满足特殊客户群的特殊消费要求是市场补缺者的工作重点。

发现补缺市场的前提是了解补缺市场的基本特征。一个有发展潜力的补缺市场应该具备以下五个特征:

① 市场规模和购买力水平足以使企业实现盈利;
② 市场有发展潜力;
③ 强大的竞争者对该市场没有兴趣;
④ 公司具备有效地为该市场服务所必需的能力和资源;
⑤ 公司已在顾客中建立良好的信誉,能借此抵御同类竞争者的攻击。

市场补缺者必须体现在市场、顾客、产品或营销组合等方面的专业化经营,以成为某个方面的专家团队,下面是一些实现专门化的思路和建议。

① 最终用户。公司可专门为某一分类的最终使用者提供服务。例如,作为法律事务所,可以专门提供刑法、民法、工商法的市场服务。
② 垂直层次。公司可专门从事供应链中的仓储服务。
③ 顾客规模。公司可专门为小规模市场,如成衣定制,提供服务。
④ 特殊顾客。公司可专门服务于一个或若干个大客户。

⑤ 区域市场。公司可专门服务于某个区域市场。

⑥ 产品线。公司专门经营一个产品线上的系列产品,如各种规格、型号、用途的钢针。

⑦ 特殊产品或服务。公司只提供某种特殊产品或特殊服务,如美国的瑞克出租汽车公司(Rent-A-Wreck)是加利福尼亚的一家出租车代理商,只出租敞篷汽车。

⑧ 特殊加工。这种公司只生产定制产品,如定制首饰。

⑨ 产品性价比。这种公司在市场的底部或顶部经营。例如,意大利的法拉帝集团是全球最大的豪华游艇设计和制造集团,它始终居于世界豪华游艇业的时尚和科技前沿,以高科技、超豪华和极其昂贵的价格定位在高端市场,独领顶级豪华游艇的市场风骚。

⑩ 渠道。这种公司只提供一种渠道服务。如某软饮料公司只向汽车加油站供应5升装矿泉水。

总之,企业竞争战略的重点在于明确企业的竞争地位,充分利用市场契机,发挥自身独特的竞争优势,只有这样才有可能做到知己知彼,百战不殆。

案例6-3 "国美"——电商的追随者①

电商的出现,向曾经称霸大家电市场的国美、苏宁等实体店发起了有史以来最猛烈的攻击。

其实,国美电商起步并不晚,其电商部门早在2003年就已成立,但并未获得足够重视。当2010年苏宁易购正式上线并致力于扩充品类时,国美依然死守实体店发展。当传统家电渠道遭遇线下业务疲软、门店销售额下滑的境况时,国美在电商领域也没有确立自己应有的地位,使其2012年前三季度净亏损6.87亿元。

2010年,时任国美董事局主席的陈晓,主导国美出资收购世纪电器网80%股权,并改名为库巴网。但花费4 800万元的代价收购库巴,不仅未能给国美带来期望中的市场份额,反而因为双线作战,导致国美网上商城和库巴网两大平台间定位重合,资源投放分散。国美内部一直有整合电商的呼声,但高层始终举棋不定。在国美迟疑不决的同时,阿里系、京东商城和苏宁易购已完成布局。虽然在"8·15电商大战"以及随后的"双十一"等价格战中,国美都曾积极参与,甚至给出了全网最低价格,但消费者关注焦点依然集中在三大平台上。曾经领先的国美就这样成为市场追随者。

居于劣势的国美,决定在2013年彻底投入电商行业。2013年初公布的三年规划里,国美第一次明确了其"双驱"战略布局:"2013年将打造一线市场的体验旗舰店,加快在二、三线市场的网络布局,加快供应链项目的建设,推动电子商务的发展并寻求在电子商务上盈利的可能性,未来最有价值的零售业一定是线上和线下都强的零售行业。"

经过两年的发展,易观智库在《2015年中国网上零售B2C市场实力矩阵分析》中提到,国美在线在2014年和2015年业务增长强劲,但目前3C家电领域已经出现京东、苏宁易购等优势厂商,加上天猫电器城的强势地位,仍然威胁着国美的发展。2016年,国美电器与亚马逊中国在北京宣布达成战略合作,将从网络销售商城与国美电器供应链输出两个着力点共同发力,在商品第三方供应、物流解决方案、售后服务等多个领域,开展深层次的战略合作。国美此举也是为了应对2015年苏宁与天猫达成的战略合作,与亚马逊中国抱团取暖。2016年7月,国美在线与大润发飞牛网正式签订战略合作协议,双方将共享供应链和流量。在当下的电商时

---

① 资料来源:李好.追随者国美.新财经,2013(2);陈军君.国美门店:何须转型,只要生长.中国经济时报,2016-01-07;房雅楠.国美电器联姻亚马逊电商抱团取暖.中国商报,2016-04-28.

代,大家都追求无限度扩充网站流量,当流量规模极速扩张,相应流量才能转化为用户规模,购买力才能增强。在互联网时代将流量尽快转化为用户,成为国美在线和大润发合作的主因。在这一合作的背后,是国美欲造一站式电商的野心。

同时,国美在发展线上电商时,一再坚守实体店的明智策略也渐渐得到认可。国美对实体门店进行彻底改造、重塑,将门店由此前的一次性商品交易平台,过渡到提供长期性服务交易的平台,未来国美主要致力于如何通过互联网技术让门店在使用性的体验环节与客户产生连接,为消费者创造价值,哪怕是电商市场追随者,也要发挥自身优势,适时发展自我,战胜对手。

【思考题】
(1) 国美为何成为电商领域的追随者?
(2) 作为电商市场的追随者,国美采用了哪些竞争战略?

## 本 章 小 结

市场竞争是客观存在的,企业面对各种竞争者,如何分析和掌握竞争者的实力和战略选择至关重要。

识别直接竞争者的过程包括六个步骤:识别竞争者、了解竞争者的战略选择、确定竞争者的战略目标、评估竞争者的优劣势及能力、判断竞争者的反应模式以及确定直接的竞争者。

对竞争者的分析包括六点主要内容:竞争者的市场占有率、财务管理能力、企业管理水平、创新能力、竞争优势来源以及竞争者现在和将来可能采取的战略。

企业在市场上的竞争地位有四种:市场领导者、市场挑战者、市场追随者和市场补缺者。企业所处的竞争地位不同,其战略选择就不同。市场领导者战略主要包括扩大市场需求总量、保护市场占有率和扩大市场占有率;市场挑战者战略主要包括直接攻击市场领导者和间接攻击市场领导者;市场追随者战略主要是模仿战略;市场补缺者战略是突出专业化竞争优势。

企业要抓住竞争者的特征,确定自身所处的市场竞争地位,制定适宜的市场竞争战略。

## 关 键 名 词

市场竞争者　产业竞争观念　市场竞争观念　市场领导者　市场挑战者　市场追随者
市场补缺者

## 思 考 题

1. 识别竞争者的基本步骤是什么?
2. 竞争者的反应模式有哪些?
3. 市场领导者的战略选择有哪些?
4. 补缺市场具备哪些特征?
5. 企业如何处理好自身与竞争者的关系?

# 第七章 目标市场战略

**本章学习要点**

- 掌握市场细分、目标市场和市场定位的概念
- 掌握消费者市场细分的依据
- 掌握目标市场选择模式
- 掌握目标市场营销战略
- 掌握市场定位步骤
- 本章小结

顾客是非常庞大而复杂的群体,众多因素的影响使他们的需求表现出千差万别。任何一个企业都不可能完全满足一种产品的所有市场需求,因此,企业需要进行目标市场营销。目标市场营销具体包括三个主要步骤:首先,通过市场细分(Segmentation)区分不同的消费者群体;然后,进行目标市场的选择(Targeting),即界定和评估已被细分的消费者群,从中选择最有潜力的一个或几个消费者群作为企业的目标市场;最后,为取得竞争优势,要进行市场定位(Positioning),需要构建和传播企业所提供产品或服务带给目标市场的鲜明特征和关键利益。上述三步环环相扣的过程,简称为STP战略。目标市场营销是现代战略营销的核心。其中,市场细分是选择目标市场和市场定位的前提,目标市场选择和市场定位是细分市场的目的。

## 第一节 市场细分

### 一、市场细分的概念

**1. 市场细分的概念**

市场细分是企业根据反映顾客需求差异的指标,将整体市场划分为一些由消费需求大致类似的消费者群所组成的子市场的过程。在市场细分下,一个个由划分而得到的子市场被称为细分市场,每个细分市场内的消费者具有相对类似的消费需求;不同的子市场之间,需求则存在着明显的差异。这种按照一定指标或标准将整个市场划分的市场细分活动又叫作市场分割或市场区隔化。市场细分是目标市场选择的基础。

市场细分被西方企业誉为具有创造性的新概念,它对企业营销实践具有重要意义。首先,它有利于企业发现市场机会。通过市场细分,企业可以有效地了解和分析各个消费者群的需

求满足程度和市场上的竞争状况,发现已经满足的需求或尚未完全满足的需求,哪些市场竞争激烈,哪些市场竞争较少或还是空白有待开发。没有满足的需求,便有可能是企业的市场机会。通过市场细分,企业可以抓住最适宜企业发展的机会,发挥自身优势,在目标市场上获得较大的盈利回报。因此,市场细分对于资源能力有限的中小企业来说尤为重要。

其次,市场细分有利于企业深入地研究和认识市场,有针对性地制定营销组合策略。通过市场细分,企业可以更加清楚地了解市场的状况和消费者的需求特点,使产品适销对路,使价格与顾客效用一致,使分销渠道与顾客便利结合,使促销能够充分体现良好和有效的顾客沟通,以此制定有针对性的市场营销策略。

再次,市场细分有利于企业更好地满足顾客需求,提高竞争能力。通过市场细分,企业可以更好地了解每一个细分市场上的竞争状况,明确自身的优势和劣势,从而有利于企业将有限的人力、物力、财力资源集中于一个或几个细分市场,实现资源的有效配置。

**2. 市场细分的理论依据**

市场细分是美国市场营销学家史密斯(Wendell R. Smith)在总结一些企业的市场营销实践经验的基础上,于20世纪50年代提出的市场营销概念。这个概念的提出是市场营销理论的新发展,是企业贯彻现代市场营销观念的充分体现。市场细分的理论依据是消费需求具有绝对差异性和相对同质性特征。

(1) 消费需求的绝对差异性

由于人们所处的地理条件、社会环境以及自身的个性心理等方面的不同,市场上的顾客千差万别,他们追求不同的利益,拥有不同的需求特点和购买习惯,以至于对商品的品种、数量、价格、式样、规格、色彩乃至购买时间和地点等要求都会有所不同。如果说卖方市场限制了消费者的表现和实现差异需求的条件,那么买方市场则使消费者真正步入了个性消费的时代,从此,客观存在的需求差异得到真正的重视和体现。以消费需求为中心的营销活动自然地也是必然地建立在了对这些客观差异的识辨和区分上,即成为企业进行市场细分的基础。

(2) 消费需求的相对同质性

只承认需求的绝对差异,而否认其相对同质是片面的。应该看到,在同一地理条件、社会环境和文化背景等条件下的人们会形成有相对类似的人生观、价值观的亚文化人群,他们的需求特点和消费习惯也大致相同,消费需求具有相似性。正是因为消费需求在某些方面的相对同质性特点,不同消费者才能按一定标准聚合成不同的群体。每一个群体都是一个有相似欲望和需求的市场部分或子市场。

所以,消费需求绝对差异性造成了市场细分的必要性,消费需求的相对同质性则使市场细分有了实现的可能性。在现代市场经济条件下,企业必须选择与之相适应的有利可图的细分市场,放弃那些与之不相适应的细分市场,集中企业资源,实现企业市场营销战略目标。

## 二、有效细分市场的标准

市场细分对企业营销具有很重要的现实意义。从企业营销实践的角度看,并非所有的市场细分方案都是有效的,因此企业在进行市场细分时,应当遵循有效的市场细分的一般标准。有效的市场细分必须符合以下四个标准:可识别性、可测量性、可进入性和可盈利性。

(1) 可识别性。可识别性是指细分市场必须是可识别的,具有区别于其他细分市场的明显的差异性特点。

(2) 可测量性。可测量性是指细分市场的规模、购买力水平和特征是能够加以测量的。

(3) 可进入性。可进入性是指细分市场可以被有效地触及和被服务,满足其顾客的需求。

(4) 可盈利性。可盈利性是指细分市场的规模和利润大到值得被服务。企业进入该细分市场后有利可图,能够实现企业的盈利目标。

## 三、消费者市场细分的依据

进行市场细分时需要依据反映个体、群体或者组织特征的确切标准,这些标准叫作细分变量。在消费者市场上,由于受年龄、性别、收入、受教育程度、地理环境、心理、行为等因素的影响,不同的消费者通常有不同的欲望和需求,因而不同的消费者就有着不同的消费行为。正因为如此,企业可以将这些反映消费需求差异的因素作为细分变量,把整个市场划分为若干不同的子市场。通常,用于消费者市场细分的主要细分变量有地理变量、人口变量、心理变量和行为变量四个大类,每一类所包含的具体变量,如表 7-1 所示。

表 7-1 消费者市场细分的依据

| 细分依据 | 典型细分变量 |
| --- | --- |
| 地理细分 | 国家、区域、城市、农村、自然地理条件、交通运输、人口密度等 |
| 人口细分 | 人口总量、人口分布、年龄、性别、收入、职业、教育水平、家庭规模、家庭生命周期阶段、宗教、民族等 |
| 心理细分 | 生活方式、个性、购买动机、价值取向、偏好等 |
| 行为细分 | 购买时机、利益追求、购买频率、使用者情况、使用频率、品牌忠诚度、待购阶段、对产品的态度等 |

**1. 地理细分**

地理细分是指企业根据消费者所处的地理位置、地形气候以及其他地理变量来细分消费者市场。消费者所处的地理位置、自然环境等方面的差异是造成消费者对同一产品具有不同需求的一个基本因素。因此,对于销路广阔的消费品来说,进行地理细分往往是市场细分的第一步。尤其像我国,幅员辽阔,人口众多,多民族聚集,各地风俗习惯差异很大,消费需求差异也很大,进行地理细分就更为重要。

在具体用于地理细分的细分变量中,区域变量可分为方位(东北、华北、西北、东南、华南、西南)或行政规格(省市自治区、直辖市、一般城市、农村);城市规模变量可通过人口数量来区分〔如 1 000 万人口以上(含 1 000 万人)、500~1 000 万人口(含 500 万人)、500 万人口以下等〕;自然地理条件可分为气候(南方、北方)或地形(山区、平原、丘陵、高原);交通运输可分为交通运输条件、装卸费用等。

事实上,处于不同地理位置的消费者,他们对产品有着不同的需求和偏好,他们对企业实施的市场营销策略,如产品策略、价格策略、分销渠道策略、促销策略等,也有着不同的反应。例如,香港一家公司在亚洲食品商店推销它生产的调料产品蚝油时采用了这样的包装画面:一位亚洲妇女和一个男孩坐在一条渔船上,船里装满了大蚝,市场效果很好。可是,当这家公司将这种东方食品调料销往美国时,仍然采用了同样的包装设计,却没有取得成功,原因是美国消费者不能理解这种包装设计的含义。后来,这家公司在旧金山一家经销商和广告设计咨询公司的帮助下,改换了商品名称,并重新进行了包装设计:一个放有一大块牛肉和一个褐色大蚝的盘子,这样才引起了美国消费者的兴趣。经过一年的努力,这家香港公司在美国推出的新的包装吸引了许多的消费者,大型超市也愿意经销这种香港蚝油了,产品最终在美国打开了销路。

## 2. 人口细分

人口细分是指企业按照人口统计变量来细分消费者市场。企业通常会采用一些人口统计变量对消费者市场进行细分,因为这些变量能够反映消费者一些基本特征,故与消费者的购买行为直接相关联。典型的人口统计细分变量包括:年龄、性别、收入、职业、教育水平、家庭规模、家庭生命周期阶段、宗教、民族等,如表 7-2 所示。

表 7-2 典型的人口细分变量划分

| 人口细分变量 | 典型划分形式 |
| --- | --- |
| 年龄 | 16 岁以下,16~24,25~34,35~49,50~64,65 岁以上 |
| 性别 | 男、女 |
| 家庭规模 | 1~2 人,3~4 人,5 人以上 |
| 家庭生命周期 | 年轻单身;年轻已婚,无子女;年轻已婚,有子女;年长已婚,子女较大;年长已婚,子女 18 周岁以上;年长单身;其他 |
| 收入/万元每年 | 0.5,1 以下,1~3,3~5,5~10,10 以上 |
| 职业 | 专业技术人员、管理人员、官员与小企业主;工人,农民,军人,学生,商人,教师,医生…… |
| 教育 | 小学毕业及以下;初中;高中;大专;大学;硕士及以上 |
| 宗教 | 基督教、伊斯兰教、佛教、其他 |

年龄是市场细分中十分常用的一个人口统计变量。在用年龄变量细分市场时,主要考虑产品的一些市场需求的差异是源于年龄的不同。比如,依年龄段的不同,可以将食品分为婴幼儿食品、儿童食品、大众食品和老年食品等几个产品大类。再比如,对于年轻人来说,他们这个年龄段的特点是:青春、动感、张扬、个性、丰富多彩、新奇等,他们消费的产品也应与此一致。但是,对于老年人来说,其消费内容与年轻人不同,老年人的购物习惯也和年轻人有很大的区别。很多企业正在逐步调整其企业战略,提供专门针对老年人的产品和服务。

由于性别因素,男性和女性在不少商品的消费上存在很大的区别。生产服装、化妆品、个人保健品、杂志、珠宝和鞋类等商品的企业通常按性别进行市场细分。传统上定位于男性的品牌如奔驰等越野车,正在努力向女性市场延伸。反过来,一些女性占主导地位的产品市场如化妆品市场,也正在不断考虑男性的需求特点开辟男性化妆品市场。

家庭规模的大小及处在家庭生命周期不同阶段的消费者,其消费需求及购买行为都会有很大的差异。在我国,儿童消费在家庭总支出中所占的比例呈上升趋势,特别在城市地区。在孩子的不同成长阶段,他们的消费内容不断变化,从而直接影响着家庭消费结构的改变,也反映出不同时期不同的家庭消费需求特点。因此,有必要利用家庭生命周期变量来细分市场,并观察家庭生命周期各个阶段家庭消费的变化趋势,使企业能够把握市场需求的动态特点,及时调整市场营销战略,满足"一代人"的动态需求,这对培养顾客的忠诚度是十分有效的。

收入与消费者的购买力水平紧密相关,会导致很大的需求差异。收入相近的人群购买力水平相当,高收入消费者与低收入消费者在产品选择、休闲时间的安排、社会交往等方面都会有所不同。比如,年收入较低的家庭往往是价格敏感型购物者,他们的家庭消费侧重于日常生活开支;年收入较高的家庭往往比较追求生活品质。近几年,我国各地区家用轿车市场蓬勃发展,汽车生产企业根据顾客的收入差异细分汽车市场,形成了针对家庭收入水平差异的低、中、高档汽车市场,在诸如服装、化妆品、旅游服务等领域根据收入细分市场也相当普遍,如图 7-1

所示。

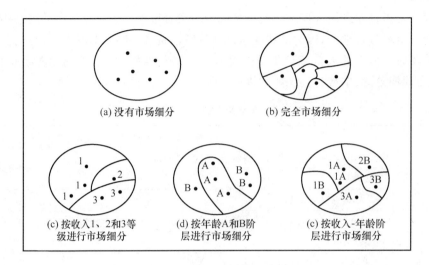

图 7-1 按照年龄和收入细分市场

由于人们的教育背景和受教育程度对自身的价值取向、生活方式、审美和偏好等会产生很大的影响,也必然会引起人们的消费习惯和购买行为存在较大的差异。例如,由于消费者所受教育水平的差异所引起的审美观的不同,使得不同消费者对居室装修用品的品种、颜色等会有不同的偏好。因此,企业经常会选择文化程度变量来细分消费者市场。

**3. 心理细分**

心理细分是指按照消费者的个性、动机、偏好及生活方式等心理变量来细分消费者市场。消费者的欲望、需求和购买行为不仅受人口变量的影响,更受心理变量的影响。美国福特汽车公司曾按照购买者年龄来细分汽车市场,该公司的"野马"牌汽车原来是专门为那些想买便宜跑车的年轻人设计的,但最后的结果都令福特公司十分惊讶。不仅某些年轻人购买"野马"汽车,而许多中老年人也购买"野马"汽车,因为他们认为驾驶"野马"汽车可使他们显得年轻。此时福特的领导层才认识到,其"野马"汽车的目标市场不是年龄年轻的人,而是心理年轻的人。

在心理细分变量中,生活方式变量越来越受到市场营销研究人员的关注。来自不同文化、社会阶层、职业的人有不同的生活方式,生活方式不同的消费者对产品有不同的需求。个体的生活方式特征通过三个标尺来测量:活动(Activity),如消费者的工作、业余消遣、休假、购物等;兴趣(Interest),如消费者对流行服装、音乐、娱乐等的兴趣;意见(Opinion),如消费者对一些社会、政治、产品、环保等问题的观点。因此,生活方式又被称作"AIO"尺度。生活方式变量从更深的层次上研究消费者行为,即通过对同一细分市场消费者的生活方式的同质性特征分析,去寻求他们在消费行为上的共性特点,从而为生活方式不同的消费者设计不同的产品和市场营销组合策略。例如,女性服装可根据顾客的不同生活方式,分别设计出"朴素型""时髦型""新潮型""保守型""有男子气型"等类型。

有的企业使用个性变量细分市场,通过创立产品的品牌个性,以吸引那些具有类似个性的消费者。当企业的某种产品和其他竞争品牌的产品显而易见地相似,而其他变量又不能有效地细分市场时,采用消费者个性变量去细分市场便非常有效。

购买动机是引起消费者购买行为的内在推动力。消费者购买动机不同,便产生不同的购买行为。常见的购买动机有求实动机、求新动机、求美动机、求廉动机、求名动机、求便动机等。

企业可以按照消费者购买动机细分消费者市场。企业针对不同购买动机的消费者,在产品中突出能满足他们购买动机的特征或特性,并设计不同的市场营销组合策略。

### 4. 行为细分

行为细分,是指企业按照消费者购买或使用某种产品的不同行为和反应来细分消费者市场。常见的行为细分变量如表7-3所示。

表7-3 常见的行为细分变量划分

| 消费者行为细分变量 | 典型划分形式 |
| --- | --- |
| 购买时机 | 节假日、季节、平时、非正常工作时间…… |
| 追求的利益 | 质量、价格、服务、炫耀、名誉…… |
| 使用情况 | 非使用者、曾经使用者、潜在使用者、初次使用者、经常使用者 |
| 使用率(数量细分) | 非使用者、大量使用者、中量使用者、少量使用者 |
| 品牌忠诚度 | 坚定品牌忠诚者、随机品牌忠诚者、非品牌忠诚者…… |
| 待购阶段 | 不知道、已知道、有兴趣、已了解、有兴趣、欲购买 |
| 对产品的态度 | 热爱、肯定、冷淡、否定、厌恶 |

今天,越来越多的企业开始意识到,采用行为变量细分市场,可以帮助企业抓住有利的销售时机。按照我国的文化传统,人们对节日的关注程度很高,民间有在节日期间请客送礼的风俗。于是,商家开始利用中国的传统节日大搞节日营销,甚至把西方国家的节日也引进了中国,如母亲节、父亲节、情人节、感恩节等,以促进糖果、糕点、鲜花、烟酒等礼品性商品的销售。

事实上,用于消费者市场细分的变量不局限于上面介绍的种类,市场营销学界的专家和学者们长期以来为开发新的、更有效的细分变量不懈地努力着,并获得了许多十分有价值的科研成果,支持企业的市场细分战略。比如,学术界开发了一些操作性更强、更有利于挖掘消费者需求动机的度量量表,利用这些量表,市场营销研究人员就可以基于市场调研获得的来自消费者的相关数据,进行统计分析,从而获得新的细分变量,并用于市场细分。

## 四、组织市场细分的依据

在组织市场中,市场的细分依据有些与消费者市场的细分依据相同,如追求利益、使用者情况、地理因素、使用数量、品牌忠诚度和态度等,但对产业市场的细分还有以下主要依据:最终用户、顾客规模、地理位置、个体特征等。

### 1. 最终用户

按最终用户的要求细分组织市场是一种通用的方法。在产业市场上,不同的最终用户所追求的利益不同,对同一种产品的属性看重不同的方面。例如,购买轮胎时,飞机制造商对该产品的安全性要求比农用拖拉机制造商高得多。最终用户的每一种要求都可以是企业的一个细分市场,企业为满足最终用户的不同需求,应相应地运用不同的营销组合。

### 2. 顾客规模

购买量的多少(大量、中量、小量)是常用的组织市场细分变量。组织购买决策特征、所需产品的分类和数量,往往与购买组织的规模有关。银行通常会针对企业客户的规模来评估总体的风险度,进而提供不同的服务,确定不同的信贷额度。许多企业为大小不同的用户分别建立了专门的服务系统,以便更好地适应各种规模顾客的特点。

### 3. 地理位置

对于一些工业产品的需求在不同地区差异很大。例如,在美国,很多计算机硬件、软件企业位于加利福尼亚州的硅谷。在中国,义乌是典型的小商品批发商聚集地。许多市场带有地域性特征,原因是购买者希望从本地供应商处购买产品,外地供应商在价格和服务方面很难与之竞争。因此,要想在地理上集中的行业获利,企业就应该建立在靠近市场的地方。

### 4. 个体特征

购买决策者的个体特征(如他们的人口统计特征、决策方式、风险承受度、信心水平、工作责任心等)会影响他们的购买行为,所以,有时有必要采用决策者的个体特征变量细分产业市场。例如,IBM 计算机的购买者,比起那些功能基本上相同、便宜一点的产品购买者来说,更厌恶风险。这种个体态度就会影响商务购买者的组织决策行为。因此,在 IBM 的广告中,无论是针对个体购买者还是商务购买者,公司都会强调产品的高品质和可靠性。

美国的波罗玛(Bouoma)和夏皮罗(Shapiro)两位学者,提出了一个产业市场细分变量表,较系统地列举了产业市场细分的主要变量,并提出了企业在选择目标市场时应考虑的主要问题,如表 7-4 所示。

表 7-4 产业市场主要细分标准[①]

| | |
|---|---|
| 人口变量 | 1. 行业:我们应该服务于哪些行业?<br>2. 公司规模:我们应该服务于多大规模的公司?<br>3. 地理位置:我们应该服务于哪些地理区域? |
| 经营变量 | 1. 技术:我们应把重点放在顾客所重视的哪些技术上?<br>2. 使用者或非使用者情况:我们应该服务于经常使用者、较少使用者、首次使用者还是从未使用者?<br>3. 顾客能力:我们应该服务于需要大量服务的顾客上,还是需要少量服务的顾客上? |
| 购买方式 | 1. 采购职能组织:我们应该服务于拥有高度集中采购组织的公司上,还是分散采购的公司上?<br>2. 权利结构:我们应该服务于工程导向、财务导向还是其他导向的公司?<br>3. 现有关系的性质:我们应该服务于和我们有牢固关系的公司,还是简单地追求最理想的公司?<br>4. 总体采购策略:我们应该服务于喜欢租赁、签订服务合同、进行系统采购的公司还是要求封闭式投标的公司?<br>5. 采购标准:我们应该服务于追求质量、重视服务的公司,还是注重价格的公司? |
| 情境因素 | 1. 紧急性:我们是否应该服务于需要快速和随时交货或提供服务的公司?<br>2. 特别应用:我们是否应该关注于我们产品的特定应用而不是所有应用?<br>3. 订单规模:我们应该着重于大订单还是小订单? |
| 个人特征 | 1. 购销双方的相似性:我们是否应该服务于那些人员、价值观与我们相似的公司?<br>2. 对风险的态度:我们应该服务于喜欢风险的公司还是规避风险的公司?<br>3. 忠诚度:我们是否应该服务于对其供应商表现出非常忠诚的公司? |

---

[①] 资料来源:菲利普·科特勒,凯文·莱恩·凯勒.营销管理.王永贵,等译.16 版·全球版.上海:格致出版社,2016.

## 五、细分市场的评估

评估细分市场是进行目标市场选择的基础。企业在评估各细分市场时,必须考虑三个要素:细分市场的规模与发展趋势、细分市场结构的吸引力以及公司的目标和资源。

**1. 细分市场的规模与发展趋势**

评估细分市场企业要提出的第一个问题是:潜在的细分市场是否具有适度规模和发展潜力。"适度规模"是个相对的概念。大公司会重视市场份额潜力大的细分市场,往往忽视市场份额潜力小的细分市场,认为不值得去苦心经营。同时,小公司因为对所需投入的资源和来自大公司的竞争压力的担忧,会寻求"适当规模"的细分市场。

细分市场发展潜力通常是一个特别值得关注的特征,这是公司扩大销售额和增加利润的需要,退一步讲,是企业维持生存的需要。

**2. 细分市场结构的吸引力**

细分市场可能具备理想的规模和发展潜力,然而从盈利的观点来看,它未必有吸引力。迈克尔·波特认为有五种力量决定整个市场或其中任何一个细分市场的长期的内在吸引力。企业应从同行业竞争者、潜在的新进入的竞争者、替代产品、购买者和供应商的讨价还价能力这五种力量对企业长期盈利的影响做出评估和判断。

**3. 公司的目标和资源**

即使某个细分市场具有一定规模和发展潜力,并且其组织结构也有吸引力,企业仍需将自身的目标和资源与其将要进入的细分市场的状况结合在一起做综合的考虑。某些细分市场虽然有较大吸引力,但不符合企业的长远目标,因此不得不放弃。原因在于这些细分市场本身可能具有吸引力,但是它们不能推动公司完成自己的目标,甚至会分散公司的精力,使之无法实现既定目标。

即使一个细分市场符合企业的发展目标,企业也必须考虑自身是否具备在该细分市场获胜所必需的技术和资源。如果企业在某个细分市场中缺乏必要的能力,并且在短期内无法获得必要的能力,企业必须放弃这个细分市场。企业要进入的市场必须是能够充分发挥企业的竞争优势、有足够竞争力的市场。

# 第二节 目标市场选择

企业进行市场细分的目的在于选择并进入适宜的目标市场。目标市场是指企业在市场细分的基础上从所有细分市场中选择的决定为之提供产品和服务的子市场。事实上,现代企业的一切市场营销活动都是围绕目标市场进行的,因此,正确选择目标市场,是企业目标市场营销战略成功的关键所在。

## 一、目标市场覆盖模式

企业通过对各细分市场进行综合评价后,需要确定自己要进入的细分市场,选择适宜的市场覆盖模式。通常,企业可考虑的市场覆盖模式有五种:单一市场模式、有选择的专门化模式、产品专门化模式、市场专门化模式和完全市场覆盖模式。这五种模式是在考虑了市场 M 和产品 P 两个指标的条件下形成的不同的发展战略选择。对五种目标市场覆盖模式的直观描述如图 7-2 所示。

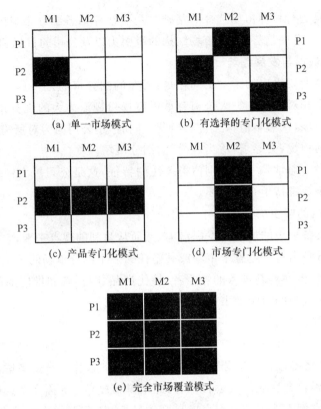

图 7-2 目标市场覆盖模式

### 1. 单一市场模式

单一市场模式是最简单的一种模式,即企业只选择一个细分市场集中营销。企业选择这种模式的原因是:可能本来就具备了在该细分市场运作的优势条件;也可能因资金有限,只能在一个细分市场经营;还可能这是一个新的、几乎没有竞争的市场等。这个细分市场可能会成为企业继续发展的起点。

企业通过集中营销,能够更加了解该细分市场的需求,并树立特别的声誉,因此便可在该细分市场建立巩固的市场地位。另外,企业通过生产、销售和促销的专业化分工,也能获得许多经济效益。如果细分市场选择得当,企业可以取得高市场占有率,并获得很高的投资回报率。但是,单一市场营销较之其他情况风险更大。一旦出现市场危机,企业有可能面临灭顶之灾。

### 2. 有选择的专门化模式

有选择的专门化模式即企业根据不同产品类别的特点,按照不同的市场需求,选择不同的细分市场作为目标市场。企业采用此法选择若干个细分市场,其中每个细分市场在客观上都有吸引力,并且符合公司的目标和资源状况。这种选择多个细分市场作为目标市场的覆盖模式优于单一市场覆盖模式,其最大的优点是可以分散经营风险。即使某个细分市场经营不利,企业仍可以继续在其他细分市场获得生存和发展。但是,有选择的专门化模式应该更适用于资源能力较强的企业。

### 3. 产品专门化模式

产品专门化模式即企业集中在一个细分市场上借助产品优势获得发展。在这种情况下，企业有足够的研发能力和生产能力实现产品专业化经营，并向该细分市场所有顾客提供完备的系列产品。例如，显微镜生产商通过提供各种各样的显微镜来满足需要显微镜的细分市场。这种模式可使企业在某种产品上树立很高的声誉，扩大产品的销售，但如果这种产品被全新技术产品所取代，其销量就会大幅下降。

### 4. 市场专门化模式

市场专门化模式即企业专门为一类市场提供各种产品的目标市场覆盖模式。例如，企业为建筑业客户提供各式各样的建筑机械。采用这种模式的企业应该具备开发特殊市场的人力、物力和财力等各种资源条件。企业的收益对市场购买力较为敏感。但是，由于企业占据较强的市场垄断地位，因此，其市场优势明显，这为企业追求市场占有率增长创造了良好的条件。不过，一旦这类市场的需求潜量和特点发生突然变化，企业要承担较大风险。

### 5. 完全市场覆盖模式

完全市场覆盖模式是一种多元化目标市场覆盖模式，它提供各种产品满足各类顾客群体的需求，即以所有的细分市场作为目标市场。只有那些实力雄厚，综合素质高，从事市场开发和经营的经验十分丰富的大企业才有可能采取完全市场覆盖模式。例如，可口可乐公司在饮料市场开发众多的产品，满足各种消费需求。

## 二、目标市场营销战略

可供选择的目标市场战略有以下三种，它们是：无差异市场营销战略、差异市场营销战略、集中市场营销战略。企业可以此来确定其目标市场，设计市场营销组合策略。

### 1. 无差异市场营销

所谓无差异市场营销战略，即企业不考虑细分市场的差异性，把整体市场作为目标市场，对所有的消费者只提供一种产品，采用单一市场营销组合力求满足尽可能多的顾客需求，如图7-3所示。这种战略凭借单一的产品，统一的包装、价格、品牌，广泛的销售渠道和大规模的广告宣传，树立产品长期稳定的市场形象。早期可口可乐公司营销活动就是无差异市场营销的典型例子。面对世界各地的消费者，可口可乐公司始终如一地保持同一的口味、包装，在消费者中牢固地树立这种代表着美国精神和文化的标志性产品的形象。

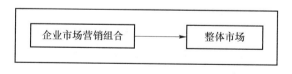

图 7-3 无差异性市场营销战略

无差异市场营销战略曾被认为是制造业中的标准化生产和大批量生产在营销中的典型战略。其最大的优点在于成本的经济性。其单一的产品策略呈现出规模经济效应，从而大大降低了产品的生产、存货和运输的成本；单一的渠道策略节省了渠道开发的费用；统一的广告促销节约了市场开发费用。该战略的缺点也十分明显，即它只停留在大众市场的表层，无法满足消费者各种不同的需要，面对市场的频繁变化严重缺乏弹性，同时，也失去了对许多有利的市场机遇的把握。因此，在现代市场营销实践中，无差异市场营销战略只有少数企业才采用，而且对于一个企业来说，一般也不宜长期采用。

## 2. 差异市场营销

差异市场营销战略即企业在市场细分的基础上,选择几个细分市场作为目标市场,根据各个细分市场的需求差异采取不同的市场营销组合策略,如图7-4所示。如通用汽车公司宣称该公司将为每个"财富、目标和个性"不同的人生产一种汽车,就是采用了这种市场营销战略。IBM公司也曾经向计算机市场上各种不同的细分市场供应不同的硬件和软件。

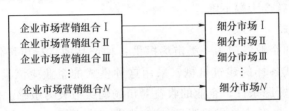

图 7-4　差异市场营销战略

差异市场营销往往会比无差异市场营销赢得更大的总销售额。企业同时为多个细分市场服务,有较高的适应能力和应变能力,经营风险也得到分散和降低,同时能够更好地满足市场深层次的需求,从而有利于市场的发掘,并提高销售总量。但是,差异市场营销在扩大销售额的同时又增加了成本,还可能引起企业经营资源和注意力的分散,容易顾此失彼。一些企业的营销实践显示,将市场分得过细、提供的品牌太多并不利于市场的发展,所以关于这种策略的效益究竟如何必须进行市场预测。

## 3. 集中市场营销

集中市场营销战略指企业集中所有力量,在某一细分市场上实行专业化生产和销售,力图在该细分市场上拥有较大的市场占有率,如图7-5所示。例如,日本佳能在刚刚涉足复印机市场时,主要集中提供家庭用户的小型复印机。

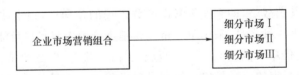

图 7-5　集中市场营销战略

集中市场营销因为服务对象比较专一,企业对其特定的目标市场有较深刻的了解,可以深入地发掘消费者的潜在需要。企业将其资源集中于较小的范围,进行"精耕细作",有利于形成集聚力量,建立竞争优势,可获得较高的投资收益率。但这种战略风险较大,一旦企业选择的细分市场发生突变,如消费者偏好转移或者由于技术革命导致的替代品的压倒式市场优势等,企业将缺少回旋余地。集中市场营销战略主要适用于资源有限的中小企业或初次进入新市场的大企业。中小企业由于资源有限,无力在整体市场或多个细分市场上与大企业展开竞争,而在大企业尚未注意或不愿顾及而自己又力所能及的某个细分市场上全力以赴,则容易取得成功。

对目标市场战略的优缺点进行分析,如表7-5所示。

表 7-5  三种目标市场营销战略比较

| 目标市场战略 | 内容 | 优缺点 | 适用条件 |
| --- | --- | --- | --- |
| 无差异市场营销战略 | 选择整个市场,只推出一种产品,运用一种营销组合,试图吸引尽可能多的顾客 | 优点:大批量生产销售,平均成本低<br>缺点:营销策略针对性不强,不易发挥竞争优势,不能充分满足需求 | 同质、规模效益明显的产品 |
| 差异市场营销战略 | 针对不同的细分市场,生产不同的产品,制定不同的营销策略 | 优点:满足不同的需求,风险分散,提高市场占有率,增强企业竞争力<br>缺点:成本高,精力易分散 | 实力雄厚的大企业 |
| 集中市场营销战略 | 以一个或少数几个细分市场为目标市场,集中营销力量,进行专门化经营 | 优点:营销对象集中,企业能发挥优势,降低成本,提高盈利水平<br>缺点:市场风险较大 | 资源有限的中小企业或大企业初次攻进一个新市场 |

## 三、目标市场营销战略选择的影响因素

由于上述三种目标市场营销战略各有利弊,企业在确定目标市场营销战略过程中,要具体分析产品和市场状况和企业本身的特点,以便做出明智的战略选择。影响企业目标市场战略选择的因素主要有企业的资源特点、产品特点、市场特点和竞争对手等。

**1. 资源特点**

资源雄厚的企业,如拥有大规模的生产能力、广泛的分销渠道、产品的标准化程度高、良好的品牌信誉等,可以考虑实行无差异市场营销战略;如果企业拥有雄厚的设计能力和优秀的管理素质,则可以考虑实行差异市场营销战略;而对实力较弱的中小企业来说,适于集中力量选择集中市场营销战略。

企业初次进入市场时,往往采用集中市场营销战略,在积累了一定的市场经验后再采用差异市场营销战略或无差异市场营销战略,扩大市场份额。

**2. 产品特点**

产品的同质性表明了产品在性能、特点等方面的差异性的大小,是企业选择目标市场时不可不考虑的因素之一。一般对于同质性高的产品如食盐、食糖等,宜施行无差异市场营销;对于同质性低或异质性产品,差异市场营销或集中市场营销是恰当的选择。

此外,产品因所处的生命周期的阶段不同而表现出的不同特点亦不容忽视。产品处于导入期和成长初期,消费者刚刚接触新产品,行业内竞争尚不激烈,企业这时的市场营销重点是挖掘市场对产品的基本需求,往往采用无差异市场营销战略。等产品进入成长后期和成熟期时,消费者已经熟悉产品的特性,需求向深层次发展,表现出多样性和不同的个性需求,企业应适时地转变策略为差异市场营销或集中市场营销。

**3. 市场特点**

供与求的变化趋势往往是决定市场发展方向的根本原因。供不应求时,企业重在扩大供给,无暇考虑需求差异,所以采用无差异市场营销战略;供过于求时,企业为刺激需求,多采用差异市场营销或集中市场营销战略。从市场需求的角度来看,如果消费者对某产品的需求偏好、购买行为相似,则称之为同质市场,可采用无差异市场营销战略;反之,对需求偏好、购买行为差异较大的异质性市场,差异市场营销和集中市场营销战略更合适。

**4. 竞争对手**

一般来说企业应与竞争者的目标市场营销战略有所区别,与竞争对手选择不同的目标市场营销战略。例如,竞争者采用无差异市场营销战略时,企业可考虑选用差异市场营销战略或集中市场营销战略发挥市场优势。如果竞争对手已积极进行市场细分,并已选用差异市场营销战略时,企业应进行更有效的市场细分,并采用差异市场营销战略或集中市场营销战略,寻找新的市场机会。如果竞争对手较弱,企业也可以实行相同战略,以较强的实力击败竞争对手。

企业的目标市场战略应慎重选择,一旦确定,应该相对稳定,不能朝令夕改。但灵活性也不容忽视,没有永恒正确的战略,一定要密切注意市场需求的变化和竞争动态。

案例 7-1 "康师傅"差异化营销战略分析[①]

产品差异化是康师傅最重要的战略武器。康师傅每一种产品的上市,几乎都有强大的企划力量在背后支撑,能够看出康师傅产品都是在充分研究目标竞争对手特点后才开始研发生产的。

在与旺旺集团争夺糕饼市场时,针对旺旺的主打产品,84 g 市场价格 4.5 元左右的雪米饼,康师傅首先就推出雪米饼增量包,重量为 126 g,在口感、香味方面与旺旺差别不大,价格也定为和旺旺的售价一样,只是含量多了 50%,并在包装上醒目地注明"增量 50%"。但其实这就是变相的低价策略,而且表现出正面叫板的决心和气概。因为有强大的品牌优势,康师傅的价格策略立即见效,同时通过大量的买赠和试吃等促销活动的配合,康师傅一举撕开了旺旺坚固的防线,打破了旺旺在米果市场上的垄断地位。

又比如,冰绿茶、冰红茶等饮料品种原本是由统一集团最先生产并占据主导地位的。康师傅在推出自己的冰红茶、冰绿茶饮料时,注意到以往的饮料产品在包装上都采用半瓶标的形式,于是其"茉莉清茶"采用了新型的全瓶标形式,即瓶标覆盖了整个瓶身的包装方式。对于这种全新的包装方式,康师傅的解释是:"清新典雅的包装形式,结合了康师傅茉莉清茶清新健康的产品特点,更突出了康师傅产品的高品质特性,并能在货架上有力地吸引消费者的视线。"此时,康师傅成功的包装差异化策略在于其对"包装结合产品"这一原则的有效运用。

【思考题】

试从目标市场营销战略选择的影响因素来分析康师傅的目标市场营销战略的选择。

## 第三节 市 场 定 位

随着市场经济的发展,在同一市场上有许多同一品种的产品出现。企业选定了目标市场后,必须为自己的产品赋予一定的特色,树立产品鲜明的市场形象,以求在顾客心目中形成一种稳定的认知和特殊的偏好,从而与竞争者的产品区别开来,在行业中取得竞争优势,即要进行市场定位。

### 一、市场定位的概念

所谓市场定位,就是根据市场竞争情况和本企业条件,确定本企业及其产品在目标市场的

---

[①] 资料来源:李云清.康师傅差异化营销战略的比较研究.中国商贸,2013(9).

位置。市场定位是在20世纪70年代由美国营销学家阿尔·里斯(Al Ries)和杰克·特劳特(Jack Trout)提出的。他们认为市场定位即将产品在潜在顾客的心目中确定一个适当的位置。因此,企业进行市场定位的目的是要向目标市场说明本企业及产品与现有的及潜在的竞争者有什么区别,并通过策划企业及其产品形象和所提供的价值,使目标顾客理解并正确认识本企业有别于竞争者的特征。

市场定位在现代企业市场营销实践中具有极其重要的作用。市场定位通过向消费者传播信息,使产品差异性清楚地展现在消费者面前,从而有利于赋予产品个性,树立产品独特形象,有效地增强了企业的市场竞争力。市场定位可以避免企业恶性竞争,有利于促进企业良性发展。市场定位是制定市场营销组合策略的基础。

案例7-2 "劳斯莱斯"的高质高价定位战略①

劳斯莱斯,在汽车行业中是一个以尊贵奢华为标志的高端定制汽车品牌,在中国市场,劳斯莱斯幻影系列目前的市场价大约在660万~880万元,只有资产在亿元级甚至十亿元级别的富豪才是劳斯莱斯这种奢侈品牌豪车的消费对象。其年产量只有4 000台,永远不愁卖不出去。劳斯莱斯汽车是纯手工打造的,以产品"稀缺性"为特点,同时采用汽车领域最先进的技术,汽车的每个部分,在保证安全驾驶的前提下,从最不起眼的配件到最豪华的设计外观,都能量身定制。如果进行品牌宣传,劳斯莱斯从不与单纯着眼于性价比的广告传播公司合作,它只选择与劳斯莱斯品牌奢华性、尊贵性契合的媒体合作。

拥有这种车的顾客都具有以下特征:2/3的人拥有自己的公司,或者是公司的合伙人;几乎每个人都有几处房产;每个人都拥有一辆以上的高级轿车;40%的人拥有游艇;平均年龄在50岁以上。可见,这些人买车并不是在买一种交通工具,而是在买一种豪华的标志,尊贵的身份象征。

【思考题】

(1) 劳斯莱斯的目标市场覆盖模式是什么?

(2) 为了保持其市场定位,劳斯莱斯采用了哪些相应的营销手段?

## 二、市场定位的步骤

市场定位的主要任务,就是通过集中企业的若干竞争优势,将自己与其他竞争者区别开来。市场定位包括以下三个步骤。

(1) 明确竞争优势

企业在明确本企业的竞争优势时,首先要明确竞争对手的产品是如何定位的,目标市场上顾客欲望的满足程度如何,目标市场上顾客的潜在需求是什么,针对竞争者的市场定位和顾客的潜在需要企业还应该做些什么。只有明确了这些问题,企业才能够找出和确定自己的竞争优势。

(2) 准确选择相对优势

相对竞争优势表明企业能够胜过竞争者的能力。准确地选择相对竞争优势是一个企业各方面实力与竞争者的实力相比较的过程。企业可以从经营管理、技术开发、采购、生产、市场营销、财务以及产品七大方面同竞争者相比较,分析企业在上述方面与竞争者相比的优势和

---

① 资料来源:李颖.劳斯莱斯百年奢侈汽车品牌的凤凰涅槃.中国工业评论,2015(2).

劣势。

(3) 明确独特优势

在这一步骤,企业要通过一系列的宣传活动,将其独特的竞争优势准确地传达给潜在顾客,并在顾客心目中留下深刻印象。企业首先要使目标顾客了解和认可企业的定位,在顾客心目中建立与该定位一致的形象。其次,企业要通过一切努力强化市场形象,保持与顾客的沟通,来巩固企业市场形象。最后,企业要对由于宣传失误等原因造成的顾客对本企业形象的模糊、混乱和误会及时予以纠正。

### 三、市场定位的影响因素

不同的企业会采用不同的方式进行产品的市场定位,当然有时同一个企业也会运用不同的方式对产品进行市场定位,但是要保证定位的排他性。影响企业定位的主要因素如下。

(1) 产品属性

每个产品都有其不同的属性,企业可以依据产品鲜明的属性特征定位。如感冒药"白加黑"的产品特征是白天服用白色的药片,晚上服用黑色的药片,于是企业就将该产品属性特征清晰地用在了它的产品名称即"白加黑"和广告语"白天吃白片,晚上吃黑片"上。企业通过这种定位有效地将本企业生产的感冒药与竞争企业的产品加以区别。

(2) 产品性价比

产品性价比是一种产品区别于另一种产品的重要特征,基于产品性价比优势进行市场定位是一个有效的战略选择。如屈臣氏就以提供"最优性价比"的产品作为其产品的市场定位。

(3) 产品功能

强调产品的独特功能会吸引相当一部分消费者,原因在于现在的消费者越来越追求独特功能的产品,以此来凸显自己的个性。企业可以通过对自己的各种功能的突破、强调给顾客带来比竞争对手更多的利益和满足来进行定位。

(4) 使用者

使用者就是目标顾客。所以依靠使用者定位,实际上就是选定一个独特的目标市场,并使产品在此目标市场上获得难以取代的优势地位。如婴儿助长奶粉、老年人高钙铁质奶粉。不同的用户分类对产品有不同的需求,该种定位基础就要关注使用者的个性特征和需求分类。

(5) 产品类别

企业也可以根据产品类别的不同(如餐饮类、卫生用品类等)进行产品的市场定位,以突出不同产品种类的差异。类别定位力图在顾客心目中造成该品牌等同于某类产品的印象,在消费者有了某类特定需求时就会联想到该品牌,利用类别定位寻求消费者头脑中的空隙,如由快餐联想到麦当劳。

(6) 竞争者

针对竞争对手的定位去确立企业产品的市场定位也是一种有效的定位方法。在快餐业,针对麦当劳肯德基在中国市场把目标客户锁定在儿童和家长,汉堡王则将目标市场定位在消费能力较强的中青年市场,因此其汉堡价格普遍较高,其产品定位放在高品质的材料上。

### 四、市场定位战略

市场定位主要有四种策略:避强定位、对抗定位、创新定位和重新定位。

**（1）避强定位**

当企业意识到自己无力与强大的竞争者抗衡时，则可以选择远离竞争者，根据自身条件及相对优势，突出宣传自己与众不同的特色，满足市场上尚未被竞争对手发掘的潜在需求。

由于避开了强劲的对手，这种方式风险小、成功率高，即使是实力较弱的小企业若能正确运用此方式准确定位，也能取得成功。可口可乐、百事可乐是世界软饮料行业的领导企业，如果在可乐市场上与它们竞争，后果可能不是很理想。七喜汽水公司认识到了这一点，避开"可乐"这一概念，而把自己定位于"非可乐"，此举取得了极大的成功，使七喜汽水在"非可乐"领域开辟出了一块巨大的市场。

**（2）对抗定位**

这是一种以强对强的市场定位方法，即将本企业形象或产品形象定在与竞争者相似的位置上，与竞争者争夺同一目标市场。如可口可乐与百事可乐之间的定位就是对抗性定位。

实行这种定位策略的企业应具备的条件是：能比竞争者提供质量更好或成本更低的产品；市场容量足够大，能够容纳两个或两个以上的竞争产品；与竞争者相比有资源或市场优势。这种定位方式有一定风险，但一旦成功就会获得更大的市场份额，可以让消费者很快了解企业和产品，易于企业树立市场形象。当然前提是必须知己知彼，对双方企业实力有客观了解。

**（3）创新定位**

创新定位是指企业寻找新的尚未被占领但有潜在市场需求的位置，填补市场上的空缺。如日本的索尼公司生产的索尼随身听等一批新产品，正是填补了当时市场上迷你电子产品的空缺。采用这种定位方式时，企业应明确创新定位所需的产品在技术上、经济上是否可行，有无足够的市场容量，能否保障企业的可持续发展。

**（4）重新定位**

企业在选定了市场定位目标后，如定位不准确或虽然开始定位得当，但市场情况发生变化（如遇到竞争者定位与本企业接近，侵占了部分市场）或由于某种原因消费者或用户的偏好发生变化，转移到竞争者时，就应考虑重新定位。

重新定位是为了扩大市场或调整市场，使定位更加有效。例如，最初宜家以高档时尚的形象进入中国市场，然而当发现逛宜家的主要人群是那些既想要高格调又付不起高价格的年轻人时，宜家改变自己的产品定位，锁定工薪阶层，重新定位自己的目标顾客。

案例7-3 "老板"吸油烟机的精准定位[①]

权威市场调查机构欧睿信息咨询公司（Euromonitor）于2017年年初发布了全球自有品牌吸油烟机的销量排行，老板牌吸油烟机2016年位居全球第一，继2015年之后再次夺冠，这是中国家电品牌在高端市场获得的首个全球冠军。"老板"全球夺冠的背后，战略定位至关重要。

研究发现，尽管消费者对于油烟机最关注的特性是"吸力"，但行业在2008年前无一品牌传播"吸力强"。即使"老板"在产品研发上刻意针对风量持续强化，如2008年，"老板"推出了国内首台17风量的油烟机，将油烟机带入"大风量"时代，但在品牌传播上却一直没有突出"吸力强"的概念。当时生产油烟机的企业普遍认为"吸力强"是品类的基本要求，每个品牌都将注意力放在寻找自己的差异化特性上，如外观设计、易清洗、静音。这使得"吸力强"这一特性处于明显的空缺状态。

---

① 资料来源：张云，肖瑶.老板油烟机成为全球第一的三个战略定位要点.哈佛商业评论，2017(7).

随着明确"大吸力"的定位后,"老板"在技术上更加聚焦于油烟机吸力的深入研究,并不断取得突破。"老板"的研究人员还发现,由于大部分楼房设置的是公共烟道,要保证油烟排出,让消费者体验到"大吸力"的效果,不仅需要风量,还需要一系列如"风压"等技术指标的配合。于是,"老板"开始提升"风压"等指标。

同时为了凸显这一特性,"老板"进行了一个叫作"吸木板"的零售终端实验。在这个实验中,"老板"油烟机将一块重 15 kg、中间打孔的木板牢牢吸住。大多数消费者在目睹这个实验之后,都会被"老板"油烟机的"大吸力"所震撼,留下深刻的印象——相当多的消费者到专卖店里直接点名要"那个能吸木板的油烟机"。这个道具和实验,正是"大吸力"最为直观的体现,成为"老板"品牌最佳的视觉锤。

"老板"电器在实施了全新战略定位的一年后,油烟机销量就实现了行业第一,并逐渐拉开了与竞争对手的差距。燃气灶、消毒柜品类销量在国内名列前茅,聚焦品类带来的"光环效应"开始显现。这仅仅是"老板"战略定位的阶段性成果,"老板"的战略实践将为中国家电打造世界级品牌提供更多探索。

**【思考题】**
(1) 为什么"老板"吸油烟机要把产品特点定位为"大吸力"?
(2) 为什么"老板"在实行新战略定位后销量实现行业第一?

# 本 章 小 结

企业的目标市场战略由市场细分、目标市场选择和市场定位三个步骤构成。市场细分是企业根据反映顾客需求差异的指标,将整体市场划分为一些由消费需求大致类似的消费者群所组成的子市场的过程。在市场细分下,不同的子市场之间需求存在着明显的差异。

有效的市场细分必须具备:可识别性、可测量性、可进入性和可盈利性等标准。企业在市场细分的基础上要进行目标市场选择,目标市场覆盖模式有五种:单一市场模式、有选择的专门化模式、产品专门化模式、市场专门化模式和完全市场覆盖模式。有三种目标市场营销战略可供企业选择,它们是无差异市场营销战略、差异市场营销战略和集中市场营销战略。影响企业目标市场营销战略选择的因素主要有企业的资源特点、产品特点、市场特点和竞争对手等。市场定位,就是根据市场竞争情况和本企业条件,确定本企业及其产品在目标市场的位置。它为企业或企业产品在目标市场上树立一定的特色,在顾客的心目中占据一个独特的地位,塑造企业及产品的特定形象,并争取顾客的认同。市场定位主要有四种策略:避强定位、对抗定位、创新定位和重新定位。

# 关 键 名 词

市场细分目标　市场细分变量　无差异市场营销战略　差异市场营销战略
集中市场营销战略　市场定位

# 思 考 题

1. 什么是市场细分?
2. 消费者市场细分有哪些主要依据?组织市场的细分依据主要是什么?
3. 有效市场细分的标准是什么?
4. 简述目标市场覆盖模式。
5. 三种目标市场营销战略是什么?
6. 影响企业目标市场营销战略选择的因素有哪些?
7. 影响企业市场定位的因素是什么?如何进行市场定位?

# 第四篇 市场营销策略

# 第八章 产品、服务和品牌策略

**本章学习要点**

- 掌握产品的基本概念
- 了解企业主要的品牌策略与管理方法
- 掌握产品组合的概念
- 掌握产品生命周期的概念
- 认识产品生命周期不同阶段的主要营销策略
- 本章小结

企业一切生产经营活动的核心物质载体是产品。产品是"企业的生命"。满足消费者需求是企业营销活动的中心,这种需求的满足只能通过提供产品和服务来实现。在目标市场确定以后,企业就要根据目标市场来开发和生产满足市场需求的产品,制定相应的产品组合策略、品牌和包装策略。企业还将根据产品生命周期的不同阶段,采取不同的市场营销策略。产品策略是市场营销组合策略之一,也是最核心的策略。

## 第一节 整体产品

### 一、产品的概念

在第一章我们给出了产品的定义,即产品即任何能够满足消费者某种需要或欲望的事物。菲利普·科特勒认为,产品是为留意、获取、使用或消费以满足某种欲望和需要而提供给市场的一切物品。显然,上述两个定义没有本质区别。

消费者对产品的需求是复杂的。比如大众购买自用手表首先是为了计时,从这一基本需要出发,只要能戴在手腕上,可以计时的产品就可称为手表。然而,即便是针对手表的计时性属性,人们也有对计时精确度的不同要求。此外,人们还会对手表的外观、色彩、体积、材质、品牌有不同的偏好,人们还会关心手表的售后服务、保值增值能力等。

总之,人们对于同一产品的需求是会不断延伸升级的。哪一种产品对于这些延伸需求的满足程度越高,其被消费者接受的可能性就越大。因此,企业在进行产品的设计和开发时,应尽可能挖掘消费者对产品各个层次的需求,评估各种需求的价值。

## 二、整体产品的概念

消费者需求不断扩展和变化，使产品的内涵和外延也随之扩大。从内涵看，产品从有形实物产品扩大到服务、想法、主意和观念等；从外延上看，产品从实质产品向形式产品、附加产品拓展。

现代营销理论所提出的整体产品的概念，是将产品分为三个层次：核心层、有形层以及附加层，如图8-1所示。

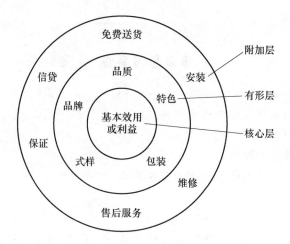

图 8-1　整体产品的概念

**1. 核心层**

核心层位于整体产品的中心，即产品的基本效用或基本功能，是产品带给消费者的核心利益。消费者购买产品，并不是为了获得产品本身，而是为了获得满足自身某种需要的效用和利益。如电灯的照明功能，汽车的运输功能等。产品的核心层决定了产品的本质内涵。

**2. 有形层**

有形层即产品外观形态及其主要特征，是消费者识别和选择产品的主要依据。一般由产品的质量、式样、特色、商标、包装及品牌等有形因素构成。由于同类产品的效用基本相同，因此企业要获取竞争优势，吸引消费者购买，就必须挖掘产品除基本需求之外的延伸需求。比如，通过提高质量来满足消费者的经济性需求，通过改良外观来满足消费者的审美性需求，通过创立名牌来满足消费者的炫耀性需求等。

**3. 附加层**

附加层即消费者购买产品时随同产品所获得的全部附加服务与利益，包括信贷、免费送货、安装调试、保养、包换、售后服务和享乐等。现代市场竞争并不仅仅在于各家公司在其工厂中生产什么，而在于它们能为其产品增加哪些附加价值。

## 三、产品分类

按照不同的标准将产品分类，其目的是针对不同类别的产品实施不同的营销策略。

**1. 按照产品的用途划分**

按照产品的用途划分产品，产品可分为消费品和工业品两大类。正如前面介绍过的，消费品主要用于个人和家庭消费，工业品针对的是组织市场。

**2. 按照消费品的使用时间长短划分**

按照消费品的使用时间长短划分产品,产品可分为耐用品、半耐用品及非耐用品三大类。

① 耐用品。耐用品的最大特点在于使用时间长、价格比较昂贵。如房产、高档首饰等。消费者在购买耐用品时往往十分谨慎,他们不仅重视产品的质量、品牌,而且对产品附加层利益的要求也较高。企业在生产此类产品时,应注重产品的质量、销售服务和销售保证等方面,同时选择信誉较好的零售商进行产品的销售。

② 半耐用品。半耐用品的特点在于产品能使用一段时间,消费者不需要经常购买,但消费者在购买时,会对产品的适用性、样式、色彩、质量、价格等基本信息进行有针对性的比较、挑选。如成衣、鞋帽和一般家具等。消费者在购买此类产品时会进行细致的比较、挑选和购买。

③ 非耐用品,又称快速消费品。非耐用品的特点是一次性消耗或使用时间很短,因此,消费者需要经常购买且希望能方便及时地购买。企业应在人群集中,交通方便的地区设置零售网点。

**3. 按照产品之间的销售关系划分**

按照产品之间的销售关系划分,产品可分为独立产品、互补产品和替代产品。

① 独立产品。这类产品的销售不受其他产品销售的影响。如饮料与手机、书包与空调。

② 互补产品。这类产品的销售与相关产品的销售相互依存、相互补充。一种产品销售量的增加(或减少)就会引起相关产品销售量的增加(或减少),如铅笔与小刀、手电筒与电池。

③ 替代产品。这类产品的销售与相关产品的销售存在着竞争关系,一种产品销售量的增加会导致另外一种产品销售量的减少,如矿泉水与可乐。

**4. 按照消费者的购物习惯划分**

按照消费者的购物习惯划分,产品可分为便利品、选购品、特殊品和非渴求品。

① 便利品。便利品是消费者经常会立即购买,并且只花最少精力和最少时间去比较品牌、价格的消费品。这类产品的价格通常很低,营销网点密集,如肥皂和报纸等。

② 选购品。选购品即消费者会仔细比较其适用性、质量、价格和式样,购买频率较低的消费品。在购买选购品时,消费者会花大量的时间和精力收集信息,进行比较,如家具、服装、二手汽车等。

③ 特殊品。特殊品即消费者愿意花特殊的精力去购买的具有特殊性质或品牌的消费品,如特殊品牌和型号的汽车、定制的男士西服等。对于特殊品,消费者只愿购买特定品牌的某种商品,而不愿购买其他品牌的某种商品。

④ 非渴求品。非渴求品即消费者不知道的物品,或者是知道但是通常并不想购买的消费品。新产品一般都属于非渴求品。非渴求品的性质决定了企业必须加强广告和推销工作,使消费者对这些物品有所了解。

## 四、产品组合的概念

① 产品组合,即某一企业所生产或销售的全部产品大类和产品项目的组合,是企业生产经营的全部产品的有机结合方式。

② 产品线,即与企业经营的产品核心内容相同的一组密切相关的产品。"密切相关"即产品针对需求相同或类似的顾客,并通过同一种渠道销售。如一个家用电器公司,既生产电视机、录音机,又生产洗衣机、吸尘器,还生产电冰箱、空调机等,上述产品组成了这家企业的六条产品线。每一条产品线上的产品核心内容是相同的。

③ 产品项目,即产品线中的一个明确的产品单位,它可以依尺寸、价格、外形等属性来区分,也可以依品牌来区分,因此,有些时候一个产品项目就是一个品牌。

④ 产品组合的宽度,又可称为产品组合的广度,即产品线的总量,表示产品组合所包含产品大类的多少。产品线越多意味着企业的产品组合的宽度就越宽。

⑤ 产品组合的深度,即在某一产品线中产品项目的多少,其表示在某类产品中产品开发的深度。如某家电公司所生产的电冰箱有 8 个品种,其电冰箱生产线的深度就是 8。若洗衣机有 10 个品种,则洗衣机产品线的深度比电冰箱产品线要深。产品组合的深度往往反映了一个企业产品开发能力的强弱。

⑥ 产品组合的长度,即企业中所有产品线中的产品项目相加之和。仍以上述某电器公司为例,此公司的电视机产品线有 6 个产品项目,录音机产品线有 8 个产品项目,洗衣机有 3 个产品项目,吸尘器有 4 个产品项目,电冰箱有 6 个产品项目,空调机有 4 个产品项目,这家公司的产品组合长度就是:$6+8+3+4+6+4=31$ 个。

一般情况下,产品组合的长度越长,说明企业的产品品种、规格越多,由于有时候一个产品项目就是一个品牌,因此,产品组合的长度越长,企业所拥有的产品品牌也可能越多。

⑦ 产品组合的关联性,指一个企业的各个产品线在最终使用、生产条件、分销渠道和其他方面相互关联的程度。最终用途相关度即为消费关联性(或称市场关联性)组合。如企业同时经营计算机和打印纸,即属于消费关联性组合。生产技术的相关度即所经营的各种产品在生产设备、原材料或工艺流程等方面相互关联,可称生产关联性组合。如企业同时生产电视机、电冰箱、洗衣机等生产关联性组合。销售方式的关联度即各种产品在销售渠道、仓储运输、广告促销等方面相互关联,或称销售关联性组合。

产品组合的关联度与企业的多元化经营战略密切相关。关联度大的产品组合有利于企业的经营管理,容易取得好的经济效益;而产品组合的关联度较小,说明企业经营较为分散,可能是投资型企业,风险也比较分散,但是管理难度较大,如宝洁的产品组合策略,如表 8-1 所示。

表 8-1 宝洁的产品组合策略

| | 产品组合的广度 | | | |
| --- | --- | --- | --- | --- |
| 产品组合的长度 | 产品系列 1(清洁剂) | 产品系列 2(牙膏) | 产品系列 3(香皂) | 产品系列 4(纸巾) |
| | 象牙雪 | 佳洁士 | 舒肤佳 | 查敏 |
| | 汰渍 | 格力 | 象牙 | 白云 |
| | 快乐 | 登魁 | 爵士 | 普夫 |
| | 达士 | | | 旗帜 |

分析:
(1) 产品组合的宽度(产品系列数、产品大类)为 4。
(2) 产品组合的长度:$4+3+3+4=14$。
(3) 产品组合的深度:$14/4=3.5$。
(4) 产品组合的关联性:从产品系列来看,都是属于日用消费品,在原材料的采购、生产技术、广告宣传以及销售渠道等方面都是联系紧密的,因此是关联性较强的产品组合。

一般情况下,企业增加产品组合的宽度,有利于扩大经营范围,发挥企业特长,提高经济效益,分散经营风险;增加产品组合的深度,可占领更多细分市场,满足消费者广泛的需求和爱好,吸引更多的消费者;增加产品组合的长度,可以满足消费者不同的需求,增加企业经济效益;而增加产品组合的关联性,则可以使企业在某一特定领域内加强竞争力和获得良好声誉。

## 五、产品组合策略

企业在选择产品组合策略时,应根据本企业的不同情况,选择不同的产品组合策略。产品组合策略有扩大产品组合策略、缩减产品组合策略以及产品延伸策略。

**1. 扩大产品组合策略**

扩大产品组合策略即企业通过充分利用资源,增加产品组合的广度或深度,包括增加产品系列(产品大类数目)或每个系列的产品数,扩展经营范围,生产经营更多的产品以满足市场需要。具体方式有:①在维持产品原有质量和价格的前提下,增加同一产品的款式和规格;②增加不同质量与不同价格的同类产品;③增加相互关联的产品;④增加与现有产品使用同一原材料或相同生产技术的其他产品;⑤增加可获得较高利润而与现有产品完全无关的产品。

扩大产品组合策略的优点是可以满足不同偏好的消费者多方面的需求,提高市场占有率;通过充分利用企业信誉和商标知名度,完善产品系列,扩大经营规模;通过充分利用企业资源和剩余生产能力,提高经济效益;可以减小市场需求变动性的影响,分散市场风险,降低损失程度。

**2. 缩减产品组合策略**

缩减产品组合策略即企业取消一些产品系列或产品项目,集中力量生产经营一个系列的产品或少数产品项目,做到高度专业化,试图从生产经营较少的产品中获得较多的利润。具体做法包括以下几种。

① 保持原有产品广度或深度,即不增加产品系列和产品项目(产品组合的长度),只增加产品产量,降低成本。

② 缩减产品系列,企业根据自身特长和市场的特殊需要,只生产经营某一个或少数几个产品系列。

③ 缩减产品项目,即在一个产品系列内取消一些低利产品,尽量生产利润较高的少数品种的产品。

缩减产品组合策略可以减少资金占用,加速资金周转;可以集中资源和技术力量改进保留产品的品质,提高产品商标的知名度;可以使生产经营专业化,提高生产效率,降低生产成本;有利于企业向市场的纵深发展,寻求合适的目标市场。

**3. 产品延伸策略**

产品延伸策略即企业根据市场的需求,重新对全部或部分产品进行市场定位。对产品线内的产品项目进行延伸。具体做法有向下延伸、向上延伸和双向延伸三种。向上延伸即企业原来定位于低档产品市场,在原产品线内增加高档产品项目以获得较高的利润率,可以提高企业现有产品的声望和市场地位,有利于企业生产技术水平和管理水平的提高;反之,采取向下延伸的策略,即企业原定位于高档产品市场,现增加低档产品项目,进入低档产品市场,来弥补高档产品增长缓慢、市场需求有限以及竞争激烈的风险,通过高档产品市场建立的形象和声誉来吸引更多的消费者。双向延伸即原来定位于中档产品市场的企业掌握市场优势以后,增加高档产品和低档产品生产,扩大市场阵地。

# 第二节 包 装

包装即产品的容器或外部包扎物,是产品策略的重要内容。包装有着识别、便利、美化、增值和促销等功能,位于产品整体概念的有形层。产品包装包括首要包装、次要包装和装运包装三个部分。首要包装即产品直接包装,如牙膏皮等;次要包装即保护首要包装的包装物;装运包装即为了便于储存、识别某些产品的包装。

## 一、包装的作用

包装已成为强有力的营销手段,设计良好的包装能为消费者创造便利,为生产者创造超额价值。产品包装对市场营销的作用体现在以下七个方面。

**1. 保护商品,便于储运**

产品包装最基本的功能便是保护商品,便于储运。有效的产品包装可以起到防潮、防热、防冷、防挥发、防污染、保鲜、防易碎及防变形等保护产品的作用。

**2. 吸引注意力,突显产品特色**

良好的包装能够给消费者形成一个有利的总体印象。由于收入水平和生活水平的提高,消费者一般愿意为良好的包装带来的方便、可靠性和声望而支付较高的价格。设计良好的包装有助于消费者迅速辨认出公司和品牌。

**3. 提供创新机会**

包装的创新不仅能给消费者带来巨大的好处,也可给生产者带来丰厚的利润。1899年,尤尼达饼干公司创新出一种具有保鲜装置的包装,使饼干的货架寿命长于用饼干盒、饼干箱和饼干桶进行包装的饼干。克拉夫特食品公司开发了听装混合乳酪,从而延长了乳酪的货架寿命,并使公司赢得了"可靠"的声誉。

**4. 便于使用**

适当的包装可以起到便于使用的作用,如易拉罐式包装。

**5. 美化商品,促进销售**

产品经过包装后,首先进入消费者视觉的往往不是产品本身,而是包装。能否引起消费者的兴趣和激发购买动机,在一定程度上取决于产品的包装,因而包装成了"无声推销员"。包装精美的产品能够刺激消费者的兴趣,提升产品的顾客价值感知,从而促进产品的销售。

**6. 增强竞争力**

不同产品采用不同包装,或同类产品不同厂家、不同品牌采用不同的包装,可以易于消费者识别。同时,通过产品包装,企业可以与竞争者的同类产品有所不同,不易仿制和伪造,有利于维护企业信誉,增强企业竞争力,提高经济效益。

**7. 增收节支**

首先在运输过程中,包装能减少商品损坏、变质等情况,减少损耗,从而减少支出,增加利润;其次在销售中,包装可以刺激消费者的消费,使销售量增加,进而也增加企业利润。

## 二、包装策略

包装策略主要有六个方面,分别是:相似包装策略、等级包装策略、相关包装策略、复用包装策略、附赠品包装策略以及更换包装策略。

**1. 相似包装策略**

相似包装策略即企业将其所生产的各种不同产品,在包装外形上采用相同的图案、近似的色彩及其他共存的特征,使消费者或用户极易联想到这是同一家企业生产的产品。相似包装策略的优点是可以壮大企业声势,扩大企业影响,特别是新产品初次上市时,可以用企业的信誉消除用户对新产品的不信任感,尽快打开销路。同时也可以节省包装设计费用,有利于介绍新产品。但是,相似包装策略只适用于同一质量水平的产品,如果质量相差悬殊,使用这种包装策略会增加低档产品的包装成本,或使优质产品形象贬值,故要区别对待。

**2. 等级包装策略**

等级包装策略即按照产品的价值、品质,分成若干等级,并实行不同的包装,使包装与产品的价值相称。如优质包装与普通包装,豪华包装与简易包装等。等级包装策略有利于消费者辨别产品的档次差别和品质的优劣。这种策略适用于产品相关性不大,产品档次、品质比较悬殊的企业,其优点是能实现产品的特点,并与产品质量协调一致;缺点是增加了包装设计的成本。

**3. 相关包装策略**

相关包装策略即把使用时相互关联的多种商品纳入一个包装容器中,同时出售。如家用药箱、针线包、工具包等。这种策略不仅有利于充分利用包装容器的空间,而且有利于同时满足同一消费者的多种需要,扩大销售。

**4. 复用包装策略**

复用包装策略即在原包装的产品使用完后,其包装物还可以有其他用途。这样可以利用消费者一物多用的心理,使他们得到额外的使用价值;同时,包装物在使用过程中,也可起到广告宣传的作用,诱发消费者购买或引起重复购买。例如,果酱、酱菜采用杯形包装,使空瓶可以用作旅行杯;糖果包装盒还可以用作文具盒等。这种包装策略一方面可以引起用户的购买兴趣,另一方面能使刻有商标的容器发挥广告宣传作用,吸引用户重复购买。但是,这类包装成本一般较高,实际上包装已成为一种产品。

**5. 附赠品包装策略**

附赠品包装策略即在商品包装物内附赠给购买者一定的物品或奖券。这是目前国外市场上比较流行的包装策略。如儿童市场上玩具、糖果等商品附赠连环画、认字图;化妆品包装中附有赠券,积累到一定数量,可以得到不同的赠品等。

**6. 更换包装策略**

更换包装策略即对原商品包装进行改进或更换,重新投入市场以吸引消费者;或者原商品声誉不佳,销售量下降时,通过更换包装,重塑形象,保持市场占有率。采取该策略,可以重塑产品在消费者心中的形象,改变一些不良影响。但是,对于优质名牌产品,不宜采用这种策略。商品包装的改变,正如产品本身的改进一样,对于扩展销路同样具有重要的意义。当企业的某种产品在同类产品中质量相近而销路不畅时,就应注意改进包装设计。如果一种产品的包装已采用较长时间,也应考虑推陈出新,改变包装。

案例 8-1 包装里的乾坤[①]

对一个产品来说,包装虽然只是一个附加,但很多时候,消费者对产品的第一印象,来自于包装。"买椟还珠"的典故,也足以说明,一个好的包装,也会成为产品的一大卖点。所以,很多品牌都在包装上动脑筋,努力通过包装设计,给消费者带来便利、新鲜感。

---

① 资料来源:周瑞华.包装里的乾坤.成功营销,2015.

**雀巢：瓶盖提醒你该喝咖啡了**

雀巢曾推出一款限量版的"雀巢闹铃瓶盖"，这种3D打印并内置Arduino芯片的瓶盖带有一个LED显示屏，在发出闪光的同时，可以播放7种不同的声音，如鸟鸣、流水声等。每天清晨，雀巢闹铃瓶盖就会以十分温柔的方式，唤醒睡梦中的人。而关闭闹铃的唯一方式，是打开瓶盖，再将其拧紧。这一来一回，估计也不想睡了。只是不知道，叫醒梦中人的，究竟是咖啡的香味，还是闹铃的声音呢？

**GGRP：纸壳留声机**

音频研究公司GGRP推出过一款非常有创意的产品：一个CD大小的纸壳，里面装的是一张黑胶老唱片。通常，有一张老唱片，还需要一台留声机才能播放。但GGRP这款产品的精彩之处就在于它的包装盒就可以改造成一个留声机——打开一共三面的纸壳包装，其中有一面有一颗固定螺栓，将唱片放置到这颗螺栓上，第三面末端的唱针刚好可以弯过来放在唱片上，于是，用铅笔等物品插进唱片的旋转孔旋转唱片，借助纸壳的共振效应，黑胶唱片中的旋律便清晰地传递出来。

**Icon Packaging：一秒钟变酒架**

Icon Packaging设计过一种酒包装，打开之前，它中规中矩，与其他的包装盒没什么两样，但是打开包装之后，便发现里面另有乾坤。通过简单的拼装，可以把原先的包装盒转变成酒架，把拆封的酒搁置到上面，甚至还可以根据酒的数量，将酒架扩大。

**凯歌香槟（Veuve）：香槟还需冰桶配**

开香槟是为了庆祝，但如果香槟不够冰，还算得上庆祝么？所以，凯歌香槟在它的包装上也动了一番心思，它新设计的包装打开之后，可以折叠成一个衬衣形状的三角形。而里面的内衬是防水的，所以，想加多少冰块都没问题，再把香槟放到里面，一切都完美了。

**【思考题】**

（1）你能举出其他的你印象深刻的包装吗？你认为它成功在哪或者失败在哪？

（2）案例中举出的例子大多是快消品的包装，你认为对于其他产品，包装也能有如此大的影响力吗？

# 第三节 产品生命周期

产品在市场上的销售情况和获利能力随着时间的推移在不断变化。产品经历着导入、成长、成熟和衰退的生命周期过程，就像生物的生命历程一样，称为产品生命周期。

## 一、产品生命周期的概念

产品生命周期即产品从进入市场到退出市场所经历的市场生命循环过程，进入和退出市场标志着周期的开始和结束。典型的产品生命周期可分成四个阶段：导入期、成长期、成熟期和衰退期。关于生命周期的讨论，大多数把一种典型产品的销售历史描绘成一条S形曲线，如图8-2所示。

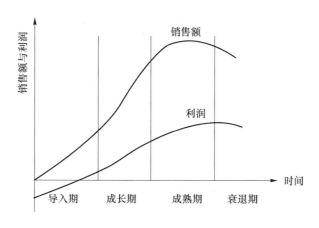

图 8-2 产品生命周期曲线

## 二、产品生命周期各阶段的特点

**1. 导入期**

导入期又称介绍期、试销期,新产品进入市场,便进入了产品的导入期。此时顾客对产品还不了解,除了少数追求新奇的顾客外,几乎很少有人购买该产品。导入期的主要特点是:①产品生产批量小,试制费用大,制造成本高;②由于消费者对产品不熟悉,广告促销费较高;③由于生产量小、成本高、广告促销费较高,因此产品价格偏高;④销售量增长缓慢、利润少,甚至出现亏损。

**2. 成长期**

成长期又称畅销期。当导入期的产品销售取得成功之后,便进入了成长期。成长期的主要特征是:①销售额迅速增长;②生产成本大幅度下降,产品设计和工艺已经定型,可以大批量生产;③利润迅速增长;④由于同类产品的仿制品和代用品开始出现,市场竞争日趋激烈。

**3. 成熟期**

成熟期又称饱和期,指随着购买产品的人数增多,市场需求趋于饱和,产品进入成熟期。成熟期的主要特征是:①销售额呈较慢速增长;②市场需求趋向饱和,销售量和利润达到最高点,后期两者增长缓慢,甚至趋于零或负增长;③竞争最为激烈。

**4. 衰退期**

衰退期又称滞销期。由于科技的发展、新产品和替代品的出现以及消费习惯的改变等,产品的销售量和利润持续下降,产品不能满足市场需求,逐步被市场淘汰或需要更新换代。衰退期的主要特征是:①产品需求量、销售量和利润迅速下降;②新产品进入市场,竞争突出,表现为价格竞争。

## 三、产品生命周期各阶段的营销策略

**1. 导入期的营销策略——瞄准市场,先声夺人**

很多新产品在向市场投放以后,往往还没有进入成长期就被淘汰。因此,对于企业来讲,要针对导入期的特点,制定和选择不同的营销策略。

可供企业选择的营销策略,主要有以下几种分类:(1)导入期促销活动的重点是向消费者宣传产品的性能、用途、质量,使消费者尝试使用新产品;(2)根据市场具体情况,选择促销与价格策略:①迅速掠取策略,指以高价格和高促销水平推出新产品的策略;②缓慢掠取策略,指以高价格和低促销水平推出新产品的策略;③迅速渗透策略,指以低价格和高促销水平推出新产品的策略;④缓慢渗透策略,指以低价格和低促销水平推出新产品的策略。如表8-2所示。

表8-2 产品导入期的促销/价格策略

| 价格水平 | 促销水平 | |
|---|---|---|
| | 高 | 低 |
| 高 | 迅速掠取策略 | 缓慢掠取策略 |
| 低 | 迅速渗透策略 | 缓慢渗透策略 |

**2. 成长期的营销策略——顺应增长,质量过硬**

企业在成长期的主要目的是尽可能维持高速的市场增长率。为此,可以采取以下市场推广策略:①提高产品质量,增加花色品种,改进款式、包装,以满足市场需求;②进行新的市场细分,从而更好地促进销量增长;③开辟新的销售渠道,扩大商业网点;④改变广告宣传目标,由以建立和提高知名度为中心转变为以说服消费者接受和购买产品为中心;⑤适当地降低价格以提高竞争能力和吸引新的顾客。

**3. 成熟期的营销策略——改革创新,巩固市场**

成熟产品是企业理想的产品,是企业利润的主要来源。产品进入成熟期,销售额和利润出现最高点。因此,延长产品的成熟期是该阶段的主要任务。可以采用以下策略:①发展产品的新用途,使产品转入新的成长期;②开辟新的市场,提高产品的销售量和利润率;③改良产品的特性、质量和形态,以满足日新月异的消费需求。

**4. 衰退期的营销策略——面对现实,见好就收**

处于衰退期的产品常采取立刻放弃策略、逐步放弃策略和自然淘汰策略,但有的企业也常常运用一些方法延长其衰退期。如唐山市自行车总厂,其生产的"燕山牌"加重自行车在各城市滞销后,该厂采取撤出城市、转战农村的策略,为该厂产品重新找到了出路。

## 四、产品生命周期理论的意义

产品生命周期是一个非常重要的概念,与企业制定产品策略以及营销策略有着直接的联系。企业要想使其产品有一个较长的销售周期,赚取足够的利润来补偿在推出该产品时所做出的努力和经受的风险,就必须认真研究和运用产品的生命周期理论。此外,产品生命周期也是营销人员用来描述产品和市场运作方法的有力工具。

# 第四节 新产品开发过程

## 一、新产品的概念及分类

凡是产品整体概念中的任何一个部分能够有所创新、改革或改变,能够给消费者带来新的利益和满足的产品,都可以称为新产品。

新产品可分为全新产品、换代产品、改进新产品、仿制新产品、降低成本新产品以及重新定位新产品。

**1. 全新产品**

全新产品是应用科技新原理、新技术、新材料制造的前所未有的产品。如利用激光技术制成的激光唱片。

**2. 换代新产品**

换代新产品是为了适合新用途、满足新需要,在原有产品的基础上采用新技术研发出来的新产品。如黑白电视革新成彩色电视,计算机的第一代、第二代、第三代产品等。

**3. 改进新产品**

改进新产品不是由于科学技术的进步引起的产品的重大革新,而是对现有产品的品质、性能、款式等做一定的改进的产品。如不同型号的汽车、新款式的服装。

**4. 仿制新产品**

仿制新产品是模仿市场上已有的产品进行生产的产品。

**5. 降低成本新产品**

这类新产品是企业通过新科技手段,削减原产品的成本,但保持原有功能不变的产品。

**6. 重新定位新产品**

重新定位新产品是企业的老产品进入新的市场,而被该市场称为新产品的产品。

## 二、新产品开发战略选择

**1. 领先型新产品开发战略**

领先型新产品开发战略指企业首先研发、开发新产品,率先将新产品投入市场,在行业中确立技术领先、产品领先的战略。优点:成功的产品开发可以使企业独占技术成果,建立技术壁垒,在新产品市场上处于主动地位,有利于企业扩大生产规模,提高产品质量,降低生产成本,取得竞争优势。风险:投入大、成本高、开发周期长,研发风险高,产品开发结果难料,一旦失败,往往给企业造成重大损失,打击员工士气。

**2. 跟随型新产品开发战略**

当企业发现市场上某新产品获得成功以后,立即组织生产类似产品进入这一市场。优点:风险小、成本低,开发的产品在原来产品的基础上进行改进和修正,可能更具有竞争力。缺点:其他跟随型企业同时进入市场,竞争激烈,因此跟随型企业所开发的新产品必须比同类产品的性能更好,营销实力更雄厚,才能脱颖而出,获得竞争优势。

## 三、新产品的开发过程

企业新产品的开发过程,充满了矛盾、风险和创新。从新产品的构思、筛选、设计、试制、鉴定、试销、评价直到全面上市投产,其中工作内容和环节相当多,涉及面也很广。因此,新产品的开发,一般要按照一定的阶段和程序展开。虽然没有固定的模式或统一的程序,但一般的新产品开发都可分阶段、分步骤进行。新产品的开发一般要经历新产品构思、新产品筛选、编制新产品计划书、新产品设计、新产品试制、新产品评定、新产品试销七个阶段,如图 8-3 所示。

**1. 新产品构思**

构思并非凭空猜想,而是有创造性的思维活动。新产品构思实际上包含了两方面的思维活动:一是根据得到的信息,发挥想象力,提出初步设想;二是考虑到市场需求及其发展趋势,提出具体的产品设想即设计或想象方案。可以说,产品构思是把信息与人的创造力结合起来的结果。

新产品构思,可以来源于企业内外的各个方面,顾客是其中一个十分重要的来源。美国六家大公司的调查结果显示,成功的新产品设想,有 60%～80% 来自用户的建议。一种新产品的设想,可以形成许多的方案,但一个好的构思,必须同时兼备两个条件。第一,构思要奇特,富有创造力和想象力。第二,构思要尽可能接近于可行,包括技术和经济上的可行性。根本不能实现的设想,只能是一种空想。

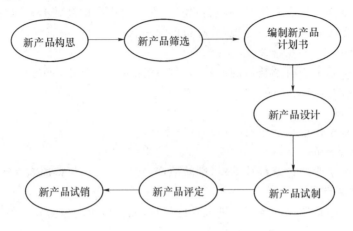

图 8-3　新产品开发过程

**2. 新产品筛选**

新产品筛选即从各种新产品设想的方案中,挑选出一部分有价值进行分析、论证的方案。筛选阶段的目的不在于接受或拒绝这一设想,而在于说明这一设想是否与企业目标的表述相一致,是否具有足够的实现性和合理性以进行可行性分析。筛选要努力避免两种偏差:其一,不能放弃有开发前途的产品设想,失去了成功的机会;其二,不能误选没有开发价值的产品设想,以致仓促投产,招致失败。

筛选时要根据一定的标准对各种产品的设想方案逐项进行审核。审核的程序可以是严密组织和详细规定的,也可以有一定的随机性。

**3. 编制新产品计划书**

编制新产品计划书即在已经选定的新产品设想方案的基础上,具体确定产品开发的各项经济指标、技术性能,以及各种必要的参数。它包括产品开发的投资规模、利润分析及市场目标;产品设计的各项技术规范与原则要求;产品开发的方式和实施方案等。制订新产品开发计划的决策性工作,需要企业的领导者与各有关方面的专业技术人员、管理人员通力合作,共同完成。

**4. 新产品设计**

新产品设计是从技术上把新产品设想变成现实的一个重要的阶段,是实现社会或用户对产品的特定性能要求的创造性劳动。新产品的设计直接影响产品的质量、功能、成本、效益,影响产品的竞争力。实践证明,产品的成功与否,很大程度上取决于产品的设计工作是否成功。因此,产品设计在新产品开发的程序中占有十分重要的地位。

**5. 新产品试制**

新产品试制是按照一定的技术模式实现产品的具体化或样品化的过程。它包括新产品试制的工艺准备、样品试制和小批试制等几方面的工作。新产品试制是为实现产品大批量投产的一种准备或实验性的工作,因而无论是工艺准备、技术设施、生产组织,都要考虑实行大批量生产的可能性,否则,产品试制出来了,也只能成为样品、展品,只会延误新产品的开发。同时,新产品试制也是对设计方案可行性的检验,一定要避免设计是一回事,而试制出来的产品又是另一回事的情况。

**6. 新产品评定**

新产品评定即新产品试制出来以后,对产品进行全面的试验、检测和鉴定的过程。对新产品的评定,主要通过对产品的功能、成本、产品投资、利润目标以及对产品社会效益的评价,来确定产品全面投产的价值和发展前途。新产品的评定工作不仅有利于进一步完善产品的设计,消除可能存在的隐患,而且可以避免产品大批量投产后可能带来的巨大损失。

**7. 新产品试销**

试销实际上是在限定的市场范围内,对新产品的一次市场试验。通过试销,可以实地检验新产品正式投放市场以后消费者是否愿意购买。新产品试销对新产品开发的作用主要表现在以下三个方面。

第一,可以比较可靠地测试或掌握新产品销路的各种数据资料,从而对新产品的经营目标做出适当的修正。

第二,可以根据不同地区进行不同销售因素组合的比较,根据市场变化趋势,选择最佳的组合模式或销售策略。

第三,可以根据新产品的市场"试购率"和"再购率",对新产品正式投产的批量和发展规模做进一步的决策。

新产品的开发在经过以上七个阶段后,就进入商业性投产阶段。商业性投产包括新产品的正式批量投产和销售工作。在决定产品的商业性投产以前,除了要对实现投产的生产技术条件、资源条件进行充分准备以外,还必须对新产品投放市场的时间、地区、销售渠道、销售对象、销售策略的配合以及销售服务进行全面的规划和准备。这些是实现新产品商业性投产的必要条件。缺少这些条件,商业性投产就不可能实现,新产品的开发就难以获得成功了。

## 四、新产品的采用和扩散

新产品采用过程即消费者个人由接受创新产品到成为重复购买者的各个心理阶段。美国著名学者埃弗雷特·罗杰斯(Everett M. Rogers)在1962年出版的《创新的扩散》中把采用过程看成是创新决策过程,分为认识阶段、说服阶段、决策阶段、实施阶段和证实阶段。

新产品扩散即新产品上市后随着时间的推移不断地被消费者采用的过程。它从宏观角度分析创新产品如何在市场上传播并被市场所采用。不同消费者对于新产品的接受快慢程度不同,罗杰斯把采用者分为创新采用者、早期采用者、早期大众、晚期大众和落后采用者。新产品扩散过程中意见领袖发挥重要作用。意见领袖即在人际传播网络中经常为他人提供信息、建议、反馈,并对他人施加影响的"活跃分子",是大众传播效果形成过程的中介或过滤的环节。由他们将信息扩散给受众,形成信息传递的两级传播,即信息首先由媒介到意见领袖,再由意见领袖到受众的传播方式。

案例 8-2 TCL 完成智能电视产品布局[①]

2017年3月29日,TCL在北京举办了2017年新品发布会,发布了无机三原色量子点电视 XESSX2/X3 系列及 C2 剧院电视、P3 黄金曲面电视等15款新品,还推出了互联网新品牌雷鸟及4款电视新品。

值得注意的是,TCL在2016年推出了高端品牌"XESS"之后,2017年3月29日,TCL宣

---

① 资料来源:成功营销.(2017-03-20). http://www.vmarketing.cn/index.php?mod=news&ac=content&id=11882.

布推出全新的互联网品牌"雷鸟"。"雷鸟"的诞生,也让在电视垂直产业链已经完成布局,并且朝着多元化前进的TCL补齐了互联网一环。

XESS第三代量子点电视X2、X3优势明显,因采用无机三原色量子点发光材料,实现行业最高110% NTSC色域覆盖率,不仅精准还原10.7亿种色彩,更在色彩显示等关键领域超越普通LED,色彩纯净度相比普通LED提升58.3%,精准呈现大自然色彩,而且色彩稳定性更持久,量子点材料寿命可达60 000小时。此外,X2/X3还匹配了超薄无边框,实现平面7.9 mm/曲面6.9 mm超薄机身、QUHD画质引擎以及哈曼卡顿音响等。另外,TCL还为C2剧院电视配置了顶级的哈曼卡顿音响,P3则配置了全球市场趋之若鹜的4 000R黄金曲率屏幕,并计划以亲民的价格闪电切入市场。

在此次发布会上,TCL正式对外发布了互联网品牌雷鸟及4款电视新品。依托TCL强大的产业链优势,雷鸟品牌的起点更高,品控更加可靠,产品也将能够兼顾用户对硬件和软件两方面的需求。正如行业专家所言,雷鸟品牌的推出将改变互联网电视产业格局,给消费者一个新的选择。

TCL最新推出的产品无论从硬件还是软件方面都代表着最前沿的技术,是真正打破传统的产品群,改变了人们的视听体验和客厅生活;另外,TCL站在2 000万台的新起点上,通过产品研发、技术研发,将代表国产品牌在全球市场上向韩国品牌发起冲击,从而改写世界电视行业格局。

【思考题】
(1) TCL的新产品开发对其他企业有什么借鉴意义?
(2) 新产品开发对一个企业有什么意义?任何企业都需要做好产品的开发工作吗?

## 第五节 服 务

服务在日趋紧张激烈的市场竞争中具有非常重要的地位、作用和价值。随着服务业的快速发展,我国企业的服务营销理念和意识逐渐加强,服务营销能力不断提高,出现了越来越多通过服务营销提升品牌价值的优秀企业。本节介绍服务营销的基本概念、基本理论和基本策略,力求使读者对服务营销有一个概括性的认识。

### 一、服务与服务营销的概念和特点

**1. 服务的概念**

美国营销学会对服务的定义是,可被区分、界定、不可感知,却可使欲望获得满足的活动,而这种活动并不需要与其他的产品或服务的售出联系在一起。生产服务时可能会或不会利用到实物,而且即使需要借助某些实物协助生产服务,这些实物的所有权也不会转移。

**2. 服务的特点**

从服务的定义可以看出,服务具备六个特征:不可感知性,不可分离性,差异性,易逝性,缺乏所有权,参与性。

① 不可感知性,即服务是无形无质的,消费者无法在购买前通过五官感知到它,也无法估计服务的质量和效果。

② 不可分离性,即服务的生产、消费是同时进行的,只有顾客与提供服务的员工间形成良

性互动和保持持久的交流与沟通,才能给企业带来长期的效益。

③ 差异性,即服务很难标准化,不同的顾客对服务的质量感知存在差异。

④ 易逝性,即服务发生后随即消失,它无法贮存,也无法以存货的形式调节供需。

⑤ 缺乏所有权,即服务发生交易后立即消失,无所有权归属。

⑥ 参与性,即鼓励顾客参与服务的生产和改进,事实上,服务的不可分离性也决定了顾客参与的必然性。

**3. 服务营销**

服务营销包括服务产品营销和顾客服务营销两大类。服务产品营销的本质是把服务作为产品,研究如何促进交换;顾客服务营销的本质则是研究如何把服务作为一种营销工具,促进有形产品的交换。它们的核心理念都是追求顾客满意和顾客忠诚,通过取得顾客满意和顾客忠诚来促进相互利益的交换,最终实现营销绩效的改进和企业的长期成长。

## 二、服务的消费者行为特征

服务的消费者有别于有形产品的消费者,其行为特征表现在以下七个方面。

① 服务的消费者主要通过人际交流获得所要购买的服务信息,而广告等媒体沟通手段相对地不被服务的消费者所看重。所以,对于服务的消费者,有效的沟通手段是口碑传播、销售促进、人员推销和公共关系。

② 服务的消费者只能根据价格、服务设施和环境等少量依据来判断服务质量。所以,在他们的购买决策过程中,风险感知度高。

③ 服务的消费者在购买服务时对服务品牌的选择余地实际上很小。企业品牌是消费者评估服务品牌的主要依据。

④ 服务的消费者普遍接受一项服务的创新要比接受一项有形产品的创新慢。

⑤ 服务的消费者在消费认知方面的感知风险比较大,这是由服务的不可知性决定的。

⑥ 服务的消费者对服务品牌一般有较高的忠诚度。所以,将交易营销转变为关系营销是有效的营销手段。

⑦ 服务的消费者会对服务行为有参与感和责任感,这也是由服务的不可分离性决定的。企业应有效地利用客户参与的机会,营造良好的服务品牌形象。

## 三、服务营销策略

无形的服务与有形的产品不同,所面对的消费者行为不同,当然所采用的营销策略也不同。基于服务的特性和消费者行为特征,服务营销组合策略是将相对于传统产品的营销组合4P策略扩展为7P策略,即服务产品、服务定价、服务渠道和网点、服务促销、服务人员、服务的有形展示和服务过程。此外,还要加上两个营销要素:内部市场营销和交互作用营销。

下面对7P中加入后3个P的原因进行分析。

首先,人员是服务的主体,服务是通过服务者与顾客的直接接触和互动实现的,服务的可信性、责任感、综合素质、个性化服务方案、服务行为等通过服务者的言谈举止去体现。所以,人员的沟通能力和服务技能决定服务的成败。

其次，服务的有形展示涉及与服务相关的工具、设备、人员、信息资料、其他顾客、价格单等。顾客在风险感知较高的情况下，会更重视这些有形物所传递出来的信息，它们是影响服务质量感知的重要因素。所以对有形展示的管理便成为服务营销的重要任务。服务提供者在进行有形展示时，应遵循两个原则：一是把服务同顾客容易认同的物品联系起来，二是注重服务人员的作用。

最后，服务的不可分离性决定了服务者和被服务者要共同经历服务的全过程，该过程也是双方即时相互作用的过程，客户对服务质量的评估也是一种过程评估。因此，过程是服务营销策略的重点之一。

为什么服务营销还要考虑内部市场营销和交互作用营销这两个要素呢？内部市场营销，即机构通过建立积极的内部关系来改善外部的服务关系，强调向内部人员提供良好的服务和加强与内部人员的互动关系，以便一致对外地开展外部的服务营销。企业必须对直接接待顾客的人员以及相关辅助人员进行激励和培训，使员工不仅拥有规范、娴熟的服务技术，也拥有顾客至上的服务理念，这是培养客户忠诚的基础。交互作用营销即服务提供者在与顾客接触时，应具备的沟通和服务技能。顾客以自己被服务的满意度去评价服务质量。

## 四、服务质量管理

服务质量取决于顾客对于服务的预期质量同实际服务水平的对比。消费者主要从技术和职能两个层次感知服务质量。技术质量是顾客从服务过程中所得到的利益。职能质量是服务推广过程中服务人员的行为、态度、着装、仪表等给消费者带来的享受，职能质量难以客观评价，更多地取决于顾客的主观感受。

提高企业服务质量有两种常用方法，定点超越和流程分析。定点超越是企业在将自己的产品、服务和市场上的竞争对手，尤其是最强竞争对手的标准进行比较和检验的过程中，逐步提高自身的水平。流程分析是分解组织系统和架构，鉴别顾客同服务人员的接触点，并从这些方面来改进企业服务质量的方法。提高顾客服务质量感知的关键是管理顾客的期望，企业可以通过对所做承诺进行管理，执行所承诺的服务并保持与顾客有效沟通实现对期望的有效管理。

案例 8-3 "海底捞"的制胜法宝——服务[①]

海底捞，一个以极致服务让人记住的名字。这家自成立以来就没有营销部和市场部的传统餐饮企业，从始至终都凭借贴心的服务和不折不扣的菜品质量建立口碑。但恰恰就是与高科技和移动互联网相距甚远的火锅企业，却谱写着"用移动互联网将服务做到极致"的蓝图。

**互联网体验店：极致用户体验下的新玩法**

移动互联网时代，人人都拿着手机玩了，海底捞想到了一个新玩法：在北京上地这个互联网企业扎堆的地方开设一个互联网体验店，为每个正处于创业当中的"服务O2O"提供一个机会，让他们在这里体验海底捞个性化服务，如IT企业会议室服务和部门聚餐服务等。

谈到海底捞如何打造极致用餐体验时，工作人员告诉记者，最理想的状态是，根据每位顾

---

① 资料来源：史亚娟.海底捞如何用互联网"调和口味".成功营销，2015(7).

客的需要为他们打造专属服务。如何把用户行为数据化,唯一的做法就是建立会员体系。2014年,海底捞开始有了会员制,只有让每位顾客都有了这个体系里的身份,实体店在服务过程中才能把他们识别出来。

海底捞推出会员制服务的初衷不是为了营销,因为常规会员制对提升服务并无多大作用。海底捞很多顾客都是回头客,从进店到离开的这两个小时里,服务员在与顾客互动中,会记下很多顾客的个性化需求,但这些信息只是记录在优秀服务员的脑子里。而个性化服务的前提是记下每位顾客的行为与喜好,你点过哪些菜会在点餐机上显示,上次已筛选了一遍的菜单可为这次做参考。

海底捞会员制为顾客提供的便利服务,主要体现在以下几点。

① 智能推荐。根据顾客输入的本次用餐人数及历次点菜记录,为顾客做推荐。这个功能综合了点餐历史记录后,提炼出最经得起考验的几个符合顾客口味的菜。

② 多人同时点菜。仅仅知道负责点菜的顾客的口味也不行,还要照顾到同桌客人的感受,所有人都可以拿出自己的手机,输入自己的会员号之后找自己爱吃的,然后合并到点菜者手中的点餐机里,成为最后的选择。

③ 定制口味。为了适合大众口味,一般火锅店的口味都是标准口味,如麻辣锅底的麻度和辣度都是标准的。但海底捞点餐机里有3个维度可以选择,即麻度、辣度、浓度,默认在中间,顾客可拉到其想要的位置,更辣或者更不辣。下次点菜时,口味条就会自动落到这个位置,顾客可以继续调整,然后厨房也就为顾客调制相应的汤底口味。

④ 星级会员。海底捞为会员划出五星。目前三星会员进店,客户经理手机App会有提示,便会额外留心这些会员的需要。这样做能让铁粉更铁,成为很好的口碑传播者。

**"海底捞式O2O":将服务延续到线上**

传统餐饮行业O2O包括两种:一是引入各类餐饮O2O公司提供的诸如订餐、排队、客服、点餐、外卖、CRM(客户关系管理)系统、POS系统、平板计算机点餐系统、社交系统等内容;二是传统餐饮行业自建以上系统。

"海底捞式O2O"选择了后者,一是由于顾客无论选择从线上哪个渠道进入线下,都会享受海底捞相同的UI(界面)和流程,所以海底捞提供一致的服务,将不会使他们感到混乱;二是自建O2O有利于打通线上和线下,如原本订餐的顾客来到店里后发现餐位已满,就可被系统自动推荐到附近海底捞门店,或被推荐选择外卖服务和本店网上排号服务,而这些记录也将一并进入海底捞CRM系统,达到一定条件的顾客还会有海底捞客服人员为其提供进一步的服务。

线上游戏是海底捞O2O的重要组成部分。2015年海底捞信息部也开始了新的探索:他们发现,原有单一游戏种类早已不能全方位满足更多顾客的需求,他们随即开发了一个专属O2O游戏平台——"海海O2O游戏平台",该平台可提供不断更新的游戏种类。等位的顾客可参与其中并与其他顾客现场PK,海底捞还会为优胜者提供奖励。

**【思考题】**

(1) 互联网背景下,企业如何做好服务?

(2) 海底捞的火爆对其他服务行业的企业有什么借鉴意义?

## 第六节 品 牌

### 一、品牌与商标的概念

**1. 品牌的概念**

品牌是制造商或经销商加在产品上的标志,是由用来识别卖者的产品或劳动的名称、符号、象征、设计或它们的组合所构成。品牌是具有企业典型标志的组合体,用来区别本企业与同行业其他企业同类产品的商业名称。品牌主要包含品牌名称和品牌标志两个要素,如图 8-4 所示。

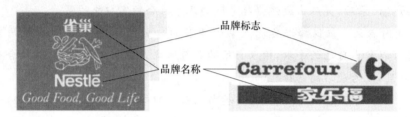

图 8-4 品牌要素

品牌名称即品牌中可以用语言来称呼和表达的部分。品牌标志是品牌中可被识别而不能用语言表达的特定标志,包括专门设计的符号、图案、色彩和文字等。

**2. 商标的概念**

商标是在政府部门依法注册登记后,经批准享有其专用权的品牌。商标受到法律的保护。经注册登记的商标有"®"标记,或"注册商标"的字样。

### 二、品牌的内涵

品牌的内涵包括属性、利益、价值、文化、个性及角色感六个方面。

属性即品牌所代表的产品或企业的品质内涵,它可能代表着某种质量、功能、工艺、服务、效率或定位。

利益即消费者从自身的角度认知的品牌所带来的利益。

价值即品牌会因其所代表的产品或企业的品质和声誉不同而形成的不同的等级层次,进而影响着顾客的品牌价值感知。品牌竞争力是品牌价值的体现,它与以下五个维度有关:品牌知名度、品牌认知度、品牌接受度、品牌偏好度和品牌忠诚度。

文化即指品牌是一种文化的载体,它可使人们产生与品牌文化背景相关的一系列的联想,这是品牌的显文化。品牌所代表的产品或企业本身所具有的文化特征,也会在品牌中体现出来,这是品牌的隐文化。

个性即品牌的个性特征。品牌的个性应该在表现形式上独特、新颖,而且会使消费者联想到某种具有类似鲜明个性特征的事物。比如人们从奔驰的个性特征会联想到猛兽,从 QQ 的个性特征会联想到可爱的小企鹅。

角色感指品牌有它特定的目标客户群,是特定的角色归属。

## 三、品牌策略

企业在制定品牌策略时,有以下六种选择。

**1. 无品牌(No Brand)**

无品牌主要存在两种情况:一种是产品的差异性很小,消费者基本上不做选择,因此没有必要用品牌来加以区别,如某些原材料、辅料等;另一种是按规定不得使用品牌的产品,如某些化学原料。无品牌的商品的价格通常较低。

**2. 家族品牌(Family Brand)**

家族品牌即企业对其所生产的同类产品(甚至全部产品)只使用一种品牌,又称为"单一品牌"策略。比如,海尔的品牌策略。采用家族品牌的优点是使产品和企业的整体形象统一起来,可大大降低新产品的促销成本。家族品牌的缺点是企业面临较大的品牌风险,一旦某个产品出现问题,可能会殃及家族品牌。

**3. 个别品牌(Individual Brand)**

个别品牌即企业对其所生产的不同产品使用不同的品牌(甚至是一品一牌),也称"多品牌"决策。如宝洁洗发护发产品采取的策略。使用多品牌的优点是,拥有多样品牌,市场占有率高,能够体现不同产品之间的差异,以适应不同的目标市场。使用多品牌的缺点是,由于产品品牌复杂,消费者容易混淆,在产品宣传方面须较大投资,品牌管理难度较大。

**4. 特许品牌(Licensed Brand)**

特许品牌即将品牌以签订特许协议的方式转让给其他企业使用,使用特许品牌者必须按照品牌所有者的要求达到规定的品质标准,并向品牌所有者交付一定的特许转让费。

**5. 制造商品牌(Manufacturer Brand)**

制造商品牌是由制造商对其产品确定的品牌,如格力空调就是制造商品牌。该种品牌可随产品的广泛销售分布到任何地方而没有区域的限制。

**6. 中间商品牌(Dealer Brand)**

中间商品牌即产品使用中间商的品牌进行销售。比如家乐福超市中出售的家乐福牌商品采用的就是中间商品牌。同一企业生产的产品可能冠有不同的"中间商品牌"。

## 四、品牌的作用

**1. 品牌对企业的作用**

① 存储功能。品牌可以帮助企业存储商誉、形象。品牌就是一个创造、存储、再创造、再存储的经营过程。

② 维权功能。通过注册专利和商标,品牌受到法律保护,从而防止他人损害品牌的声誉或非法盗用品牌。

③ 增值功能。品牌是企业的一种无形资产,它所包含的价值、个性、品质等特征都能给产品带来重要的价值。即使是同样的产品,贴上不同的品牌标识,也会产生悬殊的价格。

④ 形象塑造功能。品牌是企业塑造形象、知名度和美誉度的基石,在产品同质化的今天,品牌为企业和产品赋予个性、文化等特殊的意义。

⑤ 降低成本功能。平均而言,赢得一个新客户所花的成本是保持一个既有客户成本的6倍,而品牌则可以通过与客户建立品牌偏好,有效降低宣传和新产品开发的成本。

**2. 品牌对消费者的作用**

① 识别功能。品牌可以帮助消费者辨认出品牌的制造商、产地等基本要素,从而区别于同类产品。

② 导购功能。品牌可以帮助消费者迅速找到所需要的产品,从而减少消费者在搜寻过程中花费的时间和精力。

③ 降低购买风险功能。消费者都希望买到自己称心如意的商品,同时还希望能得到周围人的认同。选择信誉好的品牌则可以帮助降低感知风险和金钱风险。

④ 契约功能。品牌是为消费者提供稳定优质产品和服务的保障,消费者则用长期忠诚的购买回报制造商,双方最终通过品牌形成一种相互信任的契约关系。

⑤ 个性展现功能。品牌经过多年的发展,能积累独特的个性和丰富的内涵,而消费者可以通过购买与自己个性气质相吻合的品牌来展现自我。

案例 8-4 "吉利"的品牌战略转型[①]

整个 2014 年上半年,吉利汽车都处于主要产品升级周期及持续进行的营销系统改革的关键节点。2014 年 7 月底,吉利汽车研发的新帝豪上市,被市场人士视为重振吉利汽车销售的"杀手锏"。新帝豪不仅承担着提高吉利汽车销量的重任,还承担着更重要的任务——品牌整合。

早在 2014 年 4 月,吉利便发布了新的品牌构架:取消现有的吉利帝豪、吉利英伦和吉利全球鹰三个子品牌,将它们划入不同的产品线,所有新产品以吉利品牌系列面市,并悬挂统一的新标识。这意味着在三个子品牌消失后,吉利会将已经打造许久的"GEELY"品牌作为未来公司的母品牌,并采用全新的品牌标志。三个原有的品牌名称则转变为产品序列名称,重新布局品牌战略,新帝豪便是新品牌战略中的第一款产品。车企过去往往会把体系下面的名字多线发展,即便奔驰这样的品牌,也在重新梳理自己的品牌体系和车型。在吉利汽车最新的理解里,品牌不在多少,而在于强不强,让消费者记住最重要。吉利从过去比较分散的品牌战略转变成一个拳头打出去,更能集中优势资源打造一个品牌。这种聚焦不仅仅在传播层面,在产品层面也可以真正做到打磨好单品,然后通过整合的渠道推送。

三个品牌的合并使前三个品牌的人员可以集中起来完成一件事,大大节约了企业的营销成本。

2014 年 7 月 26 日,新帝豪在济南正式上市,共推出两厢、三厢两种版本,15 款车型,售价 6.98 万元～10.08 万元。老款的帝豪 EC7 是吉利旗下的一款明星车型,销量一直处于自主品牌紧凑型轿车的前列。此次上市的新帝豪不仅承接了吉利原有的三大子品牌中知名度最高的"帝豪"名称,也被赋予了冲刺销量的艰巨任务。帝豪曾以五年 60 万辆、单月销量破两万辆的业绩促进了吉利的规模提升,如今作为肩负吉利战略转型重任的子品牌,新帝豪要重回两万辆俱乐部,破解自主品牌汽车面临的困局。

【思考题】

(1) 吉利的品牌战略转型对中国品牌有什么启示?

(2) 采取多品牌战略和单一品牌战略,各有什么优势和劣势?

---

① 资料来源:谭爽.吉利品牌战略转型之谜.成功营销,2015(3).

## 本 章 小 结

产品是为留意、获取、使用或消费以满足某种欲望和需要而提供给市场的一切物品。整体产品的概念包括产品的核心层、有形层和附加层。产品组合是企业的产品花色品种的配备,包括所有的产品线和产品项目,是企业生产经营的全部产品的组合。包装即产品的容器或外部包扎物,是产品策略的重要内容,有着识别、便利、美化、增值和促销等功能。产品生命周期即产品从研制成功投入市场开始,经过成长、成熟阶段,最终到衰退、被淘汰为止所经历的时间。新产品即凡是在产品整体概念中的任何一个部分有所创新、改革或改变,能够给消费者带来新的利益和满足的产品。品牌是制造商或经销商加在产品上的标志,是由用来识别卖者的产品或劳动的名称、符号、象征、设计或它们的组合所构成,用来区别本企业与同行业其他企业同类产品的商业名称。品牌是企业的无形资产。

## 关 键 名 词

产品　产品组合包装　产品生命周期　新产品　服务　品牌

## 思 考 题

1. 什么是整体产品概念？企业应如何正确处理整体产品概念中三个层次之间的关系？
2. 产品生命周期各阶段的特点是什么？
3. 如何进行新产品开发？
4. 什么是品牌？品牌与商标的区别与联系是什么？如何创造品牌价值？

# 第九章 定价策略

## 本章学习要点

- 掌握各种基本的定价方法和定价技巧
- 掌握价格适应和调整的方法
- 了解不同分类的定价目标
- 认识定价决策在营销组合中的作用
- 本章小结

价格是营销组合中最活跃、最敏感的因素,也是影响顾客购买决策的主要因素之一。价格直接关系到市场需求量的多少和企业盈利的高低,并影响着营销组合的其他因素。若处理不当,企业就会陷入重重误区:陷入价格战的泥潭;过多考虑成本因素;价格应变性差,不能灵活适应市场供求的变化;价格与营销组合其他因素的不匹配等。

企业的定价程序可以分为五个步骤,即确定定价目标、测定市场需求、估算商品成本、分析竞争状况、选择定价方法并确定最后价格,如图9-1 所示。

图 9-1 定价步骤

**1. 确定定价目标**

常见的定价目标有:投资收益率、市场占有率、稳定价格、防止竞争、利润最大化、渠道关系、维持生存、塑造形象(或称社会形象)。

**2. 测定市场需求**

企业商品的价格会影响需求,需求的变化影响企业的产品销售以及企业营销目标的实现。因此,测定市场需求状况是制定价格的重要工作。在对需求的测定中,首先要了解市场需求对价格变动的反应,即需求的价格弹性。

需求的价格弹性可用以下公式表示。

$$需求的价格弹性 = -\frac{需求量变动的百分比}{价格变动的百分比}$$

影响需求弹性大小的主要因素有:可替代品的数量和相近程度;商品价格相对于消费者收入的重要性以及商品用途的多样性。

### 3. 估算商品成本

企业在制定商品价格时，要进行成本估算。成本决定商品价格的下限。

企业的成本包括两种：一种是固定成本，另一种是变动成本。固定成本与变动成本之和即为总成本。

在成本估算中，离不开对"产量—成本—利润"关系的分析，而其中一个重要的概念是分析"边际成本"。所谓边际成本即企业每增加（减少）一个单位生产量所引起的总成本变动的数值。由于边际成本影响企业的边际收益，所以企业必须对边际成本给予重视。

### 4. 分析竞争状况

对竞争状况的分析包括三个方面的内容：分析企业竞争地位；协调企业的定价方向；估计竞争企业的反应。

### 5. 选择定价方法并确定最后价格

定价方法是根据定价目标确定基本价格范围。常见的定价方法有成本导向、竞争导向以及需求导向三种。企业根据所选方法就可以确定合理的产品或服务价格。

## 第一节 企业定价的依据

科学合理的价格决策对于增强企业活力，提高企业的经济效益，繁荣市场经济具有重要的意义。在竞争激烈的市场经济条件下，企业需不断地根据内外部情况的变化调整产品的价格，以便在竞争中取胜。

### 一、企业定价目标

定价目标即企业通过定价所要达到的预期目的。企业定价的目标主要有：以利润为定价目标、以提高市场占有率为定价目标、以销售额为定价目标、以稳定价格为定价目标、以应对竞争者为定价目标以及以企业信誉为定价目标等。

**1. 以利润为定价目标**

利润目标是企业定价目标的重要组成部分，获取利润是企业生存和发展的必要条件，是企业经营的直接动力。因企业的经营哲学及营销总目标的不同，这一目标在实践中有三种形式。

① 以追求最大利润为目标。最大利润有长期和短期之分，还有单一产品最大利润和企业全部产品综合最大利润之别。

最大利润目标并不必然导致高价，因为价格太高，会导致销售量下降，利润总额可能因此而减少。有时，高额利润是通过采用低价策略，待占领市场后再逐步提价来获得的。

② 以获取适度利润为目标。这种定价目标即企业在成本的基础上，适当地加上一定量的利润作为商品价格，以获取正常情况下合理利润的一种定价目标。

采用适度利润目标有各种原因，以适度利润为目标使产品价格不会显得太高，从而可以阻止激烈的市场竞争，或由于某些企业为了协调投资者和消费者的关系，树立良好的企业形象，而以适度利润为其目标。

③ 以获取投资收益为目标。这种定价目标即企业在确定一定的投资收益率或资金利润

率的基础上制定价格。投资回报率,通常被称为企业的总资产回报率[①]。其计算方法为:投资回报率＝税后净利润/总资产。

## 2. 以提高市场占有率为定价目标

市场占有率,又称市场份额,即企业的销售额占整个行业销售额的百分比。市场占有率是企业经营状况和企业产品竞争力的直接反映。作为定价目标,市场占有率与利润的相关性很强,从长期来看,较高的市场占有率必然带来高利润。

在实践中,市场占有率目标被国内外许多企业所采用,其方法是以较长时间的低价策略来保持或扩大市场占有率,进而增强企业竞争力,获得最大利润。但是,这一目标的顺利实现至少应具备三个条件。

第一,企业有雄厚的经济实力,可以承受一段时间的亏损,或者企业的生产成本低于竞争对手。

第二,企业充分了解竞争对手没有与其争夺市场份额的实力。

第三,在企业的宏观营销环境中,政府未对市场占有率做出政策和法律的限制。如美国制定的"反垄断法",对单个企业的市场占有率进行限制,以防止少数企业垄断市场。

## 3. 以销售额为定价目标

这种定价目标是在保证一定利润水平的前提下,谋求销售额的最大化。某种产品在一定时期、一定市场状况下的销售额由该产品的销售量和价格共同决定,因此销售额的最大化既不等于销量最大,也不等于价格最高。对于需求价格弹性较大的商品,降低价格而导致的损失可以由销量的增加而得到补偿,因此企业宜采用薄利多销策略,保证在总利润不低于企业最低利润的条件下,尽量降低价格,促进销售,扩大盈利;反之,若需求的价格弹性较小,降价会导致收入减少,而提价则使销售额增加,企业应该采用高价、厚利、限销的策略。采用销售额目标时,确保企业的利润水平尤为重要。

## 4. 以稳定价格为定价目标

稳定的价格通常是大多数企业获得一定目标收益的条件,其实质是通过本企业产品的定价来左右整个市场价格,避免不必要的价格波动。按这种目标定价,可以使市场价格在一个较长的时期内相对稳定,减少企业之间因价格战带来的损失。

为达到稳定价格的目的,通常情况下是由那些拥有较高的市场占有率、经营实力较强或较具有竞争力和影响力的领导者先制定一个价格,其他企业的价格则与之保持一定的距离或比例关系。对大企业来说,这是一种稳妥的价格保护政策;对中小企业来说,由于大企业不愿意随便改变价格,竞争性减弱,其利润也可以得到保障。在钢铁、采矿业、石油化工等行业内,稳定价格目标得到最广泛的应用。

企业应根据自身的性质和特点,具体情况具体分析,权衡各种定价目标的利弊,灵活确定自己的定价目标。

## 5. 以对付竞争者为定价目标

(1) 避免和应付竞争

这种定价目标是在激烈竞争的市场上,企业为了适应竞争的需要而制定的。中小企业面

---

[①] 卡尔·麦克丹尼尔,查尔斯·W. 兰姆.市场营销学.上海:上海人民出版社,2009:446-447.

对强大竞争对手时,要避免与大企业正面对抗,只有这样,才能避免遭受对手的毁灭性打击。

（2）保持和稳定价格

为了达到这一目标,市场中各企业之间有时候形成一种默契,由行业中的一家企业决定产品的价格,其他企业跟随该价格。这种价格方式被称为"价格领袖模式"。

**6. 以企业信誉为定价目标**

企业的定价目标是为了维护或提升企业的信誉水平。价格是树立企业信誉的一种有力手段,而信誉又为企业制定价格提供依据,为企业带来丰厚的利润,也是企业的一项无形财富。

## 二、影响企业定价的主要因素

**1. 产品成本**

产品成本是企业在生产经营过程中各种费用的总和,是价格构成的基本因素和制定价格的基础。

一般来说,产品成本是构成价格的主体部分,一般情况下同商品价格水平成同方向运动,是企业实现再生产的基础条件,因此企业在制定价格时必须保证其生产成本能够得以弥补。随着产量增加以及生产经验的积累,产品的成本不断发生变化,这便意味着产品价格也应随之发生变化。

**2. 市场供求的变化**

市场供求的变化是企业决定自己的市场行为,特别是制定价格时所必须考虑的一个重要因素。

（1）价格与需求

这里说的需求,即有购买欲望和购买能力的有效需要。影响需求的因素很多,在其他因素不变的情况下,价格与需求量之间有一种反向变动的关系:需求量随着价格的上升而下降,随着价格的下降而上升,这就是通常所说的需求规律。需求规律通常由需求曲线（D）来反映,如图9-2所示。

（2）价格与供给

供给即在某一时间内,生产者在一定的价格下愿意并可能出售的产品数量。有效供给必须满足两个条件:有出售愿望和供应能力。在其他因素不变的条件下,价格与供给量之间存在正相关关系:价格上升供给量增加,价格下降供给量下降。供给曲线（S）反映了这一规律,如图9-3所示。

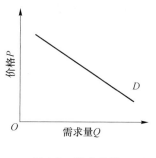

图9-2　需求曲线

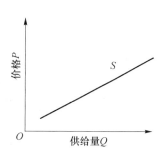

图9-3　供给曲线

**3. 市场竞争状况**

市场竞争状况是企业定价不可忽视的因素。不同的市场环境存在着不同的竞争强度,企业应该认真分析自己所处的市场环境,并考察竞争者提供给市场的产品质量和价格,从而制定出对自己更为有利的价格。在不同竞争条件下企业自身的定价自由度有所不同,市场竞争状况可分为以下四种情况。

(1) 完全竞争

完全竞争市场的特点是:第一,市场上的产品完全相同;第二,企业进退自由;第三,生产同一种产品的企业很多;第四,每个企业在市场中的份额都微不足道,任何一个企业增加或减少产量都不会影响产品的价格。在完全竞争市场状况下,价格完全由供求关系决定。企业只能接受市场价格。

(2) 垄断性竞争

垄断性竞争市场的特点是:第一,同行业各企业间的产品相似但不同,存在着质量、型号、销售渠道等方面的差异;第二,行业进入比较容易,但不生产完全相同的产品;第三,就某个特定产品而言,生产企业很少甚至只有一个,但同类产品的生产者很多。在这类市场,价格竞争和非价格竞争都很激烈,企业可以根据其提供的产品或服务的"差异"优势,通过部分地变动价格来寻求高的利润。

(3) 寡头竞争

寡头竞争市场的特点是:第一,生产的产品相同或是很近似的替代品;第二,市场进入非常困难;第三,企业数目很少,每个企业的市场份额都相当大,足以对价格的制定产生举足轻重的影响;第四,市场价格相对稳定,在这种市场结构中,几家企业相互竞争又相互依存,哪一家企业都不能随意改变价格,因为任何一个企业的价格变动都会因其他企业迅速而有力的反应而难以独自奏效。在该市场上,价格实际上由"寡头"们控制,寡头企业之间互相密切注意对方战略的变化和价格的调整。企业产品进入这一市场,由于与其竞争对手产品的价格接近,因此企业应提高成本意识,使其产品在成本方面具有竞争优势。

(4) 纯粹垄断

在一个行业中的某种产品或劳务只是独家经营,没有竞争对手。这种垄断一般有特定条件,如垄断企业可能拥有专利权、专营权或特别许可等。垄断企业完全控制市场价格。

**4. 政府的干预程度**

在市场经济社会,政府力量渗透企业市场行为的每一个角落。在企业定价方面的政府干预,表现为一系列的经济法规,在不同方面和不同程度上制约着企业的定价行为。

**5. 商品的特点**

商品的特点包括商品的种类;标准化程度;商品的易腐、易毁和季节性;时尚性;需求弹性;生命周期阶段等。

**6. 企业状况**

企业状况主要指企业的生产经营能力和企业经营管理水平对制定价格的影响。包括以下内容:企业的规模与实力、企业的销售渠道、企业的信息沟通、营销人员的素质和能力等。

**7. 法律政策**

国家法律和政策对价格决策也有重要影响。例如,根据国家的相关政策,对政府定价的药品,医院不能实行顺价加成,而对企业定价的药品,医院可以顺价加成。顺价加成,是指企业或组织机构在进货价格的基础上加价销售。两种情况对医院来说,形成了收益差。

# 第二节 制定价格的方法

## 一、成本导向定价法

成本导向定价法是一种主要以产品成本为基础的定价方法。成本导向定价法的具体方法有：成本加成定价法、目标利润定价法和边际贡献定价法。

**1. 成本加成定价法**

$$P=C(1+R)$$

其中：$P$ 为单位产品价格，$C$ 为单位产品成本，$R$ 为成本加成率。

一般来说，加成率的大小与商品的需求弹性和公司的预期盈利有关。需求弹性大的商品，加成率宜低，以求薄利多销；需求弹性小的商品，加成率不宜低。在实践中，同行业往往形成一个为大多数商店所接受的加成率。这种方法的优点是：计算简便；稳定性高；避免竞争；公平合理。缺点是未考虑市场需求。

**2. 目标利润定价法**

目标利润定价法是根据企业预期的总销售量与总成本，确定一个目标利润率的定价方法。

$$P＝总成本×(1＋目标利润率)/总销售量$$

**3. 边际贡献定价法**

所谓边际贡献（或称边际收益）就是销售额大于变动成本的那部分差额，边际贡献＝销售额－变动成本，边际贡献常常被人们通俗地称作毛利。

边际贡献定价法是一种以边际成本和边际贡献来确定价格的方法，只计算变动成本，暂不计算固定成本，而以预期的边际贡献补偿固定成本并获得利润。

$$P＝单位产品边际成本(变动成本)＋单位产品边际贡献$$

## 二、需求导向定价法

需求导向定价法即先了解客户愿意承受的价格再限制成本，要先了解消费者愿意支付的最低成本。需求导向定价法的关键是确定消费者对企业产品价值的认知程度，过高或过低都会影响定价。

**1. 认知价值定价法**

越来越多的企业认识到，作为定价的关键，不是卖方的成本，而是买主对价值的认知。认知价值定价法的关键是准确地确定市场对所提供价值的认知。

**2. 差别定价法**

差别定价法的表现形式有：按不同顾客定价；按产品不同形式定价；按产品不同部位定价；按不同销售时间定价。实行差别定价的前提条件为市场能够细分而且需求有明显差异，具有不同的需求价格弹性；细分市场的边界明确；适应消费者的需求和愿望；总收益应大于一般意义上的市场"平均价"收益。

## 三、竞争导向定价法

竞争导向定价法是以竞争对手的价格为基础，与竞争者同类产品价格保持一定的比例的定价方法。主要方法有:随行就市定价法和投标定价法。

**1. 随行就市定价法**

随行就市定价法即企业以行业的平均价格为标准制定本企业的商品价格。在竞争激烈的情况下,是一种与同行和平共处、比较稳妥的定价方法,可避免风险。它是以本行业的平均价格水平作为企业的定价标准。

**2. 投标定价法**

投标定价法即由投标竞争的方式确定商品价格的方法,其操作程序是在商品或劳务的交易中,招标人发出招标公告,投标人竞争投标,密封递价,招标人择优选定价格。这种方法通常用于建筑包工、大型设备制造或政府大宗采购等。投标价格主要通过对期望利润的预计来确定,同时也是众多竞争者互相博弈的结果。

## 第三节 常用定价策略

定价策略即企业根据市场中不同因素对商品价格的影响程度,采用不同的定价方法,制定出适合市场变化的商品价格,进而实现定价目标的企业营销战术。

### 一、新产品定价策略

新产品的定价是产品投放市场前的定价,较成熟产品定价有很大不同,常常关系到新产品能否顺利地进入市场,站稳脚跟,获得较大的经济效益。新产品的定价策略主要有三种,即撇脂定价策略、渗透定价策略和满意定价策略。

**1. 撇脂定价策略**

撇脂定价策略是指企业在产品生命周期的投入期或成长期,利用消费者的求新、求奇心理,抓住激烈竞争尚未出现的有利时机,将价格定得很高,以便在短期内获取尽可能多的利润,尽快地收回投资的一种定价策略。撇脂定价策略的应用条件为:新产品卓越;技术独到,进入壁垒高;购买者对价格不敏感,需求相对无弹性;高价高质量能刺激顾客购买,不致引起反感;对商品的未来需求难以预测。比如,苹果公司的 iPod 产品,毋庸置疑是最近几年来最成功的消费类数码产品,一推出就获得成功,第一款 iPod 零售价高达 399 美元,即使对于美国人来说,也属于高价位产品;但是有很多"苹果迷"既有钱又愿意花钱,所以还是纷纷购买。苹果公司的撇脂定价取得了成功。但是苹果公司认为还可以"撇到更多的脂",于是不到半年又推出了一款容量更大的 iPod,当然价格也更高,定价 499 美元,仍然卖得很好。苹果公司的撇脂定价大获成功。

**2. 渗透定价策略**

渗透定价策略与撇脂定价策略相反。即企业在产品上市初期,利用消费者求廉的消费心理,有意将价格定得很低,使新产品以物美价廉的形象,吸引顾客、占领市场,待产品渗入市场,销路打开后,再提高价格,以谋取远期的稳定利润。采用这种策略的优点是新产品能尽快被市场接受,减缓市场竞争激烈程度。缺点是投资回收期长,购买者对商品的质量会表示怀疑。渗透定价策略的应用条件是:市场规模较大,潜在的市场竞争激烈;通过大批量生产能降低生产成本;商品的价格弹性较大,降价能较大地增加销售量。

**3. 满意定价策略**

满意定价策略是介于撇脂定价和渗透定价之间的一种定价策略。由于撇脂定价策略定过高,对消费者不利,既容易引起竞争,又可能遇到消费者拒绝,具有一定风险;渗透定价策略定价过低,对消费者有利,对企业最初收入不利,资金的回收期也较长,若企业实力不强,将很难承受。而满意定价策略采取适中价格,基本上能够做到供求双方都比较满意。

## 二、折扣和折让定价策略

这种定价策略是一种通过减少一部分价格以争取顾客的策略,在现实生活中应用十分广泛,用折让手法定价就是用降低定价或打折等方式来争取顾客购货的一种售货方式。具体有以下几种策略。

**1. 数量折扣策略**

数量折扣策略就是根据代理商、中间商或顾客购买货物的数量多少,分别给予不同折扣的一种定价方法。数量越大,折扣越多。数量折扣策略分为累计数量折扣和非累计数量折扣。累计数量折扣即代理商、中间商或顾客在规定的时间内,当购买总量累计达到折扣标准时,给予一定的折扣。而非累计数量折扣是一种只按每次购买产品的数量而不按累计的折扣定价方法。其目的是鼓励客户大量购买,节约销售中的劳动耗费。

**2. 现金折扣策略**

现金折扣策略是对按约定日期付款的顾客给予不同的折扣优待。现金折扣实质上是一种变相降价赊销,鼓励提早付款的办法。

**3. 交易折扣策略**

交易折扣策略是企业根据各类中间商在市场营销中担负的不同功能所给予的不同折扣。企业采取该策略是为了扩大生产,争取更多的利润,或为了占领更广泛的市场,利用中间商努力推销产品。

**4. 季节性折扣策略**

季节性折扣策略即生产季节性商品的企业,对销售淡季来采购的买主所给予的一种折扣优待。季节性折扣的目的是鼓励购买者提早进货或淡季采购,以减轻企业仓储压力。

**5. 推广津贴策略**

推广津贴是生产企业为鼓励中间商进行广告宣传、布置橱窗、举办展销等促销活动而给予的让价优惠。对中间商的促销费用,生产企业一般以发放津贴或降价供货的方式作为补偿。

**6. 运费让价策略**

运费让价即生产企业为了扩大产品的销售范围,对远方市场的顾客让价以弥补其部分或全部运费。企业对远方市场,一般都采用运费让价策略。

## 三、地区性定价策略

地区性定价策略,就是企业要决定是否制定地区差价。地区性定价的形式有:FOB原产地定价、统一交货定价、分区定价、基点定价和运费免收定价。

**1. FOB原产地定价**

FOB(Free on Board)原产地定价,就是顾客(双方)按照厂价购买某种产品,企业(卖方)只负责将这种产品运到原产地某种运输工具(如卡车、火车、船舶、飞机等)上即完成交货。交货后,从原产地到目的地的一切风险和费用均由顾客承担。这种定价方式乍看之下是很合理的,但是,这样定价对企业也有不利之处,即离产地较远的顾客就可能不愿购买这个企业的产品,而购买其附近企业的产品。

**2. 统一交货定价**

统一交货定价,就是企业对于卖给不同地区顾客的某种产品,都按照相同的厂价加相同的运费(按平均运费计算)定价,对全国不同地区的顾客,不论远近,都实行一个价格。

**3. 分区定价**

分区定价,就是企业把全国(或某些地区)分为若干价格区,对于卖给不同价格区顾客的某种产品,分别制定不同的地区价格。距离企业远的价格区,价格定得较高;距离企业近的价格区,价格定得较低。在各个价格区范围内实行一个价格。

**4. 基点定价**

基点定价是企业选定某些城市作为基点,然后按一定的厂价加上从基点城市到顾客所在地的运费来定价(不管产品实际上是从哪个城市起运的)。

**5. 运费免收定价**

有些企业因为急于和某些地区做生意,负担全部或部分实际运费。这些企业认为,如果生意扩大,其平均成本就会降低,足以抵偿这些费用开支。采取运费免收定价,可以使企业加深市场渗透,并且能在竞争日益激烈的市场上站稳脚跟。

## 四、心理定价策略

心理定价策略是针对消费者的不同消费心理,制定相应的商品价格,以满足不同分类消费者的需求的策略。心理定价策略一般包括尾数定价、整数定价、习惯性定价、声望定价、招徕定价、最小单位定价和分段定价等具体形式。

**1. 尾数定价策略**

尾数定价又称零头定价,即企业针对消费者的求廉心理,在商品定价时有意定一个与整数有一定差额的价格。这是一种心理定价策略,可刺激消费者的购买欲。心理学家的研究表明,价格尾数的微小差别,能够明显影响消费者的购买行为。一般认为,五元以下的商品,末位数为9最受欢迎;五元以上的商品末位数为95效果最佳;百元以上的商品,末位数为98、99最为畅销。尾数定价法会给消费者一种经过精确计算的、最低价格的心理感觉;有时也可以给消费者一种是原价打了折扣,商品便宜的感觉;同时,消费者在等候找零期间,也可能会发现和选购其他商品。如某品牌的54 cm彩电标价为998元,给人一种便宜的感觉,认为只要几百元就能买一台彩电,其实它比1 000元只少了2元。尾数定价法在欧美及我国常以奇数为尾数,如0.99,9.95等,这主要是因为消费者对奇数有好感,容易产生一种价格低廉、价格向下的概念。但由于8与发谐音,在定价中8的采用率也较高。

**2. 整数定价策略**

整数定价与尾数定价相反,针对的是消费者求方便的心理。由于同分类产品中生产者众多,花色品种各异,在许多交易中,消费者往往只能将价格作为判别产品质量、性能的指示器,将商品价格有意定为整数,能提升产品品质感,同时,整数能给人一种方便、简洁的印象。

**3. 习惯性定价策略**

某些商品需要经常、重复地购买,因此这类商品的价格在消费者心理上已经定格,成为一种习惯性的价格。如一块肥皂、一瓶洗涤灵等。对这些商品的定价,一般应依照习惯确定,不要随便改变价格,以免引起消费者的反感。

**4. 声望定价策略**

声望定价策略是整数定价策略的进一步发展。消费者一般都有求名望的心理，根据这种心理行为，企业将有声望的商品的价格定得较高，即为声望定价策略。声望定价往往采用整数定价方式，其高昂的价格能使顾客产生"物有所值"甚至"物超所值"的感觉，从而在购买过程中得到精神的享受，形成良好的产品形象。它能有效地消除购买心理障碍，使顾客对商品或零售商形成信任感和安全感，顾客也从中得到荣誉感。当然，采用这种定价法必须慎重，一般商店、一般商品若滥用此法，弄不好便会失去市场。

**5. 招徕定价策略**

招徕定价又称特价商品定价，是一种有意将少数商品降价以招徕吸引顾客的定价方式。商品的价格定得低于市价，一般都能引起消费者的注意，这是适应消费者求廉心理的。

采用招徕定价策略时，有以下几点必须注意。①降价的商品应是消费者常用的，最好是适合于每一个家庭应用的物品，否则没有吸引力。②实行招徕定价的商品，经营的品种要多，以便使顾客有较多的选购机会。③降价商品的价格降低幅度要大，一般应接近成本或者低于成本。只有这样，才能引起消费者的注意和兴趣，才能激起消费者的购买动机。④降价商品的数量要适当，太多商店亏损太大，太少容易引起消费者的反感。⑤降价商品应与因伤残而削价的商品明显区别开来。

**6. 最小单位定价策略**

最小单位定价策略即企业把同种商品按不同的数量包装，以最小包装单位量制定基数价格，销售时，参考最小包装单位的基数价格与所购数量收取款项。一般情况下，包装越小，实际单位数量商品的价格越高；包装越大，实际单位数量商品的价格越低。

最小单位定价策略的优点比较明显：一是能满足消费者在不同场合下的不同需要，如便于携带的小包装食品、小包装饮料等；二是利用了消费者的心理错觉，因为小包装的价格容易使消费者误以为低廉，而实际生活中消费者很难也不愿意换算出实际重量单位或数量单位商品的价格。

**7. 分段定价策略**

针对不同的顾客、产品或地域等情况，企业调整价格的定价策略即分段定价策略。在分段定价中，企业通常以两种或多种价格销售产品或服务，但价格的差异并非由于成本的差异。

分段定价的形式有多种。企业对于相同的产品或服务，针对不同需求的顾客支付不同的价格。如博物馆可能向学生和老顾客收取较低的价格。利用地点进行分段定价，如歌剧院为不同的座位制定不同的价格，因为顾客对某些座位有偏好。利用时间进行分段定价，如航空公司的机票预定是提前几天还是提前几周，又或者是最后一分钟，其价格都不相同。

## 五、产品组合定价策略

产品组合定价策略是对相关商品按一定的综合毛利率联合定价，对于互替商品，适当提高畅销品价格，降低滞销品价格，以扩大后者的销售，使两者销售相互得益，增加企业总盈利的一种定价策略。产品组合定价的分类主要有：产品线定价，即根据产品线内不同规格、型号、质量、顾客的不同需求和竞争者产品的情况，确定不同的价格；单一价格定价；选购产品定价；附属产品定价；产品群定价；产地交货定价；买主所在地定价；统一交货定价；区域定价；基点定价；运费免收定价。

产品组合定价策略的基本规则主要有以下几点：第一，先确定某种产品的最低价格，它在生产线上扮演领袖角色,吸引消费者购买产品线中的其他产品;第二,确定产品线中某种产品的最高价格,它在产品线中充当品牌质量和收回投资的角色;第三,产品线中的其他产品也分别依据其在产品线中的角色不同而制定不同的价格。

案例 9-1　小米的价格屠夫本色①

7.9(1 英寸＝2.54 cm)英寸视网膜屏、2 048×1 536 分辨率、康宁第 3 代大猩猩玻璃、英伟达 Tegra K1 处理器、2 GB 内存、500 万/800 万像素前后摄像头、16 小时视频播放时间……2014 年 5 月 15 日,小米终于发布了炒作已久的平板计算机,公司董事长雷军惯用的"高配置高性能"硬件参数被一一拿来与 iPad mini 做对比。尽管强调"苹果平板计算机价格已经很低(iPad mini 最低价格 2 888 元)",但雷军给出 MiPad 的售价不改价格屠夫本色:16 GB 版 1 499 元,64 GB 版 1 699 元。

不过,仍有消费者认为这一价格偏高,在多数人眼里安卓平板计算机价格应该下探到千元左右。在京东以"安卓""7.9 英寸"等字眼搜索的平板计算机价格基本在千元以内,即便提升到主流的"安卓 10.1 英寸",除了三星,其他厂商的该配置平板计算机价格也只有 2 000 元左右。雷军想到了上述价格质疑,但按照他的逻辑,MiPad 定位在"最好用的平板计算机"上,在同等价格的配置上无人能出其右。

2014 年 5 月 15 日,小米公司还发布了小米电视 2 及小米音响,小米电视 2 相比上一代配置明显升级,采用 49 英寸 4K 超高清 3D 面板,有红粉蓝绿紫金多种配色。在销售策略上采用套装组合:电视搭配音响和低音炮等配件,售价 3 999 元,2014 年 5 月 27 日上市。至此,小米公司的产品线已经涵盖了小米电视、小米手机、小米平板计算机、小米路由等全线产品。

【思考题】

(1) 小米的定价属于哪一种定价策略?

(2) 以超高性价比著称的小米对其他中国企业有什么借鉴意义,你认为是正面的,还是负面的影响?

# 本 章 小 结

企业定价目标有六种,分别为以利润为定价目标、以提高市场占有率为定价目标、以销售额为定价目标、以稳定价格为目标、以对付竞争者为定价目标、以企业信誉为定价目标。产品成本是企业在生产经营过程中各种费用的总和,是价格构成的基本因素和制定价格的基础。影响企业定价的主要因素有产品成本、市场供求的变化、市场竞争状况、政府的干预程度、商品的特点、企业状况、法律政策。制定价格的方法有成本导向定价法、需求导向定价法、竞争导向定价法。定价策略即企业根据市场中不同因素对商品价格的影响程度,采用不同的定价方法,制定出适合市场变化的商品价格,进而实现定价目标的企业营销战术。新产品的定价策略,主要有三种,即撇脂定价策略、渗透定价策略和满意定价策略。

---

① 资料来源:小米发布会不改价格战:推新品小米电视 2 MiPad. 成功营销,2014(5).

## 关键名词

企业定价　目标产品成本　成本导向定价法　需求导向定价法　竞争导向定价法　定价策略

## 思考题

1. 企业定价的主要依据是什么？
2. 简述影响企业定价的因素。
3. 什么是成本导向定价法？有哪些具体方法？
4. 简述企业制定价格的具体策略。

# 第十章

# 分销策略

## 本章学习要点

- 掌握分销渠道的概念、结构及其分类
- 掌握渠道设计的基本步骤
- 了解营销渠道系统的分类及特点
- 了解现代物流的概念及特点
- 本章小结

分销渠道策略是营销组合策略的重要组成要素,可以说分销决策直接影响其他任意一个营销战略决策,特别是在商品经济条件下,怎样适时有效地将自己的产品送达目标顾客,是每个公司都要认真考虑的战略问题。合适的分销策略可使企业选择合适的分销模式,高效管理公司的分销渠道并且保持良好的渠道关系,从而最终达到有效分销的目的。能否正确地制定和实施适当的分销战略,将直接影响着公司的经营效益;良好的渠道和渠道关系,也将强有力地推动公司未来的发展。

## 第一节 分销渠道的概念与分类

### 一、分销渠道的概念和功能

分销渠道(Distribution Channel),又称贸易渠道或营销渠道,即使产品或服务得以顺利使用或消费的一系列相互依赖的组织。分销渠道包括产品(服务)从生产者向消费者转移的过程中,取得这种产品和服务的所有权或帮助所有权转移的所有企业和个人。

从分销渠道的定义可以看出,分销渠道包括了产品在制造商和顾客之间的所有中介组织或个人,所以分销渠道主要包括批发中间商、零售中间商、代理中间商、经纪人以及处于渠道起点和终点的生产者与消费者。企业利用此渠道的目的是更好地将自己的产品或服务传达给目标群体,以方便消费者能通过适当的方式、在适当的时间、在适当的地点、以适当的价格购买到自己满意的商品。分销渠道的概念并非局限于有形产品的分销,各类服务、创意同样需要将其提供给目标人群,如服务公司对其服务送达目标人群的分销,移动基站和服务点的设置等。

分销渠道具有以下五个方面的特征。

① 系统性,即分销渠道是一个由不同企业或人员构成的整体,反映了企业产品和服务价

值实现的全过程。

② 中介性,即分销渠道是连接制造商和顾客的一系列中介组织。它不仅是企业产品或服务所流经的中介,也是企业资金流、信息流等的中介。

③ 多功能性,即分销渠道不仅具有企业分销的功能,同时也具有信息收集、商品促销、宣传等方面的功能。

④ 动态性,即分销渠道成员具有动态的变化性。企业和渠道成员或渠道成员之间在相互协调合作过程中,会发生协作也会发生矛盾,但在共同的利益驱动下,它们往往总是会趋于一致,在这期间它们的关系表现出动态变化特点。

⑤ 多样性,即分销渠道的形式多样,包括批发商、代理商、经纪人等多种形式。

分销渠道作为一种中介通道,中间商将制造商的大量商品分散成小量的消费者需要的商品,实现产品所有权从制造商到消费者的转移,同时它又可作为企业信息的传递渠道,也可以是资金流动的渠道等。所以,一般来说,分销体系中包括物流、所有权流、资金流、信息流和促销流。物流也称实物流,即产品在渠道中的运输和存储流动过程,从制造商指向顾客;所有权流即产品的所有权在渠道成员中逐一转移变化的过程;资金流即资金款项在各渠道成员间的流动过程,一般情况下沿消费者到制造商的流向移动,但也可能包含着渠道间成员的资金融通行为,具有双向性;信息流是各渠道成员间的信息传递流通过程,一般情况下是双向的;促销流即渠道成员通过广告、人员推销等活动对另一渠道成员的促销行为。概括来讲,分销渠道包括两方面的内容,一方面即商流,包括上面所说的所有权流、资金流、信息流和促销流的内容;另一方面即物流,它伴随着商流,实现了商品物质实体的移动,故称为物流。商流与物流相结合,使产品从生产者到达消费者手中,形成了商品的分销渠道或分配途径。

在商品和服务从制造商到消费者的流通过程中,渠道成员协助制造商完成了它们的转移,这种作用就是渠道的时间效用、地点效用和所有权效用。具体来说,渠道成员的作用主要包括以下八个方面,如图 10-1 所示。

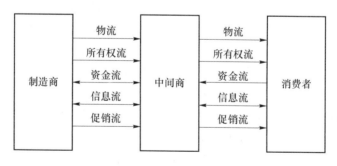

图 10-1 分销渠道的功能

① 调研:即渠道成员收集和发布市场营销环境中相关者和相关因素的情报信息,用于制订市场营销计划。

② 促销:即渠道成员运用多种手段向目标群体传递信息,进行充分沟通,最后吸引并说服顾客购买。

③ 联系:渠道成员可以寻找潜在消费者并与之进行联系。

④ 调整:渠道成员可以根据购买者的需求进行调整以提供合适的产品,包括生产、分类、组装预包装等行为。

⑤ 谈判:达成相关价格及其他方面的协议,完成所有权或使用权的转换。

⑥ 物流：运输和储存货物，即渠道成员实现原材料及成品从制造商转移到最终顾客的功能。

⑦ 融资：渠道成员能够使公司获得和使用资金，扩大公司的资金来源，补偿分销渠道的成本，从而缓解公司在资金上的压力。

⑧ 风险承担：渠道成员共同协作，分散了资金等要素的市场风险。

## 二、分销渠道的分类和结构

分销渠道的长度和宽度决定了它的强度和整体结构，因此，分销渠道的分类需要从渠道的长度和宽度两方面来考虑。

### 1．渠道的长度

渠道的长度指渠道层次的数量，即产品在渠道的流通过程中，中间要经过多少层级的经销商参与其销售的全过程。从渠道长度方面来考虑，其层级结构可分为四种，分别为零级渠道、一级渠道、二级渠道和三级渠道，这几种主要的渠道分类如图10-2所示。

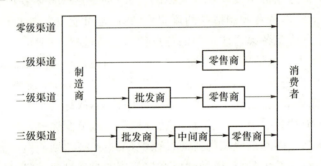

图10-2　渠道长度分类

零级渠道也叫直接渠道或直销，即渠道中没有中间商的参与，厂商将其产品直接销售给终端客户。常见的形式有上门推销、邮购、电话推销、网络销售、电视直销以及直销机构其他形式的直销等。服务类企业可利用其能够直接面对消费者的优点，采取这种方式使服务能更好地传达给客户。这种销售方式的优点在于成本较低，周转快，能及时获取市场信息且厂商对产品有很强的控制能力。缺点是仓储运输费用、销售人员费用和管理费用高，网络分散，覆盖面小。

其他三种渠道统称为间接渠道，在这些渠道中厂商的产品或服务要经过若干中间商才能到达终端客户。间接渠道是消费品和工业品行业分销的主要方式，通过批发商和零售商把产品分配给消费者。间接渠道的缺点是成本高，由于周转次数较多，速度较慢，厂商对渠道的控制和获取市场信息相对困难，从而加大了厂商的风险；其优点在于仓储运输费用、销售人员费用和管理费用较低，网络密集，覆盖面广泛，专业性相对较强。

从渠道结构中可以看出，分销渠道有长短之分，零级渠道最短，三级渠道最长。从厂商的角度来看，长的渠道可以使厂商充分利用中间商的资源和其高度专业化优势，减少资金压力和人员等方面的投入，可获得广泛的市场覆盖面；但是，长渠道使厂商对产品的控制力减弱，获取市场信息变得更加困难。相对地，短渠道促销及物流成本较高，要求厂商在资金和资源等方面具有雄厚的实力，同时具有大量分散存货和运输能力。短渠道使厂商对产品和分销渠道有较强的控制力，但其市场覆盖面较小。长短渠道的优劣势比较如表10-1所示。

表 10-1　长渠道与短渠道的比较

| 渠道分类 | 优点及适用范围 | 缺点及使用要求 |
| --- | --- | --- |
| 长渠道 | 厂商可以充分利用中间商的资源和专业化的优势;可获得广泛的市场覆盖面;减轻厂商费用压力;适合一般消费品 | 厂商对渠道的控制力弱;获取市场信息困难;增加了服务水平的差异性;加大了对中间商进行协调的工作量,厂商需加大对渠道的管理控制 |
| 短渠道 | 厂商对渠道的控制力较强;适合专用品、时尚品及顾客密度大的市场区域 | 市场覆盖面有限;厂商促销及物流成本较高;厂商承担的渠道功能更多,必须具备足够的资源 |

**2. 渠道的宽度**

渠道的宽度指渠道每一层次中同类经销商的数量。从渠道的宽度方面来考虑,分销渠道主要表现为以下三种方式:独家分销、选择性分销和密集性分销。

① 独家分销(Exclusive Distribution):指厂商在一定的市场范围内,仅选择一家中间商销售其产品,如独家代理商或独家经销商,就是独家分销的典型方式。

采取独家分销方式的厂家期望能严格控制分销渠道,使自己的特色服务和品牌形象得到保障。独家分销的双方一般都签有协议,规定好各自的责任和义务。一般来讲,协议会规定某地区的制造商只对选定的中间商供货,而中间商也不能再经营其他竞争性的同类商品。

这种分销方式的优点在于,厂商对中间商的控制力较强;厂商和中间商能密切配合,较易形成利益同盟,为未来的长期合作打下基础;同时也有利于提高厂商和其产品形象。但是,采取这种方式竞争力度较低,市场覆盖面有限,可能使厂商失去部分潜在消费者,同时厂商对中间商依赖性也较强。

② 选择性分销(Selective Distribution):指厂商在一定的市场范围内,挑选少数几个最合适的中间商来销售其产品,如特约代理商或特约经销商。采用这种方式的厂商期望维护自己的良好信誉,建立稳定的市场竞争地位。这种分销方式适用于耐用消费品和工业生产资料的行业,有一定实力和较有发展潜力的厂商通常采用这种方式。其特点是厂商对分销商的控制力较强,同时分销商之间的竞争扩大,有利于厂商和分销商以及分销商之间的相互监督,提高效率。另外,选择性分销扩大了厂商的市场覆盖面,增加了厂商的销售量和市场占有率。但是,在选择分销商时,厂商需要合理地界定分销商的区域,以免分销商之间恶性竞争,反而降低了效率。

③ 密集性分销(Intensive Distribution):指厂商尽可能地选择大量的符合其最低选择标准的中间商参与其产品的销售。采用这种方式的厂商主要是生产日常消费品和原材料等的企业,这类产品的市场需求面广,消费量大,通过密集性分销可以使消费者能更方便地购买到商品,如洗浴用品、食品和饮料等。可口可乐公司所采用的分销策略就是典型的密集性分销。这种分销方式的缺点是厂商对中间商的控制力较弱,各中间商竞争激烈。但是,密集性分销方式的优点在于,产品市场覆盖面广,销售潜力大。厂商在采取这种分销方式时必须考虑到,在一定区域内因中间商的过度竞争引发的冲突,要避免这种冲突对产品销售产生的不利影响。分销渠道宽度的分类比较如表 10-2 所示。

表 10-2　分销渠道宽度的分类比较

| | 密集性分销 | 选择性分销 | 独家分销 |
|---|---|---|---|
| 渠道的长度、宽度 | 长而宽 | 较短、较窄 | 短而窄 |
| 中间商数量 | 尽可能多的中间商 | 有限中间商 | 一定地区一个中间商 |
| 销售成本 | 高 | 较低 | 低 |
| 商品类别 | 便利品、消费品 | 选购品、特殊品 | 高价品、特色品 |

从以上三种间接渠道结构中可以看出,分销渠道也有宽窄之分,即分销渠道横向方向上同一层次并列中间商数目的多少。独家分销渠道最窄,密集型渠道最宽。采用宽的分销渠道可使厂商产品覆盖率提高,但同时控制力减弱;窄的渠道针对性较强,厂商控制力也较强,但市场覆盖率较小。厂商在选择分销策略时,要充分考虑本企业产品的特性、市场环境状况、企业总体战略和营销目标,更有效地利用资源,去实现企业目标。

## 三、分销渠道系统

企业及企业之间的分销渠道组合及相互联系构成了分销渠道系统,按照渠道成员相互联系的紧密程度,分销渠道可分为传统营销渠道系统和整合营销渠道系统两大类。

**1. 传统营销渠道系统**

传统营销渠道系统,是由生产企业、批发企业和零售企业构成的、关系松弛的销售网络。各个成员(企业)之间彼此独立,相互间的联系通过交易条件维持。

生产企业和各个中间商彼此独立决策,购销交易建立在相互竞争的基础上。每个成员都作为一个独立的企业实体追求自己利润的最大化,即使是以损害系统整体利益为代价也在所不惜。没有一个渠道成员对于其他成员拥有全部的或者足够的控制权。因此渠道成员间联系松散,对象也不固定。传统营销渠道系统虽然保持了企业的独立性,但由于渠道成员间缺乏共同的目标,导致系统整体效益受到影响。传统营销渠道系统逐渐被整合营销渠道系统所取代。

**2. 整合营销渠道系统**

整合营销渠道系统即渠道成员之间都采取不同程度的一体化经营或联合经营,是由生产商、批发商、零售商等形成的不同形式的统一联合体,从而形成一个整体系统。从图 10-3 中可以看出整合营销渠道系统和传统营销渠道系统有着明显的不同。

整合营销渠道系统的出现,一方面是由于大公司为了垄断和占领市场而采取一体化经营或联合经营的方式;另一方面是由于多数中、小批发商和零售商为了在激烈竞争中谋求生存与发展,而走联合经营的道路;另外,公司间的联合,可以集中各成员的优势资源,更易发挥规模效益。整合营销渠道系统是有别于传统营销渠道系统的一种全新的渠道系统,主要包括三种形式:垂直营销系统(VMS, Vertical Marketing Systems)、水平营销系统(HMS, Horizontal Marketing Systems)和多渠道营销系统(MMS, Multichannel Marketing Systems)。

(1) 垂直营销系统(VMS)

垂直营销系统是由生产商、批发商、零售商形成的一种统一的联合体,是营销渠道的纵向联合。与传统营销渠道系统的区别之处在于它整合了渠道成员间的各种优势,提高了渠道成员的积极性,避免了各自为政。它把渠道外扩为整个价值链上的所有企业,依照共同的目标协调行动,从而形成垂直的渠道系统。

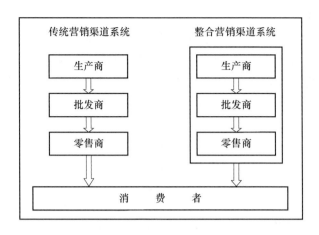

图 10-3 传统渠道系统与整合渠道系统的比较

在垂直营销系统内,渠道成员协商行动,渠道的领导权主要取决于成员实力的强弱,最强的一方拥有领导权。渠道的支配权可以由生产商支配,也可以由批发商或零售商支配。

垂直营销系统表现形式具体有三种,分别是公司式垂直营销系统、契约式垂直营销系统和管理式垂直营销系统,如图 10-4 所示。

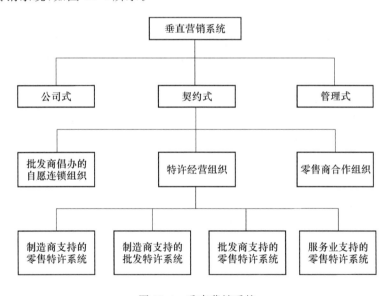

图 10-4 垂直营销系统

- 公司式垂直营销系统

公司式垂直营销系统即渠道内的各成员部门和活动都由单一的所有者控制,它融合了制造、批发、零售等一系列业务。其优势在于对分销渠道的绝对控制和管理,追求规模效应。实行此种营销系统的企业一般规模很大,有足够的资金和资产支持,如大的工业或零售公司。其典型的代表就是零售业巨头沃尔玛公司,公司在全球范围内统一管理,甚至早在 1978 年就拥有了自己的卫星,打造强势的供应链。

这种渠道系统容纳了原属于不同所有权的企业,并使其社会分工转为同一所有权的内部分工,使矛盾冲突减少,协调性增强。

- 契约式垂直营销系统

契约式垂直营销系统又叫合同式垂直营销系统,是由在不同的生产和分销水平上的、各自独立的公司组成,它们由于共同的利益驱使以合同为基础联合起来,以求获得比其独立行动时所能得到的更大的经济和销售效果。一般来说,它有三种表现形式:特许经营组织、批发商倡办的自愿连锁组织和零售商合作组织。

① 特许经营组织

特许经营组织是利用特许经营进行分销的组织形式,这种组织形式在现实中有着广泛的应用,例如麦当劳和肯德基在进行市场扩张时就是采取的这种方式。国内外有关特许经营的定义有很多种,这里着重介绍两种较为通用和权威的定义。

国际特许经营协会将特许经营定义为,特许经营是特许人与受许人(被特许人)之间的一种契约关系,根据契约,特许人向受许人提供一种独特的商业经营权,并给予人员培训、组织结构、经营管理、商品采购等方面的指导与帮助,受许人向特许人支付相应的费用。

根据我国发布的,并于2007年5月1日起施行的《商业特许经营管理条例》的定义,商业特许经营(特许经营),是指拥有注册商标、企业标志、专利、专有技术等经营资源的企业(特许人),以合同形式将其拥有的经营资源许可其他经营者(被特许人)使用,被特许人按照合同约定在统一的经营模式下开展经营,并向特许人支付特许经营费用的经营活动。

企业实施特许经营的方式,一方面可以扩展自己的市场范围,另一方面可以吸收社会资金加速自身发展。对于加盟者来说,特许经营能够使其获得较好的培训及品牌支持,从而减小创业风险,达到双赢的效果。由于特许经营具有灵活性及互惠性的特点,因此特许经营方式在全球范围内得到了很好的发展。

② 批发商倡办的自愿连锁组织

这种形式的组织是由若干独立的中小零售商和连锁商店组织自愿成立的联合组织,是为了抵御来自大型连锁组织的威胁而创建的,参加联营的各个中小零售商仍保持自己的独立性和经营特点,在采购中心的统一管理下统一进货但分别销售,实行"联购分销",并有一个或一个以上独立批发商参加。

③ 零售商合作组织

零售商合作组织即若干零售商联合起来,组织成为一个新的合作组织来开展批发业务和可能的生产活动,可以在一定程度上与大零售商竞争。组织成员通过这个合作组织集中进行业务活动,成本共担,利润分成。

- 管理式垂直营销系统

管理式垂直营销系统不同于以上两种垂直营销系统,它是通过某一家规模大、实力强的企业出面组织形成一个连续的生产和分销系统。许多制造商由一个管理中心统筹市场营销规划,在促销、库存、运输、定价与成本控制及购销活动上与零售商建立协作关系。如蒙牛指导客户进行市场开发、物流、铺货覆盖、整体建设、梯级奖励、价格管理、市场规模建设等;联想把渠道成员纳入自己的规范、控制之下等做法都属于管理式垂直营销系统方式。

从市场竞争的需要和企业长远的利益来看,掌握渠道主动权可以使大企业在管理上处于支配地位,而不需要改变其他渠道成员的所有权性质。大企业一方面提供资金融通、技术咨询、管理协作等优惠条件,以稳定改善渠道关系;另一方面也以此为手段逐步控制整个营销渠道。

总之,组建垂直渠道系统的目的是力求利用协同效应原理,使资金周转加快,议价能力增加,物流综合治理,取得显著的规模效益。

（2）水平营销系统（HMS）

水平营销系统也称横向营销渠道结构,指的是两个或两个以上的同级企业为充分利用资源和避免风险而形成的短期或长期的联合营销渠道结构。

这些公司往往因缺乏资本、技能、生产或营销资源而无法独自进行商业冒险,或都不想单独承担风险;或者它发现与其他公司联合可以产生巨大的协同作用,因此,这些公司通过组建水平营销系统、统一它们的资源和计划来开发新的市场营销机会。这种公司间的联合可以是暂时性的,也可以是永久性的,还可以通过创立一个专门公司来实现这种联合。

（3）多渠道营销系统（MMS）

多渠道营销系统也叫复式渠道系统,即一家公司利用两个或两个以上的渠道将相同的产品送达一个或几个细分市场。如日用品可以通过百货商店、超市、社区便民店等方式到达市场,也可以通过批发商来分销产品,若企业将这些方式加以综合就形成了多渠道营销系统。企业选择多渠道营销系统,可以扩展其产品的市场覆盖面,更好地满足顾客的需求,优化服务。

### 3. 全渠道

全渠道,就是企业为了满足消费者任何时候、任何地点、任何方式购买的需求,采取实体渠道、电子商务渠道和移动电子商务渠道整合的方式销售商品或服务,提供给顾客无差别的购买体验。

随着信息技术的进步,电子商务已经成为人们生活中必不可少的一部分,导致消费者需求发生改变,行业竞争加剧。在互联网环境下,流通业既要维持自身原有功能,又要对原有功能进行升级,而全渠道销售就是企业销售模式创新的突破点。全渠道包括实体渠道、电子商务渠道、移动电子商务渠道三种。其中实体渠道包括:实体自营店、实体加盟店、电子货架、异业联盟等;电子商务渠道为借助于电子商务平台如淘宝、天猫、京东店、亚马逊、苏宁店等;移动电子商务渠道包括:手机 App、手机微商等。

全渠道具有三大特征:全程、全面、全线。

全程,一个消费者从接触一个品牌到最后购买的过程中,全程会有五个关键环节:搜寻、比较、下单、体验、分享,企业必须在这些关键节点保持与消费者的全程、零距离接触;

全面,企业可以跟踪和积累消费者的购物全过程的数据,在这个过程中与消费者及时互动,掌握消费者在购买过程中的决策变化,给消费者个性化建议,提升购物体验;

全线,渠道的发展经历了单一渠道时代即单渠道、分散渠道时代即多渠道的发展阶段,到达了渠道全线覆盖即线上线下全渠道阶段。这个全渠道覆盖就包括了实体渠道、电子商务渠道、移动电子商务渠道的线上与线下的融合。

## 四、分销渠道政策

企业通过制定相应的分销渠道政策,可以更好地控制和利用分销渠道。企业利用分销政策,可以使渠道成员认同企业的目标,产生协同效应,从而更好地实现企业目标,产生双赢的效果。另外,分销渠道政策的合理性、宽松程度、灵活性和严密性等也决定了分销商与企业合作的倾向与态度。

在实践中,分销渠道政策又是企业调节市场行为的重要手段。企业可以充分利用政策上的调整、变化来实现相应的目标。比如,企业可以通过吸引大的分销渠道加入、建设密集的市场网络、减少流通环节等手段,来实现企业的营销目标。因此,如何制定一套完整的分销渠道政策及适时地调整分销渠道政策是企业所要完成的重要任务之一。

**1. 产品政策**

产品政策是分销渠道政策的基础,产品政策直接决定着分销渠道的结构、形式与分销渠道成员的选择。企业在指定产品政策时必须考虑其产品所在的行业、与同类产品的差异性程度、产品的市场定位以及产品所处的生命周期阶段等因素,才能为分销渠道政策的制定奠定良好的基础。

**2. 价格政策**

价格政策是分销渠道政策的重要组成部分,其具体内容和细节会直接影响分销商的合作欲望与合作程度。对分销商来说,总是希望出厂价与市场价之间的利润空间越大越好,以获取产品流经自己这个环节的最大利润。然而,从企业的角度来看,由于产品在研制开发、生产制造、促销推广等方面的前期投入巨大,企业总是得通过价格来实现自己的预期利润。

如何制定一个双方都可接受的价格政策,是企业把产品成功推向市场的关键所在。因此,价格政策的制定要考虑的因素包括分销渠道的利润空间,也就是产品的定价范围;竞争产品在分销渠道中的价格;分销渠道的结构;产品组合;地理因素的差别定价;广告与促销;回款速度等。

**3. 促销政策**

促销是企业赢得市场竞争优势的一种重要手段,通过选择不同的促销方式与促销内容进行促销,可以实现企业在不同情况下的竞争需要。在促销前,企业首先必须明确分销渠道促销的目的,因为促销目的不同,应采用的促销政策也不相同。只有明确促销目的、制定相应的促销政策,并采用适当的促销方式、安排合理的促销活动,才能实现产品在市场上的成功推广。主要的促销目的有以下几种:实现产品的高覆盖率;增加产品的销售量;旧产品更替;处理企业的库存;产品的季节性调整;针对竞争产品的市场行为变化;企业直接销售的经销商等。

**4. 品牌政策**

品牌是企业参与市场竞争的重要工具,是企业内在的价值体现。品牌的形象和地位对销售带来的附加效应通常能决定分销商的合作态度与忠诚度。品牌政策的制定要考虑品牌的不同发展阶段的市场推广;品牌的不同市场地位的市场推广等因素。

**5. 激励政策**

激励政策即企业要通过不断地激励中间商,使中间商能够尽全力开发市场。企业要尽力了解各中间商的不同需求和欲望,刺激中间商的积极性,培养其经营兴趣,从而更好地提高企业产品的市场占有率。企业在处理与中间商的关系时,既要坚持政策,又要灵活,这样才能建立长期稳固的合作关系。

## 五、分销渠道发展态势

随着时代的发展,分销渠道也呈现出了新的发展方向,企业更加注重网络和电子技术的利用,渠道的范围呈现出国际化和全球化的趋势。

分销渠道的发展有以下五种趋势。

**1. 渠道建设标准化**

渠道建设的标准化主要表现在企业通过利用现代化的技术,来实现渠道电子化建设;通过实行标准化的管理,来实现渠道管理的标准化、规范化、制度化。

**2. 营销渠道多元化**

营销渠道多元化主要表现在市场营销渠道功能的多样化、渠道机构组织职能的多元化以及渠道结构与模式的多样化等方面,如随着互联网技术的应用与发展,越来越多的企业开始将电子商务渠道纳入自己的营销渠道体系当中。

**3. 营销渠道动态化**

渠道建设过程是一个各利益体间博弈的过程,各方都期望得到最优的决策,势必会造成渠道成员和政策的动态变化,这样就形成了营销渠道的动态化。

**4. 营销渠道国际化**

营销渠道的国际化主要表现在企业供应链的国际化延伸方面。无论是企业自身的国际化渠道建设还是与跨国公司的联合,企业要想发展,必然会选择这种国际化的渠道建设。在国际化进程中采用国际化的采购和供应,能够降低企业的采购成本并且迅速开拓国际市场。如联想并购 IBM 公司的 PC 事业部,联想看中的既有 IBM 的品牌,也包括 IBM 在全球的销售渠道。

**5. 渠道成员关系由交易型向伙伴型转化**

传统的渠道关系中渠道成员之间的关系比较松散,各自为政,系统效能很低。在伙伴式销售渠道中,厂商和渠道成员的关系充分融合形成一个整合体系,渠道成员为实现自己和大家的目标共同努力,追求双赢或者多赢。厂商和渠道商之间可以通过联合促销、提供专门产品、信息共享、管理培训等方式深度合作,建立伙伴型关系。

# 第二节 分销渠道中间商

## 一、中间商的作用

先回顾一下中间商的定义。中间商是介于生产者和消费者之间,专门从事商品由生产领域向消费领域转移业务的经济组织或个人。中间商的基本功能是通过购销活动达成商品交换。中间商的作用主要包括:购销功能、实体分配功能、融资功能和风险承担功能。

**1. 购销功能**

购销功能即中间商将物品或服务购进然后售出,目的是使企业获得相应的市场占有率,消费者得到相应的商品。

**2. 实体分配功能**

批发商将采购后的商品通过分类、分等、分割、编配将商品按消费者或零售商需要的品种和花色组合起来,零售商则按照销售需要将商品重新分类组织,这样一系列的活动将产品变为消费者所能接触到的商品。另外,中间商还通过仓储、运输等业务,使不同时间、不同地点的商品供求能够平衡,这种调节作用被称为地点效用和时间效用。

**3. 融资功能**

中间商通常向供应商或顾客提供商业信贷,及时订货,及时回款等,以加快资金的周转,缓解公司财务上的压力,从而为供应商和消费者都融通了资金。

**4. 风险承担功能**

在商品流通阶段,中间商承担了物价变化、运输安全、销售保障的风险,所以中间商还承担了相当的风险。

## 二、中间商的分类

中间商按照产品代理级别的高低可分为批发商和零售商,批发商是介于生产商和零售商之间的中间商,一般说来,批发商的规模比零售商要大,而零售商是直接面对消费者的,一般处于批发商和最终消费者之间。

**1. 批发商**

批发即一切将物品或服务卖给为了转卖或者其他商业用途而购买的组织或个人的活动。而批发商则是那些主要从事批发业务的组织或个人。批发商主要包括:商业批发商、经纪人和代理商、制造商与零售商的分销部或办事处。

(1) 商业批发商

商业批发商即自己进货,取得所有权后再批量发售的商业企业,又称为独立批发商,按照批发商承担职能、经营范围等的不同可以将其分为两类,一类为完全服务批发商,另一类为有限服务批发商。

• 完全服务批发商

完全服务批发商即其执行全部批发职能,提供全方位的服务。即不仅具备购销功能,还具备储存、运输、送货、分类、分级、提供市场信息、融资、承担风险等功能。完全服务批发商又分为批发商人(服务于零售商)、工业配销商(服务于生产商)和专业批发商(服务于某单一专业市场)。这往往只有大型综合批发商才能做得到。

• 有限服务批发商

有限服务批发商即执行部分批发功能,只向客户提供较少服务的批发商。其中现购自运批发商承担仓储功能,但不负责运货;卡车批发商只承担销售和送货功能,不承担仓储功能;邮购批发商则将商品目录寄给零售点和团体用户,然后根据订单通过邮政系统发送货物;农场主合作社指为农场主共同所有,负责将农产品组织到当地的市场上销售的批发商。托售批发商在超级市场和其他商店设置自己的货架,展销其经营的产品。产品售出后,零售商才付给货款。这种批发商的经营费用较高,主要经营家用器皿、化妆品、玩具等产品。承销批发商在拿到顾客的订单后就向制造商进货,并通知生产者将产品直接运达顾客,所以不承担运输仓储等功能。

(2) 经纪人和代理商

经纪人和代理商是指接受企业的委托,专门从事商品交易业务的商业组织或个人,他们为买卖双方牵线搭桥,协助他们谈判,买卖达成后向雇佣方收取费用。但他们不持有存货,也不参与融资,和商业批发商不同之处在于经纪人和代理商并不具有商品所有权,只是拥有一种代理关系。

代理商按代理范围可分为总代理、区域与分品牌代理、总代理自己建立的分公司等。代理商的建立,可以分担厂商的风险,使厂商与代理商共同拉动市场从而降低厂商的经营风险。经纪人和代理商按其表现形式主要分为以下几种。

• 制造商代理商

制造商代理商是受生产者委托在一定区域内负责代销生产者商品的中间商,与生产商是委托代销关系,它们比其他代理批发商人数更多。它们往往代表两种或两种以上的互补产品线的制造商,分别和每个制造商签订有关协议,它们了解市场,通过其选择的互补的产品线来满足市场的需求,并利用其广泛的关系来销售制造商的产品。

- 销售代理商

销售代理商是一种完全独立的中间商,在签订合同的基础上受托负责代销生产企业的全部产品,对市场价格及其他的相关交易条件有决定权。生产者同时只能委托一家销售代理商,本身不能再从事销售活动。销售代理商是企业的全权独家代销商,对生产者承担更多的义务。这种代理商在纺织、木材、某些金属产品、服装等行业中较为常见。某些制造商,特别是那些没有力量自己推销产品的小制造商,通常使用销售代理商。

- 采购代理商

采购代理商一般与顾客有长期关系,代客户采购价廉质优的货物,并且为客户收货、验货、储运,最后将货物运交买主。这种代理商往往和企业保持较长期的合作,它们消息灵通,能及时捕捉到市场信息的变化,让其全权代理企业的采购,可以买到质优价廉的商品,从而节约了企业的采购成本。

- 佣金商

佣金商即对产品实体具有控制力并参与产品销售协商的代理商。大多从事农产品代销业务,农场主将其生产的农产品委托给佣金商代销,付给一定的佣金。委托人和佣金商的业务一般只包括一个收获和销售季节。佣金商一般负责储存和陈列,并设有仓库和铺面,其所得货款扣除佣金和费用后再付给生产者。

(3) 制造商与零售商的分销部或办事处

当买方或卖方自行经营批发业务、不通过独立的批发商时,往往会设立制造商与零售商的分销部或办事处。这种业务可以分为两类:一种是销售分店和销售办事处,是由生产商自己设立,与商业批发商相似,是生产商的对外业务代办机构;第二种是采购办事处,类似经纪人或代销商,是零售商在中心城市及产品集散地设立的机构。

**2. 零售商**

零售即所有向最终消费者直接销售产品和服务,用于个人及非商业用途的活动。零售商则是那些以零售活动为其主营业务,其销量主要来自零售的商业企业、机构或个人。

我们按照有无门市来进行介绍,所以零售可分为有店铺零售和无店铺零售。

(1) 有店铺零售(Store-based Retailing)

有店铺零售是指有固定的进行商品陈列和销售所需要的场所和空间,并且消费者的购买行为主要在这一场所内完成的零售业态。有店铺零售业态分类和基本特点如表10-3所示。

有店铺零售业态分为以下12类。

① 食杂店:是以香烟、酒、饮料、休闲食品为主,独立、传统的无明显品牌形象的零售业态。

② 便利店:满足顾客便利性需求为主要目的的零售业态。

③ 折扣店:是店铺装修简单,提供有限服务,商品价格低廉的一种小型超市业态。拥有不到2 000个品种,经营一定数量的自有品牌商品。

④ 超市:是开架售货,集中收款,满足社区消费者日常生活需要的零售业态。根据商品结构的不同,可以分为食品超市和综合超市。

⑤ 大型超市:实际营业面积6 000 m² 以上,品种齐全,满足顾客一次性购齐的零售业态。根据商品结构,可以分为以经营食品为主的大型超市和以经营日用品为主的大型超市。

⑥ 仓储式会员店:以会员制为基础,实行储销一体、批零兼营,以提供有限服务和低价格商品为主要特征的零售业态。

⑦ 百货店：在一个建筑物内，经营若干大类商品，实行统一管理，分区销售，满足顾客对时尚商品多样化选择需求的零售业态。

⑧ 专业店：以专门经营某一大类商品为主的零售业态。如办公用品专业店、玩具专业店、家电专业店、药品专业店、服饰店等。

⑨ 专卖店：以专门经营或被授权经营某一主要品牌商品为主的零售业态。

⑩ 家居建材商店：以专门销售建材、装饰、家居用品为主的零售业态。

⑪ 购物中心：是多种零售店铺、服务设施集中在由企业有计划地开发、管理、运营的一个建筑物内或一个区域内，向消费者提供综合性服务的商业集合体。其中分为以下几种。

- 社区购物中心：是在城市的区域商业中心建立的，面积在 50 000 $m^2$ 以内的购物中心。
- 市区购物中心：是在城市的商业中心建立的，面积在 100 000 $m^2$ 以内的购物中心。
- 城郊购物中心：是在城市的郊区建立的，面积在 100 000 $m^2$ 以上的购物中心。

⑫ 厂家直销中心：是由生产商直接设立或委托独立经营者设立，专门经营本企业品牌商品，并且多个企业品牌的营业场所集中在一个区域的零售业态。

表 10-3 有店铺零售业态分类和基本特点[①]

| 序号 | 业态 | 基本特点 | | | | | | |
|---|---|---|---|---|---|---|---|---|
| | | 选址 | 商圈与目标顾客 | 规模 | 商品（经营）结构 | 商品售卖方式 | 服务功能 | 管理信息系统 |
| 1 | 食杂店 | 位于居民区内或传统商业区内 | 辐射半径0.3 km，目标顾客以相对固定的居民为主 | 营业面积一般在 100 $m^2$ 以内 | 以香烟、饮料、酒、休闲食品为主 | 柜台式和自选式相结合 | 营业时间 12 h 以上 | 初级或不设立 |
| 2 | 便利店 | 商业中心区、交通要道以及车站、医院、学校、娱乐场所、办公楼、加油站等公共活动区 | 商圈范围小，顾客步行 5 min 内到达，目标顾客主要为单身者、年轻人。顾客多为有目的的购买 | 营业面积 100 $m^2$ 左右，利用率高 | 即时食品、日用小百货为主，有即时消费性、小容量、应急性等特点，商品品种在 3 000 种左右，售价高于市场平均水平 | 以开架自选为主，结算在收银处统一进行 | 营业时间 16 h 以上，提供即时性食品的辅助设施，开设多项服务项目 | 程度较高 |
| 3 | 折扣店 | 居民区、交通要道等租金相对便宜的地区 | 辐射半径 2 km 左右，目标顾客主要为商圈内的居民 | 营业面积 300～500 $m^2$ | 商品平均价格低于市场平均水平，自有品牌占有较大的比例 | 开架自选，统一结算 | 用工精简，为顾客提供有限的服务 | 一般 |
| 4 | 超市 | 市、区商业中心、居住区 | 辐射半径 2 km 左右，目标顾客以居民为主 | 营业面积在 6 000 $m^2$ 以下 | 经营包装食品、生鲜食品和日用品，食品超市与综合超市商品结构不同 | 自选销售，出入口分设，在收银台统一结算 | 营业时间 12 h 以上 | 程度较高 |

---

[①] 中华人民共和国国家标准《零售业态分类》（GB/T 18106—2004）（国标委标批函[2004]102号）.

续 表

| 序号 | 业态 | 基本特点 | | | | | | |
|---|---|---|---|---|---|---|---|---|
| | | 选址 | 商圈与目标顾客 | 规模 | 商品(经营)结构 | 商品售卖方式 | 服务功能 | 管理信息系统 |
| 5 | 大型超市 | 市、区商业中心、城郊接合部、交通要道及大型居住区 | 辐射半径2 km以上,目标顾客以居民、流动顾客为主 | 实际营业面积6 000 m²以上 | 大众化衣、食、日用品齐全,一次性购齐,注重自有品牌开发 | 自选销售,出入口分设,在收银台统一结算 | 设不低于营业面积40%的停车场 | 程度较高 |
| 6 | 仓储式会员店 | 城乡接合部的交通要道 | 辐射半径5 km以上,目标顾客以中小零售店、餐饮店、集团购买和流动顾客为主 | 营业面积6 000 m²以上 | 以大众化衣、食、用品为主,自有品牌占相当部分,商品在4 000种左右,实行低价、批量销售 | 自选销售,出入口分设,在收银台统一结算 | 设相当于营业面积的停车场 | 程度较高并对顾客实行会员制管理 |
| 7 | 百货店 | 市、区级商业中心、历史形成的商业集聚地 | 目标顾客以追求时尚和品位的流动顾客为主 | 营业面积6000～20 000 m² | 综合性,门类齐全,以服饰、鞋类、箱包、化妆品、家庭用品、家用电器为主 | 采取柜台销售和开架面售相结合的方式 | 注重服务,设餐饮、娱乐等服务项目和设施 | 程度较高 |
| 8 | 专业店 | 市、区级商业中心以及百货店、购物中心内 | 目标顾客以有目的选购某类商品的流动顾客为主 | 根据商品特点而定 | 以销售某类商品为主,体现专业性、深度性、品种丰富,选择余地大 | 采取柜台销售或开架面售方式 | 从业人员具有丰富的专业知识 | 程度较高 |
| 9 | 专卖店 | 市、区级商业中心、专业街以及百货店、购物中心内 | 目标顾客以中高档消费者和追求时尚的年轻人为主 | 根据商品特点而定 | 以销售某一品牌系列商品为主,销售量少、质优、高毛利 | 采取柜台销售或开架面售方式,商店陈列、照明、包装、广告讲究 | 注重品牌声誉,从业人员具备丰富的专业知识,提供专业性服务 | 一般 |
| 10 | 家居建材商店 | 城乡接合部、交通要道或消费者自有房产比较高的地区 | 目标顾客以拥有自有房产的顾客为主 | 营业面积6 000 m²以上 | 商品以改善、建设家庭居住环境有关的装饰、装修等用品、日用杂品、技术服务为主 | 采取开架自选方式 | 提供一站式购足和一条龙服务,停车位300个以上 | 较高 |

续 表

| 序号 | 业态 | 基本特点 ||||||
|---|---|---|---|---|---|---|---|
| | | 选址 | 商圈与目标顾客 | 规模 | 商品(经营)结构 | 商品售卖方式 | 服务功能 | 管理信息系统 |

| 序号 | 业态 | 选址 | 商圈与目标顾客 | 规模 | 商品(经营)结构 | 商品售卖方式 | 服务功能 | 管理信息系统 |
|---|---|---|---|---|---|---|---|---|
| 11 | 购物中心 - 社区购物中心 | 市、区级商业中心 | 商圈半径5～10 km | 营业面积为50 000 m² 以内 | 20～40个租赁店，包括大型综合超市、专业店、专卖店、饮食服务及其他店 | 各个租赁店独立开展经营活动 | 停车位300～500个 | 各个租赁店使用各自的信息系统 |
| | 市区购物中心 | 市级商业中心 | 商圈半径为10～20 km | 建筑面积100 000 m² 以内 | 40～100个租赁店，包括百货店、大型综合超市、各种专业店、专卖店、饮食店、杂品店以及娱乐服务设施等 | 各个租赁店独立开展经营活动 | 停车位500个以上 | 各个租赁店使用各自的信息系统 |
| | 城郊购物中心 | 城乡接合部的交通要道 | 商圈半径为30～50 km | 建筑面积100 000 m² 以上 | 200个租赁店以上，包括百货店、大型综合超市、各种专业店、专卖店、饮食店、杂品店及娱乐服务设施等 | 各个租赁店独立开展经营活动 | 停车位1 000个以上 | 各个租赁店使用各自的信息系统 |
| 12 | 厂家直销中心 | 一般远离市区 | 目标顾客多为重视品牌的有目的的购买 | 单个建筑面积100～200 m² | 为品牌商品生产商直接设立，商品均为本企业的品牌 | 采用自选式售货方式 | 多家店共有500个以上停车位 | 各个租赁店使用各自的信息系统 |

(2) 无店铺零售

不通过店铺销售，由厂家或商家直接将商品递送给消费者的零售业态称为无店铺零售。无店铺零售具体分类及特点如表10-4所示。无店铺零售业态分为以下六类。

① 电视购物：以电视作为向消费者进行商品推介展示的渠道，并取得订单的零售业态。

② 邮购：以邮寄商品目录为主向消费者进行商品推介展示的渠道，并通过邮寄的方式将商品送达给消费者的零售业态。

③ 网上商店：通过互联网平台进行买卖活动的零售业态。

④ 自动售货亭：通过售货机进行商品售卖活动的零售业态。

⑤ 直销：采用销售人员直接与消费者接触，进行推介，以达到销售其产品或服务目的的零售业态。

⑥ 电话购物：主要通过电话完成销售或购买活动的一种零售业态。

表 10-4 无店铺零售业态分类和基本特点①

| 序号 | 业态 | 基本特点 | | | |
|---|---|---|---|---|---|
| | | 目标顾客 | 商品(经营)结构 | 商品售卖方式 | 服务功能 |
| 1 | 电视购物 | 以电视观众为主 | 商品具有某种特点,与市场上同类商品相比,同质性不强 | 以电视作为向消费者进行商品宣传展示的渠道 | 送货到指定地点或自提 |
| 2 | 邮购 | 以地理上相隔较远的消费者为主 | 商品包装具有规则性,适宜储存和运输 | 以邮寄商品目录为主向消费者进行商品宣传展示的渠道,并取得订单 | 送货到指定地点 |
| 3 | 网上商店 | 有上网能力,追求快捷性的消费者 | 与市场上同类商品相比,同质性强 | 通过互联网络进行买卖活动 | 送货到指定地点 |
| 4 | 自动售货亭 | 以流动顾客为主 | 以香烟和碳酸饮料为主,商品品种在30种以内 | 由自动售货机器完成售卖活动 | 没有服务 |
| 5 | 直销 | 根据不同的产品特点,目标顾客不同 | 商品单一,以某类品种为主 | 采用销售人员直接与消费者接触,进行推介,以达到销售其产品或服务的目的 | 送货到指定地点或自提 |
| 6 | 电话购物 | 根据不同的产品特点,目标顾客不同 | 商品单一,以某类品种为主 | 主要通过电话完成销售或购买活动 | 送货到指定地点或自提 |

**案例 10-1 对比"李维斯"和"苹果"的渠道营销②**

李维斯(Levi's)早期曾在网络上销售自己的牛仔衣、牛仔裤,却遭到零售商的群体反击,最终公司不得不将网络营销渠道转回到传统零售商。当时,Levi's 的这一行为,除了因为公司号称的经销商更具亲和力外,当时的市场大背景也是一个重要的原因。

Levi's 公司进入电子商务行业时,电子商务才刚刚开始发展,消费者对于电子商务的看法还比较简单,对网上购物存在不信任感,故整体消费人群对网销渠道的偏好较小。因为人们对网上购物不了解,有一种排斥感,Levi's 公司在线上的店让更多的消费者知道这个品牌,但是消费者更愿意去线下的实体门店挑选购买,导致企业因为花费在电商上的钱反而导致了企业的亏损,最终不得不惨淡收场。

苹果公司截至 2016 年 4 月,仍是全球市值最大的公司,它的成功离不开互联网。如今苹果在全世界线下有海量的经销商,在互联网发展日趋成熟,消费者对于网购的偏好系数高达67%的今天。为何苹果做得如此成功并没有受到双渠道冲突的强烈打击,也没有受到零售商

---

① 中华人民共和国国家标准《零售业态分类》(GB/T 18106—2004)(国标委标批函[2004]102 号).
② 资料来源:申屠泽楠,龚奕,童小军.基于制造商主导的一致定价策略对双渠道冲突的作用研究.经营之道,2016(11).

的反击？那是因为苹果在渠道上拥有绝对的权利，苹果拥有的核心技术是没有企业能够模仿的配置和系统，所以零售商要想售卖这种高端的产品就只能和苹果合作。

另外，苹果也没有和零售商争利，苹果做的是利用互联网推广它们的产品，再引导消费者到线下购买。苹果没有将精力和经费花在如何打造一支好的电商团队去与零售商争利，而是将精力和经费花在如何改善用户体验，完善自己的产品上，从而使渠道的权利紧紧地握在自己手中。

**【思考题】**

（1）你认为李维斯和苹果在使用线上渠道和线下渠道的时候，一个失败而另一个成功的原因有哪些？

（2）苹果能够牢固地控制住零售商靠的是什么，这对其他的企业有什么借鉴意义？

（3）如果一个企业不像苹果公司那么有实力，它能够有哪些办法去控制渠道的中间商呢？

## 第三节 分销渠道设计

### 一、分销渠道设计的影响因素

企业为了迅速分销自己的产品，使产品能及时到达相应的细分市场，就需要对自己产品的分销渠道进行设计。在设计分销渠道时，必须要了解所选定的目标客户的购买需求，目标市场的竞争情况，产品的自身因素等。分销渠道设计的目标就是在充分利用渠道资源达到分销目的的情况下实现成本最小化，这也是一个动态优化的过程，不断优化现有渠道系统，实现经济效益最佳。通常情况下影响分销渠道设计的因素包括：产品因素、市场因素、竞争因素、企业因素、消费者因素、环境因素和中间商因素。

**1. 产品因素**

产品因素是影响分销渠道设计最基本的因素，即根据产品自身的物理化学性质或式样等来进行的渠道设计。在产品的物理化学性质方面主要表现为：体积大而笨重的产品选择短渠道，以节省运输保管等方面的投入；易腐品选择短渠道，从而保证产品的质量；日用品则应选择多渠道分销策略，从而更快地到达广阔的消费市场；技术性与售后服务应由生产者或少数拥有技术实力的企业进行直接供应。

**2. 市场因素**

（1）目标市场范围

一般来讲目标市场范围大的产品需用中间商，范围越大的目标市场越需要长渠道分销。目标市场范围小的产品经常是直接由生产者到用户，一般情况下这样的产品属于专用设备或定制产品，使用短渠道为宜。

（2）地理位置

市场较集中的产品宜采取直接渠道（如生产资料），一般地区可采用传统的分销渠道。此外，每个地域内的地理条件具有很大的不同，故要因"地"制宜。

（3）需求的季节性

一些产品由于自身的特性呈现季节性的需求，这些产品主要包括服装类、水果类、酒类以及旅游类等，所以要充分考虑产品的这种特性，这样才能恰当地分配渠道资源。

**3. 竞争因素**

一般情况下,应尽量避免与竞争者采用相同或相近的分销渠道。但如果自己的产品有独到之处,制造商可将自己的产品与竞争对手的产品摆在一起出售,以供消费者选择,争取更多消费者。例如,食品生产者就希望其品牌和竞争品牌摆在一起销售(如超市的奶粉),百事可乐和可口可乐经常在超市的同一地点出现,争个高低。如有特殊优势企业也可另辟渠道。

**4. 企业因素**

毫无疑问,企业渠道建设必须要符合企业的总体营销战略,服务于企业的总体规划。一般说来,企业因素主要包括企业战略、企业能力以及企业的规模这几个方面。首先,企业战略是根本,如果企业欲通过自身的渠道建设来分销产品,它就会根据战略来规划企业渠道。而企业若想通过第三方的渠道来分销产品,它相对在这个方面就会减少投入。其次,企业能力包括企业的规模、财力以及经营管理能力。规模大、财力雄厚以及经营经验丰富都对企业建设渠道起到推动作用,相反就会更多地依赖中间商分销产品。

**5. 消费者因素**

消费者方面的因素也会影响分销渠道的设计。如果消费者分布广泛,则要求就近购买和随时挑选,这时采用长渠道比较适宜;对于高科技产品用户则用短渠道更有利。另外,消费者购买习惯也是影响分销渠道设计的重要因素,对于购买频繁或有特殊偏好的消费者应采取特定的分销渠道方式。

**6. 环境因素**

(1) 宏观经济形势

宏观经济形势是企业渠道建设的晴雨表,是企业渠道建设的宏观环境参照。如果形势良好,分销渠道的选择余地较大;经济萧条市场需求下降,必须减少流通环节,使用较短渠道。

(2) 法律法规

国家政策、法律,如专卖制度、反垄断法规、进出口规定、税法等,也会影响分销渠道的选择。如一些国家实施医药、烟酒的专卖制度,对这些产品的分销渠道,就必须依法选择,其分销的自由度大大下降。

**7. 中间商因素**

企业产品的畅销不仅和产品本身有关,很大方面也受中间商的影响。一般说来中间商的因素主要表现在中间商的规模、信誉、分销能力以及中间商的分销费用这几个方面。中间商的规模和分销能力越大就越能提供良好的服务,出色地完成分销任务。其次,中间商的信誉关乎企业产品的品牌形象,信誉良好的中间商可以提升企业的产品可信度。最后,中间商的要求是渠道建设的关键一环。如某地批发商鉴于某些原因不愿经销外地产品或提出过多过高的要求,制造商往往就要考虑直接进入零售市场甚至直销。分销费用太高也会得不偿失,企业此时就要考虑更换中间商或者自建渠道。

## 二、分销渠道设计步骤

企业的分销渠道通过不断地探索,在渠道成员间形成良好的渠道通路,为企业的发展打下良好基础。好的分销渠道使得企业反应更加迅速,分销更加便捷。分销渠道主要包括以下五个步骤,如图10-5所示。

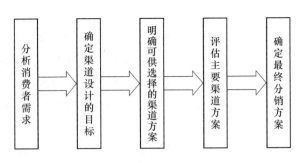

图 10-5 分销渠道的设计步骤

**1. 分析消费者需求**

企业在进行分销渠道结构设计时,必须要以确立的营销目标为基础,而这个目标的确定必须以消费者的需求为前提。前文中讲到分销渠道策略为营销解决两个问题:一是提高分销的效率;二是为消费者服务。为消费者服务就是为消费者创造价值,如果说产品是满足消费者的效用需求,价格是满足消费者的价值需求,促销是满足消费者的信息需求,那么渠道则是满足消费者购买时的便利需求即服务需求。要想更好地满足消费者的服务需求,为消费者创造价值,在渠道设计之前必须充分研究分析消费者需求。

**2. 确定渠道设计的目标**

渠道目标即企业预期达到的顾客服务水平及中间商应执行的职能等。有效的渠道设计首先要明确决定达到什么样的目标,进入哪个市场。渠道目标会因产品、中间商、竞争者等因素的不同而不同。不同的渠道目标后期操作设计方法也不尽一致,如表 10-5 所示。

表 10-5 渠道设计目标及操作[①]

| 目标 | 操作说明 |
| --- | --- |
| 顺畅 | 最基本的功能,以短渠道或直销较为适宜 |
| 增大流量 | 追求铺货率,广泛布局,多路并进 |
| 便利 | 应最大限度地贴近消费者,广设网点,灵活经营 |
| 开拓市场 | 一般较多倚重经销商、代理商,待站稳脚跟后,再组建自己的网络 |
| 提高市场占有率 | 渠道拓展和渠道维护至关重要 |
| 扩大品牌知名度 | 争取和维护客户对品牌的信任度与忠诚度 |
| 经济性 | 要考虑渠道的建设成本、维系成本、替代成本及收益 |
| 市场覆盖面积及密度 | 多家分销和密集分销 |
| 控制渠道 | 厂家应重点加强自身能力,以管理、资金、经验、品牌或所有权掌握渠道主动权 |

**3. 明确可供选择的渠道方案**

在确定了渠道的目标和限制之后,下一个步骤就是明确可供选择的渠道方案,方案的提出主要涉及以下因素的考虑,一是中间商分类,二是每一层次中间商的数目,三是各个中间商的特定任务,四是中间商的特定责任。

(1) 中间商的分类

市场上存在着多种分类的中间商,怎样才能在众多中间商中选择一类或几类较为适宜的

---

① 资料来源:吕一林.营销渠道决策与管理.2 版.北京:中国人民大学出版社,2009:39.

中间商构建渠道是较为重要的一个步骤。一方面要考察企业自身的状况,例如可通过SWOT分析法来明确自身的优劣势,然后再结合中间商的能力进行选择。一般来说考察中间商要从三个方面着手。首先是中间商的经营能力,经营能力表示中间商实力的大小,包括实收资本量、经营管理能力、分销能力等方面。其次是中间商的经营水平,经营水平是中间商市场活动能力的表现,反映企业经营效果,主要包括适应能力、创新能力以及吸引能力几个方面。最后是中间商的财务状况,主要包括企业的资金周转能力、偿债能力、筹集资金的能力、债权的收回能力、资金合理利用的能力,主要反映了中间商与银行、其他企业及运输部门的合作关系。

此外,选择中间商时还应考虑中间商的合法经营资格、目标市场、地理位置、销售策略、销售能力、销售服务水平等方面。

(2) 中间商的数目

企业的每一个渠道都是分层次的,如前所述,根据各层次中间商数目的不同,企业有密集性分销、选择性分销和独家分销三种表现形式。不同的分销形式其涵盖的中间商的数目有很大的差异。

(3) 中间商的特定任务

企业在将产品从生产领域向消费领域过渡的过程中,经过不同的步骤,用到不同的职能。如运输(T),广告(A),存储(S),接触(K),然后以O表示不负责任何工作。若假设每一个中间商可负责完成一项或多项任务,目前所使用的渠道结构为:生产者(P)—批发商(W)—零售商(R)—消费者(C)。以此为基础则可以进行研究某一特定层次的成员及其所完成的工作。例如,当P负责运输、广告、存储和接触全部工作时,以TASK来表示,若其只负责运输、广告的职能,则可表示为TAOO。所以利用上述方式可以进行渠道的描述和分析,如渠道P(TAOO)-W(TOSO)-R(OAOK)中,生产者所做的工作是运输产品,同时为产品做广告;批发商的工作则是运输和存储;零售商负责进一步的广告以及顾客接触工作。

(4) 渠道成员的特定责任

渠道成员的特定责任主要有以下几项。

第一,价格政策。如生产企业定出价格目录和折扣标准。

第二,销售条件。指付款条件和生产者保证。如对提前付款的经销商给予现金折扣,对产品质量的保证,甚至对产品市场价格下降时的承诺保证等。对价格不下降的保证可用来诱导经销商大量购买产品。

第三,经销商的区域权利。

第四,各方应执行的服务项目。通常双方会制定相互服务与责任条款。对此必须慎重从事,特别是在选择特许经销和独家代理渠道时尤应如此。

### 4. 评估主要渠道方案

评估主要渠道方案时,主要考察三个指标:经济性、控制性和适应性。

(1) 经济性

经济标准是评估渠道方案最为基础的标准,一个渠道方案能否保持其盈利性,是企业选择渠道方案时首先应检查的项目,同时该渠道方案还要保证较低的成本支出。

(2) 控制性

随着渠道的宽度和长度的增加,企业对中间商的控制难免会越来越难,另外每个中间商都是一个独立的企业,它所关心的是自己如何取得最大利润,因此有时会损失集体利益。所以企业在选择渠道方案时应当检验方案的控制性,是否能驾驭中间商的行为。

**(3) 适应性**

适应性是评估中间商是否具有适应环境变化的能力,即应变力如何。企业在选择渠道方案时要充分考虑方案中渠道成员的适应能力,才能达到预期目的。

**5. 确定最终分销方案**

理论上,渠道设计者能够选择出最佳的渠道结构,但在现实中,很难选出最佳的渠道方案。企业最终所评估确定的渠道应在长度、宽度和系统各方面都有利于分销目标的实现。

案例10-2　中国移动公司的渠道体系[①]

中国移动公司为了进一步提高客户的满意度,以客户为中心再造营销渠道,创建了如下的渠道体系。

(1) VIP俱乐部:用于为高端消费者和企业客户提供综合的VIP服务,如客户管理、现场服务、解决方案设计。

(2) 实体营业厅:包括自有营业厅和特约代理点,自有营业厅,用于品牌促销、业务展示和渠道管理。特约代理点是经过优化的、具有一定规模的、联合经营的营业中心,能够提供良好的客户服务和销售服务。

(3) 短信营业厅:客户可以通过发送短信来快速便捷地查询话费、了解最新优惠资讯、办理业务和套餐等。

(4) 网上营业厅:网上营业厅是虚拟的营业厅,通过中国移动通信的互联网站,向各地客户提供以互联网为平台的业务咨询和办理,客户可以足不出户就获得和实体营业厅一样的服务与支持。

(5) 掌上/手机营业厅:WAP掌上营业厅是为方便办理移动业务推出的一个便携随身的、集移动业务和优惠资讯为一体的电子化自助服务渠道。移动用户只要通过手机上网进入WAP营业厅,即可24小时随时随地查话费、办业务、找优惠。手机营业厅则是依托智能终端,面向全网客户提供快速便捷的查询、办理和交费等自助服务的客户端软件,支持优惠资讯等特色服务。覆盖Android、iOS等操作系统,掌上/手机营业厅与网上营业厅共同组成中国移动的互联网渠道。

(6) 自助终端:自助终端是移动公司为客户打造的类似银行ATM机的24小时营业自助服务终端设备。移动客户仅需按照屏幕提示进行操作,就可以享受自助交话费、查话费、打印账单和发票等服务。

(7) 10086热线:10086客户服务热线通过人工、自动语音、短信、传真、E-mail等方式为客户24小时不间断地提供有关移动通信的业务咨询、业务受理和投诉建议等专业服务。

【思考题】

(1) 请从经济性、控制性、适应性三个方面评价中国移动的渠道体系。

(2) 请以自己的亲身经历评价这些渠道体系。

# 第四节　分销渠道管理

渠道各成员是战略联盟合作的关系,同一渠道内的不同企业为了共同的利益目标进行合

---

[①] 资料来源:编者根据中国移动公司网站http://www.10086.cn编写,有改动。

作,以图能更好地了解市场、满足市场。但有时同一渠道间的不同企业也会因为争抢同一市场而产生矛盾。这种矛盾分为横向和纵向冲突,其中横向冲突即在同一渠道系统内部的同一级别中,不同企业之间的矛盾;而纵向冲突则是同一渠道中不同层次企业之间的矛盾。所以必须要进行有效的渠道管理,以避免冲突,完成共同的目标,一般来说可以通过如下步骤进行渠道管理。

## 一、选择渠道成员

制造商对中间商的吸引力,取决于制造商本身声誉的好坏和产品销路的大小。所以那些实力较强,声誉较好的企业很容易找到合适的中间商,而剩下的那些企业则很困难。不论对于哪一方来说,选择中间商都应主要考虑以下因素:中间商的实收资本量、声誉的好坏、经营范围以及销售和获利能力、经营管理能力、拓展市场能力、未来的销售增长的潜力、顾客分类、购买力大小和需求特点等。

案例10-3　廉价航空的分销渠道策略选择[①]

随着航空旅行从高端型向大众型、经济型的转变,廉价航空公司得以迅猛发展。在这一进程中,廉价航空的分销渠道策略也有了新的变化。

为降低成本,避免支出高额佣金,廉价航空普遍以直销渠道结合旗下旅行社网点的方式进行机票销售。但如今,在大型传统航空公司频频削减代理费的背景下,廉价航空公司却反向开始试水分销渠道,其发展值得期待。对于大多数新进入某一市场的廉价航空公司而言,日后如果能在所服务的市场中更好地发展,并且建立自己的旅客数据库,定能以更高的利润率来直接销售更多座位。但作为初进入者,以分销渠道填补直销的空缺是可试行的方案之一。

亚洲最大的廉价航空公司亚洲航空与全球知名在线机票代理商Expedia合资成立了机票分销公司,这是一次重要的观念转变。如今,他们意识到当公司扩张时,是需要合作伙伴的。对于他们而言,如果是具有较强渠道渗透能力的机票分销商,只要成本能够接受,放弃完全直销的理想状态,将产品交给能够帮助其拓展目标市场的合作伙伴进行分销是可以接受的。

如今互联网的蓬勃发展,在信息传播平面而透明的情况下,航空公司的分销渠道将会出现前所未有的变革,一种"分销渠道传播、直销渠道结算"的全新分销模式将逐步取代航空客票销售现有的代理佣金模式。而率先进入新模式的将会是廉价航空这一类的航空公司。春秋航空也于2012年结束了长达7年的纯直销生涯,将部分产品投放到国内最大的在线机票代理商携程上,试水分销渠道。

长期以来,机票批发商作为航空公司开疆拓土的有力武器,占据了航空公司大量的营销资源。在免费的信息集合平台出现后,"分销渠道传播、直销渠道结算"这一模式开始流行。在标准化的环境之中,对于无法产生附加价值或额外服务能力的渠道已无须投入过多资源。分销渠道从来就不是结算的必须渠道。尤其对于廉价航空公司而言,分销渠道作为收入产生(此处指与代理商进行结算)渠道,必须被给予一定的佣金。分销渠道作为传播渠道已经足够,从佣金支出转移至点击收费支出,结合独立的信息整合平台,完善消费者从搜索、预订、支付到评价旅游产品的使用流程,真实完整地呈现自身产品实际的价格,展示出自身独特的优势。

---

① 资料来源:刘振广.廉价航空的分销渠道策略选择.中国民航报,2014-02-26.

廉价航空的本质并不是成本最低使用,而是成本最优使用,在运营层面如此,在销售层面更是如此。亚洲航空以及春秋航空试水分销渠道,从侧面已经印证了分销渠道对于廉价航空公司的必要性。这一渠道能否成为廉价航空公司创造收入的新渠道,拭目以待。

【思考题】
(1)廉价航空的分销渠道选择涉及哪几种中间商?
(2)请简述廉价航空渠道选择的理由。

## 二、激励渠道成员

在选择好渠道成员之后,主要的工作就是激发渠道成员的积极性,使之为企业分销目标服务。中间商作为一个独立的法人,在处理渠道整体和自身利益时往往会看重其自身的利益。所以经常会产生下列情况:中间商认为自己是顾客的采购代理,往往先考虑顾客的需要,然后考虑制造商的期望;中间商出于自身利益,只注重自己的广告宣传,往往不能充分利用制造商的广告材料;中间商往往不愿记录和提供某一特定品牌商品的销售记录;和企业自己的细分市场有出入而忽略了某些顾客等。针对这些情况,制造商对中间商应采取措施加以激励。同时,生产者也可借助某些权力来赢得中间商的合作,包括胁迫力、付酬力、法定力、专家力、声誉力。另外,厂商对中间商也可采取措施加以激励。可采取直接激励的方式,如返利;也可采取间接激励的方式,如协助中间商开展促销活动、提供适销对路的产品、给中间商资金支持、协助中间商搞好经营管理、提供市场情报、与中间商结成长期伙伴关系等。

## 三、评估渠道成员

生产者在选择和激励渠道成员之后就应该对其进行评估,以检测渠道的目标是否达成,是否完成了预期的效果,并实行反馈,对有问题的渠道成员或问题进行协商解决。

**1. 契约约束与销售配额**

如果在渠道建设开始时就确定了协议合同,则对中间商进行检测评估时就有了依据,避免了因无相应合同带来的不便。同时在契约之外,生产商还应该对中间商进行销售配额制,这样对中间商是一种督促,另外通过相应的销售额排名也能起到销售激励作用。

**2. 测量中间商的绩效**

评估中间商的依据主要包括,销售定额完成情况及平均存货水平;服务质量、顾客反应、付款情况;与生产者的合作及今后的发展规划。

评估的方法主要有两种,一种是将现销量与前期销量做比较;另一种是把经销商完成的绩效与配额指标做比较。

## 四、调控分销渠道

随着时代的变化发展,分销渠道系统往往会暴露出一定的问题或者跟不上新形势的需要。这时就有必要对分销渠道进行调控。一般情况下渠道调控是对某一渠道或渠道成员的增减或奖惩等能影响分销渠道效能的手段和方法。如将原来的密集分销改为独家销售系统,或者由原来的独家销售渠道改为企业直销。

如前所述,渠道成员间的关系主要是合作与竞争的关系,但如果渠道外界环境或渠道成员自身发生变化,则很有可能出现冲突,主要表现为内部竞争、恶性杀价、窜货等现象。冲突的主要分类有:垂直渠道冲突、水平渠道冲突和多渠道冲突。垂直渠道冲突,即同一渠道中不同层次之间的利害冲突,这类冲突最为常见。水平渠道冲突,即渠道内处于同一层次的渠道成员之间的冲突。多渠道冲突,产生于在制造商建立了两个或更多的渠道的情景,这些渠道在向同一市场销售时会相互竞争。

窜货即经销商置经销协议和制造商长期利益于不顾,进行产品跨地区降价销售。产生这种现象的原因在于该地区市场饱和、区域之间渠道发展不平衡、运输成本不同等。

窜货现象的整治办法主要有:企业内部业务员与企业之间、客户与企业之间签订不窜货乱价协议;严格界定各经销商的经营区域,对出现窜货的经销商予以惩罚;外包装区域差异化;采用先进的物流渠道系统,严格控制商品的流通;统一签发控制货运单;建立科学的地区内部分区业务管理制度等。

## 第五节　物流管理

### 一、物流管理的概念

2003年美国物流管理协会(The Council of Logistics Management)将物流管理定义为:物流管理是供应链管理的一部分,是对货物、服务及相关信息从起源地到消费地的有效率、有效益的正向和反向流动和储存进行的计划、执行和控制,以满足顾客要求。

这一定义包括生产物流和流通物流两个部分,是对现代物流体系的完整概括。物流的职能是将产品由其生产地转移到消费地,从而创造地点效用。物流作为市场营销的一部分,不仅包括产品的运输、保管、装卸、包装,而且还包括在开展这些活动的过程中所伴随的信息的传播。它以企业销售预测为开端,并以此为基础来规划生产水平和存货水平。

我国国家标准《物流术语》(GB/T 18354—2006)中将物流定义为:"物品从供应地向接收地的实体流动过程。根据实际需要,将运输、储存、装卸、搬运、包装、流通加工、配送、信息处理等基本功能实施有机结合。"在该《物流术语》中,将物流管理定义为:"为了以合适的物流成本达到用户满意的服务水平,对正向及反向的物流活动过程及相关信息进行的计划、组织、协调与控制。"

### 二、物流管理的内容

**1. 物流作业管理**

物流作业管理即对物流活动或功能要素的管理,主要包括运输与配送管理、仓储与物料管理、包装管理、装卸搬运管理、流通加工管理、物流信息管理等。

**2. 物流战略管理**

物流战略管理是对企业的物流活动实行的总体性管理,是企业制定、实施、控制和评价物流战略的一系列管理决策与行动,其核心问题是使企业的物流活动与环境相适应,以实现物流的长期、可持续发展。

**3. 物流成本管理**

物流成本管理是有关物流成本方面的一切管理工作的总称,即对物流成本所进行的计划、组织、指挥、监督和调控。物流成本管理的主要内容包括物流成本核算、物流成本预测、物流成本计划、物流成本决策、物流成本分析、物流成本控制等。

**4. 物流服务管理**

物流服务管理,即物流企业或企业的物流部门从处理客户订货开始,直至商品送交客户过程中,为满足客户的要求,有效地完成商品供应和减轻客户的物流作业负荷,所进行的全部活动。

**5. 物流组织**

物流组织即专门从事物流经营和管理活动的组织机构,既包括企业内部的物流管理和运作部门、企业间的物流联盟组织,也包括从事物流及其中介服务的部门、企业以及政府物流管理机构。

**6. 供应链管理**

供应链管理是用系统的观点通过对供应链中的物流、信息流和资金流进行设计、规划、控制与优化,以寻求建立供、产、销企业以及客户间的战略合作伙伴关系,实现供应链整体效率的最优化并保证供应链成员取得相应的绩效和利益,满足顾客需求的整个管理过程。

## 三、物流规划与管理

物流的规划和管理即对物流活动和业务进行计划、组织和控制等的活动,从而物流系统能更加顺畅,把原材料或产成品在适当的时间和地点送达适当的人手中。

从宏观意义上来说,物流不仅包括产品的实体转移,而且包括包装、库存控制、物流系统建设和管理等内容。所以一般来说宏观意义上的物流业务主要包括七项内容:①运输;②仓储;③库存控制;④配送;⑤装卸与包装;⑥物流系统建设和管理;⑦顾客服务。

物流规划应首先从市场开始考虑,并将所获得的信息反馈到原料的需求来源。企业首先应考虑目标消费者的位置以及他们对产品运送便利性的要求。其次,企业还必须知道其竞争者所提供的服务水平,然后设法赶上并超过竞争者。最后,企业要制定一个综合策略,其中包括仓库及工厂位置的选择、存货需求、存货水平、运送方式,进而向目标顾客提供服务。

**1. 物流系统规划**

从物流业务的特点不难看出,物流系统的规划包括对运输、仓储、库存控制、配送等一系列的决策。所以物流系统的成本也就由这些业务活动的成本构成,可用公式表示如下:

$$M = T + FW + VW + S$$

其中:$M$ 为物流系统总成本;$T$ 为物流系统总运输成本;$FW$ 为物流系统总固定仓储费用;$VW$ 为物流系统总变动仓储费用;$S$ 为因延迟交货而失去销售额的总成本。

在进行物流系统规划时,要对各种系统的总成本加以检验,最后选择成本最小的物流系统。一般来讲,企业有以下三种选择:"单一工厂,单一市场""单一工厂,多个市场"和"多个工厂,多个市场"。

(1) 单一工厂,单一市场

这种物流系统适合于规模较小,拥有单一的工厂,并且市场或分销场所较为集中的企业。很多地方性的企业就是如此,它们通常服务于该地区的某个特定市场,如酒类行业、食品行业,所以物流系统较为简单。

企业可以将工厂设置于所服务市场的中央,以节约运费;或权衡利弊,将工厂设置于偏远郊外。也可利用线性规划等数学方法进行选择,选择物流成本最低的地点。当然,选址也应注意环境适应性、资源易得性、市场易达性和可持续发展性等方面。

(2) 单一工厂,多个市场

当一个工厂生产的产品要在几个市场内进行销售时,则企业有以下四种物流战略可供选择。

① 直接运至顾客

任何一个物流系统都必须考虑服务水平与成本这两个重要因素。直接运送战略似乎在服务及成本上都处于不利地位,因为直接运送比由当地的仓库送货至顾客要慢;再者,通常顾客的订购量很小,运送成本也较高。不过,直接运送是否确有这些缺点,还取决于其他因素。在某些情况下,自远方进货的工厂可能比自附近的仓储再运送更经济合算。再者,零担订货的直接运送成本虽高,但不一定多于当地存货的费用。因此,企业在决定是否采取直接运送战略时,必须考虑下述因素:该产品的特性(如单价、易腐性和季节性);所需运送的程度与成本;顾客订货多少与重量;地理位置与方向。

② 整车运送至近市场的仓库

在成本与服务的较量中,大批整车的运输是一个追求两全的中庸战略。首先是把产品运送到离消费者距离较近的市场,然后把产品再按需求分配到目的市场,很明显这种方法对于长途边远的市场分销而言,要比第一种方法有更大的成本优势。此外,设立仓库也可以提高顾客的覆盖面,提升服务能力。

一般来说,增加地区仓储的最佳准则很简单,即增加新地区仓储所节约的运费与所能增加的顾客惠顾利益如大于建立仓储所增加的成本,那么就应在这一地区增设仓储。对于仓库的自建或者租赁要根据市场的具体情况而定,这个市场不仅包括自身分销产品的市场,还包括仓库租赁市场。产品市场的需求较大就要考虑自建仓库,这主要是因为租赁仓库的不稳定性会阻碍市场扩展,若仓库租赁市场较为完备,成本低廉,这样则可以考虑以租赁为主,总的来说如果自建仓库所得利益高于租赁,那么显然要以自建为上策。

此外,对于仓库较多的企业就会面临其仓库系统的优化问题,一是企业如何确定最佳数目的仓储点;二是仓储点的最佳位置如何确定;三是不同地点应保持多少存货。这些问题可以通过计算机模拟技术或运筹学中的线性规划及非线性规划技术来解决。

③ 零件运至近市场的装配厂

这种策略对于产品组成零件简单、容易装配、数量较多的企业尤为适用,典型的包括生产自行车、汽车等的企业。一方面是因为整件的运输成本要大于单个再组配的运输成本;另一方面,产品也可以通过不同的组装来满足对产品的个性化需求。最后,建立地区工厂也可提高该地区的推销员、经销商及社会公众对产品的信任,从而增加销售额。建立装配分厂的不利之处是要增加资金成本和固定的维持费用。所以,企业在分析建立装配分厂方案时,必须考虑该地区未来销售量是否稳定以及数量是否会多到足以保证投入这些固定成本后仍有利可图。

④ 建立地区性制造厂

建立制造厂是企业开拓市场的又一有力手段,不过这种方式一方面要依靠企业的强大财力支持,另一方面也要求产品具有较大的市场需求。对于远离企业制造本部的市场,如果市场潜力巨大而现有制造能力跟不上的时候就可以考虑建立地区性制造厂的可能。

建立一个制造厂需要有详细的当地资料以供分析,这时应考虑的因素有很多,如人力、能源、土地、运输等有关项目的成本,有关的法律及政治环境。其中最重要的因素之一是该行业是否具有大规模生产的可能性。在需要大量投资的行业中,工厂规模必须足够大才能实现生产成本的规模经济效应。如果行业的单位生产成本能随着工厂规模的扩大而降低,则应设立一个供应整个地区销售所需要的工厂,其单位生产成本应最低。但是企业不能只考虑生产成本,还必须考虑分销成本,因为在产品产量提高的情况下,其分销成本也可能提高。

(3) 多个工厂,多个市场

多工厂多市场方法是实现满足跨地域性或者多元化市场的有效手段,企业可通过由多个工厂及仓库组成的分销系统来满足市场需求、节省生产成本费用。在此方法中企业面临两个优化任务:一是短期优化,即在既定工厂和仓库位置上,制定一系列由工厂到仓库的运输方案,使运输成本最低;二是长期优化,即从长远着眼决定新建工厂的数量与区位,使总分销成本最低。根据不少现代企业的管理经验,线性规划技术在短期最佳化方案的制定过程中,具有重要的应用价值。

**2. 配送决策**

配送是商品物流的计划、调配环节,通过有效的配送可以减少物流成本,可以通过引进计算机管理系统,对装卸、搬运等实行标准化,通过网络互联实现配送的统一调配。

**3. 库存决策**

库存是影响企业生产和销售决策的重要因素,从一般意义上来说,生产性企业希望把自己的产成品库存控制为零,生产的产品能全部销售出去。而销售型企业则希望把库存水平控制在一个合理的水平上,以备销售市场的变动需求,这样一方面能满足消费者的需求,另一方面也能维持较低的存储成本,所以库存决策要考虑成本与服务的平衡,具体来说要知道何时订货以及订货量的多少。

在库存决策中应用的方法主要有三种,即定期订货法、定量订货法和经济订购量法。定期订货法是规定前后两次的订货时间间隔,但每次订货量都有所调整。定量订货法是事先确定一个订货数量,而订货时间不确定,当库存降至订货点时,立即组织订货。经济订购量法又称最佳定购量法,它是根据企业年购储总费用最小的原理,确定经济订货批量。

案例 10-4 Gap 品牌的全渠道策略[①]

2016 年 6 月 18 日~20 日期间,盖璞集团旗下的 Gap 品牌成功推出了门店发货(Ship from Store)服务,通过与天猫商城在其每年一度的"夏季大促"活动期间的战略性合作,持续强化 Gap 在华的 O2O 战略部署。作为品牌全渠道发展战略中的一部分,在消费者网上下单后,通过门店发货服务,消费者所购买的商品可从距离其较近的门店发出,为线上购物充足的商品供应提供了保障。

Gap 品牌的天猫旗舰店,以及位于中国大陆 12 座城市的 57 家门店参与了此次夏季大促的门店发货活动,并在三天的大促中取得了卓越成绩。在天猫商城的活动排名中,Gap 顺利跻身前十位最受欢迎的男装品牌之一,童装更是稳居首位。活动期间,消费者在 Gap 品牌的天

---

① 资料来源:Gap 品牌于天猫商城"夏季大促"期间推出门店发货服务. 成功营销,2016(6)。

猫商城旗舰店下单后,系统便会自动帮助选择距离其最近的门店或发货仓进行配送,有效地提升了货物配送效率。此外,消费者也可以通过网页查询附近门店中是否有他们喜欢的商品,亲自到店铺进行试穿和购买。Gap 电商部门负责人 May Ng 表示:"我们通过与天猫夏季大促活动的合作,推出了门店发货服务,不仅帮助消费者更加直接地了解 Gap 各个门店和配送中心的库存情况,同时也增强了货物配送效率,提升了客户满意度。"

盖璞集团始终致力于为消费者打造无缝的、全渠道购物体验。通过实体店、网上商城和手机客户端等全方位营销渠道的整合,顾客随时随地都能以最便捷的方式购买到心仪的产品。为实现这一目标,盖璞集团一直在努力布局全渠道战略,通过结合实体店和数字技术平台,打造一流的购物体验。

在北美地区,盖璞集团位居全渠道营销的领导地位,推出了"门店发货"(Ship from Store)、"门店查询"(Find in Store)、"门店预留"(Reserve in Store)和"门店下单"(Order in Store)四项服务。在中国,盖璞集团也将继续探索如何在中国市场更有效地部署全渠道战略,为消费者提供更加优质的购物体验。

中国是盖璞集团的重点市场,也是其全球发展战略中的重要组成部分。中国目前拥有约六亿互联网用户,线上线下的全渠道布局,将更好地推动消费者与品牌之间的互动。自2010年,盖璞集团进入中国市场开设门店的同时,便同步建立了自己的电商平台,并相继加盟了天猫商城等国内领先的第三方电商平台。到目前为止,Gap 品牌在中国拥有约 140 家门店,并通过电子商务渠道覆盖了内地所有省份。

【思考题】

(1) Gap 的全渠道策略能够成功,你认为有哪些原因?

(2) 你认为这些策略对其他的企业有借鉴意义吗?或者对哪些行业有借鉴意义,对哪些行业的借鉴意义不大?

(3) 你认为在 Gap 实施全渠道策略时,有哪些问题是尤为需要注意的,你有什么好的办法去解决这些问题?

## 本 章 小 结

分销是构建现代营销体系的重要构架和后备军,它"前接市场,后连厂房",是企业的产品成为消费品这一惊险跳跃的桥梁。通过本章学习,应对分销有全面的认识,掌握渠道内各组成部分的定义及分类,能够鉴别出不同分类的营销渠道。在学习中,我们应能掌握渠道定义、渠道长度和宽度的定义、物流定义和表现形式以及渠道设计基本步骤等内容;理解渠道结构及其分类,营销渠道系统的分类和各自特点,中间商的不同分类等;了解分销渠道特征、渠道政策和前景展望等;在应用方面,能够辨明不同的分销渠道分类,能够对企业的分销渠道进行系统分析,能进行一般分销渠道的设计、评估和优化工作。

## 关 键 名 词

分销渠道　渠道结构　垂直营销系统　水平营销系统　多渠道营销系统　分销渠道政策

中间商　商店零售商　无门市零售商　物流

## 思 考 题

1. 分析并讨论不同行业分销渠道的特殊性。
2. 请简述企业如何指定分销渠道政策。
3. 物流管理包含哪几方面的内容?
4. 分别列举一个成功和一个失败的分销渠道案例,说明其原因。

# 第十一章 促销策略

**本章学习要点**

- 掌握促销组合的概念
- 掌握各种促销策略的基本定义和特点
- 了解各种促销手段的特点、形式和适用条件
- 本章小结

在经历了产品或服务的研发、生产、定价、分销之后,企业将面临与最终的消费者进行沟通,如何有效地引起他们对所提供产品或服务的注意并说服打动他们去购买、消费这些产品或服务,成为摆在营销者面前的艰巨任务。有效地使用促销手段,可以促进企业的销售工作。所以,促销要求企业根据产品和市场特性,慎重安排促销计划,贯彻实施促销计划,以达到预定的促销目标。促销可以说是市场营销中最富变化性和艺术性的一部分,它包括了广告、人员推销、公共关系、销售促进等多种方式。企业综合利用这些促销方式则可以实现与消费者有效的沟通,吸引说服消费者,变潜在需求为现实需求,变购买倾向为购买行动。

## 第一节 促销组合

### 一、促销组合的概念

促销组合即企业根据促销的需要,对广告宣传(Advertising)、销售促进(Sales Promotion)、公共关系(Public Relation)与人员推销(Personal Selling)等各种促销方式进行的适当选择和综合编配。

### 二、沟通传播

在实际营销操作中,企业总是试图将自己的产品信息有效地传达给消费者。其首选的方式就是选择适当的媒体进行信息传播,同时观察消费者的反应并及时反馈给企业,以确保信息的准确传达。因此,媒体不可避免地起着桥梁的作用。

沟通即企业将有关其产品的信息有选择地传播给受众(消费者),达到说服其购买的目的。企业促销活动的基础首先是企业与消费者间的信息沟通。最理想的信息沟通应该对消费者产生四个方面的影响,即引起注意(Attention)、产生兴趣(Interest)、激起欲望(Desire)、促成行动(Action),这就是著名的"AIDA"模式。信息沟通一般包括如下主要组成部分或要素:发送者、编码、信息、媒体、解码、接收者、反应、反馈和噪声(干扰)等,如图 11-1 所示。

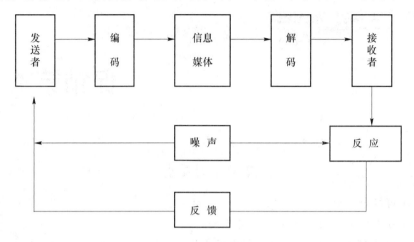

图 11-1　营销沟通过程图

如图 11-1 所示,发送者即信息的发送者,是沟通的开始,一般也是信息源泉和沟通的发起者。在市场营销中企业经常扮演这一角色。编码即将想要发送的信息进行符号转换、加密、简易化等处理,以方便传播。信息即发送者要传播的符号代码。媒体是信息传播的途径,通常不同的信息所需的媒体也是不一样的。解码是对所编码信息的还原,通常由接收者承担这样的任务,然后再为发送者所理解接受。噪声即沟通过程中所未知的或影响沟通信息和过程的干扰因素,如来自竞争者的宣传信息。在接收信息后接收者所产生的反应应该反馈给发送者,因为接收者的编码有时并不是发送者所编码的方式,而且沟通过程中始终有噪声在干扰,结果会造成接收者接收的信息失真,这时发送者应该对沟通过程加以改进。

为了实现有效的沟通,除了要了解沟通过程,还要关注在沟通前的必要准备工作,并遵循一定的工作程序。通常,需要完成相关的五项任务,即界定目标受众、确定沟通目标、设计沟通信息、选择沟通渠道和制定沟通预算。

**1. 界定目标受众**

沟通的首要步骤就是要界定目标受众,即认定企业欲加以影响的人或者说要沟通的对象是哪些。在营销沟通中,企业的目标受众一定是企业的目标市场,是那些有能力、有兴趣购买本企业产品或服务的人们。所以在沟通前确定目标受众,通常也是企业进行市场再细分的过程。此时,要分析目标受众的偏好、态度等特征,还包括他们的媒体使用习惯、乐于沟通的方式等,然后才能有针对性地采取相应的沟通策略。

**2. 确定沟通目标**

沟通的目的是要迎合或影响目标受众,最终形成购买行为。在消费者购买之前,一般都有一个从认识到购买的过程,又由于沟通目标与消费者的文化、社会和心理特征紧密相关,所以利用消费者购买行为模型,还有 AIDA 模式,可以帮助企业确定沟通目标。

**3. 设计沟通信息**

信息设计要说明的是沟通什么、采取什么样的形式沟通等类似的问题。具体地,信息的设计主要解决四个问题:表达什么(信息内容)、表达结构(信息结构)、表达形式(信息格式)以及表达者(信息来源)。不同的信息设计会产生不同的效果,从而引起不同的反应,因此,这一步骤对整个沟通过程的有效性至关重要。

**4. 选择沟通渠道**

在界定了目标受众、完成了信息设计之后就要进行沟通渠道的选择,这是从信息发送者到信息接收者的信道,起着桥梁纽带的作用。信息沟通渠道通常分为两大类:①人员沟通渠道,指涉及两个或更多的人相互间的直接沟通;②非人员沟通渠道,指不经人员接触和交流或反馈而携载信息的沟通方式。

① 人员沟通渠道。人员沟通渠道还可以进一步分为提倡者渠道、专家渠道和社会渠道三种形式。提倡者渠道由企业销售人员组成;专家渠道由向目标购买者做宣传的独立专家组成;社会渠道则由目标受众的邻居、朋友、家庭成员和同事这类社会关系群体组成。

② 非人员沟通渠道。其特点是抛开了人员的直接接触,形式多样,也是我们日常经常接触的沟通渠道形式。主要包括各种媒体、事件。其中媒体由印刷媒体(报纸、杂志、信函等)、视听媒体(电台、电视、网络等)、电子媒体(光盘、磁带等)以及陈列媒体(广告牌、展会、车身广告等)组成。

人员沟通和非人员沟通所达到的效果是不一样的。人员沟通更直接具体,有针对性,比较容易打动人,但会消耗较多的人力物力,而非人员沟通则表现为形式多样,目标受众广泛,但缺乏针对性。所以在实际运作中应该将二者结合起来应用,扬长避短,从而取得最佳效果。

**5. 制定沟通预算**

沟通预算是企业为营销沟通所计划的费用支出,预算的多少通常影响沟通的方式和效果。对于营销活动,并不是预算越多沟通的效果就越好,通常在达到一定的临界值之后,预算越多,对企业的利润贡献成反比例变化。一般说来,确定预算的方法常有以下四种形式:量力而行法、销售百分比法、竞争对等法及目标任务法。

(1) 量力而行法

量力而行法是公司在估量了自己所能承担的能力后安排的预算,是以企业的财务状况为依据所制定的预算。这种方法的优点是在企业现有财务能力内展开促销活动,达到预期目标。但是,这种方法的缺点是没有考虑预算对收入的贡献能力,也没有考虑市场变化可能带给企业的机遇。一旦机遇到来,而企业缺乏有力的促销行动,便会出现竞争对手在机会面前占优的境况。

(2) 销售百分比法

销售百分比法是以一定时期内销售额或产品销售价格的一定比例来确定沟通费用的方法。由于销售额的不同使预算在不同时期内变化波动,这样,销售百分比法就能够保证企业的费用与企业财务能力的同步变动。

(3) 竞争对等法

这种方法是以企业竞争对手的预算为依据来确定预算数额的方法。这种预算的目的就是通过横向的比较,确定与竞争对手相抗衡的预算。因此,只有与本企业实力相当的竞争对手相比较,企业的促销策略才更有意义,通常,有实力的企业会采取这种方法。

(4) 目标任务法

目标任务法是企业根据营销计划来确定企业沟通预算的方法。这种方法有较强的科学性。预算保证了计划的系统性,也为企业能较好地完成营销任务提供了保障。

## 三、促销组合策略

**1. 促销的界定及形式**

促销即企业组织实施的一系列活动方式,向顾客传递企业和产品的有关信息,刺激消费者的消费欲望,引发购买行为,从而达到扩大销售的目的。促销的主要方式包括广告、人员推销、销售促进和公共关系四种。

（1）广告

广告是由明确的发起者,以非人员的任何方式,有偿地对产品或服务的信息进行传播的活动。广告的形式多样,受众面大,特别适合对大众消费品的促销,它属于非人员沟通的一种沟通渠道方式。

（2）人员推销

人员推销即企业通过推销人员与消费者的面对面接触来传递产品信息,说服消费者购买其产品的一种促销方式。这种方式直接生动地将所要传播的信息呈现在消费者面前,同时推销人员能及时捕捉消费者的反馈信息,及时调整促销策略,是较为灵活有效的促销方式。

（3）销售促进

销售促进又叫营业推广,是企业通过在短期内采取一些刺激性的手段（如礼品、赠券、折扣等）来鼓励消费者购买的一种促销方式。通常这种方式在短时期内能达到促进销售的目的,但影响力并不长久,长期使用可能造成消费者的厌倦和质疑,并不能保证其效果;另外频繁使用这种方式有时也易引发竞争对手的攻击,不利于建立高品质的品牌形象。

（4）公共关系

公共关系包括设计用来推广或保护一个公司形象或它的个别产品的各种计划。在公共关系的各种计划中,企业利用公共媒体、公益活动等形式与对企业感兴趣的公众进行沟通,以树立企业良好形象的做法最常见。这种活动不是盈利导向的,所以更有利于企业形象的塑造,起到间接提升品牌价值感知的作用。

关于促销的四种形式,本书将在后面做统一论述。

**2. 促销组合策略**

促销组合即企业根据促销的需要,对广告、人员推销、销售促进及公共关系等促销方式进行适当选择、编配和应用的活动。促销组合策略试图把各种促销活动加以组织,形成一个综合的策略系统,各个部分相互补充配合,最大限度地发挥最优综合效应,从而顺利实现促销目标。

企业在制定促销组合策略时,不仅要考虑促销预算的限制,更应该考虑产品分类、产品生命周期、市场状况等因素的影响。下面进行具体分析。

（1）产品分类

产品分类是影响促销方式选择的重要因素,因为消费者对不同分类的产品所易于接受的促销方式是不同的。比如,大众消费用品主要适合采取广告的形式,因为广告受众就是未来或现实的消费者,通过广告这种广而告之的形式,就可以实现信息的大范围送达,从而可以快速促进销售额的提升。人员推销则是产业品的主要促销方式,由于产业品涉及金额较大,采购权一般在客户企业的管理高层,在销售阶段采购方对所购商品经常会提出不同的要求,人员推销则能适合这种市场的特殊性。各种促销方式相对于不同的产品分类其效果和适宜程度不同,其关系如图 11-2 所示。

应该指出的是实际情况并非绝对如此,在一些消费品需要集中销售且涉及金额较大的情况下,也会采用人员推销的方式。而某些产业品有时也会采用广告的方式在专业传播网络进行促销,总之,企业应根据需要来采取适当的促销组合策略。

（2）促销目标

企业在不同阶段,由于其沟通目标不同,采取的促销组合策略便不同。比如,企业欲达到广泛的公众认知的目标,促销策略可以以广告、营业推广为主,辅之以公共关系来扩大受众面;企业如果想让顾客进一步了解产

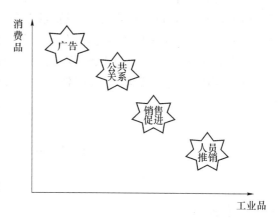

图 11-2　产品分类与促销方式的关系

品的性能和使用方法,产生兴趣,则可采取适量广告、大量人员推销和某些营业推广的组合策略;企业如果追求促进体验,推动顾客购买的效果,则应该是以营业推广、人员推销为主,辅以一些广告。

（3）营销策略

促销组合很大程度上受推动或拉引策略选择的影响,其中推式策略即利用推销人员与中间商促销将产品推入渠道,即生产商将产品推向批发商,批发商将产品推向零售商,零售商再将产品推向消费者;拉式策略即企业针对最后消费者,花费大量的资金从事广告及各种促销活动,以期在大范围内增进、拉动产品的需求。

"推"的策略要求用特殊推销方法和各种商业促进手段,通过营销渠道把商品由生产者"推"到批发商,批发商再"推"到零售商,零售商"推"到消费者那里。推式策略要求使用人员推销,通过分销渠道推出产品,制造商采取积极措施把产品推销给经销商,经销商同样把产品推销给零售商,最后零售商采取积极的行动把产品推销给最终用户。

"拉"的策略则把主要精力放在做广告和销售促进上,要求在广告和促销方面投入较多的费用,以图激发消费者需求。如果促销有效,客户会向零售商购买这一产品,零售商会向经销商订购该产品,进一步地,经销商会向制造商订购该产品。

除此之外,促销组合也应考虑预算的影响,使营销组合策略在企业固有营销预算内发挥最大作用。

（4）产品生命周期

产品的生命周期即从产品进入市场到最终退出该市场所经历的各个阶段,通常包括导入期、成长期、成熟期和衰退期四个阶段,根据不同的产品生命周期的不同性质应采取不同的促销组合策略。

当产品处于导入期时,此时的企业急于扩大产品的公众认知,所以采取广告宣传、公共关系策略效果最佳。这段时期,企业可能会采取撇脂策略,所以人员推销也是不错的策略选择,最后才是销售促进,以扩大产品试用范围。

当产品进入成长期时,销售量迅速增加,产品逐渐为公众所熟知,此时广告和公共关系等宣传策略仍需加强,以突出品牌和产品特色。由于销售量的递增,促销工具的平均成本会相应降低。促销策略的重点应用应围绕品牌战略进行。

在成熟期,产品销售量稳定,同时企业也培养了自己的固定消费群体,所以此时应综合运用促销组合各要素,降低广告投入,以提示性广告为主,促销策略的重点是培养和深化客户忠诚度。另外还可以增加销售促进,并辅之以公关和营业推广。

进入衰退期,产品销售量下滑,企业应考虑抛弃或收割产品,此时应把促销组合的规模降到最低,某些销售促进适当保持,广告和公共关系策略逐渐减少,人员推销策略则可以停止应用。

## 第二节　广告策略

### 一、广告的概念

广告是由明确的发起者以公开支付费用的做法,以非人员的任何形式对产品、服务或对某项活动的意见、想法向目标受众进行介绍的一种传播行为。从广告的定义可以看出它包括如下要点:首先,广告是非人员的任何形式;其次,广告介绍的是某种产品、服务或者只是一种意见、想法;最后,广告的目的在于针对目标受众提供信息、诱导购买和提醒使用。通过广告,企业可以传递信息、创造需求;引导消费、促进销售;树立产品形象、提高企业知名度。正因为如此,广告往往能迅速提高产品的销量,为企业带来巨额的利润,这也是企业进行广告投资的主要原因。

### 二、广告的分类及广告媒体

**1. 广告的分类**

广告的形式多种多样,熟知广告分类才能准确把握其具体内容、熟练应用。根据广告的不同诉求方式可将广告分为感性诉求广告和理性诉求广告。若根据不同的广告目的划分广告,则广告可分为显露广告、认知广告、竞争广告及扩销广告。若根据广告的受众不同又可将广告划分为告知式广告、说服式广告和提醒式广告,其中告知式广告又叫开拓式广告。

告知式广告的主要功能在于其向市场介绍有关新产品的情况,同时也可提醒市场有关价格的变化情况,树立公司某种形象等,这种广告方式主要用于产品的导入期,其目的在于刺激需求。

说服式广告,也叫竞争性广告。其主要功能在于建立品牌偏好,树立比较优势,引起顾客兴趣,说服顾客购买,这种广告主要用于产品的成长期和成熟期,其目的在于建立消费者对某一特定品牌的特殊偏好,稳定销售量。

提醒式广告,也叫强化性广告。其主要功能在于提高知名度,加强顾客对品牌的信念,稳定企业的市场占有率。这种广告方式主要用于产品的成熟期和衰退期,目的在于保持客户对该产品的记忆,提醒顾客购买。

案例 11-1　创意十足的 Orangina 广告[①]

Orangina 是一家知名法国果汁品牌,其特点是在果汁中富含丰富果肉,所以在其宣传上主要传达给消费者果汁果肉丰富以及喝前摇一摇这两大信息。当消费者在售卖机上购买饮料

---

[①] 资料来源:先"削果皮"再摇一摇,这才是果汁的正确打开方式.成功营销,2017(1).

的时候,饮料总是不经意间被卡住,这样很多人就会不自觉地去摇晃售卖机。于是 Orangina 便推出了这样一个活动:故意要求用户摇晃的贩卖机。当用户购买饮料之后,饮料会故意卡住。此时,售卖机的顶部会提示用户"使劲摇晃机器吧",看到提示后,大家便开始使劲地摇晃着机器,当饮料掉出来,售卖机顶部屏幕便会显示出"Orangina 饮料,摇一摇才最好喝哟"的字样。

不仅如此,Orangina 的脑洞一向很大,先前也推出过不少极具创意的想法。

通过一场荒诞的意外事故,讲述 Orangina 如何拯救深陷人生灾难中的人们。每部影片都以"statistics(统计学原理)"结尾,只为让消费者知道品牌所阐述的人生真谛——STAY ALIVE,DRINK ORANGINA(好好活着,喝 ORANGINA)。将包装设计为从瓶口向下沿着点式虚线一圈圈将果汁的外包装纸剥离,呈现出的包装纸就像是用水果刀削下的果皮,最后露出橙汁真颜,体现它们的果汁是"削果皮"的概念。故意把开瓶的位置放在底部,当消费者在超市里面把瓶子拿起来的时候,就会自动把瓶子倒过来开瓶,自然而然地让用户喝前摇一摇。

**【思考题】**

(1) 你认为 Orangina 的广告属于什么广告,是告知式、说服式还是提醒式?

(2) Orangina 的广告能够引起共鸣的原因,你认为有哪些?

**2. 广告媒体**

(1) 媒体的种类

广告媒体种类繁多,包括大众传播媒体,如报纸、广播、电视和杂志等,也包括促销媒体,如广告牌、交通广告、POP 广告、信函广告、展销会及赠奖广告等。随着时代的发展,广告媒体有了更加丰富的表现形式,如互联网、手机 App 等。

(2) 媒体的特点

不同的媒体种类都有不同的特点和优缺点,对于媒体的选择,不仅要对细分市场的特性、产品分类、产品生命周期、信息分类和预算等因素加以考虑,还应该利用不同媒体的特殊优势,以发挥媒体的最大功效。具体来说,各种媒体都有其优点和缺点,下面对典型媒体的优缺点进行分析。

• 报纸

报纸的优点在于发售及时,当地覆盖广,具有广泛接受性,较为真实可信;缺点是寿命短,表现形式单一,感染力不够,传阅率低。

• 杂志

杂志的优点在于它能把信息传达到十分具体的细分市场,质量高,感染力强,更显声望和地位,传阅率较高,寿命长;缺点在于成本高,时效性差。

• 电视

电视的优点在于送达率高。送达率即在某一特定时期内,接触媒体广告一次以上的人数的比例。同时,电视针对性强(专题节目有特定对象),电视综合运用声音、图像、动画的方式,表现形式多样,同时诉诸视觉和听觉,感染力强。缺点在于展示时间很短,成本高。

• 广播

广播的优点在于其迅速及时,传播范围广,有较强的地域和细分市场可选性,针对性较强,费用相对较低。缺点在于仅有声音,印象浅,观众较为零散,人们对单一声音信号的注意力低。

• 直接邮寄

直接邮寄的优点在于其对象可选,同一载体内无其他广告竞争;缺点是成本高,而且容易引起顾客的反感。

• 户外广告

户外广告的优点在于灵活,展露重复性强,成本低,竞争少;缺点在于它不能选择对象而且创造力受限。

• 网络

网络广告的优点是能够根据更精细的个人差异将顾客进行分类,分别传递不同的广告信息,具有互动性,可以通过对话的形式获取信息,具有虚拟体验的特性,主要体现在网络能够采用虚拟技术使消费者达到身临其境的感觉。网络广告的缺点在于广告的范围还比较狭窄;顾客必须主动浏览,才能接收到广告的信息。但一般情况下,顾客主动浏览广告的行为几乎没有,被动强迫的情景占大多数;网络广告与广播、电视、报纸、杂志广告相比并不便宜。

(3) 媒体的选择

广告的效果很大程度上依赖于所选择的广告传播媒介。一般来说,广告媒介的选择首先要考虑媒介的目标受众。媒介的目标受众是我们最终要影响的对象,而不同的消费者接触媒介的习惯是不一样的,要有针对性。例如对于大多数青少年来说,电视和网络是他们最经常接触的媒介,而对于一些中老年受众来说,报纸和广播则是理想的广告媒介。

其次要考虑的是产品的特征。产品的分类和产品生命周期都会影响广告的媒介选择策略。如消费品适合在电视、报纸、网络等受众面较大的媒介上发布广告,而产业品则适合在专业杂志或邮寄等有针对性的媒介上发布广告。在产品的导入期适合受众面较广的媒介,而在衰退期则相应减少这方面的投入。

最后,要考虑媒介的特性。媒介的特性主要包括各种媒介的优缺点、媒介弹性的大小、媒介广告时效的长短、媒介的费用、媒介的传播范围和传播广告信息的速度预算等。

只有全面考虑了这些方面的因素,才能找到适合的媒介或者媒介组合策略。

## 三、广告的开发和管理

### 1. 广告设计

广告的设计需要综合应用多种知识,考虑多方面的因素,只有这样才能设计出独特的、高质量的广告。一般来说,广告设计应该遵循真实性、针对性、简明性、思想性和艺术性的原则。

广告就是要把企业产品或服务所带来的利益传达给现有客户、潜在客户和公众,所以要确保客户注意的焦点是产品或服务的利益,而不是广告本身。要达到这样的广告目标,一个有效的、能吸引消费者注意力和加强消费者记忆力的广告创意是至关重要的,这个创意可能来自客户、经销商、专家或竞争者。

一个好的广告创意应该能够激发潜在客户的兴趣和购买动机,通常应具备三个特性:趣味性、独特性和可信性。因此,在设计广告时必须考虑广告信息表达的具体形式、语气、措辞、格式和结构等方面的因素。

广告用语没有必要过分追求华丽,关键是令人振奋、明确、直截了当,它应该强调关键的产品特征,语气统一,强调产品或服务能带来的好处,试图引起足够的重视,然后运用丰富的广告表现形式来传播信息。常用的广告表现形式有:一个生活片段、一种生活方式、一种特殊氛围或者是暗示某种象征等。

### 2. 广告预算

广告预算的制定与沟通预算的制定一样,需要考虑以下因素:产品生命周期阶段、产品市场份额、竞争的状况、广告频率和产品的可替代性。

① 产品生命周期阶段。企业在新产品上市后,为了建立新产品的知名度、吸引购买,一般需要花费大量广告预算。企业已拥有知名度的品牌所需预算在销售额中所占的比例通常较低。

② 产品的市场份额。市场份额高的品牌只求维持其市场份额,因此其广告预算在销售中所占的百分比较低。而通过增加市场销售或从竞争者手中争取份额来提高市场份额,则需要大量的广告投入。

③ 竞争的状况。在一个有很多竞争者和广告开支庞大的市场上,对品牌的宣传十分必要,宣传的力度和强度要能够与竞争对手抗衡。即便市场竞争没那么激烈,广告不是直接面对品牌的竞争,也有必要通过做广告与目标客户群去沟通。

④ 广告频率。广告频率是把产品或服务的信息向客户传达和传送的重复次数,广告频率的大小也会决定广告预算的支出总额。

⑤ 产品的可替代性。对同一产品种类中的不同品牌需要进行广告宣传,以向消费者送达有差别的品牌形象,帮助消费者识别品牌差异。

**3. 广告方案**

在确定企业的目标市场和购买者购买动机的基础上,广告促销方案一般包括五个主要步骤,其要点简称为5M:确定广告目标(Mission)、确定广告预算(Money)、明确广告信息(Message)、选择广告媒介(Media)和评价广告效果(Measurement)。

(1) 确定广告目标

广告目标即企业通过广告活动要达到的目的,其实质就是要在特定的时间对特定的受众完成特定内容的信息沟通任务。广告目标是广告方案设计的出发点,为整个广告营销活动指明了方向,它应从属于营销目标。根据广告目标特点的不同,可以把广告目标划分为告知、劝说和提示三大类。比如,20世纪90年代,荷兰飞利浦电子集团随着其电动剃须刀系列新产品的不断开发成功,销售业绩迅速上升。这时,集团需要不断更新广告来配合。

(2) 确定广告预算

广告预算是广告的经济基础,通常可供企业选择的确定广告预算的方法有四种:量力而行法、销售百分比法、竞争对等法和目标任务法。在确定广告预算时,要考虑产品生命周期阶段、产品可替代性、竞争和市场秩序以及广告频率等因素的影响。

(3) 明确广告信息

正如前文所述,一项有创造性的广告活动包括广告的设计、广告的评价和选择等方面。有创意的广告不仅能准确表达广告要传达的信息,也能给受众以美的享受。

(4) 选择广告媒介

要综合运用各种媒介,利用它们之间的延伸效应、互补效应等构成有效的广告媒介组合。目前,大型LED显示屏和户外视频网络逐渐成为户外广告的新宠,例如落户上海东方商厦的户外电子显示屏号称"世界第一弧",240个LED单体显示器,净显示面积近350平方米,即使在阳光下也能保证画面清晰明亮。分众传媒率先瞄准楼宇视频广告,也取得了巨大成功。在选择媒介组合时要注意短效媒介与长效媒介的组合、视觉媒介与听觉媒介的组合以及大众媒介与促销媒介的组合,所以在选择具体的媒介工具时要考虑发行量、有效广告接收者数量、媒介比重、广告的频率及广告涵盖的区域等。

(5) 评价广告效果

广告的传播效果即广告活动对广告受众在意识、知识和偏好方面的影响。

## 四、广告效果评估

广告效果的评估是对广告付诸实施后效果的反馈,也是进行进一步控制和调整的基础。对广告的效果评价可以用广告的传播效果和广告对销售的贡献效果两个指标衡量。

### 1. 广告的传播效果

广告的传播效果即广告的受众面的覆盖情况如何,是否达到了既定的沟通效果,即能让多少人听到或看到,能让多少人认可、理解所传播的信息,认可程度如何。

进行效果测定的方法有如下几种。一是直接询问法,即对目标受众进行直接调查,可以是交谈,也可以是直接的问卷调查。此时可以对目标受众进行访谈,了解他们对广告的认知程度,或请他们直接对广告测评表打分;或者采用问卷调查的方式,让受众回忆所听、所看的内容。当被调查者的反应达到相应的指标要求时我们就可以确认达到了良好的效果。二是间接法,主要包括实验测试,即通过对实验者在实验室的生理和心理反应而得到的数据判断广告效果。在实验方法中,通过测定被实验成员的生理反应,如心跳、血压、瞳孔大小变化等来确定反应程度。但有时这种方法只是测定了广告引人注意的程度,并没有说明人们的心理认可程度。

### 2. 广告对销售的贡献效果

广告对销售的贡献效果即广告对销售额增加的贡献程度,即进行广告的促销能力的评估。

评价广告对销售的贡献效果有下列方法。其一,直接询问法,即在销售现场或广告发布结束后,以拦截的方式询问购买者,从而统计出真正购买的原因以及发生购买的数量和销售额。其二,销量对比法,即在条件基本相同的情况下,选择年度时间或测试区域对广告发布前后的销售额进行比较,得出广告投入与销量变化的比较值。如果以数量化的结果来表示,则可应用下列指标:

广告费用占销率=[广告费/销售量(额)]×100%

广告费用增销率=[销售量(额)增长率/广告费用增长率]×100%

单位广告费用促销额(量)=销售额(量)/广告费用

单位广告费用增销量(额)=[报告期销售量(额)-基期销售量(额)]/广告费用

此外,有些企业经常应用千人成本法来评价广告的成本高低,即通过某一特定媒体,广告信息送达到1 000人的成本,计算方法是总成本除以读者数、观众数或听众数,再乘以1 000。

案例11-2 雪佛兰小预算撬动大广告[①]

"你从哪里来?走过了什么样的道路?将到哪里去?你可曾遗忘那些内心深处的真我?"伴随着这些问题,你走入史诗般的电影画面,追寻着你一路的微博历程,并最终生成一份综合了微博行为模式的有趣的心理和行为分析。

上可制作3D大场面电影,下可生成五种性格分析,这其实是雪佛兰在微博上发布的首部大型微博互动史诗应用"迈锐宝时光巡礼",点击进入后,一段奇妙的微博体验就此展开,并会生成一部以用户个人微博为素材的名为#时光巡礼#的3D影片。

---

[①] 资料来源:蒋潇琼.小预算撬动大广告.成功营销,2012(10).

在迈锐宝上市之际,正是社会化媒体盛行,新浪微博开始迈向商业化的时期,较之于传统营销的大投入广撒网的特点,社会化媒体以其更强的互动性、更细分的受众以及更小的预算投入而成为广告主的新宠,此次,雪佛兰正是希望充分利用社会化媒体,用较小的预算撬动大规模的广告投放,从网络竞品投放中脱颖而出。

为此,雪佛兰迈锐宝联合新浪微博发起时光巡礼的社交网络活动,用新浪微博账号登录迈锐宝时光巡礼页面,自动编辑生成一段互动影片视频回顾你的微博历程,以此来展现你的微博情绪、影响力,发现你的微博本色,最终形成一部时长三分半钟、实时呈现的3D版个人微博影像史诗,也借此微电影达到传递雪佛兰迈锐宝真我本色品牌理念的目的。

**【思考题】**

(1)雪佛兰的微博营销成功对传统企业的广告投放有什么借鉴意义?

(2)你能想出其他的微博、微信等营销成功的案例吗?或者失败的案例?对于失败了的企业,你有什么好的方法可以帮助解决这个问题吗?

# 第三节 人员推销策略

## 一、人员推销的概念

人员推销是一种传统而有效的促销方式,即通过销售人员与顾客面对面的接触,生动形象地把所要传达的信息呈现于顾客面前,是促销活动中不可或缺的重要组成部分。根据美国市场营销协会定义,人员推销是企业通过派出销售人员与一个或一个以上可能成为购买者的人交谈,做口头陈述,以促进和扩大销售为目的的促销策略。可以看出它是企业运用推销人员直接向顾客推销商品和劳务的一种促销活动。

人员推销有着独特的优点,一是在于人员推销的互动性,人员推销是客户和推销人员双向交流的过程,信息的传递是双向的,所以在推销中容易达成协议,促成销售。二是推销过程的灵活性,这一点也反映在销售人员在与顾客的沟通过程中,根据顾客的不同反应,察言观色,及时捕捉信息,然后调整沟通方式或者对销售条件做适当调整,从而达到目标。这一过程充分体现了它灵活的一面。三是针对性较强,人员推销的对象通常是经过认真调查研究之后的目标受众,目标较为明确,耗费无效劳动较少。四是它具有培养客户关系的功能。在推销的同时,推销人员和顾客经常的接触也促进了他们关系的发展,培养了良好的关系,从而为双方均创造了继续合作的机会。

人员推销有三种形式,即上门推销、柜台推销和会议推销,主要针对的对象有消费者、产业用户和中间商。企业人员推销可以利用自建的销售队伍,也可利用合同销售人员,采取哪种方式取决于企业的实力和本身战略计划。自建销售队伍具体包括销售员、销售代表、业务经理等,他们具有较强的针对性,能代表公司统一的文化并能够认真贯彻公司的销售计划。合同销售人员包括销售代理商、经纪人等,他们按照销售额或具体金额获取佣金。推销人员一方面是进行促销的有力工具,应多加利用;另一方面也因其代价昂贵而限制了人员的规模。如何才能在两难中找到一个平衡是企业需要认真考虑的问题。一般来说,设计人员销售规模应采取如下三种方法:销售百分比法、分解法和工作量法。

**1. 销售百分比法**

同沟通预算相似,销售百分比法首先要计算几个指标:根据企业的历史资料计算出销售队伍的成本占销售额的百分比($a$ 值);以及销售人员的平均成本($b$ 值);对未来的销售额的预测值($c$ 值),然后以 $c$ 值为基础,将 $b$ 值/$c$ 值与 $a$ 值做对比,最后依据确定的 $b$ 值/$c$ 值去确定销售队伍的规模。

**2. 分解法**

这种方法把每一位销售人员的产出水平分解开来,再根据所预测的销售数额进行比较,这样就能得出人员销售规模了。

**3. 工作量法**

通常企业采用得比较多的是用工作量来确定一个企业所需推销人员的数量的方法。这种方法有五个步骤:①将顾客分类;②确定每类顾客每年所需的推销访问次数;③计算企业推销访问的总次数;④确定一个推销人员每年可进行的平均访问次数;⑤计算企业所需的推销人员数量。

## 二、人员推销的结构及程序

**1. 人员推销组织结构**

在确定了合理的人员推销规模之后,我们还要把人员推销队伍加以合理分配才能发挥他们的最佳功效。在实践中,人员推销可以采取如下几种方式进行设置。

(1) 区域型结构

在这种结构中先将市场划分为若干地理区域,而后每个推销人员负责一定的区域,并在此区域内负责推销企业的所有产品。这种方式简便易行、效率高、费用低且便于考核,但只适合于那些经营品种比较简单的企业以及产品市场相似程度较高的企业。

(2) 产品型结构

在这种结构中先将产品分为若干种类,然后每个推销人员负责某一种或某一类产品的推销工作。这种结构专业化程度高、更适合于那些产品结构复杂的企业,但不利于企业掌握区域性市场行情;需要有相当规模的推销人员,有时会出现交叉现象,推销成本较高。

(3) 顾客型结构

在这种结构中先将顾客按照其属性或其他标准进行分类,然后再按顾客的分类来分派推销人员,而且每个推销人员负责某几家或某种分类的顾客。这种结构能更有效地推销产品,节约总的销售费用,稳定顾客队伍,稳定企业市场。但是也应注意到如果顾客过于分散,销售路线过长等,又会相应增加销售费用。

(4) 复合型结构

这种结构即把上述几种方式组合起来使用。这种结构适应性、灵活性强;同时对推销人员素质要求高,管理复杂。适用于企业产品种类较多、顾客类别较多且分散的情况。

**2. 人员推销程序**

推销人员是促销组合中的主导力量,他们是促销组合中的组织者、协调者、执行者和控制者。一般认为,推销人员的任务有以下四项:寻找顾客、推销前准备、进行推销和售后服务。

(1) 寻找顾客

推销人员要进行推销的首要任务就是寻找潜在顾客,他们可以通过以下途径来寻找潜在的顾客。第一,市场调查咨询法,即推销人员根据市场调查的数据来寻找顾客,或者进行专家咨询,这样得到的信息较为全面准确。第二,资料查询法,即查询相应资料得到顾客信息,顾客信息资料的来源有企业黄页、行业网站、公众媒体资源、网络搜索引擎等。第三,广告开发,即运用广告的方式吸引相应的顾客前来沟通洽谈。第四，客户介绍，这种方式利用既定顾客来开发新的顾客资源，一般通过这种方式得到的情报较为准确且有针对性。

(2) 推销前准备

在推销前应该事先认真做好准备工作，首先应得到推销许可，然后拟定销售计划，约见顾客。最后，临行前应准备好身份证件、所需资料和工具等。

(3) 进行推销

这一步也是非常关键的。这一步中包括接近顾客、销售介绍、排除异议和达成交易四个小步骤，每个小步骤都应该认真对待。这里包括接近方法要得当，语言要得体、有针对性、精确，体现较强的语言逻辑性；对于不同的异议要采取不同排除方式，常见的异议包括产品异议、价格异议、服务异议和质量异议等，造成这些异议的主要原因往往在于顾客信息不足、购买经验欠缺以及自身抱有成见等，也可能是由于销售方的服务、礼仪不当，对这些问题应找出原因，妥善处理，目的是促进交易的达成。

推销包括三种基本策略。其一是试探性策略，即"刺激—反应策略"，是促销人员在未知顾客的基本情况下采取的策略，用来认识顾客需求，以图进一步发展；其二是针对性策略，即推销人员针对顾客的需要，利用一定的说服方法，促成顾客购买行为的发生；其三是诱导性策略，即"诱发—满足"策略，是推销人员首先诱发顾客的需求，然后促进产品销售，满足顾客需求的一种策略。

(4) 售后服务

在完成交易后，售后服务一定要及时跟进，这样才能巩固推销成果，争取长时间的合作，实现关系营销的目的。售后服务可采取多种形式，不仅包括与产品相关的服务活动，与顾客的感情沟通也是一种重要的方式。比如，一个问候明信片有时就可以建立长期的信赖合作关系。这本身也是一种促销手段，可以帮助顾客解决疑难，建立友好的客户关系，提高企业信誉。

## 三、人员推销管理

在促销管理中，人员推销管理主要是针对推销队伍的管理，它包括：推销人员的素质培养、人员甄选、人员培训和绩效考评与激励等管理工作。

**1. 推销人员应具备的素质**

对于企业来说，一个优秀的推销人员是企业的巨大财富。一个成功的推销人员应该具有高度的使命感，对营销事业充满激情；拥有良好的知识结构，不仅要对市场营销学精通，更要对广告学、策划学、心理学、财会学、经济学以及有关法律法规熟知；有良好的团队协作精神，积极进取；有开拓市场、洞察市场的能力。

**2. 推销人员的甄选**

推销人员的甄选首先需要根据推销人员所拥有的素质确定甄选标准，然后再对市场中的应聘者进行严格的挑选。现在可以利用的市场人才来源广泛，如可以通过网络招聘、人才招聘会直接招聘、委托猎头公司招聘、内部选拔和内部推荐等各种方式。

**3. 推销人员的培训**

公司在推销人员招聘工作结束之后，要对员工进行全面的培训，以期达到理想的效果。这些培训包括针对人员推销所需的基本技术，如推销技巧、谈判沟通和客户关系管理等的培训，还包括本公司的产品情况、企业文化、规章制度等内容的培训。总之，其目的就是要培养优秀的推销人才。训练有素的推销人员是企业的主要人力资源，一个优秀的人员推销队伍能够使企业更具有竞争力。

**4. 推销人员的绩效考评与激励**

（1）推销人员的考评

推销人员的考核与评估是公司实施员工奖惩的基础。对推销人员的考评应该遵循以下三个步骤：考评资料的收集、考评标准的建立和考评的实施。

第一，考评资料的收集。考评资料的主要来源是销售人员的销售记录，在不同的企业有不同的表现形式，有的企业是销售人员的销售报告，有的企业是公司的销售记录。在资料收集方面应注意资料的真实性和及时性。

第二，考评标准的建立。考评标准应能客观反映推销人员的推销效果，科学的考核标准应由定性指标和定量指标综合构成。定性指标即那些无法准确用数字来表述的指标，主要有销售人员的客户关系处理好坏、客户满意程度和市场信誉度等，这些指标可通过营销研究方法加以量化。而定量指标则是那些能明确用数字表述的指标，包括销售金额、销售增长率、访问客户的次数、新增客户的数量、销售定额完成率及推销费用率等。对推销人员的考评需要合理运用这些指标，目的是建立科学合理的标准评价体系。

第三，考评的实施。考评的实施就是对所搜集资料依据标准进行科学客观的评价。在实施阶段一定要保证过程的公平合理性，建立监督机制，全过程监督考评实施。得到结果后要及时反馈给上级管理人员，然后根据全局计划进行相应调整。

（2）推销人员的激励

通常对推销人员给付的报酬有三种形式，即薪金制、佣金制和混合制。薪金制是把报酬和销售定额相结合的一种方式，它首先规定了年度内推销人员要完成的销售定额，按照一定比例从中提取报酬。这种方式下的报酬为固定数值，其激励作用表现不够理想。佣金制是把报酬和销售额或利润额相结合的一种方式，规定报酬按照一定比例从当年的销售额或利润额中提取，这种方式激励作用较大，鼓励推销人员超额完成任务，但是缺点在于报酬浮动性较大，也容易引发推销人员的短期行为。混合制综合了薪金制和佣金制的特点，首先规定一个基本定额使用薪金制，然后超额部分实行佣金制，正是因为这种方式的灵活性，现在为大多数企业所采用。

上面只是介绍了推销人员激励中的物质激励部分，除此之外，精神激励也是较好的激励方式，目前在企业中也有较为普遍的应用，如颁发奖状、给予表扬、晋升等均属于这种方式。

## 第四节　销售促进策略

### 一、销售促进的概念

销售促进又称营业推广，即企业运用各种短期诱因，鼓励消费者或组织客户，特别是中间商购买或销售产品、服务的促销活动。美国市场营销协会对销售促进的定义是，除了人员推销、广告和宣传之外的能刺激消费者购买和提高经销商效益的各种市场营销活动。销售促进形式多样，一般通过特殊的优惠活动，诱发消费者和中间商的迅速的、大量的购买，从而促进企业产品销售的迅速增长，效果强烈，不过只在短期内较为有效。

现在，销售促进越来越成为厂家所青睐的销售方式，销售促进有了更加多样的形式，厂商在销售促进的投资上也越来越大。究其原因,主要有以下几点。一是消费者的选择性更多,其消费个性更加突出,厂家要想扩大自己的销售量,仅凭自身的广告宣传渐显单薄,销售商要拿出实在的优惠才能打动消费者,而销售促进是最直接、最实惠的能够刺激购买行为的促销方法。二是随着中间商市场地位的提高,它们的讨价还价能力大大提高,厂家不得不做出让步来吸引有实力的中间商合作,促进与中间商建立长期合作关系。三是竞争环境更加透明,竞争更加激烈。企业面临更多的替代者威胁,选择销售促进能够在短期内增加企业的竞争力,有效地抵御和击败竞争对手,获得市场。

但是销售促进应用过多也会产生一些负面影响,首先是不利于企业的品牌建设,若企业经常性地采取优惠让利活动,容易引起消费者对该产品质量或者价格的怀疑,误以为是低品质或是故意抬高价格后的让利。其次对于长期市场的开发不利,销售促进次数过多,可能使消费者认为商场促销让利是正常现象,一旦价格恢复,销量就会锐减。最后,经常性的销售促进提高了销售成本,也减少了当期企业利润。

## 二、销售促进的形式

销售促进的形式多种多样,如果按照销售促进的对象进行分类可划分为三大类,即针对消费者、中间商和推销人员的销售促进形式。它们或提供各种服务,或进行某种互惠,或者直接对商品进行减价折扣,不过最终都是为了提高销售量,增加企业利润。其中较为常见的销售促进形式有赠送样品、特价包装、赠送礼品、奖励、经销津贴、免费试用、红利提成及联合推广等。

**1. 针对消费者的促进形式**

针对消费者的销售促进在于把握消费者的购买偏好,然后有针对性地采取相应方式。主要的促销形式有产品馈赠、优惠包装、减价折扣、优惠券、赠品印花、有奖销售和会员制等形式。

(1) 产品馈赠

产品馈赠是通过将产品采用免费赠予或附主产品随赠的方式进行促销的一种形式。通常这种方式是为了引起人们的兴趣和获得认同,适用于产品的导入期。高品质的赠品有利于企业实施差异化战略,还能够将体验消费转化为日常消费,进而建立品牌忠诚。附送赠品是吸引消费者购买的最有效方法之一,选择与产品相关的赠品,可以增加产品的购买频率。

(2) 优惠包装

优惠包装是通过降价处理,以低于平常价格的方式销售产品的一种促销形式。有时优惠包装也采取两种或两种以上的商品捆绑销售,两者的组合价格低于两者分开销售的价格,以此刺激购买。

(3) 减价折扣

减价折扣是在原价的基础上进行折扣出售,通过散发折扣券或者直接降价的方式进行促销的形式。优惠券是一种价格优惠凭证,持有该凭证的顾客在购物时获得一定的现金免付。一般来讲,这种方式会吸引对品牌有一定好感或已试用过产品且感到满意的消费者,企业可以利用此方法推出新产品或拓展新市场。如果企业较长期地采用优惠券促销,可培养消费者的品牌忠诚度。特别是在产品的差异化程度不明显时,发放优惠券可以起到培养消费者购买习惯的作用。

(4) 赠品印花

赠品印花是消费者通过购买而获得的一种特殊分类的赠奖,消费者可凭此在兑换中心换成商品。有奖销售也是通过消费者的购买和参与来获得抽奖机会、现金返还或者其他形式的奖励。如厂家经常使用的买200返100,或者购物中奖赢取"新马泰"七日游等方式。

(5) 会员营销

会员营销又称俱乐部营销,是通过在某商店去申请成为会员,在以后的购物中获得某种特定形式优惠的促销方式。这种方式的最大益处在于能通过俱乐部这种团体形式将消费者结合在公司的周围,使之成为忠诚客户。

**2. 针对中间商的促进形式**

企业为使中间商积极销售、更多订货可采取多种促进形式,常见的有购买折扣、经销奖励、采购支持、资本资助等。

购买折扣是企业为鼓励中间商多订货,规定随定购数量不同而采取不同购买折扣的促销形式。经销奖励是根据中间商完成销售额多少而采取不同奖励的一种促销形式,其目的在于鼓励中间商积极销售公司产品,从而规定完成定额数量的销售量之后给予较大比例的销售提成,或给予一定的物质奖励。采购支持是公司为帮助顾客有足够实力购得产品而给予的资金上或服务上的支持。通常采购支持仅限于购买公司的某种特定产品。资本资助即公司出于某种目的而给予中间商的资本支持,通常是为鼓励中间商为其多做宣传广告,获得较好或较多的商品陈列位置等。

**3. 针对推销人员的促进形式**

这里的推销人员可以是本公司的自建销售队伍,也可以是销售终端的外聘人员。通常对于公司内部的销售人员会采取晋升、提供培训机会、提成、推销竞赛、物质和精神奖励等形式。而对外聘销售人员则多采取提成和物质奖励的形式。前面所阐述的许多形式也同样适用于推销人员,企业在实际中应灵活运用。

## 三、销售促进决策

一般来讲,企业在组织实施销售促进活动的过程中,应着重做好下述各项工作:确定销售促进目标、制定销售促进预算、制定销售促进方案、实施和控制销售促进方案以及评估销售促进方案。

**1. 确定销售促进目标**

确定销售促进目标是销售促进决策的首要步骤。根据不同的目标群体销售目标也各有差异,也就是说销售促进的具体目标要根据目标市场的分类来确定。当面向消费者时,促进销售的目标在于鼓励消费者更多地试用和购买产品,扩大销售影响。当面向中间商时,其目标包括吸引中间商更多地订购产品,更加积极代理销售公司产品。当面向推销人员时,其目标在于鼓励推销人员更加积极地销售产品,激励他们主动去寻找或扩大市场,挖掘市场潜力。

**2. 制定销售促进预算**

销售促进预算通常是从总体的促销预算中得来的,其过程也与沟通预算的编制相同。

**3. 制定销售促进方案**

在确定了销售促进的目标和预算后,企业要结合各种销售促进工具的特点,来规划销售促进方案。在制定具体的方案时,需要确定销售促进的诱因、时间、方式、对象以及恰当的时机。

第一,必须确定销售促进诱因的强度,也就是销售促进的规模和强度。这一步骤要根据促销预算来确定,要保证诱因的规模和强度既能保证产生足够的刺激,又能保证不超出预算。第二是确定时间,即确定促销所持续时间的长短,时间过短,可能达不到既定的效果;时间过长,消费者就会失去兴趣,使促销形式失去其应有的效力。第三,销售促进方式,也就是选择营业推广工具。销售促进的方式要根据促销的目标综合考察,灵活运用各种方式方法,要让各种促销方式互为补充和协调,形成理想的促销组合。如优惠券的发放可以通过随所购产品送出,也可以采用杂志报纸、邮寄、定向散发等渠道。第四,促销对象。促销对象的选择要有针对性,如抽奖是针对所有顾客还是针对购买该商品的顾客应事先设计。第五,要准确把握促销时机。促销要找准时机,如消费品促销最好选择在周末、假期或者节日中进行,产业品促销则最好在产销见面会上和销售淡季时进行。

### 4. 实施和控制销售促进方案

在实施销售方案前,所有的准备工作必须到位,包括最初的计划工作、设计工作、配合广告的准备工作和销售点材料的分发,还要通知现场的销售人员,为个别的区域指定配额,购买或印制特别赠品。要进行预期存货的生产,并存放到分销中心准备在特定的日期发放,最后,还包括给中间商的分销工作。

执行计划中要包含两个关键的时间因素:前置时间和后延时间。前置时间即推出方案之前的准备时间,这段时间的工作包括推广的设计、修改、批准、制作和传送等;后延时间即从营业推广活动开始到推广的产品95%已到达消费者手中的这段时间,这段时间的工作是实际推广运作和管理的时间。实施过程中,要对销售促进方案进行全过程的控制,确保销售方案的准确实施。

### 5. 评估销售促进方案

销售促进的最后工作是对所实施的方案产生的效果进行评估。通过评估可以检查目标实现的情况,另外通过分析也能暴露出方案中存在的问题,以便对方案加以完善。评估中我们常使用的方法是通过比较销售促进活动开始前、进行中和结束后三个时期的销售额变化情况,分析衡量销售促进活动的成效。若销售额增加明显,则可以认为促销方案是积极有效的。除此之外,还应该增加对一些定性指标的评估,如销售促进所带来的品牌知名度、顾客满意度等,这样才能全面有效地对方案进行评估。

案例11-3 再见了,多买多送[①]

许多消费者逛超市时都喜欢商家"买一送一"的优惠促销,不过未来这种促销将越来越少见了。IRI(美国信息资源公司)最近的一项调查报告《西方经济中的价格和促销》(*Price and Promotion in Western Economies*)显示,在欧洲市场,越来越多的快消品品牌和零售商开始摒弃促销的营销手段,而把更多的预算投入到通过广告来打造品牌上。

根据IRI的数据,在欧洲国家中,英国是通过促销卖出最多快消品的国家,食品类和非食品类分别有49.8%和58.6%是通过促销卖出去的,但在最近一年,这两个比例平均下降了2.6个百分点;在整个欧洲市场,2015年通过促销卖掉的商品比例下降了0.7个百分点至28.1%。其中,最常见的"买一送一"促销手段带来的销售,也从过去占整体销售额的15%下降到12%。2016年,英国第二大连锁超市Sainsbury's决定砍掉73%的"买一送一"促销商品,其他的零售商,包括Asda、Tesco、Morrison和Waitrose等,也都在过去一年里逐渐减少了这种多买多送的促销商品。

---

[①] 资料来源:严瑾.再见了,多买多送.成功营销,2017(1).

**促销是一场"零和游戏"**

从表面上看,无论是促销还是广告,只是一个营销手段选择的问题,但本质上它涉及的是品牌短期和长期目标的问题。

从短期效果来看,促销依然是有效的,它能在很短的时间内带来销售的增长。但 Tim Eales 指出,很多广告主表示,在促销上的支出太多,在整体预算不变的情况下,会影响企业在其他营销方式上的支出,同时促销也吞噬了一部分的边际利润。

对于品牌来说,消费者只有在你提供低价的时候才会购买,这意味着他们对品牌缺乏忠诚度,当竞争者提供更低价格时,他们就会弃你而去。宝洁首席财务官 Jon Moeller 曾表示,通过增加促销支出来实现业务增长是一种"惨胜"(Pyrrhic Victory)。同时,定价也是营销的一部分,降价、促销等做法,不能真实地反映产品、品牌的信息,反而会毁掉品牌的信誉,侵蚀消费者对品牌的信任。

**【思考题】**

(1) 你赞同文中"促销是一场零和游戏"的说法吗?

(2) 从某种角度来说,你认为促销除了像文中说的那样损害了品牌形象,它还损害了什么呢?

## 第五节 公共关系策略

### 一、公共关系的概念

公共关系(Public Relation)的定义已在第一节中进行了界定,即公共关系包括设计用来推广或保护一个公司形象或它的个别产品的各种计划。公共关系即企业与公众(Public)的关系,其中公众即是对企业达到其目标的能力具有实际的或潜在的兴趣或影响力的人群。

由于公众有促进或阻碍企业达到其目标的能力,那么与公众建立起良好的关系就变得特别重要了。现在越来越多的企业认识到了公共关系的促销作用,并把它作为一个重要的促销手段纳入企业的促销组合策略中,并取代了以往的"营销宣传",即采用不付费的方式在公共媒体上"赞美"企业或产品或个人,目的是给公众一个好印象。显然,营销宣传只是公共关系的内容之一,公共关系有更广泛的概念和更丰实、更有效的促销功能。

### 二、公共关系的功能与形式

**1. 公共关系的功能**

因为公共关系的独特性,企业试图通过这种方式的不同功能,达到不同的促销目的。公共关系的全部活动和功能最终是为了企业内强素质、外树形象。具体地,包括搜集信息、监测环境、传播沟通、协调关系、处理纠纷、参与决策、创造气氛、教育引导、增进社会效益和树立企业形象等。

**2. 公共关系的形式**

为达到公司总体目标,充分发挥公共关系的各种功能作用,企业负责公共关系的部门通常采用以下公关手段。

（1）新闻媒介宣传

新闻媒介宣传主要包括新闻报道、公共媒介、特写专访等形式。新闻宣传即企业在一定事实的基础上，将某些能反映企业良好形象的事件发布于公众媒体上的行为。鉴于媒体的真实公信性和权威性，这种方式已成为各个企业进行公共关系活动的理想方式。作为企业一方，要想把新闻媒介宣传的工作做好，首先要捕捉及时而有价值的有关企业新闻素材，编写成好的新闻报道。其次要选择高层次的新闻媒体，把企业新闻呈现给广大的消费者。这样就要把新闻报道放在电视、报纸等公众接触较多的媒介上。

（2）社会活动宣传

社会活动宣传是企业对外树立形象的重要方式，它可以帮助企业建立广泛的社会关系网络，树立对社会负责的公益形象。例如，通过赞助和支持各项公益活动、参与节日庆典、向公益基金捐款、参加赈灾活动、支持社会福利事业等提高企业的社会公益形象。

演说也是公共关系经常采用的方式，企业的宣传机构或者企业的负责人通过在各种公开场合，包括新闻发布会、论坛活动或展销会上演说，以增进了解、协调关系和树立形象。

企业通过事件营销也能创造较好的公关效应。事件营销即企业通过安排一些特殊的事件来吸引公众对企业的重新认识或者推销某项产品或主张等，旨在通过独特的创意来吸引人们注意，这些事件常包括娱乐参与、新闻发布、慈善公益、运动倡导、周年庆祝或资助某项活动等。

通过这些社会活动的参与或举办，企业常常可以收集到有价值的市场信息，或是能够发展或巩固某种商业合作关系，使企业的公关活动真正起到搜集信息、监测环境、传播沟通和协调关系的作用。

（3）公共关系广告

公共关系广告与前面介绍的广告促销并不相同，这种广告并不以直接的销售为目的，仅为树立公司某种形象之用。所以这种公关广告经常表现为公益广告、印刷刊物、宣传广告等形式。公共关系广告的传播效果是以社会公众对广告的收看、收听、认知、记忆等因素为依据进行调查、计算的。公关广告传播效果的测定是企业衡量公共关系成效的关键步骤，其内容包括：注意率、阅读率、认知率和记忆率等。对公关广告传播效果的评估方法主要有：问卷调查法、抽样调查法和访谈法等。

（4）客户关系管理

公共关系的重要一环是进行良好的客户关系管理。这里，客户关系管理是企业利用社会交往的形式进行有效的客户关系保持的系列活动。研究显示，有效的客户关系管理不仅能保持良好的客户关系，而且还能产生蜂鸣效应，即利用公众口口相传的方式进行有关企业或产品的信息传播，形成良好的口碑，从而促进销售。其主要形式有游说客户，改变客户的固有想法或偏见，树立企业形象；参观访问，采取定期和不定期的方式进行访问、互访，以发展友谊、增进关系；互动联谊，通过招待会、见面会和联谊会等形式，稳定客户关系；宣传资助，包括向客户传播企业文化理念，传递企业产品信息，对客户进行技术、服务或资金支持，帮助处理客户危机等。

## 三、公共关系管理

随着经济文化的发展，公共关系越来越得到人们的认可，也使人们越来越认识到公共关系的重要性。今天，与消费者沟通最具挑战性的工作就是赢得注意力，而普通的广告则因为消费者的厌倦等原因逐渐失去了原有的魅力，公共关系则在赢得注意力方面扮演着越来越重要的角色，所以必须对公共关系进行有效的管理。公共关系管理的工作程序主要包括公共关系调查研究、公共关系计划管理、公共关系信息传播和公共关系传播效果评估。

### 1. 公共关系调查研究

公共关系调查研究即公共关系人员对自己或所服务的组织的公共关系状态进行的情报搜集与研究工作。其内容是就公众对一个组织及其产品形象评价所进行的调查和分析，以求掌握组织的实际形象，发现组织存在的问题，为组织设计公共关系形象、策划公共关系活动提供依据。

通过这一步骤可以对公司或组织的各个有关方面进行全面的了解，随时掌握企业的公共关系现状和存在的问题，内容主要包括社会环境、组织形象、公众的态度和意见以及传播效果等的调查。

### 2. 公共关系计划管理

公共关系计划是根据组织自身目标的要求和现存的问题，对市场营销公共关系活动进行确定目标、设计方案、编排内容和评估预算的活动，目的是设计制定出最适合的公共关系方案。

确定目标与其促销能力的有效范围紧密相关。在市场营销中，作为一种促销手段，公共关系在建立知名度、树立可信度、刺激销售队伍和经销商以及降低促销成本方面都能够发挥重要作用。设计方案是根据公共关系目标所做的具体工作，具体工作包括选择公关信息和载体、进行公众细分、确定目标公众、分析目标公众的权利要求及分析调查资料。

编排内容是针对不同的时间、地点和目标进行的。评估预算是根据不同方案的要求而进行的成本预测，基本方法有三种。第一种是销售额百分比法，即企业按年度计划销售总额来抽取一定的百分比作为公共关系年度预算费用。第二种是项目作业综合法，即先列出公共关系项目计划及每项公共关系计划所需的费用细目和数额，核定单项公共关系活动预算，然后将年度内各个公共关系项目预算汇总，便可得出全年公共关系活动经费总额。第三种是平均发展速度预测法，即运用历史资料计算出公共关系经费实际开支总的发展速度，并计算出平均发展速度，按照这一速度确定计划期公共关系经费的预算数额。

### 3. 公共关系信息传播

公共关系信息传播是依据拟定的公共关系传播方案而进行的信息交流活动，是公共关系传播方案的实施过程。其目的是沟通传播者与公众之间的信息联系，使企业或产品或品牌在公众中树立良好的形象，简言之，就是达到利用公共关系促销的目的。一般地，在公共关系方案中会对传播者、传播的对象、传播的内容、传播渠道（如选择大众传播媒介报纸、广播、电视等）以及预期传播效果进行策划，这些内容是公共关系信息传播的依据和核心工作。

### 4. 公共关系传播效果评估

公共关系传播效果评估，指的是企业依据某种科学的标准和方法，对公共关系的实施过程以及实施效果进行检查、测评和得出结论的活动。其目的是取得关于公共关系工作效益和工作效率的信息，为公共关系营销绩效考核、改进工作和制定公共关系新计划提供依据。对公共关系传播效果的评估的重点，是考察公共关系促销实际效果与公共关系传播方案中的预期效果的差异。

常用的评估指标包括信息传播频率、发送信息数量、受众覆盖面、受众反响和对销售额和利润额的贡献。信息传播频率可以通过计算企业在媒体上的信息传播次数获得；发送信息数量可以通过检查公共关系活动实施记录获得，如对活动的基本内容进行分析，计算出现的则数、报道的总面积或总秒数；受众覆盖面是考察公共关系传播范围是否覆盖了所有的既定公众对象,如通过掌握报纸、杂志的发行量及电台的收听率,再乘上曝光次数,即可知道可能接触的公众面;受众反响可以通过比较公共关系营销前后公众对企业或产品或品牌的知名度、美誉度、忠诚度、态度等指标的变化获得;对销售额和利润额的贡献可以通过比较公共关系营销前后企业销售额和利润额的变化获得。

案例11-4　星巴克不卖咖啡,卖什么?[①]

星巴克如此重视社会责任的原因是什么?每年的主题如何确定?这些问题值得研究。2016年《纽约时报》和《华尔街日报》上同时刊出两个整版星巴克广告,这对极少做硬广的星巴克而言实属罕见,然而这次重磅推出的广告作品,却看上去与卖咖啡没有半点关联,甚至没有任何与咖啡有关的信息。

**传导积极向上的生活方式**

广告画面中,黑白两色背景下,用大写字母呈现出各种针锋相对的观点,如"分裂—团结、懦弱—勇气、排斥—包容、冷漠—同情"等,第二个画面更是以整版文字来描述人们心中的美国梦,指出"这不是我们四年一次的机会,而是每一天都可以做出的选择",在大选之年,倡导每一位美国公民应以更团结、乐观、人道、公平和负责的态度去重拾"美国梦",建设一个更好的国家。

这则广告出现于星巴克一年一度全球股东大会的第二天,同时也正处于美国四年一度总统大选如火如荼进行的背景下,3月21日,民主党候选人之一的伯尼·桑德斯也来到星巴克咖啡发源地西雅图为26日举行的华盛顿州内选举造势,星巴克此时发布该广告,与政治的关联不言而喻。

**创始人意志 VS. 公众态度**

一直以来,为了避免引火上身,企业内部都会有一些不成文的规定,尽量避免与政治、宗教、种族沾上关系。而近年来,星巴克作为一家全球连锁咖啡企业,却开始越来越主动谈论这些话题。这主要因为星巴克创始人兼CEO霍华德·舒尔茨意识到,企业除了关注盈亏之外,还负有社会责任,而其旗下的2.2万家连锁店和每周7 500万名顾客将有能力影响公共话语内容。2014年10月,为了表达对国会"财政悬崖"事件的不满,星巴克在《华盛顿邮报》上刊登一则广告,画面中只有一只写有"振作起来"字样的咖啡杯,同时在首都华盛顿,员工们在为客人点咖啡时,会在咖啡杯上写上"振作起来"的字眼,这是星巴克员工第一次被要求在杯子上撰写与顾客或咖啡无关的信息。

但是也有人对此并不买账,认为星巴克所开展的那些看似与卖咖啡无关的活动其实只是借用政治议题为自己促销而已。2015年3月,在美国连续发生多起种族冲突事件后,星巴克发起了一场倡导"种族和谐"(Race Together)的活动,鼓励咖啡师在咖啡杯上写上"Race Together"字样,试图引发种族问题的讨论。然而此举引发舆论喧哗,不到48个小时,社交媒体上就出现共计25亿条评论,其中不乏对该活动的抨击以及对星巴克及舒尔茨的讽刺与蔑视,差评如潮,该活动最终因人们激烈的反应戛然而止。

**企业公民意识提升品牌魅力**

对各类公众事务的积极参与,为星巴克赢得了越来越多人的尊重,塑造了"良心企业"的形象,如今,在公众对星巴克品牌的评价中,更多是基于星巴克是一个怎样的机构,而不仅仅是其咖啡的口味。以"Race Together"活动为例,尽管该活动几乎以失败告终,但星巴克的销售业绩并未受到负面冲击,后来发布的当年第二季度收益报告显示,公司的收入和营业收益分别上

---

[①]　资料来源:张玲.星巴克广告不卖咖啡卖什么.成功营销,2016(4).

涨18%和21%。

除了星巴克以外,近年来越来越多的企业或企业领导人加入了为社会问题表态的阵营,如苹果公司CEO蒂姆·库克(Tim Cook)和PayPal联合创始人马克斯·莱文奇恩(Max Levchin)参与抗议印第安纳州和阿肯色州的《恢复宗教自由法》活动;世界第二大服装公司H&M为倡导环保,以折扣方式回收二手服装进行资源再利用等。这些以实际行动为正义发声、响应社会公共事务的行为,虽无关产品销售,却能获得用户为其真心点赞。

**【思考题】**

（1）从广告的角度来看,你认为星巴克的广告成功吗?

（2）星巴克过去的广告常常避免政治话题,近几年它却是常常参与或者发起有关政治的讨论,在特朗普废除奥巴马倡导的全民医疗时,星巴克率先在Facebook上表态,星巴克员工的医疗服务不会受损。在你看来星巴克是在为自己做宣传、促销吗?还是真的当一个企业做大做强后,渐渐地担负起了社会责任?

## 本 章 小 结

本章主要介绍了沟通和促销组合策略。沟通即企业将有关其产品的信息有选择地传播给受众（消费者），达到说服其购买的目的。企业促销的过程首先是企业与消费者的信息沟通过程。促销组合策略是企业根据促销的需要,对广告宣传、销售促进、公共关系与人员推销等各种促销方式进行的适当选择和综合编配。广告是由明确的发起者以公开支付费用的做法,以非人员的任何形式对产品、服务或对某项行动的意见、想法向目标受众进行介绍的一种传播行为。确定广告预算的方法有量力而行法、销售百分比法、竞争对等法和目标任务法。人员推销即企业通过派出推销人员与一个或一个以上可能成为购买者的人交谈,做口头陈述,以推销商品,促进和扩大销售。销售促进即企业运用各种短期诱因,鼓励消费者或组织客户特别是中间商购买或销售产品、服务的促销活动。公共关系是包括设计用来推广或保护一个公司形象或它的个别产品的各种计划。公共关系的对象是公众。

## 关 键 名 词

沟通　促销组合　促销组合策略　广告策略　人员推销　销售促进　公共关系
推式策略　拉式策略　量力而行法　销售百分比法　竞争对等法　目标任务法

## 思 考 题

1. 信息沟通应对消费者产生怎样的影响?
2. 制定促销组合策略应该考虑哪些因素?
3. 企业应该如何进行销售促进决策?
4. 什么是公共关系管理?

# 第五篇　市场营销计划与跨越式发展

# 第十二章 市场营销计划与管理

**本章学习要点**

- 掌握市场营销计划的概念及内容
- 掌握市场营销组织的分类
- 理解市场营销执行过程
- 理解市场营销控制的步骤及内容
- 本章小结

企业的市场营销管理过程,是企业市场营销的计划、组织、执行和控制的过程;也是企业根据外部环境变化,结合自身资源特点,不断地制定、调整和修正营销战略,以实现营销目标的管理活动。市场营销计划是企业市场营销活动的基础,而市场营销计划的成功实施离不开有效的市场营销组织,市场营销控制则是市场营销活动能够按照计划实现的重要保证。由于市场营销计划与管理涉及营销活动的方方面面,所以借助本章我们得以将市场营销的知识体系系统化,并整合在市场营销计划的框架下。

## 第一节 市场营销计划

### 一、市场营销计划的概念

市场营销计划是企业指导和协调市场营销活动的主要依据。市场营销计划,是在对企业市场营销环境进行调研分析的基础上,按企业和各业务单位年度营销目标以及实现这一目标所采取的策略、措施和步骤的明确规定和详细说明。

"市场营销计划"是一个统称。从特定层面来看,它一般可以分为品牌计划、产品类别市场营销计划、新产品计划、细分市场计划、区域市场计划、客户计划等。

市场营销计划与企业战略规划之间的区别在于:市场营销计划属于企业的职能计划之一,是企业整体战略规划在营销领域的具体化;而企业战略规划仅仅是企划工作的起点,它引导企业制订更周密、更完整的计划以完成组织的目标。

### 二、市场营销计划的作用

市场营销计划是指导和协调市场营销活动的主要工具,是企业市场营销活动顺利进行并取得良好经济效益的前提。企业必须为每一次的市场营销活动精心地准备计划,并分析、预见实施中可能出现的各种问题,设置防范措施,这样才能使企业的市场营销活动取得预期的效果。

市场营销计划的作用主要表现在以下三方面。

第一,市场营销计划是企业对未来市场营销活动的规划和行动策略,有利于企业对整个营销活动的有效控制。

第二,市场营销计划可以减少企业市场营销活动的盲目性,使企业有明确的营销目标,并且使企业能够明确地知道应该通过何种营销手段来达到该营销目标。

第三,科学合理的市场营销计划可以使企业更好地协调各部门、各环节的关系,使各部门的行动保持一致,从而促使企业营销目标的实现。

总之,市场营销计划是企业市场营销活动的基础和关键,企业只有制订出科学合理的市场营销计划,并且有效地执行市场营销计划,才能达到预期的营销目标。

### 三、市场营销计划的步骤与内容

制订一个营销计划,往往要经过对背景或营销现状的描述,进行SWOT分析,拟定营销计划的目的和目标,确定实现目的和目标的战略,并且制定一套在战略指导下有机整合的营销组合策略。围绕该计划制定一个详细的、有可行性的行动方案,以及计划和方案的实施控制等几个步骤。因此,市场营销计划主要分为以下八个步骤:计划概要、营销现状分析、风险与机会分析、营销目标确定、营销战略与策略制定、营销行动方案制定、营销预算编制以及营销控制。市场营销计划流程,如图12-1所示。

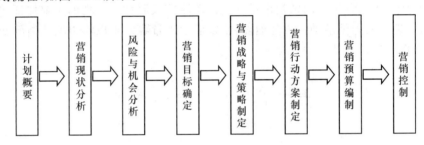

图12-1 市场营销计划流程

**1. 计划概要**

计划概要是对主要营销目标和措施的简短摘要,目的是使管理部门迅速了解该计划的主要内容,抓住计划的要点。

**2. 营销现状分析**

这部分内容主要提供产品目前营销状况的有关背景资料,包括市场、产品、竞争、分销和营销环境状况的分析。

① 市场状况分析。要列举出目标市场的规模和成长性的有关数据以及顾客的需求状况等。

② 产品状况分析。要列出企业产品组合中每一个品种最近几年的销售价格、市场占有率、成本费用和利润率等方面的数据。

③ 竞争状况分析。企业在根据自身优势制定营销战略时,应该考虑竞争者的优势与劣

势,从而找到企业自身的竞争优势,竞争优势就是能够比竞争者更好地满足顾客需求的能力。因此,竞争状况的分析即要识别出企业的主要竞争者,并列出竞争者的规模、目标、市场份额、产品质量、价格、营销战略和其他有关特征,从而了解竞争者的意图和行为,判断竞争者的变化趋势。

④ 分销状况分析。这一部分需要描述公司产品所选择的分销渠道分类和在各种分销渠道上的销售数量。

⑤ 营销环境状况分析。营销活动不是发生在真空里,而是发生在一个充满大量不可控因素的环境中,这些因素包括法律和法规、社会状况、经济条件、技术因素和竞争因素等。市场营销的一个重要工作就是发现并利用市场机会,而市场机会来自营销环境的变化。成功的营销者能够意识到环境的变化,并且能决定如何利用这些变化。营销环境状况的分析主要是对营销环境的状况和主要发展趋势做出简要的评价。

### 3. 风险与机会分析

在这项分析中,必须把对企业机会与威胁的分析和对企业优势与劣势的分析结合起来进行,这样才能使这项分析真正给企业带来盈利的机会,回避可能遇到的风险。一个市场机会能否成为企业的营销机会,关键在于这个机会是否与企业在目标和资源方面的优势相匹配,如果企业在这方面具备优势,那么就应当充分发掘和利用这个市场机会。因此,在市场营销计划中要对市场机会和风险进行科学、详细的预测、分析和判断。

首先,要进行机会/威胁分析,通过对外部环境变化趋势的分析,识别出有利于企业发展的市场机会以及可能影响企业经营,甚至危及企业生存的主要环境威胁。

其次,要进行优势/劣势分析,即通过对内部经营环境和条件的分析,明确本企业相对于竞争者所具备的战略优势和劣势。

最后,要对企业所面临的市场机会、环境威胁,企业所具备的优势与劣势等要素进行综合分析,将良好的市场机会与企业优势相结合,同时要努力防范和化解因环境威胁和企业劣势带来的市场风险。

### 4. 营销目标确定

营销目标是企业通过制定营销战略和营销计划来实现的目标。确定企业的市场营销目标,是市场营销计划的核心内容。营销目标必须是明确的,而不是模糊的;营销目标必须是一种在执行中可以测量的行动、而不是难以控制的变量;营销目标必须是可以行动的方案,而不是一个空洞的想法;营销目标必须是现实的,不切实际的目标在开始行动之前就注定会失败;营销目标必须考虑时间因素,也就是必须考虑开始的时间和结束的时间;营销目标还要具备一定的开拓性。

营销目标可以由以下指标构成,如销售收入、销售增长率、销售量、市场份额、品牌知名度、分销范围等。

### 5. 营销战略与策略制定

为了实现营销目标,企业必须制定营销战略和行动计划,营销战略包括目标市场选择和市场定位战略、营销组合策略、营销预算等。

第一,目标市场选择和市场定位战略即明确企业的目标管理市场,即企业准备服务于哪个或哪几个细分市场,如何进行市场定位,确定何种市场形象。

第二,营销组合策略即企业在目标市场上所采取的具体的营销策略,包括产品策略、价格策略、渠道策略和促销策略。产品策略包括提出新增产品项目构想,确定各产品项目在质量、款式等方面的具体要求,决定研究开发费用等;价格策略即企业要如何确定产品的价格;渠道策略是主要确定分销渠道的安排及费用;促销策略包括选择促销手段,确定促销组合及促销费用等。

第三,营销预算要详细说明为开展各种营销活动所必需的营销预算费用,并且要以科学的方法确定恰当的费用水平。

### 6. 营销行动方案制定

为了有效实施市场营销计划,市场营销部门以及有关人员需要制定详细的行动方案。因此,这部分内容是对各种营销战略和策略的具体实施制定详细的行动方案。即阐述以下问题:将做什么?何时开始?何时完成?由谁来做?成本是多少?

为落实营销战略和策略,需要制定出可实际操作的具体计划和行动方案,方案必须明确市场营销计划中的关键性环节、措施和任务,并将任务和责任分配到个人或团队,对于每个营销战略或策略要素,应具体确定将"由何人、在何时、在何地、花多少费用、采用何种方法以及实施步骤,负责完成哪些具体工作"。方案还应包含具体的时间表,即每一行动的确切时间。整个行动计划可用列表的形式加以说明。

### 7. 营销预算编制

营销预算主要针对实施市场营销组合策略需要的营销费用开支,而且总的营销费用支出还要合理地在市场营销组合的各种要素间进行预算分配。企业总的营销费用预算一般是基于预期销售额的一定比率确定的。最后,公司要分析为达到一定的销售额或市场份额所必须要做的工作以及计算完成这些工作的费用,以便确定营销费用总开支,并将营销费用在各职能部门或各营销手段之间进行分配。

事实上,对市场营销计划中的营销预算部分就是要列出一张实质性的预期损益表。在收益的一方要说明预计的销售和平均价格,在支出的一方要说明生产成本、分销成本和营销费用。收入和支出的差额即是预期利润。企业的各业务单位做出营销预算后要送上级主管部门审批,经批准后,该预算就是材料采购、生产调度、劳动人事以及各项营销活动的依据。

### 8. 营销控制

营销计划的最后一部分是对计划的检查和控制,目的是监督计划的实施进程。一般地,计划的定期营销控制工作,即对各个战略业务单位的业绩定期考核目标和预算是按月份或季度分别制定的。凡未完成计划的部门,其主管人员必须说明原因,并提出改进措施,以争取实现预期的目标,从而使组成整个营销计划的各个部门的各项工作得到有效的控制,保证整个计划能井然有序、卓有成效地付诸实施。表12-1是一个常用的市场营销计划书模板。

表12-1 常用的市场营销计划书模板

一、标题:一个代表主题的词或者一句话,然后以实际内容为副标题
二、概论:阐述计划的内容梗概
三、指导思想:阐述计划编写的理念和数据依据
四、纲要注释:对一切需要特别说明的引用或者内容提前解释(尤其当报告的读者缺乏专业知识时)
五、中心思想:确立本计划的核心内容
六、竞争力分析
 1. 环境:阐述和分析目标市场的环境状况
 2. 对手:详细阐述竞争者的状况(数据越充分越好)
 3. 消费市场:阐述和分析目标市场的状况和客户特点

续表

　4. 自身：本公司的竞争力分析（有必要预先访谈领导，把握其意图）
　5. 结论：对上述分析进行总结
七、定位：根据分析结论进行市场定位
八、策略定位：根据市场定位分别对包括市场、营销组合策略等做出基本定位
九、营销策略
　1. 市场策略
　2. 产品策略
　3. 渠道策略
　4. 价格策略
　5. 服务策略
　6. 协同策略
　　⋮
十、策略实施：分别对应策略项目做出实施计划及预算、总预算
十一、执行目标：对策略的组织执行和控制方案进行描述
十二、备注：根据本公司情况，列出不可控、不可估因素等

## 四、市场营销计划中的常见问题

拥有营销计划并不能一定保证成功，在市场营销计划的实施中，会出现一些这样或那样的问题，以至于好的市场营销战略、战术不能带来期望的业绩。营销计划中常见的问题主要表现在以下几个方面。

第一，市场营销计划中缺乏足够的现状分析。现状分析是一个完整计划的基础，缺乏本企业和竞争者的重要信息会导致战略计划的短视。这就要求企业平时就做好有关信息的收集整理工作，而不是到制订战略计划时才临时抱佛脚。

第二，营销目标不现实。企业最高管理层不能根据其主观愿望来规定目标水平，而应当根据对市场机会和资源条件的调查研究和分析来规定适当的目标水平。低估或高估企业的目标，都不会给企业带来满意的结果。

第三，市场营销计划中没有足够的细节分析。企业的目标也许制定得很好，但战略及其实现步骤如果不完善、不具体也是不够的。企业的战略计划若分层次、具体化、数量化说明什么任务、何时和由何人来实施，企业的最高管理层就便于管理计划的执行和控制过程。

第四，市场营销计划因循守旧，维持现状。企业的营销计划如果每年都一样，也将不会给企业的发展带来好的结果。因为企业自身在发生变化，市场环境在发生变化，竞争对手的实力与结构也在发生变化。因此，企业的市场营销计划必须根据市场环境的变化不断地调整。

第五，缺乏具体、明确的行动方案，计划没有被实施。如果企业的营销管理者制定了一个好的计划后，却从来不采取任何行动来实施它，其结果只能是计划形同虚设。

第六，竞争者出乎意料的行动。竞争者有力竞争的标志是，它们能够根据其自身特点灵活而又果断地采取行动。企业决不能低估竞争对手，应该留有足够的余地来调整企业的战略计划和预算。

第七，没有调节战略计划进程。调节战略计划的唯一途径是评估各阶段应该做什么和不应该做什么，以便发现问题并及时解决。

案例12-1　企业为何偏离既定的市场营销计划[①]

企业为何会偏离既定的营销计划，怎么偏离的，有何影响？人们对这方面的信息知之甚少。该项调研对这种现象进行探讨，并对其后期的即兴计划进行研究。调查组采用关键事件调查法(Critical Incident Technique)，对来自六大洲使用营销策划软件的营销策划人员进行线上调研。

调查结果表明，在营销计划执行过程中，企业必须重视三个要素：其一，注重后期即兴计划体系的系统开发；其二，注重后期即兴计划发生的频率；其三，注重引起后期即兴计划的原因、偏差，以及结合原计划情况了解为何会产生这些突变因素。

受外部市场因素变化的驱动影响，策划者更看重即兴计划，认为相对于依据企业内部因素制订的市场营销计划，即兴计划更切合快速变化的市场实际情况，成功率更高。本调查结果也显示，后期即兴计划的确能带来更好的效果。但即兴计划的具体策略受到的影响因素有所差异，譬如定价策略的即兴计划，更有可能会受到外部宏观环境的影响，而促销策略的即兴计划，受到的影响更多出自对竞争者的回应。那些缺乏经验的市场营销计划策划者，他们的策划成功率低于那些能够很好地进行即兴计划的策划者。

该项调研对后期即兴计划能够起到规范作用，更好地帮助营销者将即兴计划应用到实践中，有助于营销者做出进一步判断，是坚决按照既定的营销计划开展工作，还是根据市场情况制订、实施即兴计划。

**【思考题】**
(1) 你认为企业为什么会偏离既定的营销计划呢？
(2) 你认为这是个偶然事件还是必然事件？为什么？

# 第二节　市场营销组织

企业的市场营销战略和计划制定出来以后，如何使之变为现实，是企业营销成败的关键。这就要求企业设置与市场营销战略计划的实施相适应的组织结构与体系，合理安排和调配企业各种资源，以保证计划的顺利实施。

## 一、市场营销组织的概念与目标

市场营销组织即企业内部涉及市场营销活动的各个职能单位及其结构。市场营销组织中各个职能单位与营销活动紧密相关，并且各职能单位通过其组织结构结合起来，这就使得市场营销活动不是各个职能单位的独立活动，而是各职能单位相互作用的结果。

市场营销组织的目标主要有四个：第一，市场营销组织必须能够对市场需求做出快速反应；第二，市场营销组织的目标是使市场营销效率最大化；第三，市场营销组织必须能够代表并维护消费者利益；第四，市场营销组织必须能在市场营销部门和其他职能部门之间建立一种高效的组织关系。

---

[①] 资料来源：Whalen P S, Boush D M. Why, how and to what effect do firms deviate from their intended marketing plans: Towards a taxonomy of post plan improvisation. European Journal of Marketing, 2014;48(3/4): 453-476. 转载：企业为何偏离既定的营销计划. 新营销, 2014(4).

## 二、市场营销组织的演化

现代企业的市场营销部门,是随着市场营销观念的发展,长期演变而形成的产物。它大体经历了五种典型的形式:单纯的推销部门;具有辅助性职能的推销部门;独立的市场营销部门;现代市场营销部门和现代市场营销企业。

**1. 单纯的推销部门**

企业组织设置以生产部门为主,销售部门的职能也仅仅是在推销生产部门生产的产品,具体表现为"生产什么,就卖什么",销售部门对产品生产没有发言权。但是,简单的销售部门只适合需求比较单一、选择性较小且同质性较高的产品的销售。

**2. 具有辅助性职能的推销部门**

20世纪30年代以后,市场上产品数量得到了较大的增加,消费者在购买商品时有了更多的选择机会,而且由于生活水平的改善和提高,消费者开始注意同类产品在质量上的差异,并对创新的产品表现出极大的兴趣,他们宁愿花高一点的价钱去购买质量较高和比较新型的产品。这样一来买卖双方的关系发生了微妙的变化,生产者对消费者在产品质量和分类上的要求,再也不能熟视无睹了,否则他们的产品就会滞销,甚至卖不出去。于是,生产者开始注重从消费者的需求来改进产品质量并大力进行产品创新。这一时期企业经营观念由生产导向型变为产品导向型,企业内部兼具营销职能的销售部门出现了,但仍缺乏主动推销意识。

当公司业务拓展至新的地区或增添了新的客户分类时,公司此时需要增加某些新的营销职能。销售经理此时就需要请这些方面的专家来处理这些营销事务,他会设立一个营销部来负责诸如市场调研、广告等营销活动。

**3. 独立的市场营销部门**

随着工业化革命的深入和机械化程度的提高,大量产品充斥市场,出现了供大于求的现象。买卖双方的位置也因此发生了显著的变化,市场状态由原来的卖方市场转化成了买方市场。生产者的工作重点是用尽一切手段去刺激消费者购买自己的产品,使用各种推销和促销手段,于是,企业经营管理观念由产品导向型转变为推销导向型,企业开始设立独立的营销部门,力求把产品能尽快地大量推销出去。在这个阶段,企业设立了一个相对独立于销售副总的营销部门,负责营销调研、新产品开发、广告等营销活动,为企业寻找新的发展机会。

公司的持续发展增加了它在营销职能上的投入,如市场调研、新产品开发、广告和促销、售后服务,这些都和营销人员的活动有关。公司总经理发现了单独设立营销部的好处,营销经理直接向总经理或执行副总经理汇报工作,在这一阶段中,营销、销售两部门成为组织中两个独立的但工作上又必须紧密联系的部门。

**4. 现代市场营销部门**

市场竞争变得日益激烈,而消费者却变得越来越挑剔。企业不仅必须使其商品具有竞争力,而且更重要的是要真正认清顾客的需求,刺激和满足顾客的欲望,把顾客作为整个市场活动的起点和中心,一切从顾客出发,坚持市场营销管理工作以顾客需求为导向的原则。在企业内部,营销部门和销售部门之间的关系常常带有互不信任和相互竞争的色彩。虽然销售部门和市场营销部门的工作目标应是一致的,但由于在企业组织结构中这两个部门处于平行和独立的地位常常使它们的关系充斥着竞争和矛盾。如销售经理注重短期目标和销售额,而市场营销经理注重长期目标和开发满足消费者长远需要的产品。销售人员为完成营销计划,花费时间在面对面的推销上,从短期利益考虑问题,并努力完成销售定额。市场营销人员则是依赖营销调研，努力确定和了解细分市场，花费时间在计划上，从长计议产品利润和市场份额。由于二者之间冲突太多，最终导致公司总经理将它们合并为一个部门，这就是现代营销部门的雏形。

**5．现代市场营销企业**

一个企业可能已经设有现代化的营销部门，但还不能说它是完全意义上的现代营销企业。事实上，一个公司营销的成败除了其拥有怎样的营销部门外，还取决于公司中的其他主管人员怎样看待营销功能，以及公司其他部门对顾客的态度和它们的营销责任，所以，公司所有的管理人员都要认识到企业的一切工作是"为目标顾客服务"的。在观念及组织权责上，市场营销部门的功能并不大于其他部门的功能。其他部门听从及支持市场营销部门，是因为市场营销部门更能较好地传达消费者的需求和更直接地面对消费者，公司上下形成一致的营销理念，这样的企业就可称为现代市场营销企业。

## 三、市场营销组织的分类

现代营销部门的组织形式多种多样，但所有的市场营销组织都必须与营销活动的各个领域——职能、地域、产品和消费者市场相适应。

市场营销组织的分类主要有职能型组织、地区型组织、产品（品牌）管理型组织、市场管理型组织和产品/市场管理型组织五种典型形式。企业不论采取何种形式，都必须体现"以顾客为中心"的指导思想。

**1．职能型组织**

职能型组织的特点是企业按市场营销各个职能设置组织部门，如图12-2所示。这是最常见、最古老的营销组织形式，它强调市场营销各种职能如销售、广告和研究等的重要性。

职能型组织的优点是结构简单，便于管理。它主要适用于产品种类不多，对相关专业知识要求不高，或经营地区情况差别不大的企业。随着公司产品品种的增多和市场的扩大，这种组织形式越来越暴露出其效率低下的弱点，在产品及其市场成熟后会失去组织的效用。原因在于，一方面，由于没有人对该产品或市场负完全责任，所以制定的规划与具体的产品及市场会相互不适应，没有基于每种产品和每个市场的完整计划，使某些产品或市场被忽视，那些不受职能性专业人员欢迎的产品常被漏掉；另一方面，各个职能部门常为获得更多预算或取得较其他部门更高的地位而竞争，营销经理不得不经常仔细地审查职能性专业人员的有竞争力的主张，并解决难于协调的问题，这就使得营销经理常常面临繁杂的协调难题。

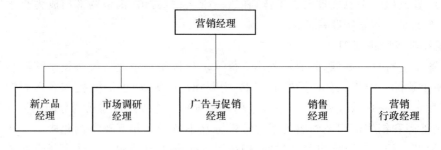

图12-2　职能型组织

**2．地区型组织**

如果一个企业的市场营销活动面向全国，那么它会按照地理区域设置其市场营销机构，如

图12-3所示。该机构设置包括一名负责全国销售业务的销售经理、若干名区域销售经理、若干名地区销售经理和若干名地方销售经理。区域销售经理从属于全国销售经理,地区销售经理从属于区域销售经理,地方销售经理从属于地区销售经理。为了使整个市场营销活动更为有效,地区式组织通常都是与其他分类组织结合起来履行职责的。

在这种组织内部,为避免职能部门重复,市场调研、广告、行政管理等仍归属原职能部门,且与地区部门并列。其优点在于,可充分发挥每个地区部门熟悉该地区情况的优势。不足之处在于,当产品种类较多时,很难按不同产品的使用对象来综合考虑营销活动,各地区的活动也难于协调。因此,这种组织形式适用于销售区域大而经营品种单一的企业。

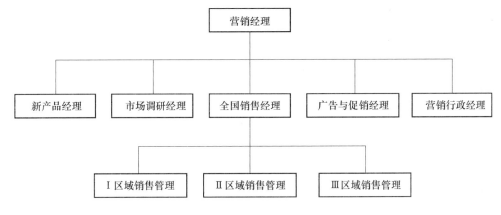

图12-3 地区型组织

**3. 产品(品牌)管理型组织**

产品型组织即在企业内部建立产品经理组织制度,以协调职能型组织中的部门冲突,如图12-4所示。生产多种产品和品牌的公司,往往按产品或品牌建立管理组织,这种产品管理组织并没有取代职能型组织,只不过是增加一个管理层而已。

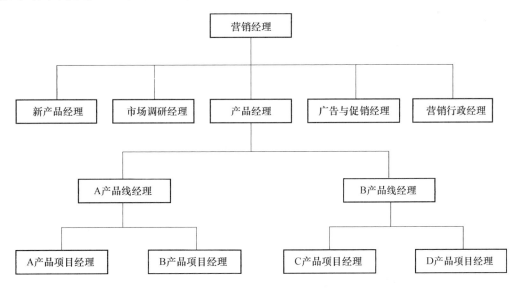

图12-4 产品(品牌)管理型组织

这种组织形式的优点在于,产品市场营销经理能够有效地协调各种市场营销职能,并对市场变化做出积极反应。由于产品互不关联,各类产品责任明确,彼此相互干扰不大,且组织形式灵活,因此,能够对市场变化做出快速反应。

产品型组织形式的缺点主要有以下几点。第一,缺乏整体观念。各个产品经理相互独立,为争取各自的利益而发生摩擦,造成企业营销效率低下。第二,容易造成部门冲突。产品经理未能获得足够的权威时,还需要劝说其他部门,如广告部门、销售部门等部门支持,这样就可能导致部门间的冲突,使得营销活动不能顺利进行。第三,容易产生多头领导。由于权责划分不清,下级可能会得到多方面的指令,产生多头领导的问题。

### 4. 市场管理型组织

当企业面临如下情况时,建立市场管理型组织是可行的:拥有单一的产品线;市场中存在不同偏好的消费群体;拥有不同的分销渠道。许多企业都在按照市场系统安排其市场营销机构,使市场成为企业各部门为之服务的中心。市场经理实质上是参谋人员,而不是专职工作人员,他的职责与产品经理类似,市场经理要制订其所管理产品的长期计划和年度计划,因此必须分析研究市场的发展状况和公司应供应市场的新产品,其工作绩效常以对市场份额的增长所做的贡献,而不是根据在市场上获得的当期盈利来判断。

市场管理型组织的优点在于,它所组织的营销活动是为了满足不同消费阶层的需要,而不是集中于营销职能、地区或产品本身,如图 12-5 所示。企业的市场营销活动是按照满足各类不同顾客的需求来组织和安排的,这有利于企业加强销售和市场开拓。其缺点是,存在权责不清和多头领导的矛盾,这一点和产品型组织类似。

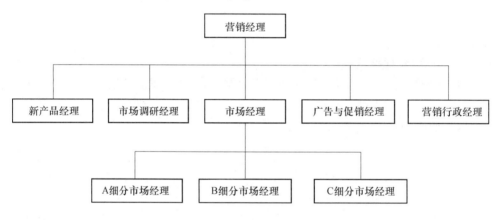

图 12-5　市场管理型组织

### 5. 产品/市场管理型组织

生产多种产品并面向多个市场的公司常面临进退两难的境地,要么采用产品管理制度,这就要求产品经理熟悉高度"产品多样化"的营销格局;要么采用市场管理组织制度,这就要求市场经理必须熟悉"市场多样化"的营销格局;要么任命产品和市场两位经理,这就是矩阵组织。矩阵管理组织对于那些产品多样化和市场多样化的公司而言应该是最为合适的,但这种系统的费用较高,而且容易产生矛盾。这就要求企业能够吸收两种形式的优点,根据自身情况选择相应的市场营销组织。

## 四、影响市场营销组织设置的因素

影响市场营销组织设置的因素有:市场特点、企业规模、企业的经营目标与战略和产品分类。

**1. 市场特点**

市场特点主要涉及目标市场特征、地理分布和市场规模等因素。当企业选择的目标市场由几个较大的细分市场组成时,企业需要为每个细分市场任命一位市场经理。当企业的各个市场的地理位置相对分散时,需要按地区分别设置营销组织。当企业的市场规模大且范围广时,就需要较庞大的营销组织,并配置较多的部门和专职人员。

**2. 企业规模**

企业规模决定了营销组织设置层次的多少。小规模企业的营销组织较为简单,销售人员只有几个到十几个;大企业的营销组织层次多,所管理的营销人员多,管理范围广。

**3. 企业的经营目标与战略**

市场营销组织是服务于企业的经营目标和战略的,不同的经营目标与不同的企业战略对营销组织结构会有不同的要求。因此,企业的经营目标与战略重点都会对市场营销组织结构产生重大影响。

**4. 产品分类**

企业生产产品的分类也会影响营销组织的设置,尤其是影响营销工作的侧重点选择。例如,工业品和消费品生产企业的营销组织都倾向于产品型的组织结构,但工业品多采用人员推广的促销形式,消费品多用广告和分销,这样在岗位设置和人员配合上就会有较大差异。此外,产品生命周期的不同阶段,对企业的市场营销组织形式要求也不同。

## 第三节 市场营销执行

企业制订出市场营销计划、设计好市场营销组织后,就必须考虑如何将市场营销计划转变为具体的市场营销活动,从而实现企业市场营销计划中所确定的营销目标。这就是市场营销执行要解决的问题。

### 一、市场营销执行的概念

市场营销执行是将营销计划转变为具体营销行动的过程,即把企业的各种资源有效地投入到企业营销活动中,完成计划规定的任务,实现既定目标的过程。制定市场营销战略和市场营销计划是解决企业市场营销活动做什么的问题,而市场营销执行则是解决怎样做的问题。

### 二、市场营销执行的过程

市场营销执行过程包括以下五项工作。

第一,制定行动方案。市场营销执行的行动方案应明确市场营销战略实施的关键性决策和任务,并将执行这些决策和任务的责任落实到具体的个人或小组。

第二,构建市场营销执行的组织结构。市场营销执行的组织结构必须同企业整体战略相一致,必须同企业自身的特点和环境相适应。

第三,设计决策和报酬制度。为实施市场战略,企业还必须设计出相应的决策和报酬制度,以激励市场营销人员积极执行市场营销计划。

第四,开发人力资源。市场营销战略最终是由企业内部的工作人员来执行的,所以人力资源的开发非常重要,这涉及人员的选拔、安置、考核、培训和激励等问题。在选拔和考核市场营销人员时,应注意将适当的工作分配给适当的人员,做到人尽其才。

第五,建设企业文化。企业文化代表一个企业内部全体人员共同持有和遵循的价值标准、基本信念和行为准则。良好的企业文化可以使市场营销计划得到更有效的贯彻和执行。市场营销执行过程如图 12-6 所示。

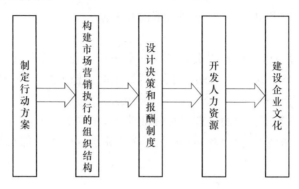

图 12-6　市场营销执行过程

## 第四节　市场营销控制

在市场营销计划实施的过程中,为了保证组织活动的过程和实际绩效与计划内容相一致,企业的管理者必须对营销计划的实施进行控制。控制是组织在动态的环境中为保证既定目标的实现而采取的检查和纠偏活动或过程。市场营销控制是市场营销管理的重要步骤,在营销计划的实施过程中,常常会出现许多意外情况,所以必须严格控制各项营销活动,以确保企业目标的实现。市场营销控制是企业进行有效经营的基本保证。

### 一、市场营销控制的概念

市场营销控制即衡量和评估营销策略与计划的成果,以及采取纠正措施,以确保营销目标的实现。市场营销经理经常检查市场营销计划的执行情况,看看计划与实际是否一致,如果不一致或没有完成计划,就要找出原因所在,并采取适当措施和正确行动,以保证市场营销计划的实现。市场营销控制主要分为四类,即年度计划控制、盈利能力控制、效率控制和战略控制。

### 二、市场营销控制的步骤

市场营销控制是营销管理的主要职能之一,是营销管理过程中不可缺少的一个环节。它具有动态性和系统性的特征,包含五个具体步骤:确定应评价的营销业务范围、确定衡量标准、明确控制方法、按标准检查工作进度和及时纠正偏差并提出改进建议。

**1. 确定应评价的营销业务范围**

企业通常要评价市场营销业务的各个方面,包括人员、计划、职能等,甚至要评价市场营销全部工作的执行效果。在界定的范围内,再根据具体工作需要有所侧重。

**2. 确定衡量标准**

评价工作要有一个总的衡量标准,借以衡量营销目标和计划的实施情况。衡量的标准是企业的主要战略目标以及为此而规定的战术目标,如利润、销售量、市场占有率、顾客满意度等指标。当然这些指标不是一成不变的,同一企业不同时期标准可能会不一样;不同的企业也有不同的标准。

**3. 明确控制方法**

基本的控制方法是建立并积累与营销活动相关的原始资料,如各种资料报告、报表和原始账单等,它们能及时、准确、全面、系统地记载并反映企业营销的绩效。另一种方法是直接观察法。选择哪一种方法,根据实际情况而定。

**4. 按标准检查工作进度**

按标准检查工作进度的目的是对工作完成好的部门进行总结,在以后的工作中推广;任务完成较差的要及时找出问题,下一步再针对问题提出解决方案。

**5. 及时纠正偏差并提出改进建议**

这项工作是对工作绩效进行差异分析和对比分析,针对问题提出解决方案,及时纠正任务执行中的偏差。

## 三、市场营销控制的内容

市场营销控制的内容包括营销运行控制、营销战略控制和营销审计。营销运行控制又包括年度计划控制、盈利能力控制和效率控制。

**1. 年度计划控制**

年度计划控制,由企业高层管理人员负责,主要检查市场营销活动的结果是否达到了年度计划的要求,旨在发现计划执行中出现的偏差,并在必要时采取调整和纠正措施,保证年度计划的顺利执行。

年度计划控制的主要目的是:促使年度计划连续不断地推进,发现企业存在的问题并及时解决,作为年终绩效评估的依据。企业高层管理人员往往借助年度计划控制监督各部门的工作。许多企业每年都制订相当周密的计划,但执行的结果往往与目标有一定差距,这说明,计划的结果首先取决于计划的正确性,其次取决于计划执行与控制的效率。

一般地,企业营销年度计划控制系统包括四个主要步骤。

第一,制定标准。管理者要确定年度计划中的月份目标或季度目标。

第二,绩效测量。管理者要监督营销计划的实施情况。

第三,因果分析。如果营销计划在实施中有较大的偏差,则要去找到出现偏差的原因。

第四,改正行动。发现问题后,应在计划实施过程中及时查找原因,并加以纠正,同时,采取必要的补救或调整措施,以缩小计划与实际之间的差距。

一般而言,企业的年度计划控制包括销售分析、市场占有率分析、营销费用率分析、财务分析、顾客态度追踪和预算等内容。

(1) 销售分析

销售分析就是要衡量并评估企业的实际销售额与计划销售额之间的差异情况。这种关系的衡量和评估有两种主要方法:一种是总量差额分析方法,这种方法用于分析不同影响因素对销售业绩的不同作用;另一种是个别销售分析方法,这种方法着眼于对个别产品或地区销售额未能达到预期份额的分析,即从产品、销售地区等方面考察未能达到预期销售额的原因。

(2) 市场占有率分析

企业销售额的绝对值并不能说明企业与竞争对手相比的市场地位状况,企业的销售绩效也不能看出相对于其竞争者企业的经营状况如何。比如,企业销售额增加了,可能是由于企业所处的整个经济环境的改善，也可能是因为企业的市场营销工作较之竞争者有相对改善。因此，需要通过对企业的市场占有率这个可比性指标的分析，来反映企业相对于竞争者的市场地位。

(3) 营销费用率分析

营销费用率即市场营销费用占销售额的比率。年度计划控制要确保企业不会为达到其销售额指标而支付过多的费用，关键就是要对市场营销费用/销售额的比率进行分析。

市场营销费用对销售额之比是一个系列化指标，其中包括销售队伍与销售额之比、广告与销售额之比、促销与销售额之比、营销调研与销售额之比及销售管理与销售额之比。

(4) 财务分析

财务分析主要是通过一年来的销售利润率、资产收益率、资本报酬率和资产周转率等指标了解企业的财务情况。市场营销管理人员应就不同的费用对销售额的比率和其他的比率进行全面的财务分析，以决定企业如何以及在何处展开活动，获得盈利。尤其是利用财务分析来判断影响企业资本净值收益率的各种因素。

(5) 顾客态度追踪

顾客态度追踪指企业通过设置顾客抱怨和建议系统、建立固定的顾客样本或者通过顾客调查等方式，了解顾客对本企业及其产品的态度变化情况。企业主要利用顾客投诉和建议制度、典型客户调查以及定期的用户随机调查来追踪顾客的态度。

(6) 预算

预算指企业用于年度计划控制所做的如下预算控制：产品销售、地区销售、编制预算及销售预算总表；营销预算日进度控制；营销预算每周评估；营销预算月度检查和营销预算季度评估等。

**2. 盈利能力控制**

除了年度计划控制之外，企业还需要进行盈利能力控制。盈利能力控制是由企业内部负责监控营销支出和活动的营销主计人员负责，通过分析不同产品、销售地区、顾客群、销售渠道、订单大小等分类的实际获利情况，从而使企业决定哪些营销活动应当适当扩大，哪些应缩减，甚至放弃。通过盈利能力控制所获取的信息，有助于管理人员决定哪些产品或市场营销活动应该扩展、减少或是取消。

市场营销成本直接影响企业利润，一般由以下项目构成：第一，直接推销费用，包括销售人员的工资、奖金、差旅费等；第二，促销费用，包括广告成本、销售促进费用、展览会费用、促销人员工资等促销费用；第三，仓储费用，包括租金、折旧费、保险费、包装费等仓储费用；第四，运输费用，包括托运费、运输工具折旧费、运输保险费等运输相关费用；第五，其他营销费用，如营销管理人员工资、办公费、交通费等。上述成本与生产成本共同构成企业的总成本。其中有些与销售额直接相关，称为直接费用；有些与销售额无直接关系，称为间接费用。

盈利能力控制分析的目的是找出影响企业盈利的原因，以便采取相应措施，排除或削弱不利因素。进行盈利能力分析，首先要将损益表中的有关营销费用转化为各营销职能费用，如广告、市场调研、包装、运输、仓储等；其次，将已划分的各种营销职能费用按分析目标，如产品、地区、客户、销售人员等分别计算；最后，要拟定各分析目标的损益表。

企业营销盈利能力的考察指标主要有以下几个。

(1) 销售利润率。销售利润率＝本期利润/销售额×100％。

(2) 资产收益率。资产收益率＝本期利润/资产平均总额×100％。

(3) 净资产收益率。净资产收益率＝税后利润/净资产平均余额×100％。

(4)资产管理效率。资产管理效率要考察两个指标:资产周转率和存货周转率。资产周转率=产品销售收入净额/资产平均占用额,存货周转率=产品销售成本/存货平均余额。

**3. 效率控制**

如果盈利能力分析显示出企业某一产品或地区所得的利润很差,那么企业就应该考虑该产品或地区在销售人员、广告、分销等环节的管理效率问题。效率控制的任务是提高人员推销、广告、促销、分销等工作的效率。

(1)销售人员效率

企业的各地区的销售经理要记录本地区内销售人员效率的几项主要指标,这些主要指标包括:每个销售人员每天平均的销售访问次数;每次会晤的平均访问时间;每次销售访问的平均收益;每次销售访问的平均成本;每次销售访问的招待成本;每百次销售访问而订购的百分比;每时期的新顾客数;每时期流失的顾客数;销售成本对总销售额的百分比。

(2)广告效率

企业应该做好如下统计:每一媒体分类、每一媒体工具接触每千名购买者所花费的广告成本;顾客对每一媒体工具注意、联想和阅读的百分比;顾客对广告内容和效果的意见;广告前后对产品态度的衡量;受广告刺激而引起的询问次数。

企业高层管理者可以采取若干步骤来改进广告效率,包括进行更加有效的产品定位;确定广告目标;利用计算机来指导广告媒体的选择;寻找较佳的媒体;以及进行广告后效果测定等。

(3)促销效率

为了改善销售促进的效率,企业管理者应该对每一促销的成本和销售影响做记录,做好如下统计:由于优惠而销售的百分比;每一销售额的陈列成本;赠券收回的百分比;因示范而引起询问的次数。同时企业应观察不同促销手段的效果,并使用最有效的促销手段。

(4)分销效率

分销效率主要对企业存货水平、仓库位置及运输方式进行分析和改进,以达到最佳配置并寻找最佳运输方式和途径。

效率控制的目的在于提高人员推销、广告、促销和分销等市场营销活动的效率,市场营销经理必须关注若干关键比率,这些比率表明上述市场营销职能执行的有效性,是企业应该如何采取措施改进执行情况的依据。

**4. 市场营销战略控制及营销审计**

(1)营销战略控制

市场营销战略控制即企业根据自身的市场营销目标,在特定的环境中,按总体策划过程所拟订的可能采用的一系列行动方案。营销战略控制的目的是确保企业目标、政策、战略和措施与市场营销环境相适应。因为在复杂多变的市场环境中,原来制定的目标和战略往往很快就过时了,所以每个企业都应利用一种被称为"营销审计"的工具,批判性地定期重新评估企业的战略计划及其执行情况。

(2)营销审计

营销审计是对企业或战略业务单位的营销环境、目标、战略和营销活动诸方面进行的独立的、系统的、综合的定期审查,以发现营销机会,找出问题所在,提出改善营销工作的行动计划和建议,以提高企业的营销业绩。市场营销审计实际上是在一定时期对企业全部市场营销业务进行总的效果评价。其主要特点是,不限于评价某一些问题,而是对全部活动进行评价。营销审计不是只审查几个出问题的地方,而是覆盖整个营销环境、内部营销系统以至具体营销活动的所有方面。营销审计通常是由企业各个相对独立的、富有经验的营销审计机构定期进行的,而不是出现问题时才进行营销审计。营销审计不仅能为那些陷入困难的企业带来效益,而且同样能使那些经营卓有成效的企业增加效益。

一次完整的营销审计活动主要由六个部分组成:营销环境审计、营销战略审计、营销组织审计、营销系统审计、营销效率审计及营销职能审计。

① 营销环境审计。市场营销必须审时度势,企业必须对市场营销环境进行分析,并在分析人口、经济、生态、技术、政治、文化等环境因素的基础上,制定企业的市场营销战略。

② 营销战略审计。企业是否能按照市场导向确定自己的任务、目标并设计企业形象,是否能选择与企业任务、目标相一致的竞争地位,是否能制定与产品生命周期、竞争者战略相适应的市场营销战略,是否能进行科学的市场细分并选择最佳的目标市场,是否能合理地配置市场营销资源并确定合适的市场营销组合,企业在市场定位、企业形象、公共关系等方面的战略是否卓有成效,所有这些都需要经过市场营销战略审计的检验。

③ 营销组织审计。市场营销组织审计,主要是评价企业的市场营销组织在执行市场营销战略方面的组织保证程度和对市场营销环境的应变能力。

④ 营销系统审计。企业市场营销系统审计包括对市场营销信息系统、市场营销计划系统、市场营销控制系统和新产品开发系统等的全面审计。

⑤ 营销效益审计。它是对企业各个营销单位的获利能力和各项营销活动的成本效益进行分析,也就是获利性分析和成本效益分析。

⑥ 营销职能审计。市场营销职能审计,是对企业的市场营销组合策略因素(即产品、价格、分销、促销)效率的审计。

市场营销控制的核心内容如表 12-2 所示。

表 12-2 市场营销控制的内容①

| 导向 | 内容 | | 对象、方法、指标 |
|---|---|---|---|
| 营销战略控制与营销审计 | 营销战略控制 | | • 战略控制的目的是确保企业目标、政策、战略和措施与市场营销环境相适应<br>• 战略控制重点是控制未来 |
| | 营销审计 | | • 营销环境<br>• 营销系统<br>• 营销战略 |
| | | | • 营销效益<br>• 营销组织<br>• 营销功能 |
| 营销运行控制 | 年度计划控制 | 销售分析 | • 销售差异分析,即分析绝对不同因素对销售的不同影响<br>• 地区销售差异分析,即具体地区的销售差异分析 |
| | | 市场占有率分析 | • 总市场占有率<br>• 服务市场占有率<br>• 相对市场占有率 |
| | | 营销费用率分析 | • 营销费用与销售额之比 |

---

① 资料来源:连漪.市场营销管理——理论、方法与实务.北京:国防工业出版社,2010:299.有改动。

续表

| 导向 | 内容 | | 对象、方法、指标 |
|---|---|---|---|
| 营销运行控制 | 年度计划控制 | 财务分析 | • 销售利润率<br>• 资产收益率<br>• 资本报酬率<br>• 资产周转率 |
| | | 顾客态度追踪 | • 建议与投诉系统<br>• 固定顾客样本<br>• 典型顾客调查与随机顾客调查 |
| | | 预算 | • 按产品销售、地区销售编制预算及销售预算总表<br>• 营销预算日进度控制<br>• 营销预算每周评估<br>• 营销预算月度检查<br>• 营销预算季度评估 |
| 营销运行控制 | 盈利能力控制 | 营销成本 | • 直接推销费用,包括工资、奖金、差旅费等直接推销费用<br>• 促销费用,包括广告成本、销售促进费用、展览会费用等<br>• 仓储费用,包括租金、折旧费、保险费、包装费等<br>• 运输费用,包括托运费、运输工具折旧费、运输保险费等<br>• 其他营销费用,包括营销管理人员工资、交通、办公费等 |
| | | 损益表 | • 把工资、租金等各种性质的费用分解给推销、广告、包装、运输、开单、收款等各项职能费用<br>• 将已划分的营销职能费用按分析目标如产品、地区、客户、销售人员等分别计算<br>• 拟定各分析目标损益表 |
| | | 重要盈利能力指标 | • 销售利润率、资产收益表和净资产收益率<br>• 资产周转率<br>• 存货周转率<br>• 现金周转率<br>• 应收账款周转率 |
| | 效率控制 | 销售人员效率 | • 每位销售人员平均每天推销访问次数<br>• 每次销售访问的平均时间<br>• 每次销售访问的平均收入与成本<br>• 每百次销售的订单百分比<br>• 每次赢得的新客户数和失去的老客户数<br>• 销售成本占销售收入的百分比等 |
| | | 广告效率 | • 每种媒介的广告成本<br>• 顾客对每一媒介注意、联想和阅读的百分比<br>• 顾客对广告内容与效果的评价<br>• 广告前后顾客态度的变化<br>• 受广告刺激引起的访问或购买次数等 |
| | | 促销效率 | • 优惠销售所占百分比<br>• 每一销售额的陈列成本<br>• 赠券回收百分比<br>• 示范引起访问次数等 |
| | | 分销效率 | • 存货水平、仓储位置、运输方式与运输效率等 |

案例12-2　Webpower：新年度市场营销计划中加入AR技术①

2016年，大家熟知的一个增强现实（AR）应用的例子就是《Pokemon GO》，在上市后短短的63天内就狂赚了5亿元。这款AR游戏中，玩家将可以在现实场景中，捕捉皮卡丘、妙蛙种子、杰尼龟等神奇宝贝。这款游戏也带动了一股AR技术热潮。

AR技术应用范围广泛，可以扩大至广告、互联网、视频直播、商务沟通、社交媒体等领域。越来越多的公司开始运用这项技术为消费者提供广告和营销信息。据权威的互联网数据中心机构预测，2017年福布斯全球企业2 000强中，将有30%面向消费者的公司会尝试AR和VR形式的广告和市场营销。多渠道智能化会员营销服务商Webpower中国区工作人员认为："AR技术与品牌营销的融合具有无限可能，关注了解AR技术及应用，可以帮助企业获得新的营销机会，寻找用户体验提升的更佳方法，对企业未来5~10年的营销战略及业务发展至关重要。"Webpower始终关注企业的多维营销需求，并不断为企业提供各种创新、前沿、实效的营销产品及服务。这表示，企业应该增强对AR技术的重视程度。

如何把AR技术纳入企业营销范畴？下面是由Webpower中国区编译来自泰德·鲍尔的观点。

一、世界最优秀公司如何玩AR技术？

1. 在你的iPhone摄像头里

苹果正在和其收购的几个创业公司团队合作开发这个项目。例如，你看到的城市街道景象将包含方向指示，附近的餐馆的价格、优惠券，或某些让你傻笑的动画角色。

2. 在你的脸上

同时苹果正致力于将AR技术集成到他们的手机摄像头中，他们还可能致力于"智能眼镜"的开发。这并不奇怪，全球最大的一些技术公司都瞄准了这些具有前景的领域。Facebook正在酝酿中，Snapchat的眼镜已经研发出来，百度、华为等国内科技企业纷纷都推出了自己的智能眼镜产品。

智能眼镜对于品牌的意义，可能类似于5~10年前我们谈的"确保你在谷歌地图上"或者是"确保使用了百度地图"。现在你希望用户可以通过增强现实与你进行互动。互动的元素可能包含库存/产品信息、优惠券、价格，或在你实体店附近随机散发的各种有趣信息，以鼓励人们进来消费。

3. 在你最喜欢的游戏/比赛里

考虑现场直播体育。高清电视的出现降低了人们开车到一个体育场，停车和买食物/饮料的欲望，因为画面视图在家里一样棒。但是如果AR技术进入场馆，球迷可以在球场上看到人物、图像和实时数据，是不是更有吸引力呢？

体育营销是品牌营销的一种特定分类，但这个想法可以推广至任意数量的其他概念。展会可以具有更多的教育性和娱乐性。生活品牌可以提供实时的化妆教程。B2B销售人员可以更有效地向潜在客户进行演示。过去几年里的研究已经表明，客户体验比传统品牌推广更有价值，增强现实是一个增强品牌体验的好机会。

4. 在你的办公室里

这是一个更多关注内部的想法，关注员工而不是外部重点客户，但它仍然有价值。微软提

---

① 资料来源：Webpower中国区. Webpower：如何制订2017年营销计划？加入AR技术. 成功营销, 2017(1).

供的 AR 产品——全息透镜,与电梯公司合作培训了 24 000 名技术人员。他们可以在到达客户现场前看到问题,缺乏经验的技术人员可以得到经验更加丰富的技术人员的指导。技术人员也能从问题电梯中通过全息透镜获得大量信息。

二、如何采用 AR 技术使用户旅程更容易/更好?

尽管用户目前可能还没有更多要求,但是如果你看到了 AR 技术与现有用户体验结合的机会,需要开始重点关注。因为这在营销用户生命周期过程中,有利于你获得更好的用户互动接触,把用户进一步向你的转化漏斗推进。如果你已经做过调查研究,知道 AR 技术对于企业的真正价值,那么你需要将投资重点放在使它易于使用,并始终做好它。尝试新事物是激动人心的,但如果体验不好或者仅仅把它作为一个噱头,不但不会得到你正在寻找的用户接触机会或提升业务价值,甚至可能适得其反。

【思考题】
(1) 如何把 AR 技术纳入企业营销范畴?
(2) 请举例说明,企业是如何采用 AR 技术提升客户体验的?

# 本 章 小 结

企业的市场营销管理过程,也就是企业市场营销的计划、组织、执行和控制的过程,是企业根据外部环境变化,结合自身资源特点,不断地制定、调整和修正营销战略,以实现营销目标的管理活动。市场营销计划,是在对企业市场营销环境进行调研分析的基础上,按企业和各业务单位年度营销目标以及实现这一目标所采取的策略、措施和步骤的明确规定和详细说明。市场营销组织即企业内部涉及市场营销活动的各个职能单位及其结构。市场营销执行是将营销计划转变为具体营销行动的过程,即把企业的各种资源有效地投入到企业营销活动中,完成计划规定的任务,实现既定目标的过程。市场营销控制即衡量和评估营销策略与计划的成果,以及采取纠正措施,以确保营销目标的实现,即市场营销经理经常检查市场营销计划的执行情况,看看计划与实际是否一致,如果不一致或没有完成计划,就要找出原因所在,并采取适当措施和正确行动,以保证市场营销计划的实现。市场营销计划是企业市场营销活动的基础,而市场营销计划的成功实施离不开有效的市场营销组织,市场营销控制则是市场营销活动能够按照计划执行的重要保证。

# 关 键 名 词

市场营销计划　市场营销组织　市场营销执行　市场营销控制　市场营销审计

# 思 考 题

1. 市场营销计划主要包括哪些内容?
2. 市场营销组织的分类有哪些?
3. 市场营销执行中存在的问题是什么?
4. 市场营销控制的步骤是什么?

# 第十三章

## 国际市场营销

**本章学习要点**

- 掌握国际市场营销的概念和特征
- 掌握进行国际市场营销环境分析的内容
- 掌握国际市场营销组合策略
- 了解国际市场进入方式
- 本章小结

国际市场营销是企业跨越国界的市场营销活动,与国际贸易、国内市场营销既有区别又有联系。因此,国际市场营销在营销环境分析、目标市场战略以及市场营销策略组合等方面都有自身的特点。

## 第一节 国际市场营销概述

### 一、国际市场营销的概念

国际市场营销(International Marketing)即企业为了实现自身的发展,在不同的国家或经济体(地区)进行的市场营销行为。

从上述定义可以看出,国际市场营销具有以下特点。

第一,国际市场营销的主体是企业。进行国际市场营销的企业可以是生产型的企业,也可以是专门从事进出口贸易的企业。

第二,企业进行国际市场营销的目的是实现自身的发展,发展国际市场,扩大国际市场占有率。

第三,国际市场营销必须是跨越不同的国家或经济体(地区)的市场营销活动。

### 二、国际市场营销的特征

国际市场营销的特征主要是通过其与国内市场营销的对比来体现的。

国际市场营销的原理与国内市场营销的原理基本相同。但是,由于国际市场营销的对象是本国以外的其他国家的市场,与国内市场营销相比,有异国性、多国性的特点,这就增加了企业市场营销的复杂性和营销决策的风险性。

国际市场营销的特征主要有以下五点。

① 与国内市场营销的目的、任务和手段相似,国际市场营销也需要首先确定顾客的需求,然后制定出相应的产品、价格、渠道和促销策略,通过交易和交换满足顾客需求来实现企业的经营目标。

② 企业面临的环境因素更加复杂。由于国际市场营销是在两个甚至两个以上的国家进行经营和销售活动,所以其与国内营销活动面临着完全不同的经济环境、政治环境和社会文化环境等因素。

③ 企业面临的市场风险大。企业在进行国际市场营销活动时,很多情况不易把握,所面临的诸如信用风险、汇兑风险、价格风险、运输风险等都要远大于国内市场营销。

④ 国际市场营销需要进行多国协调和控制。国际市场营销强调全球性营销战略,要求使企业的整体利益大于局部利益。当企业在许多国家有营销业务时,营销管理的任务并不仅仅局限于把每个国家的营销活动管理好,还需要对各国的营销活动进行统一规划、控制和协调,使母公司和分散在世界各国的子公司的营销活动成为一个灵活的整体。

⑤ 大市场营销策略。国际市场营销除了要制定产品、价格、渠道和促销策略外,还需要有国际政治力量和国际公共关系等其他超经济手段来配合,从而达到国际市场营销的目的。换言之,国际市场营销策略是"大市场营销策略"。

综上所述,国际市场营销是国内市场营销活动的延伸。国际市场营销的这种"跨国"性质,大大增加了其复杂性、多变性和不确定性。

## 三、国际市场营销的重要性

随着经济全球化的加剧,世界贸易和投资的迅速发展,使得世界各国的相互依赖程度不断加强。充分利用国内外多种资源、多个市场,进一步发展经济,已经成为企业紧迫而现实的课题。在这种情况下,本国市场已经不再是专供本国企业销售的场所,而是充斥着跨国公司的国际化竞争。面对这种形势,企业为了求得生存和发展,必须去发现新的市场机会,这就使企业经营活动国际化成为一种广泛的现象和必然的趋势,从而使国际市场营销的重要性更加突显出来。

国际市场营销的重要性主要体现在以下六个方面。

(1) 有利于企业更好地适应当今世界日益复杂的政治和社会环境

一方面,企业将其经营分散在多个国家进行,有利于企业分散风险,避免因某一国环境的剧变而使企业遭受重大损失。另一方面,企业开展国际市场营销,充分了解和研究各国市场环境,紧密结合当地市场情况进行生产和销售,才能真正进入并保持企业在各国的市场份额,避免或减少这些国家中某些阻碍企业经营发展因素的影响。

(2) 有利于企业找到新的有利的市场

由于经济的发展和生产水平的提高,一些国家国内市场容量相对生产来说越来越有限,有些行业的产品在国内市场上已相对饱和,国内市场上的竞争也越来越激烈。企业可以到国际市场上另辟蹊径,通过开展国际市场营销活动,在国际市场上找到新的发展机会和市场,找到更为有利的生产条件,保证企业的生存和发展。

(3) 有利于促进企业提高生产技术和经营管理水平

企业投身于更激烈的国际市场竞争中,要求企业开展国际市场营销时必须使用国际标准,使产品的质量、品种、包装、服务等都能达到国际水平,企业只有不断提高其生产技术和经营管理水平,才能在竞争中立于不败之地。

(4) 有利于企业充分利用国外的原材料和劳动力资源

企业可以通过合资、合作等方式利用东道国的资源,以缓解或补足本国相关资源的匮乏,使企业借助国际市场获得生产和经营的资源保障。

(5) 可以使企业规避贸易壁垒

政治和社会环境复杂性的增加,一方面要求将企业经营分散在许多国家进行,以分散企业风险,避免因某一国环境的剧变导致企业蒙受重大损失。另一方面,环境的复杂性要求企业深入各国市场,充分研究了解各国市场环境,紧密结合当地市场情况进行生产和销售。这样才能真正进入并保持企业在各国的市场,避免或减少这些国家中某些阻碍企业经营发展的因素(如关税壁垒等保护主义措施)。

(6) 有利于企业延长产品的生命周期

几乎所有的产品都有其生命周期。由于科学技术的发展,新产品不断涌现,信息传播媒介的增加和传播速度的加快,人们生活水平的不断提高和消费观念的迅速更新,使产品的生命周期越来越趋于缩短。由于产品生命周期的缩短,产品研究开发投资的收回和预期利润的实现变得愈发困难。在产品的成熟期和下降期,市场竞争加剧,边际利润出现平均化,企业便开始努力变换产品的品种和向国际市场扩张,以保持并扩大企业利润。另外,由于同一产品在不同市场上的生命周期不同,在一个国家的市场上已经进入成熟期或衰退期的产品,在另一个国家的市场上可能刚刚进入成长期,而在其他国家的市场上则可能处在导入期。可见产品在国际市场上的生命周期要远较于某一国特别是发达国家国内市场上的生命周期长得多。因此,将产品扩大到国际市场上,成为延长产品生命周期,保持并增加企业利润的必要手段。

企业营销活动国际化是当今世界经济、市场和企业发展的必然要求。企业只有高瞻远瞩,利用自身的国际化竞争优势,在国际范围内寻找最有利的发展机会,才能够在整合全球优势资源的前提下,提升企业的国际竞争力,实现企业的可持续发展。

## 第二节　国际市场营销环境分析

国际市场营销环境即影响进入国际市场的企业的营销活动的各种外部环境因素。国际外部环境蕴藏着商业机遇,也存在着潜在的威胁。企业尽管没有能力控制或改变国际营销环境,但是企业可以选择有利的环境因素,可以运用适当的营销决策来利用环境中的机遇,躲避环境中的威胁和风险。不同国家的市场环境是不同的,因此,分析各种特殊的国际环境因素是企业开展国际市场营销活动的前提和基础,有利于企业发现营销机会,避免环境造成的威胁,从而制定有效的营销策略。

### 一、国际经济环境

国际经济环境是国际市场潜量和市场机会的一个主要决定因素,也是国际营销战略和策略制定和实施的重要影响因素。一个国家的经济制度、经济体制、经济发展水平、市场规模等因素都会导致不同的市场需求。因此,企业在制定国际市场营销策略之前必须对国际经济状况进行分析。

**1. 经济制度与经济体制**

从经济制度方面看,各国经济可分为公有制占主导的经济和私有制占主导的经济,当前各国经济制度的一个新特点是,私有制主导的经济中也会有公有经济的存在,公有制经济也不排斥私有经济成分,相互补充,相互促进。经济体制方面,不同的经济体制主要是以经济调节手段为标准来划分的。目前世界上主要存在计划经济与市场经济两大体制。在市场经济体制中,具体的组织形式和经济调控程度也不尽相同。因此,在国际市场营销活动中,要制定有效的国际市场营销策略,顺利开展国际市场营销活动,就必须充分了解国际市场所在国及东道国的经济制度和经济体制。

**2. 经济发展水平**

一个国家经济发展水平、国民收入的不同,对产品的需求会有很大差异,从而影响国际营销的各个方面。经济发展水平对市场的影响,一方面,表现为不同分类的国家市场容量不同。一般来说,经济发达国家,具有高收入、高福利、高消费等特点,消费者的购买力也高,市场容量大;发展中国家则购买力低,市场容量远不如发达国家。另一方面,表现为不同分类的国家,对商品需求的质量、档次也不一样。一般来说,发达国家的消费者已大多解决了温饱问题,生活上追求享受,对商品的需求表现为高质量、高档次和优质服务;发展中国家的消费者对商品需求更多地倾向于经济适用。

对不同经济发展水平的国家,国际营销策略也需要变化。就消费品市场而言,一般来说,经济较发达的国家偏重于强调产品款式、性能及特色,对广告与营业推广手段运用较高,市场竞争表现为品质竞争多于价格竞争;而经济发展水平较低的国家,则侧重于产品的功能与实用性,产品推广以人际传播居多,消费者对价格较为敏感。因此,企业对于不同经济发展水平的国家需要采用不同的营销策略。

**3. 市场规模大小**

企业是否进入某国市场,首先需要考虑的是该国的市场规模。一般而言,市场规模主要由人口与收入决定。

(1) 人口

从人口方面来看,人口总数、人口增长率、人口年龄结构和性别结构、人口分布都是决定市场规模的重要因素。在其他条件相同的情况下,总人口是决定市场规模最主要的指标,一般来说,总人口数越大,表明市场规模越大,比如,总人口数越大,一些日用百货品、食品、教育用品等产品的需求量也越大。其他指标如人口增长率、人口年龄、人口性别等对不同细分市场的规模起着决定作用。人口增长率高的国家或地区对婴儿用品、玩具的需求量大,年轻人居多的地区,对时装、娱乐的消费量就大,女性集中的区域,化妆品购买量会高。此外人口的地理分布对于分销成本有着重要影响,人口密度大的地区,购买力比较集中,促销、分销等方面的努力易取得较好的效果。

(2) 收入

从收入方面来看,市场规模的大小受国民生产总值、人均国民收入、收入分配结构、家庭收入等的影响。国民生产总值是衡量一个国家或地区总体经济实力与购买力水平的重要指标;人均收入以及个人可支配收入、个人可自由支配收入与消费品购买力呈正相关;家庭收入与以家庭为单位的消费品,如家用电器、厨房用品、家具、汽车等消费呈正相关;收入分配结构也对国际营销有着重要的影响,一些国家在收入分配方面两极分化现象严重,处于两极的人口,代表着不同的市场,具有不同的购买力和需求,企业的国际营销活动必须区分不同的市场,采取不同的策略。

#### 4. 经济特征

经济特征主要包括自然资源条件、消费模式、基础设施、城市化程度等方面的情况,它们从各个方面影响着企业的国际营销方式。

(1) 自然资源

自然资源条件是影响企业国际营销方式的重要因素,包括各种自然资源状况、土地面积、地形和气候、地理位置等。这些因素都会影响国际市场对产品的需求结构,因此,企业在制定国际营销策略时,必须充分考虑不同国家的自然资源条件。

(2) 消费模式

消费模式对国际市场营销各方面的影响也是一个不可忽视的问题。恩格尔定律告诉我们,随着一个家庭收入的增加,用于食品方面支出的比重将逐渐减少,不发达国家的恩格尔系数可高达 0.9,而发达国家则可低至 0.2 以下,因此不同国家对产品的选择就会大不一样。此外传统的消费习惯,如欧美人吃面包,东方人素以大米为主食,以及消费方式的革新状况,如快餐是否流行、零售方便商店是否受欢迎,对于产品的选择、促销方式的选择、渠道的选择都深有影响。

(3) 基础设施

基础设施主要包括一个国家能源供应、交通运输条件、通信设施以及各种商业基础设施。基础设施状况对国际营销活动的影响非常大,越是完善的、质量越高的基础设施,越能促进国际营销活动的顺利实施。以运输条件而言,有哪些运输方式可以选择、运输能力大小如何、运输费率高低水平怎样,都直接决定了产品实体分配的效率。至于商业基础设施,对于国际企业跨国营销活动影响更大,因为没有银行、信托公司、广告公司、市场调研公司,没有比较完整的分销渠道的支持与高效率运作,国际企业的营销活动就无从起步或难以为继。

(4) 城市化程度

城市化程度也是国际市场营销中国际经济环境需要考察的重要因素,它是以城市人口占全国总人口的比重来衡量的。与以乡村生活为主要基调的国家相比,城市化水平较高的国家,为国际市场营销企业提供了一个更容易进入的市场。对于大多数国家而言,城市与乡村意味着两种不同分类的消费者群,两种不同分类的市场营销环境。城市居民通常受过良好的教育,有较高的收入,他们消费的主要内容都要依赖于别人的供应,而农村居民往往倾向自给自足。有些国家,城乡居民消费行为的差异小些,在另外一些国家,这种差别会显得很大。国际企业应对此进行深入研究、具体分析,从而制定不同的营销策略。

## 二、国际政治环境

世界各国的国家政治体制、政局的变化等因素,会对进入国际市场的企业产生影响和制约。因此,企业在制定国际营销策略时,必须充分考虑东道国的政治环境因素。

#### 1. 东道国的政治体制因素

国家间政治体制方面的差异会导致国家政治主张和经济政策方面的差异,从而影响企业国际营销策略能否有效实施。因此,进入国际市场的企业在国际市场营销中,首先要考虑所进入国家的政治体制情况。

#### 2. 东道国的行政体制因素

企业必须了解所进入国家的行政结构与效率、政府对经济的干预程度以及政府对外国企业在本国经营的态度是鼓励还是限制,才能制定行之有效的国际市场营销策略。

### 3. 东道国的政治稳定性

考虑东道国政权更替的频率和政治冲突的状况,对进入该国企业来说是非常重要的。一个国家执政党的更替,通常伴随着政府经济政策的变更或调整,如果一个国家政权更替过于频繁,外国企业在该国就难以正常经营。政治冲突则通常会导致对国际企业员工的冲击与伤害、财产破坏与损害,会给进入该国的企业带来严重的损失。

### 4. 政治干预的可能性

政治干预即政府采取各种措施,迫使国外投资企业改变其经营性质、方式和政策的行为。其形式主要有没收、征用、国有化、本国化、外汇管制、进口限制、税收管制、价格管制以及对劳动力的限制等。东道国政府的没收、征用和国有化是跨国经营企业所面对的最严重的政治风险,因此,企业在选择是否进入某国市场时,必须对该国政府政治干预的可能性给予充分考虑。

### 5. 东道国的国际关系

国际企业在东道国经营过程中,通常会与其他国家发生业务往来,因此东道国与企业所在母国的关系,东道国与其他国家的关系必然影响国际企业的经营业务。此外东道国是否属于某个区域性政治或经济组织、是否参加某些国际组织,也影响东道国的经济政策以及对外来投资的政策与态度。

## 三、国际法律环境

现代企业在市场经济中的行为主要是由法律来规范和约束的,一个国家对外投资、对外贸易政策及其他相关政策法令都会对相关企业的国际市场营销活动产生影响,因此,企业在从事国际营销活动时必须了解国际法律环境。

企业在开展国际营销活动时所面临的法律环境主要由三部分组成:母国法律、东道国法律、国际法。母国法律将会限制或鼓励企业产品的出口及涉外投资资本的流向、数额等。国际法调整的是相互交往的国家之间的关系,其主体是国家而不是企业或个人,但是国家之间所签订的双边和多边条约、公约和协定也间接地影响着企业的国际营销活动。

国际营销法律环境中最重要的是关注和认识东道国的法律。东道国的涉外法规是每个进入该国的企业必须遵守的,主要包括东道国的外资法、商标专利法、反倾销法、反垄断法等基本法律,以及东道国的关税政策、进口限制或非关税壁垒等法律、法规。这些法律、法规对企业包括外国投资企业的经营活动以及营销组合决策的各个方面都会有约束甚至是具体的规定,所以国际企业在开展国际营销活动时,必须了解东道国法律、法规的性质与具体内容。

## 四、国际社会文化环境

国际社会文化环境即一个国家的民族特征、风俗习惯、语言、意识、道德观、价值观、教育水平、社会结构、家庭制度的总和。不同国家营销环境的差别,主要体现为不同国家文化背景的差异性,可以说社会文化环境是国际营销实践中最富有挑战意义的环境要素。

### 1. 语言文字

语言是人类沟通交流的方式,反映了一种文化的实质,企业进行跨国营销,如不熟悉东道国语言或不能正确使用它,就会产生沟通障碍,使国际营销活动难以达到预期的目标。在广告、产品目录、产品说明书、品牌等方面的翻译中,要注意语言的一词多义,各个国家、地区对语言的不同解释和习惯用法。

## 2. 教育水平

一个国家的教育水平高低往往与其经济发展水平相一致,同时也与消费结构、购买行为密切相关。受教育程度高的消费者,往往从事良好的职业,有较高的购买力,他们对于新产品的鉴别能力和接受能力较强,购买时理性程度较高,对产品的质量和品牌比较挑剔,而且有的还有个性化要求;受教育水平低的消费者,对产品需求低,对新产品认识和接受比较困难,在接受广告信息方面,偏向于对图案颜色、声响产生兴趣。所以教育水平可以作为国际市场细分的标准之一,而且对营销调研的效率、对营销组合策略的选择、对在当地寻求合适的营销人员的支持都深有影响。

## 3. 宗教信仰

宗教属于文化中深层的物品,对于人的价值观和生活方式的形成有深刻影响。宗教在国际营销中的重要作用首先表现为宗教节日往往是最好的消费品的销售季节,如圣诞节在欧美国家也意味着购物节,许多厂商借此机会竞相促销;其次,宗教上的禁忌制约着人们的消费选择,例如,印度人不吃牛肉,穆斯林和犹太人禁饮烈性酒;最后,宗教组织也是不可忽视的消费力量,其本身是重要的团体购买者,同时也对其教徒的购买决策起着制约和指导作用。

## 4. 社会组织

社会组织即人与人相互联系的方式,它确定了人们的社会角色与关系形态。一般可分为亲属关系和社会群体两大类。社会组织影响人们的购买行为、价值观念和生活方式。企业通过对所进入国家的社会组织的研究,探求社会组织中人们的购买行为,对制定国际市场营销方案是很有帮助的。

## 5. 态度和价值观

价值观能够明显地影响消费者对某种产品的购买行为,从而制约企业营销策略的制定。而对于处于不同国家、不同民族和具有不同宗教信仰的人来说,其价值观更是有着明显的差异。例如,美国人喜欢标新立异,爱冒风险,因此对新产品、新事物愿意去尝试,对不同国家的产品也抱着开放的心态;而东方民族则相对保守持重,日本许多年长者甚至认为购买外国货就是不爱国。在时间观念上,发达国家往往较某些发展中国家更具有时间意识,因此快餐食品、速溶饮料、半成品食品在发达国家往往很受欢迎。

## 6. 风俗习惯

一个社会、一个民族传统的风俗习惯对其消费嗜好、消费方式起着决定性作用。不同的国家、民族具有不同的风俗习惯,这体现为不同的国际市场环境,决定了国际市场需求的特点。对图案、颜色、花卉、动物、食品等的偏好常常制约其对产品的选择,因此在不同国家销售产品、设计品种及其图案、选择促销工具等都要充分考虑该国特殊的风俗习惯,中国人有赏菊之好,意大利人却认为它是不祥之兆;欧美人喜食奶酪,其品种可达上千种,但拿来在中国销售,许多中国人会对其绝大多数品种不习惯。诸如此类,说明在国际市场营销活动中要注意了解对象国的风俗民情,只有这样企业才能达到预期的营销效果。

案例13-1 雷格斯(Regus)高校及企业孵化器品牌KORA正式进入中国①

作为全球领先的灵活办公空间解决方案提供商,雷格斯的服务式办公室广为人知,目前雷格斯在中国拥有逾130个办公网点,覆盖近30个中心城市。

---

① 资料来源:雷格斯(Regus)高校及企业孵化器品牌KORA正式进入中国.成功营销,2016(3).

具体来说,服务式办公室面向任意规模企业,从财富500强大型企业到仅设立一天的初创型企业;从制造企业到零售企业;从石油公司到专业服务公司。根据客户的实际需求,雷格斯可以提供一整套办公方案或者部分产品和服务作为客户现有方案的补充。雷格斯的产品包含商务办公室、商务会议室、虚拟办公室、商务贵宾室、商务环球计划和办公场所恢复。

其实,除了服务式办公室,雷格斯旗下品牌还包括 Regus Express、Signature Group、Open Office、Spaces 和 KORA,可以满足一切业务需求,无论是传统办公室,还是能够激发创造性思考和合作的创意空间。

KORA 是雷格斯集团旗下针对高校及学术资源市场化拓展,高校毕业生及研究人员创业发展,以及产学研结合推动地方经济发展三位一体的办公及商业发展加速孵化器。目前在欧洲已与多所高校在芬兰、法国及荷兰开设 KORA 孵化基地,并进一步依托雷格斯集团全球办公及商业发展资源,向全球各地区拓展。

到底什么是 KORA 呢? KORA 是一个紧密连接的社区,让社区中的企业家和创业者互联互通,一起学习,共同发展业务。同时,KORA 可以帮助激发灵感,获得技术、信息和服务。把学术与产业有机结合,并且组织各种活动,帮助拓展人脉,提供学习机会。

在 KORA,校园里的年轻人可以获得最好的商业孵化和支持,最快速地把理想付诸商业实践,从校园进入市场。企业也可以和高校人才与学术研究成果靠得更近,最高效地发展新的商机。

KORA 正式进入中国,将通过推动产学研结合,助力高校和企业创业孵化。

**【思考题】**

(1) 请从中国的市场环境等方面,为 KORA 进入中国提出建议。

(2) 请查资料,找出 KORA 现在在中国的经营状况,评价其是否成功,或者其成功在哪里,不足在哪里?

# 第三节 国际目标市场营销战略

选择正确的国际目标市场是国际企业在国际营销中,面对日益复杂的国际市场环境,寻求市场机会,尽可能地减少风险、获得高的投资回报,从而成功开拓海外市场的首要问题。国际目标市场营销战略包括国际市场细分、国际目标市场选择和国际市场进入方式。

## 一、国际市场细分

国际市场细分即根据各国顾客的不同需求和不同的购买行为,用一定的标准将其划分为不同的顾客群的过程。国际市场细分有利于企业发掘新的市场机会,了解国际市场尚未满足的潜在需求;有利于企业针对国际目标市场制定适当的营销方案,扬长避短,发挥企业的竞争优势。

国际市场细分具有两个层次的概念,即宏观细分与微观细分。宏观细分(Macro Segmentation),即依据选定的标准或变量(如政治环境)把整个世界市场分为若干个子市场,每个子市场具有类似或相同的营销环境,不同的子市场间营销环境不同。对企业可以选择某一个子市场或某几个子市场作为目标市场。微观细分(Micro Segmentation),也叫一国国内的市场细分(In-country Segmentation),类似于国内营销中的市场细分,即当企业决定进入某一海外市场后,它会发现当地市场顾客需求存在差异,需进一步细分成若干市场,以期选择其中之一或几个子市场为目标市场。这种一国之内的细分标准在消费品市场有地理环境、人口特征、消费者心理、购买行为四大类变量,工业品市场有地理环境、用户状况、需求特点和购买行为四大类变量。

## 二、国际目标市场选择

企业进行国际市场细分后,要对国际目标市场进行选择。由于国际市场细分具有宏观细分和微观细分两层概念,相应地国际目标市场的选择也包括两种:一是基于宏观细分基础上,在众多国家中选择某个或某几个国家作为目标市场;二是通过微观细分,在一国众多的子市场中选择某个或某些子市场作为目标市场。企业在进行国际目标市场的选择时,必须考虑以下五个因素。

**1. 目标市场规模**

企业在进行国际目标市场的选择时,首先要考察目标市场规模的大小。一个国家或地区的人口总量和收入水平是影响其市场规模的两个重要因素。

**2. 市场增长速度**

从企业可持续发展的角度看,只有那些增长速度快、潜力大的市场,才能为企业带来长期的、稳定的发展。

**3. 市场上竞争优势**

企业在选择目标市场时,要选择那些本企业在产品品种、产品质量、经营规模等方面具有比较优势的市场作为目标市场。在该市场上,企业所经营的商品及其营销手段才会有较强的竞争力,才能把购买者的需求与企业优势结合起来,从而获得最佳的经济效益。

**4. 交易费用的高低**

企业利润的高低与企业在市场交易时所发生的费用的高低直接相关。交易费用包括运费、市场调研费、保险费、税收、劳动力成本以及广告宣传费等。在不同的国家或地区,这些费用的高低是不相同的。企业只有选择那些交易成本较低的市场作为目标市场,才能达到较高的利润水平。

**5. 市场风险的大小**

企业在进行国际市场营销活动时,要面临比本国市场更为复杂的经济、政治环境,市场风险远远大于国内。一般来说,企业在选择目标市场时,会选择风险较小的市场。但是,有些情况下,高收益往往伴随着高风险,这时候,企业的目标市场选择则要视具体情况而定。

案例13-2 华为的国际化目标市场战略①

判断一个公司是否国际化,有一个很简单的标准:其海外销售额占全球销售额的1/3以上的话,才可以称得上是一个国际化的公司。从这个角度评价,华为已是个真正国际化的公司。华为已把国内销售总部降格为与海外其他八个地区总部平行的中国地区部,可见华为国际市场在华为的重要性。"农村包围城市"的战略决定了华为的渐进式国际化,该过程可分为四个步骤。

---

① 资料来源:沈诗理. 华为的国际化战略不同之路.(2014-01-23). http://www.cssn.cn/glx/glx_jdal/201401/t20140123_951247.shtml.

第一步:进入香港。

1996年,华为与和记电信合作,提供以窄带交换机为核心产品的"商业网"产品,这次合作中华为取得了国际市场运作的经验,和记电信在产品质量、服务等方面近乎苛刻的要求,也促使华为的产品和服务更加接近国际标准。

第二步:开拓发展中国家市场。

重点是市场规模大的俄罗斯和南美地区。1997年华为在俄罗斯建立了合资公司,以本地化模式开拓市场。2001年,在俄罗斯市场销售额超过1亿美元,2003年在独联体国家的销售额超过3亿美元,位居独联体市场国际大型设备供应商的前列。1997年华为在巴西建立合资企业,但由于南美地区经济环境持续恶化以及北美电信巨头占据稳定市场地位,直到2003年,华为在南美地区的销售额还不到1亿美元。

第三步:全面拓展其他地区。

包括泰国、新加坡、马来西亚等东南亚市场,以及中东、非洲等区域市场。在泰国,华为连续获得较大的移动智能网订单。此外,华为在相对比较发达的地区,如沙特、南非等也取得了良好的销售业绩。

第四步:开拓发达国家市场。

在西欧市场,从2001年开始,以10 Gbit/s SDH光网络产品进入德国为起点,通过与当地著名代理商合作,华为的产品成功进入德国、法国、西班牙、英国等发达国家和地区。北美市场既是全球最大的电信设备市场,也是华为最难攻克的堡垒,华为先依赖低端产品打入市场,然后再进行主流产品的销售。

另外,为配合市场国际化的进展,华为不断推进产品研发的国际化。1999年,成立印度研究所。2000年之后,华为又在美国、瑞典、俄罗斯建立研究所,通过这些技术前沿的触角,华为引入了国际先进的人才、技术,为总部的产品开发提供了支持与服务。

【思考题】

(1)请说出华为进入不同市场采取的市场进入策略是什么?为什么采取这种策略,请分析。

(2)华为的国际化战略对我国其他企业走出去有什么借鉴意义?

## 三、国际市场进入方式

所谓国际市场进入方式即国际营销企业进入并参与国外市场进行产品销售可供选择的方式。归纳起来,具体包括三大类:一是出口,即国内生产,国外销售,这是一种传统、简单、风险最低的进入方式;二是合同进入,又称非股权进入,它有多种具体的形式,而且富有较大的灵活性和实用性;三是对外直接投资,又称股权进入,即企业直接在目标市场国投资,就地生产,就近销售。

**1. 出口**

出口即企业将产品销售到国外市场。出口有间接出口和直接出口两种形式。

(1)间接出口

间接出口即企业将其产品卖给国内的中间商,由其负责出口。简单地讲,间接出口就是企业把自己生产出来的产品,卖给出口贸易机构或国外的伙伴,由它们负责向国际市场销售。间接出口的中间商主要有出口行、制造商的出口代理商、出口管理公司、国际贸易公司等,企业也可利用国外驻国内销售机构将产品转售到国外市场。

产品以间接出口方式进入国际市场,其优点主要表现在以下四个方面。第一,由于产品是利用中间商销售到国际市场的,因此企业不需要设立出口专门机构,不需要承担出口贸易资金上的负担,又不需要增加国际市场营销人员、建立专门的销售网点,这样便节省了费用。第二,进入国际市场快。企业可以利用出口贸易机构或国外伙伴的业务部门、销售渠道和经验把产品较快地销售出去。第三,间接出口风险小,企业不必承担外汇风险以及各种信贷风险。第四,灵活性大,长短期业务均可管理。

当然,间接出口也有缺点。比如,间接出口使企业不能获得国际经营的直接经验,对海外市场缺乏控制,所获市场信息反馈有限,利润空间也有限。如果企业不能完全控制其国际市场营销,缺少直接的市场信息反馈,就很难学到国际市场营销的知识和经验。

(2) 直接出口

直接出口是指企业将产品出售给国外市场上独立的经销商或进口商。严格来说,采取直接出口的方式,企业才算真正开始从事国际市场营销。企业直接出口的方式主要有:设立国内出口部、设立海外销售分公司、设立巡回出口销售代表、寻求国外经销商和代理商。

选择直接出口方式进入国际市场可以使企业摆脱中间商渠道与业务范围的限制,以对拟进入的海外市场进行选择;企业可以获得较快的市场信息反馈,据以制定更加切实可行的营销策略;企业拥有较大的海外营销控制权,可以建立自己的渠道网络;也有助于提高企业的国际营销业务水平。

当然这种方式也有其局限性,如成本比间接出口要高,需要大量的最初投资与持续的间接费用;需要增派专门人才;需要付出艰苦努力在海外建立自己的销售网络等。

**2. 合同进入**

合同进入指企业通过与目标市场国家的企业之间订立长期的、非投资性的无形资产转让合作合同而进入目标国家市场,并开展市场营销活动。它不同于出口,因为其中有合伙关系,并在国外有生产设施;它也不同于直接投资,尽管二者都是在国外生产,但合同进入是同目标市场国家的企业联合经营。如果企业欲深入了解国外市场,提高企业在国际市场的竞争力;或者是企业为了免受国外贸易保护主义干扰而绕过关税壁垒和非关税壁垒,采取合同进入的方式进入国际市场对企业比较有利。

合同进入分为以下四类:许可证贸易、合同制造、特许经营和合资经营。

(1) 许可证贸易

许可证贸易即许可方同许可证接受方签订许可证协议,允许对方在国际市场使用本企业(许可方)的工艺、商标、专利、贸易秘密或其他有价值的项目,许可方收取一定费用(或称特许权使用费)。

许可证贸易是企业进入国际市场的一种简单而迅速的方式。通过许可证贸易进入国际市场,许可方(企业)无须进行生产和市场营销方面的投资;同时,由于许可证接受方不仅负责生产,还负责市场营销,这样许可方(企业)面临的风险就会很小。但是,许可证贸易对企业也有不利的一面。一是企业对国际市场营销活动的控制削弱;二是企业获得的利润较低;三是当许可证合同期满时,企业可能在国际市场上给自己树立了一个难以对付的竞争对手(原许可证接受方)。为了避免这种情况的发生,企业必须建立自身的相对优势,关键是要不断创新,使许可证接受方继续依赖自己。

（2）合同制造

合同制造即企业与国外制造商签订合同，由该制造商生产产品，而企业主要负责产品销售。合同制造能使企业较快地进入国际市场，而且风险极小。它有助于企业同国外制造商建立合伙关系或将来买下它的全部产权。如果国外市场的生产成本低，合同制造就会大大提高企业产品的竞争能力。不过采用这种方式，企业难以控制产品制造过程和制造过程中产生的潜在利润的损失。

（3）特许经营

特许经营是指特许经营权拥有者以合同约定的形式，允许被特许经营者有偿使用其名称、商标、专有技术、产品及运作管理经验等无形资产从事经营活动的商业经营模式。国际特许经营是特许人和被特许人（东道国的经济实体）之间建立关系的一种市场进入模式，特许人将自己开发和拥有的一整套商业模式以特许合同的形式转让给国外的实体即被特许人，被特许人可以是本国企业、东道国的企业、国外企业、特许人自己拥有部分股份的公司。

特许经营的风险比较小，企业可以较快地获得利润。这种方式最明显的不足是在双方合同期满后培养出自己的竞争对手。

（4）合资经营

合资经营是由外国企业和当地投资商共同投资，在当地兴办企业，投资各方共同生产经营并承担经营风险，获取经营收益的方式。

这种方式的优点是与东道国合资经营，能享受较多的优惠，风险较小；企业可以利用合资伙伴熟悉本国环境的优势获得当地资源，并打开市场。

合资经营的缺点主要表现在，一方面合资双方可能在投资、生产、市场营销以及利润的再使用等方面有利益冲突或争议；另一方面，由于双方在市场营销观念上存在差异，这也会导致双方在制定企业的各种战略决策时发生分歧。

**3. 对外直接投资**

对外直接投资模式属于进入国际市场的高级阶段。我国的"走出去"战略所指的主要就是投资模式。投资模式包括合资进入和独资进入两种形式。

合资进入。合资指的是与目标国家的企业联合投资、共同经营、共同分享股权及管理权，共担风险。合资企业可以利用合作伙伴的成熟营销网络，而且由于当地企业的参与，企业容易被东道国所接受。但是也应看到由于股权和管理权的分散，公司协调经营有时候比较困难，而且公司的技术秘密和商业秘密有可能流到对方手里，将其培养成将来的竞争对手。

独资进入。独资指企业直接到目标国家投资建厂或并购目标国家的企业。独资经营的方式可以是单纯的装配，也可以是复杂的制造活动。企业可以完全控制整个管理和销售，独立支配所得利润，技术秘密和商业秘密也不易丢失。但是独资要求的资金投入很大，而且市场规模的扩大容易受到限制，还可能面临比较大的政治和经济风险，如货币贬值、外汇管制、政府没收等。

直接投资的主要缺点有以下三点。第一，将企业大笔投资置于风险之下。企业大量资金外投，可能会遇到无法控制的风险，如所在国货币的贬值或货币不能自由兑换、市场突然萧条或财产遭受接管、没收等；第二，与当地企业的竞争加剧；第三，由于当地政府干预，企业不能自由定价，从而影响了企业的收益。

## 第四节　国际市场营销组合策略

国际企业在选定目标市场、确定进入目标市场的方式后,就必须制定相应的国际市场营销组合策略。与国内市场营销组合策略类似,国际市场营销组合策略分为国际市场营销产品策略、国际市场营销定价策略、国际市场营销渠道策略以及国际市场营销促销策略。国际市场营销产品策略是国际市场营销组合策略的核心,是国际市场营销定价策略、渠道策略及促销策略的基础。

### 一、国际市场营销产品策略

由于企业在国际上面临比国内更为复杂的市场营销环境,面对的消费者更加多样化,因此,企业不能在任何国家市场都完全照搬国内市场营销的产品策略,而应该根据企业经营活动所在国家的不同特点,以及企业在国际市场上的经营目标,来制定企业的国际市场营销产品策略。

国际企业应该对其产品策略进行怎样的调整,调整多大的幅度才能更好地适应当地市场的状况,是国际企业所面临的重要决策问题之一。国际市场营销学家总结了两种国际市场产品策略,一种是国际产品标准化策略,即国际企业向全世界所有不同的市场都提供标准化的、无差异的产品;另一种是国际产品差异化策略,即国际企业为适应国际上各个目标市场的不同特点,而为每一特殊的市场设计差异化的产品。

**1. 国际产品标准化策略**

国际产品的标准化策略即企业向全世界不同国家或地区的所有市场都提供相同的、无差异的产品。如在全世界各地,我们可以喝到包装类似、口味相同的可口可乐、吃到完全一样的麦当劳快餐。

企业实行国际产品标准化策略主要有两种方式:产品直接延伸策略和全球标准化策略。产品直接延伸策略即企业将其在本国已经生产和销售的产品,不做任何改动直接销往国外市场;全球标准化策略即企业将世界市场视为一个整体市场,专门为其生产标准化的产品,然后销往世界各国市场。

实施国际产品标准化策略对企业来讲有重要的意义,主要表现在以下几点。

① 采用国际产品标准化策略,可以使企业在产品的研究、开发、生产和销售等方面的成本大幅度地降低,采用直接延伸策略,企业甚至不需要增加研究和开发的费用,从而提高利润。

② 采用国际产品标准化策略,便于企业对国际上的产品进行统一管理。

③ 采用国际产品标准化策略,可以使企业产品在国际上建立起统一的形象。企业在国际上销售同样的产品,使用统一的宣传手段,有助于各国消费者更好地识别企业产品,从而扩大企业产品的影响力,提高企业的知名度。

这种国际产品标准化策略也存在明显的缺点。一方面,在世界范围内销售同一种产品会产生"一荣俱荣,一损俱损"的后果。如果企业产品出现问题,将会影响其整个世界市场。另一方面,这种方式没有充分考虑不同国家或地区在市场环境和消费需求方面存在的差异,对国际市场的适应性差。

**2. 国际产品差异化策略**

国际产品差异化策略即企业向不同国家或地区的市场提供不同的产品,以适应这些国家和地区市场的特殊需求。

国际产品差异化策略与国际产品标准化策略的不同之处在于,国际产品标准化策略是为了满足国际消费者在某些方面的共同需求,而国际产品差异化策略是为了满足不同国家或地区的消费者由于经济、政治、法律及文化等环境差异而形成的对产品的千差万别的个性化需求。

实施国际产品差异化策略,克服了国际产品标准化策略的缺点,能更好地满足消费者的个性需求,有利于企业开拓国际市场,也有利于树立企业良好的国际形象。但是,国际产品差异化策略也对企业提出了更高的要求。首先是要求企业能够更准确地鉴别各个国际目标市场的消费者的需求特征,这就要求企业必须具有很高的市场调研能力;其次是要求企业具有很高的研究开发能力,能够针对不同的国际目标市场的特点,迅速开发设计出适应这些市场需求的、不同的产品;最后是要求企业具有较高的管理能力。由于企业在国际上生产和销售的产品种类增加,其生产成本及营销费用较标准化产品将大大提高,因而,企业的管理难度也将加大。

企业实行国际产品差异化策略的方式主要有产品适应策略和产品创新策略。

(1) 产品适应策略

产品适应策略即国际企业为了适应某些国家或地区特殊的环境要求或消费需求,而对国内产销的产品加以适当的改进后销往国外的策略。

促使企业对其产品进行改进的因素可分为两类:强制性适应改进产品和非强制性适应改进产品。强制性适应改进产品即由于国外市场的一些强制性因素,比如,国外各国为了保护本国企业利益而针对外国企业制定的一些限制性法律、法规或要求,要求企业对其产品做适应性改进。非强制性适应改进即企业为了提高在国际市场上的竞争力,适应国际目标市场的非强制性影响因素,比如,依据各国消费者不同的消费特征,企业主动对其产品做出的各种改进。非强制性改进产品对企业更有吸引力,但其改进难度也更大。

(2) 产品创新策略

产品创新策略是国际企业为了满足不同国家或地区消费者的个性需求,开拓更广泛的国际市场,而主要通过自己的力量来开发全新产品的策略。

由于产品创新策略是专门针对国际目标市场的特点而对产品进行开发的,因此,这种策略能够提高产品对消费者的吸引力,更好地满足消费者的个性需求,迅速打开国际市场。但是,这种策略的缺点是新产品的研究开发所需要的投资大,开发费用高、困难多,而且企业会面临开发失败的风险。

**3. 国际产品标准化策略与国际产品差异化策略的选择**

国际产品标准化策略与国际产品差异化策略各有优缺点,企业在选择国际产品策略时,要分析企业自身的情况,然后综合各方面的因素做出判断和选择。

然而,营销实践表明,国际产品标准化策略与国际产品差异化策略是相辅相成的,二者并不是完全相互独立的。许多产品的差异化、多样化主要体现在外形上,如产品的形式、包装、品牌等方面,而产品的核心部分往往是一样的。比如,有些原产国产品并不需很大的变动,而只需改变一下包装或品牌名称便可进入国际市场。可见,企业的国际产品策略通常是国际产品标准化策略与国际产品差异化策略的一个组合,在这种组合中有时是产品标准化程度偏大,有时是产品差异化程度偏大,企业需要根据自身的具体情况选择两种策略的组合。

**4. 国际市场产品生命周期**

产品的生命周期即产品从投入市场到最终退出市场的全过程,这个周期包括产品的导入期、成长期、成熟期和衰退期四个阶段。产品的生命周期理论说明：一方面,任何产品的市场生命都是有限的、任何产品的衰退都是不可避免的；另一方面,在产品生命周期的不同阶段,产品的市场占有率、销售额、利润额是不一样的。产品生命周期理论要求企业认真分析和识别产品所处生命周期的具体阶段,根据产品生命周期不同阶段的特点,采取相应的营销组合策略。

产品生命周期理论对于国际市场营销的国际市场产品策略也同样适用。对于国际市场的产品而言,也存在导入期、成长期、成熟期和衰退期四个阶段。与国内市场营销中产品生命周期不同的是,当企业把产品由国内市场扩展到国际市场时,由于各国在科技进步及经济发展水平等方面的差别而形成的对同一产品在生产、销售和消费上的时间差异,同一产品的生命周期的各个阶段在不同国家的市场上出现的时间是不一致的。这种不同的产品生命周期被称为国际市场产品生命周期。

因此,企业在制定国际市场营销产品策略时,必须充分考虑国际市场产品生命周期的因素,对于处在不同国家、不同生命周期阶段的产品制定不同的策略。

**5．国际市场产品的品牌、商标及包装策略**

(1) 国际市场产品的品牌和商标策略

国际产品的品牌和商标的概念及作用与国内产品的相同,而对于企业国际市场营销中的产品策略而言,国际产品的品牌和商标的设计原则非常重要。

国际产品品牌和商标的设计除应遵循产品品牌和商标设计的一般性原则如简单易懂、便于识别、有助记忆、构思独特新颖、引人注目、适应产品性质、便于宣传外,还应符合各国消费者的传统文化和风俗习惯。国际企业要了解其产品销往国家的传统文化和风俗习惯,了解这些国家的宗教禁忌等。比如,产品销往信仰伊斯兰教的地区,就不能使用猪、熊猫等图案作为商标内容。另外,国际产品的品牌和商标的设计应符合国际商标法和目标国商标法的规定。

(2) 国际市场产品的包装策略

国际企业在不同的海外市场销售产品,其包装是否需改变,这将取决于各方面的环境因素。从包装所具有的保护和促销两方面的作用来看,如果运输距离长,运输条件差,装卸次数多,气候过冷或过热或过于潮湿,则对包装质量要求就高,否则难以起到保护产品的作用。如果东道国顾客由于文化、购买力、购买习惯的不同而可能对包装形状、图案、颜色、材料、质地有偏好,则从促销角度看,应予以重视并给予适当的调整,以起到吸引与刺激顾客的作用。当今一些发达国家的消费者出于保护生态环境的强烈意识,倾向于使用纸装包装,而在一些发展中国家,顾客仍普遍使用塑料袋包装,因为它较牢固且可重复使用。

因此,国际企业在制定国际市场营销产品策略时,要充分考虑产品运输等对包装的要求,目标国家的政策、法规对包装的规定以及消费者对包装的要求。

## 二、国际市场营销定价策略

国际市场营销中的定价策略是国际市场营销组合策略中的重要组成部分。与国内市场定价相同,国际市场定价同样直接决定企业的收益水平,也影响产品在国际市场上的竞争力。但是,由于企业在国际市场上面临更为激烈的竞争,面对各种不同国家的法律、法规,这就使得国际市场定价策略变得更为复杂。所以,国际企业必须认真研究影响国际市场定价的各种因素,制定科学合理的价格策略,使企业的利润达到最大化。

**1．影响国际市场产品价格的因素**

影响国际市场产品价格的因素主要涉及国际企业的定价目标、目标国家或地区的法律或法规、产品的成本和费用、国际目标市场的供求及竞争状况和汇率变动及通货膨胀。

（1）国际企业的定价目标

企业的定价目标是影响企业价格的重要因素，企业是以当期利润最大化为目标，还是以市场占有率最大化为目标，都影响着企业的定价策略。企业的定价目标会随着目标市场的不同而不同。在高速发展的国外市场上，企业可能更注重市场占有率的增长而暂时降低对利润的要求，采取低价渗透策略。而在低速发展的国外市场上，企业可能更多地考虑投资的快速回收，而更多地采用高价撇脂策略。

（2）目标国家或地区的法律或法规

东道国对国外商品的限制性法律、法规，也会影响国际企业产品的价格。这些限制性法规主要包括：关税和非关税壁垒、反倾销法、反托拉斯法、价格控制法等。企业在制定国际市场产品价格时，必须充分了解这些法律、法规的相关规定。

（3）产品的成本和费用

同国内市场产品的定价原则相同，产品的成本、费用始终是企业定价策略的基础。但是，与国内市场产品成本、费用所不同的是，国际市场产品的成本、费用除了要考虑产品的生产成本、运输费、包装费、保险费及营销费用等因素外，还需要考虑关税及其他税收等方面的支出。国际市场产品的成本、费用往往远远大于国内市场产品，因此，企业不能简单地按照国内市场产品定价的方式来确定国际市场产品的价格。

（4）国际目标市场的供求及竞争状况

与国内市场相同，国际目标市场的供求状况的变化，必然引起企业对产品价格的调整。另外，在国际市场上，企业所处行业的竞争分类、竞争状况，都是企业制定国际产品价格需要考虑的重要因素。

（5）汇率变动及通货膨胀

在实行浮动汇率的情况下，汇率的变动会使产品价格产生相对的变动，从而极大地影响企业的收益。通货膨胀的高低会影响产品成本的变化，从而影响国际产品的价格。因此，通货膨胀因素的影响也是企业制定价格策略需要考虑的必不可少的因素。

**2. 国际市场定价策略**

对于国际企业而言，其产品在国际市场上的销售是应保持统一价格，还是针对不同国家市场制定差别价格，是一个非常值得研究的问题。国际市场定价策略主要有统一定价策略、差别定价策略和国际转移定价策略。

（1）统一定价策略

国际市场的统一定价策略即国际企业对其同一产品在国际上采取同一价格销售的策略。这种定价方式有助于国际企业及其产品在世界市场上建立统一形象，便于企业控制其在全球的营销活动。但是，这种方式的缺点在于没有考虑国际市场上需求的差异和竞争的状况，使企业在国际上难以获得强有力的竞争地位。

（2）差别定价策略

国际市场的差别定价策略即国际企业对其同一产品在国际上采取差别价格销售的策略。由于各国的消费水平的差异，生产及销售产品的成本、费用，竞争价格，税率都不尽相同，因此，企业需要在环境差别明显的各国市场上实行差别价格来销售其产品。这种方式有利于企业更好地根据国际市场的状况参与市场竞争。但是，这种定价方式也会因为地区间的价格差距加剧地区间的窜货现象。

国际企业在什么样的情况下选择统一定价策略，在什么样的情况下选择差别定价策略呢？可以依据以下三点做出判断。

第一,如果企业在各国市场上具有同样的竞争地位,竞争条件相同,则可对其国际产品采取统一定价策略。

第二,国际企业在选择统一定价策略和差别定价策略时,需要考虑本企业的产品在国际上的普及过程,如果新产品的普及过程在各国都基本相同,那么可以制定统一的价格。

第三,如果企业生产和销售的产品技术含量比较高,易于与其他产品相区别,则企业可以采用差别定价策略。

(3) 国际转移定价策略

国际转移定价策略即跨国公司的母公司与各国子公司或各子公司之间转移产品和劳务时确定某种内部转移价格所采用的定价策略,从而达到整个企业集团利润的最大化。因为,跨国公司一般都实行分权管理,母公司和各国的子公司都是不同的利润中心,所以,为了便于评估各利润中心的经营情况,在跨国公司内部进行交易,也需要制定交易价格,即国际转移价格。

许多跨国公司都使国际转移价格偏离正常定价时的市场价格,而使公司内部某一公司的利润或亏损转移到另一公司,从而实现公司整体利润的最大化。具体做法有以下几种。

① 在将产品由甲国转移到乙国时,如果乙国关税比较高,而且是从价税,那么公司就采取较低的转移价格,从而减少缴纳的关税。

② 如果某国所得税很高,就提高进口产品价格,降低出口产品价格,以减少利润,进而减少应纳的所得税。

③ 如果某国实行外汇管制,则转移定价采取高价进口,低价出口的方式,以减少利润。

④ 如果某国出现通货膨胀,则转移定价也采取高价进口,低价出口的方式,从而避免资金在该国的大量积压。

⑤ 如果跨国公司出于获得国际竞争优势的考虑,则采用低价进口产品的转移定价策略。

总之,国际转移定价的出发点是为了避税,避免资金在高通胀率、严外汇管制国家滞留。当然,有些国家政府已经针对国际企业的这一行为,制定了相应的法律、法规,以要求国际企业制定内部转移价格时能遵守公平交易的原则,挽回或保护其正当的国家利益。

## 三、国际市场营销渠道策略

如同国内市场营销一样,企业在制定国际市场营销组合策略时,必然会面临国际市场营销渠道的策略选择问题。对于国际企业来说,国际市场分销渠道决策是一项非常重要的决策,是国际市场营销策略组合中必不可少的因素。分销即将产品或服务从生产者向消费者转移的过程。国际分销与国内分销的重要区别在于,国际分销是跨越国界的营销活动,而国内的分销活动则仅限于一国的国境之内。因此,国际分销要比国内分销复杂得多,决策过程也将困难得多。

**1. 国际市场营销渠道模式的设计**

国际市场营销渠道策略中国际渠道的设计是整个国际市场渠道决策的核心,主要包括国际分销模式的标准化和多样化设计、国际分销渠道长度设计及国际分销渠道宽度设计三方面的内容。

(1) 国际分销模式的标准化和多样化设计

国际分销模式标准化即国际企业在国外市场上采用与国内相同的分销渠道模式;国际分销模式多样化即国际企业根据各个国家或地区的不同情况,分别采取不同的分销模式。

有些国际企业采取标准化的国际分销模式主要是因为在不同国家采取相同的分销模式,可以使国际营销人员更容易利用自己的经验来提高营销效率,从而实现规模效益。

但是,由于各国的消费特点,如数量、地理分布、购买模式、购买偏好等不同;各国的分销结构不同,如批发商、零售商的数量大小和特点等不同,使企业的国际分销模式采取标准化的策略显得更加困难。同时国际企业还要考虑自身实力,竞争对手的渠道策略以及其他营销组合因素,因此更多的企业选择了多样化的分销模式。

(2) 国际分销渠道长度设计

国际分销渠道长度即产品由生产企业流向国际市场最终消费者所要经历的中间商层次的多少。产品由生产企业流向国际市场最终消费者所要经历的中间商层次越多,国际分销渠道越长;层次越少,国际分销渠道越短。在国际市场上,产品分销的层次可能长达十几个,要经过进口商、外国批发商及外国零售商等诸多层次才能使产品到达最终用户;也可能短到只有两个,即产品直接流向最终用户,即直接销售。

国际企业分销渠道长度的决策受到企业自身条件、产品特点及国际市场状况等因素的影响。第一,国际企业分销渠道的长度受企业自身条件的影响。如果国际企业的规模比较大,就会有较强的国际市场销售能力,则可以少用或不用中间商,选择比较短的渠道。第二,国际分销渠道的长短还取决于企业的经营意图、业务人员的素质以及国家政策法规的限制等因素。第三,企业向国际市场上所销售的产品的特点,也会影响国际企业分销渠道的长度。比如,技术性强的产品,需要提供较多的售前、售后服务,则分销渠道较短;保鲜要求较高的产品,需要选择较短的分销渠道;单价低、标准化的产品,如牙膏、肥皂、香烟、卫生纸等,需要使用较长的分销渠道。第四,国际市场状况也是影响企业分销渠道长度的重要因素。如果国际市场上目标消费者所处的地理位置比较集中,而且顾客数量比较少、购买量比较大时,应该选择较短的分销渠道。

(3) 国际分销渠道宽度设计

国际分销渠道的宽度即渠道的各个层次中所使用的中间商的数目。依据渠道的宽度,国际分销策略可以被区分为宽渠道策略与窄渠道策略。企业在制定渠道宽度策略时,有三种方式可以选择:密集型分销策略、独家分销策略及选择性分销策略。

① 密集型分销策略

密集型分销,即在一个市场上使用尽可能多的中间商从事产品的分销,使分销渠道尽可能加宽。在国际市场上,对价格低廉、购买频率高、一次性购买数量较少的产品,如日用品、食品等,以及工业品的标准件、通用小工具等多采用这种策略。

这种广泛分销策略的优点是,企业产品在国际市场上的覆盖面比较广泛,使潜在消费者有较多的机会接触到产品。但是,这种密集型分销策略也面临中间商经营积极性不高、责任心比较差的弊端。

② 独家分销策略

独家分销即在一定时期、在特定的地区内只选择一家中间商经销或代理本企业产品,授予对方独家经营权的一种分销方式。这是最窄的一种分销渠道。对于消费品中的特殊品,尤其是名牌产品,多采用这种分销策略;另外,对于需要现场操作表演、介绍使用方法或加强售后服务的工业品和耐用消费品也较适合采用这种策略。

这种分销策略的优点是中间商经营的积极性比较高,责任心比较强。但是,这种独家分销策略使企业产品的市场覆盖面相对比较窄,另外,如果中间商出现问题,企业在该国市场就会受到影响。

③ 选择性分销策略

选择性分销策略是介于密集分销与独家分销策略之间的一种策略,即企业在市场上选择部分中间商经营本企业产品。对于消费品中的选购品、特殊品及工业品中专业性较强、用户较固定的设备和零配件等,较适合采用这种分销策略。

这种策略具有上述两种策略的优点,如果企业能够恰当地使用,则可以获得比密集分销和独家分销更多的利益。

**2. 国际分销渠道管理**

企业在国际市场上,除了要对国际分销渠道进行设计外,还要加强对国际分销渠道的管理。如果企业采取的是直接销售策略,将产品直接销售给国外的最终消费者,企业则不需要考虑对国外中间商的管理问题。但是,如果企业是通过国外的中间商将产品销售给国外的最终消费者时,国际营销者则必须关注从制造商到最终用户或消费者的整个分销过程,考虑对国外中间商的控制和管理问题。因为产品在从生产者向最终用户或消费者转移过程中的每一个环节的效率都会影响整个分销渠道的效率,因此,对国际分销渠道的管理十分必要,也应引起企业的充分重视。

对国际分销渠道管理的内容包括制定渠道目标;选择渠道策略;选择、激励、评价、控制渠道成员以及渠道改进等。

① 制定国际分销目标。制定国际分销目标是国际分销管理的首要任务。企业必须制定明确、可实行的国际分销目标,作为企业分销管理和控制的依据。

② 选择国外中间商。国外中间商的选择,直接关系到企业国际市场营销的效果,因为中间商的质量和效率将影响产品在国际市场上的销路、信誉、效益和发展潜力。企业在对国外中间商进行选择时,要对国外中间商是否能够承担企业的销售任务做认真的调研,以保证所选择的中间商具有高效率,能有效地履行所期望的分销职能,从而确保企业国际营销目标的完成。

③ 控制国外分销渠道。企业选择国外中间商以后,还要加强对分销渠道的管理和控制。首先,要设立管理国际市场分销渠道的专门机构,负责对分销渠道的专业化、系统化进行管理。其次,要对国外中间商进行适当的激励,调动国外中间商的积极性,从而使企业和国外中间商能够友好合作,互利互惠。再次,要对分销渠道模式和分销渠道结构进行定期评估。最后,企业要及时地根据国际市场环境、分销渠道和企业内部条件的变化对分销渠道进行调整。

## 四、国际市场营销促销策略

与国内市场营销组合策略一样,促销策略也是国际市场营销组合策略中必不可少的一部分。企业在国际市场上销售其产品时,要达到买方与卖方的有效沟通,更好地实现企业的销售目标,就必须使用促销策略。国际市场营销的促销策略包括国际广告策略、人员推销策略、公共关系策略以及营业推广策略。

**1. 国际广告策略**

国际广告即国际企业为了扩大产品销售,实现销售目标,而在产品出口目标国或地区所做的商品广告。广告通常是国际企业的产品进入国际市场初期的先导和唯一代表,它可以使出口产品能迅速地进入国际市场,为产品赢得声誉,帮助产品实现其预期定位,也有助于树立国际企业的形象。

同国内广告相比,国际广告由于其诉求对象和目标市场是国际化的,广告代理是世界性的,因而国际广告要受多方面因素制约,有其自身的一些特点。

① 国际广告必须遵守各国政府对广告的限制。首先是来自广告媒介的限制,有些国家政府限制使用某种媒介,如规定电视台每天播放广告的时间,而有些国家大众传媒的普及率太低,如许多非洲国家没有日报;其次是产品的限制,有些国家会限制一些产品做广告,如对香烟

做广告;有些国家会对广告的信息内容与广告开支进行限制。

② 国际广告必须尊重东道国的宗教信仰、风俗习惯等。由于价值观、风俗习惯与宗教信仰等方面的差异,一些广告内容或形式不宜在东道国传播。

③ 国际广告必须考虑东道国语言文字方面的特点。一国制作的广告要在另一国宣传,语言障碍较难逾越,因为广告语言本身简洁明快,喻义较深,同样的概念要以另外一种语言,以同样方式准确表达是一件非常困难的事。

④ 国际广告要注意各国的自然环境、人民的收入水平以及国民的文化教育水平。

因此,国际广告要实现其目标,必须使广告能适应国际目标市场所在国的各类环境因素,在此基础上选择广告的方式和广告的媒体。

**2. 人员推销策略**

人员推销即企业派出或委托推销人员、销售服务人员或售货员,亲自向国际市场顾客,包括中间商,介绍、宣传和推销本企业产品,又称派员推销或直接推销。

在国际市场上采用人员推销方式的优点主要有以下三点。

第一,人员推销选择性强、灵活性高。

第二,人员推销能够有效激发顾客购买欲望。由于推销人员可当场对产品进行示范性使用,因此,能够消除国际市场顾客对于商品规格、性能、用途、语言文字等的不了解,同时减少消费者由于社会文化、价值观念、审美观、风俗习惯的差异而对产品产生的怀疑。

第三,人员推销能够及时获取市场反馈。推销人员可以在推销过程中及时了解顾客的反应和竞争者的情况,迅速反馈信息,有利于企业研究市场、开发新产品。

但是,由于使用人员推销的方式往往面临费用高、培训困难等问题,所以,企业在使用人员推销的方式时要充分考虑企业自身特点,招募到富有潜力的优秀人才,加以严格培训,同时,需要对国际市场推销人员进行管理。

国际市场推销人员的管理主要包括招聘、培训、激励、评估四个环节。

① 国际市场推销人员的招聘。国际市场推销人员不仅可以从母国企业中选拔,也可以在目标市场所在国进行招聘。但是,如果企业面对一个市场潜力巨大、意欲长期占领的市场,则应以招募、培训东道国人才作为优秀推销人员为主要来源。因为当地人对本国的风俗习惯、消费行为和商业惯例更加了解,可以更有效地使用推销技巧推销本企业产品。但是,在海外市场招聘当地推销人员会受到当地市场人才结构和推销人员的社会地位的限制。

② 国际市场推销人员的培训。对国际市场推销人员的培训的内容主要包括产品知识、企业情况、市场知识和推销技巧等方面。企业要通过对国际市场推销人员的培训,使推销人员具有开拓市场、发掘市场潜在需求的能力。

③ 国际市场推销人员的激励。对推销人员的激励,可分为物质奖励与精神鼓励两个方面。物质奖励通常指薪金或者奖金等直接报酬形式;精神鼓励即给予推销人员进修培训和晋级提升的机会或是授予推销人员某种特权等。企业对推销人员的激励,应综合运用物质奖励和精神鼓励等手段,从而调动推销人员的积极性,提高他们的推销业绩。

④ 国际市场推销人员的评估。企业对国际市场推销人员的考核与评估,不仅是为了表彰先进,而且还要发现推销效果不佳的市场与人员,分析原因,找出问题,并加以改进。

对国际市场推销人员推销效果的评估指标主要是直接推销效果指标与间接推销效果指标。比如所推销的产品数量与价值、推销的成本费用、新客户销量比率等就属于直接推销效果指标;如访问的顾客人数与频率、产品与企业知名度的增加程度、顾客服务与市场调研任务的完成情况等属于间接推销效果指标。

### 3. 公共关系策略

国际市场营销促销策略中的公共关系策略与国内市场营销中的公共关系策略有所不同，因为，国际企业不仅要协调与当地的顾客、供应商、中间商及竞争者之间的关系，还需要协调与当地政府的关系。

在国际企业与东道国的各种公众关系中，企业与东道国政府的关系是最主要的。因为，东道国政府对海外投资、进口产品的态度，特别是对某一特定企业、特定产品的态度，往往直接决定着国际企业在该国市场的前途。因此，企业必须处理好与东道国政府的关系。一方面，国际企业要调整自身行为以适应外国政府政策的变化；另一方面，企业要加强与东道国政府的联系与合作，并利用各种媒介加强对企业有利的信息传播，扩大社会交往，以获得当地政府和社会公众的信任与好感，以求得企业经营活动的长期发展。

### 4. 营业推广策略

国际市场营销中营业推广策略必须遵守目标国家或地区的法律、法规的限制，尊重目标国家或地区的风俗习惯和宗教信仰等。

在国际市场营销中，营业推广手段非常丰富，如博览会、交易会、巡回展览、贸易代表团等。值得一提的是，这些活动往往因为有政府的参与而增强了它们的促销力量，事实上，许多国家政府或半官方机构往往以此作为推动本国产品出口、开拓国际市场的重要方式。

案例13-3 "麦当劳"在中国的本土化营销[①]

1990年10月8日，中国内地第一家麦当劳餐厅——光华餐厅在深圳市解放路商业步行街盛大开幕。2015年10月，麦当劳公布了截至当年9月30日的第三季度财报。全球营业一年以上门店的同店营收额增长了4%，麦当劳三季度营收总额为66亿美元（约合419.52亿元人民币），其中，麦当劳中国的同店销售额同比增长26.8%。

如今，麦当劳已经进入中国市场二十几个年头。无论是全球还是中国市场都发生着很大变化，中国消费者的改变更是天翻地覆。曾经凭借着标准化成为商业经典案例的麦当劳，眼下正在面临去中心化、垂直细分的"互联网＋餐饮"的挑战，在家庭烹饪、中式快餐、第三方送餐平台等餐饮O2O新秀的瓜分下，麦当劳的中国市场还能否维持高成长性？在互联网基因面前，麦当劳如何持续创新？

**转变营销意识，占领互联网**

在麦当劳的调研中，与美国消费者相比，中国消费者群体承载着更多的社会化属性——他们会将麦当劳作为"社交"而不是"快餐"的场所。这给麦当劳营销更多机会。麦当劳的微信公众号有860万粉丝，参与互动的频率也非常大。而随着电子商务和数字化营销的兴起，麦当劳的营销重拳也开始向数字化营销转变。从2008年奥运会以后，麦当劳就开始和本地市场相结合，进行本地化的营销举措。

**品牌风向跟随消费者改变**

麦当劳全球的营销口号是统一的，而中国市场会根据自身属性调整营销策略。麦当劳的口号随着时代而演变，2010年是"为快乐腾一点空间"，那时的社会大环境是为了工作而拼搏，希望让消费者感受到在激烈竞争中仍然陪在大家身边。到2014年，品牌口号改为"让我们好在一起"的时候，曾经的消费者——中国的第一批独生子女已经步入社会并有了自己的家庭，于是大家可以看到当时的宣传片里，更多突出人与人之间的情感联结。品牌调性一定要结合社会场景，再加上准确的品牌定位。而麦当劳作为快餐来说，最大的优势就是其便捷性，"麦当

---

[①] 资料来源：谭爽.麦当劳如何步步为营，玩转互联网.成功营销，2016(4).

劳在中国和美国最大的不同是,除了快餐店,它还被看作一个更有社交功能的地方,这也成为和消费者联系的情感纽带。"

麦当劳的目标消费群主要分为三大类,一是年轻白领,二是儿童家长,三是学生。如今,这些目标群体大多为"80后""90后",他们的生活被互联网深入渗透着,麦当劳为了更好地宣传品牌形象,必须把营销重点转移到数字化上面。过去几年中国的消费市场出现了巨大的变化。在深入探索中国消费者的认知与行为后,发现现代消费者喜欢新鲜事物,颇具创造与冒险精神;他们也热衷于数字化、追求个性化。因此,麦当劳的营销重点转移到互联网和移动端势在必行。

**借助社交网站,进行中国本土化营销**

2015年是麦当劳社会化营销举措频出的一年:面向理工科用户的圆周率日(π Day)3.14元特惠价买派、面向游戏玩家的《魔兽世界》的角色扮演、"我创我味来"(Create Your Taste)项目、为中国消费者量身打造"摩登中国风"新品、"我就喜欢24"(im lovin it 24)全球创意联动等活动,差不多每个月,麦当劳中国都会面向年轻人开展互联网营销。这背后是麦当劳非常重视中国社交媒体的营销策略,通过社交媒体上消费者与品牌的互动不断塑造着未来的品牌。

**【思考题】**

(1) 请举出麦当劳适应其他国家市场的营销策略,你认为成功吗?
(2) 本土化营销策略和全球标准化营销策略各有什么优缺点?
(3) 麦当劳的本土化营销对其他企业有什么借鉴的意义?

# 本 章 小 结

国际市场营销即企业为了实现自身的发展,在不同的国家或经济体(地区)进行的市场营销行为。国际市场营销是企业跨越国界的市场营销活动,与国际贸易、国内市场营销既有区别又存在联系。国际市场营销在营销环境分析、目标市场营销战略以及市场营销组合策略等方面都有自身的特点。企业应根据本国及所进入国家的各种政治、经济、文化和法律环境的情况以及企业自身的条件,采用适当的方式进入国际市场,制定适当的营销组合策略,开展国际市场营销组合活动。

# 关 键 名 词

国际市场营销　国际市场细分　国际目标市场　国际营销组合

# 思 考 题

1. 国际市场营销包括哪些特征?
2. 比较国际市场营销环境与本国市场营销环境的异同点。
3. 企业在进行国际目标市场选择时需要考虑哪些因素?
4. 国际市场进入的方式有哪些?
5. 试述国际市场营销组合策略的内容。

# 第十四章

# 网络营销

**本章学习要点**

- 了解网络营销的概念、特点、形式与内容
- 了解网络营销与传统营销、电子商务的异同
- 了解网络营销对消费者购买行为的影响
- 把握网络营销的基本策略与应用方法
- 本章小结

网络营销是20世纪末出现的市场营销新领域,是企业营销实践与现代信息通信技术、计算机网络技术相结合的产物。

## 第一节 网络营销的概念、特征与内容

### 一、网络营销的概念

**1. 概念**

广义地讲,企业利用一切计算机网络进行的营销活动都可以称为网络营销。

狭义地讲,以互联网为主要营销手段,为达到既定营销目标而开展的营销活动,都可称为网络营销。

网络营销的实质仍然是营销,是个人或组织借助或通过互联网创造、提供并与他人交换有价值的产品以满足自身需求和欲望的一种社会活动管理过程。对企业而言,网络营销是企业整体营销战略的一个组成部分,是企业借助于互联网的一些特性与优势实现一定营销目标的一种营销手段。

**2. 对网络营销概念的理解**

(1) 网络营销的实质

网络营销的实质是一种营销活动或一个营销过程。网络营销的概念首先发源于美国,在美国它有众多英文表达,诸如 Cyber Marketing,Online Marketing,Internet Marketing,Network Marketing,E-marketing 等。目前,习惯的用法是 E-marketing,E 表示电子化、信息化、网络化。

(2) 网络营销的主体

网络营销的主体是"个人或组织",网络营销是在个人与个人(C2C,即 Customer to Customer)、组织与组织(B2B,即 Business to Business)、组织与个人(B2C,即 Business to Customer)等之间进行的一种交换活动。

根据市场营销原理,在交换双方中,如果一方比另一方更主动、更积极地寻求交换,则称前者为市场营销者,后者为潜在的顾客或用户。如果买卖双方都比较主动,都在积极寻求交换,可以把交换双方都称为市场营销者。在网络营销活动中,买卖双方的互动性大大加强,因而无论是买方还是卖方都可以是市场营销者。工商企事业单位、家庭等组织和个人都可以利用电子信息网络开展营销活动。当然,最典型的营销主体是企业,因此在对网络营销基本理论与方法的阐述中,主要以企业的营销活动为主体展开,对其他分类的组织和个人也适用。

(3) 网络营销的目的

网络营销的目的是满足个人或组织的需要与欲望。对营利性组织——企业来说,通过网络营销活动来实现企业获取利润的需要,表现为企业目标,如销售目标、盈利目标等。对顾客来说,则是通过企业的网络营销活动获得能满足顾客需要的产品或服务。只有同时满足这两方面需要并达成交易行为的企业网络经营活动才是网络营销。

(4) 网络营销的核心

市场营销的核心是交换,网络营销的本质是通过商品交换来满足个人和组织的需要。从供应和需求两个方面来分析,同时满足自己和他人需要的唯一途径就是商品交换。只能单纯满足供求中某一方需要的活动有很多,但都不是市场营销。网络营销的核心概念和实现交易的途径与传统的市场营销活动一样,仍然是"交换"。

(5) 网络营销的手段

网络营销即企业为满足目标市场需要而通过网络开展的各项营销活动,所有的活动要协调统一,紧密配合。整体性营销涵盖企业产品生产之前和售后的全过程,而且这个过程还在不断地循环往复。

网上销售是网络营销活动开展到一定阶段产生的阶段性成果,网络营销本身不等同于网上销售。网络营销活动概括来说包括四个阶段,即生产之前的市场调查与分析活动,生产之中对产品设计、开发及制造的指导活动,生产之后的销售推广活动,以及产品售出之后的售后服务、信息反馈、顾客附加需求满足等活动。网上销售则是网络营销的一系列活动中的一个必要的组成部分。

## 二、网络营销的基本特征与主要特点

网络营销是网络在市场营销活动中的运用,这正是网络营销与传统市场营销的根本区别。互联网的服务应用很多,主要的功能有:电子邮件,可随时传送文字、声音、图形给全球的网络站点;远程登录,可连接远端的计算机主机,使远在天涯的人如同在主机前工作一样;档案传输协定,规范计算机间传输大量档案,可用于从全球服务器获取所需的公用软件;网络论坛,可以为全球网络使用者共同讲授某一主题提供便利;覆盖全球的网络,使得互联网具有广阔的商业营销、互动沟通的应用前景。

**1. 网络营销的基本特征**

网络营销包含以下五个基本特征。

① 公平性:在网络营销中,所有的企业都站在同一条起跑线上。公平性意味给不同的公

司、不同的个人提供了平等的竞争机会。

② 虚拟性：互联使得传统的空间概念发生变化，出现了有别于实际地理空间的虚拟空间或虚拟社会。

③ 对称性：在网络营销中，互联性使信息的非对称性大大减少。消费者可以从网上搜索自己想要掌握的任何信息，并能得到卖方甚至有关专家的适时指导。

④ 模糊性：互联使许多人们习以为常的边界变得模糊。其中，最显著的是企业边界的模糊、生产者和消费者边界的模糊、产品和服务边界的模糊。

⑤ 复杂性：由于网络营销的模糊性，使经济活动变得扑朔迷离，难以分辨。

**2. 网络营销的主要特点**

网络营销的主要特点表现为时域性、多媒体、交互式、个性化、成长性、整合性、超前性、高效性、经济性和技术性等。

① 时域性：营销的最终目的是占有市场份额，由于互联网能够超越时间约束和空间限制进行信息交换，使营销脱离时空限制进行交易变成可能，企业有了更多的时间和更大的空间进行营销，随时随地地提供全球性营销服务。

② 多媒体：互联网被设计成可以传输多种媒体的信息，如文字、声音、图像等信息，使为达成交易进行的信息交换能以多种形式存在和交换，可以充分发挥营销人员的创造性和能动性。

③ 交互式：互联网通过展示商品图像、商品信息资料库提供有关的查询，来实现供需互动与双向沟通。还可以进行产品测试与消费者满意调查等活动。互联网为产品联合设计、商品信息发布以及各项技术服务提供最佳工具。

④ 个性化：互联网上的促销是一对一的、理性的、消费者主导的、非强迫性的循序渐进式促销。同时也是一种低成本与人性化的促销，避免推销员强势推销的干扰，并通过信息提供与交互式交谈，与消费者建立长期良好的关系。

⑤ 成长性：互联网使用者数量快速增长并遍及全球，使用者多属年轻、中产阶级、高教育水平的一类人，由于这部分群体购买力强而且具有很强的市场影响力，因此是一项极具开发潜力的市场渠道。

⑥ 整合性：互联网上的营销可由商品信息至收款、售后服务一气呵成，因此也是一种全程的营销渠道。以统一的传播资讯向消费者传达信息，避免不同传播中不一致性产生的消极影响。

⑦ 超前性：互联网是一种功能最强大的营销工具，它兼具渠道、促销、电子交易、互动顾客服务以及市场信息分析与提供的多种功能。它所具备的一对一营销能力，正是符合定制营销与直复营销的未来趋势。

⑧ 高效性：计算机可储存大量的信息，代消费者查询，可传送的信息数量与精确度，远超过其他媒体，并能应市场需求，及时更新产品或调整价格，因此能及时有效了解并满足顾客的需求。

⑨ 经济性：通过互联网进行信息交换，代替以前的实物交换，一方面可以减少印刷与邮递成本，可以无店面销售，免交租金，节约水电与人工成本，另一方面可以减少由于迂回多次交换带来的损耗。

⑩ 技术性：网络营销大部分是通过网上工作者，通过他们的一系列宣传、推广，这其中的技术含量相对较低，对于企业来说是小成本大产出的经营活动。

## 三、网络营销与电子商务

### 1. 网络营销是电子商务的基础

电子商务与网络营销是一对既相互区别又相互联系的概念。国际商会于1997年在巴黎召开的世界电子商务大会上给出电子商务的定义:"电子商务即实现整个贸易活动的电子化。交易各方以电子交易方式而不是通过当面交换或直接洽谈方式进行的任何形式的商务交易。"由以上的定义可以看出,达成交易是电子商务的根本标志,而实现交易的手段是电子方式。

电子商务的本质是信息的交流与沟通,包括与外部客户、内部运作和后端供应链之间的信息的交流和沟通。网络营销的核心目标在于营造良好的网上营商环境,使企业和其目标客户之间的信息交流渠道能够通达顺畅。

由此可见,网络营销要解决的问题是电子商务信息流中与客户之间信息双向沟通的问题,如果信息流的交互作用问题没有解决,电子交易的达成也无从谈起,从这个角度而言,网络营销是电子商务的基础。

### 2. 网络营销是推进电子商务发展的关键力量

网络营销是推进企业电子商务进程的最重要最直接的力量。网络营销不是单纯的网络技术,而是市场营销;网络营销并非孤立存在,而应当是企业整体营销战略中的必要组成部分。网上营销和网下营销相互结合,形成一个相互促进互为补充的完整的营销体系。

在企业介入电子商务所必需的信息基础设施等方面条件尚不成熟的情况下,实现电子商务对它们而言需要跨越的技术和经济的门槛可能较高,因为要达成电子交易必须解决与之相关的法律、安全、技术、认证、支付和配送等诸多问题,其中很多问题正是电子商务发展的瓶颈。

而企业介入网络营销几乎不存在门槛:企业即使还没有在互联网上建立自己的站点,也可以在互联网上宣传和推介自己的产品和服务,通过互联网黄页、电子邮件、网络广告、网络信息发布等手段来开展营销活动,且成本也在大多数中小企业能够承受的范围之内,其效果也是显而易见的。从某种意义上说,是网络营销拉近了企业与互联网世界之间的距离,拓展了人们的电子商务视野,加深了人们对电子商务的了解,企业的电子商务目标变得更为具体和清晰。网络营销的普及和深化是推进企业电子商务进程的最重要、最直接的力量。

## 四、网络营销的主要内容

网络营销的主要内容包括:网上市场调查、网上消费者行为分析、网络营销策略制定、网上产品和服务策略、网上价格营销策略、网上渠道选择与直销、网上促销与网络广告、网络营销管理与控制。

### 1. 网上市场调查

网上调查即利用互联网交互式的信息沟通渠道来开展调查活动。它包括直接在网上通过问卷进行调查,还可以通过网络来收集市场调查中需要的一些二手资料。利用网上调查工具,可以更好地提高调查效率和加强调查效果。

### 2. 网上消费者行为分析

要开展有效的网络营销活动必须深入了解网上用户群体的需求特征、购买动机和购买行为模式。互联网作为信息沟通工具,正成为许多兴趣、爱好趋同的群体聚集交流的地方,并且形成一个个特征鲜明的网上虚拟社区,了解这些虚拟社区的群体特征和偏好是网上消费者行为分析的关键。

**3. 网络营销策略制定**

不同企业在市场中处于不同地位。在采取网络营销实现企业营销目标时，必须采取与企业相适应的营销策略。同时企业在制定网络营销策略时，还应该考虑产品周期对网络营销策略制定的影响。

**4. 网上产品和服务策略**

网上产品和服务营销，必须结合网络特点，重新考虑产品的设计、开发、包装和品牌的传统产品策略。

**5. 网上价格营销策略**

网络作为信息交流和传播的工具，从诞生开始实行的便是自由、平等和信息免费的策略。因此，在制定网上价格策略时，必须考虑互联网对企业定价的影响。

**6. 网上渠道选择与直销**

互联网对企业营销影响最大的是对企业营销渠道的影响。美国戴尔(Dell)公司借助互联网的直接特性建立的网上直销模式获得巨大成功，改变了传统渠道中的多层次的选择、管理与控制问题，最大限度降低了营销渠道中的费用。但企业建设自己的网上直销渠道必须考虑重建与之相适应的经营管理模式的问题。

**7. 网上促销与网络广告**

互联网作为一种双向沟通渠道，最大优势是可以实现沟通双方突破时空限制直接进行交流，而且简单、高效、费用低廉。因此，在网上开展促销活动是最有效的沟通渠道，但网上促销活动开展必须遵循网上一些信息交流与沟通规则，特别是要遵守一些虚拟社区的礼仪。网络广告作为最重要的促销工具，主要依赖互联网的第四媒体的功能，目前网络广告作为新兴的产业得到迅猛发展。网络广告作为在第四媒体发布的广告，具有报纸杂志、无线广播和电视等传统媒体发布广告无法比拟的优势，即网络广告具有交互性和直接性。

**8. 网络营销管理与控制**

网络营销作为在互联网上开展的营销活动，它必将面临许多传统营销活动无法碰到的新问题，如网上销售的产品质量保证问题，消费者隐私保护问题，以及信息安全与保护问题等。这些问题都是网络营销必须重视和进行有效控制的问题，否则网络营销效果可能适得其反，甚至会产生很大的负面效应，这是由于网络信息传播速度非常快，并且网民对反感问题反应比较强烈而且迅速。

## 第二节 网络营销与传统营销

在传统营销理论中，可控因素与不可控因素有着十分明晰的界限。营销管理的本质之一就是综合运用企业可控的各种因素，以实现与不可控因素或外部环境的动态协调。但是，在互联网背景下，这一内在规律性已经发生了许多重大的变革。

### 一、网络营销对传统营销环境的影响

**1. 企业与消费者的关系**

在传统营销模式下，大部分企业依据市场细分理论，实施目标市场营销，大部分消费者只

能在企业已经生产出来的产品和服务中做出被动的选择。就此种意义而言,传统营销模式并不能真正支持消费者的主动地位,因而,传统营销是"企业营销",消费者事实上只是被动地作为企业的营销对象而存在。

在网络营销模式中,以现代信息技术为基础的互联网,构筑了直接的互动环境,借助互联网这一无时不在的高速信息通道,消费者能够与企业进行"一对一"的交互式信息沟通,消费者的意愿、利益和偏好真正成为企业营销活动的中心。消费者的主权地位不仅得到确立,而且已经渗入企业的营销实践中,消费者不再只是单纯意义上的顾客,而是作为营销活动的参与者,与企业共同构成了市场营销的主客体。

**2. 企业间的相互关系**

在网络背景下,企业是一种职能被虚拟化了的存在。虚拟企业执行自己拥有优势的职能,供应链上的所有企业更像是一个紧密结合的整体,顾客价值最大化是唯一和共同的追求。被传统营销理论界定为宏观环境力量的供应商、营销服务机构等,在一个更为广阔的空间,具有了相当程度的企业"内部"属性,它们与制造企业一起,共同构成营销活动的主体,而不纯粹是某种意义上的外部环境。

**3. 企业与宏观环境力量之间的关系**

菲利普·科特勒将政治权力纳入营销组合就提示了这样的一个事实,即企业与宏观环境的界限并非恒定不变,而这种非恒定状态,在网络空间将被进一步放大,这在技术领域的表现尤为明显。比如,互联网是一个标准化的体系,众多的技术标准是互联网赖以正常运行的必要保障。而标准的每一次发展和完善,都有企业的积极贡献,如微软的视窗系列,就是企业参与规则制定的典型。在专业化实施优势职能的前提下,许多企业都有参与其中的机会和可能。当某种技术或者模式为互联网所认可,成为虚拟世界共有的标准,那么将很难将其作为可控或不可控因素加以区分。

总之,互联网改变了企业与消费者、企业与企业、企业与所处经营环境的相互关系,使传统营销模式中企业可控因素与不可控因素的边界趋于模糊。只有突破运用可控因素以适应不可控因素的思维逻辑局限,透过一个新的视角,才可能找到适合虚拟企业的营销模式。

## 二、网络营销对传统营销战略的影响

**1. 对营销竞争战略的影响**

互联网具有的平等、自由等特性,使小企业更易于在全球范围内参与竞争。由于网络的自由开放性,网络时代的市场竞争是透明的,竞争者能较容易地掌握对手的产品信息与营销举措。因此,胜负的关键在于如何适时获取、分析、运用这些来自网络上的信息,研究并采用极具优势的竞争策略。在自由、平等的网络时代,策略联盟成为主要竞争形态,运用网络组成的企业间的合作联盟所形成的资源规模创造竞争优势,已成为企业经营的重要手段。

**2. 对企业跨国经营战略的影响**

经济全球化的新时期,传统企业越发看到了跨国经营对企业发展的重要意义。网络跨越时空连贯全球的功能使全球营销的门槛被削弱。然而,网络时代的企业,不但要熟悉跨国市场顾客的特性,以争取信任,还要安排跨国生产、运输与售后服务等工作,并由网络来联系与执行这些跨国业务。可见,尽管互联网为现在的跨国公司和新兴公司(或它们的消费者)提供了许多利益,但对于企业经营的冲击和挑战也是令人生畏的。任何渴望利用互联网的公司,都必须为其经营选择一种恰当的商业经营模式,并要明确这种新型媒体将会对其现存运营模式产生什么样的影响。

**3. 对营销组织的影响**

网络带来的影响包括:业务人员与直销人员减少,营销组织层次减少,经销代理与分店门市数量减少,渠道缩短,虚拟经销商、虚拟门市、虚拟部门等企业内外部虚拟营销组织盛行。这些影响与变化,都使企业对于营销组织重组的需要变得更加迫切。

## 三、网络营销对传统营销策略的影响

网络时代,人员推销、市场调查、广告促销、经销代理等传统营销手法,将与网络营销手段相结合,并充分运用网上的各种资源,形成以最低成本投入,获得最大经营收益的新型营销模式。

**1. 对传统产品策略的冲击**

随着社会的网络化和信息化的进程,产品策略中体现出知识经济特征的信息因素所占的比重越来越大。传统的产品策略开始发生变化,逐渐演变为满足消费者需求的营销策略。在互联网大量使用的情况下,对不同的消费者提供不同的商品将不再是天方夜谭。这种以顾客需求方式为驱动力是最终消费者的意愿。网络营销产品将面临物质到理念的变化。信息化社会中的产品概念是从物质演变成一个综合服务和满足需求的概念。网络营销使产品生命周期发生变化。由于生产者和消费者可以在网上建立直接的联系,厂家能在网上及时了解消费者的意见。从产品投入市场开始,企业就可迅速获知产品改进和提高的方向。于是,当老产品还处在成熟期时,企业就可以开始研制下一代的系列产品,使产品永远生机勃勃,保持旺盛的生命力。

**2. 对传统定价策略的冲击**

如果某种产品的价格不统一或经常改变,客户将会迅速通过互联网认识到这种价格差异,并可能因此导致客户的不满。所以相对于目前的各种媒体而言,互联网先进的网络浏览和服务,会使变化不定的且存在差异的价格水平趋于一致。这将对分销商分布在海外并在各地采取不同价格销售的公司产生巨大的冲击。另外,通过互联网搜索特定产品的代理商也将认识到这种价格差别,从而加剧了价格歧视的不利影响。总之,这些因素都表明互联网将导致国际间的价格水平标准化或至少缩小国别间和地区间的价格差异,这对于执行"价格歧视"化定价策略的公司而言将是一个严重的问题。

**3. 对传统营销渠道策略的冲击**

通过互联网,生产商可与最终用户直接联系,中间商的重要性正在受到影响。这将导致两种后果:一是由跨国公司所建立的传统的国际分销网络对小竞争者造成的进入障碍将明显降低;二是随着分销商销售利润的减少或消失,分销商将很有可能不再承担某些售后服务工作。所以在不破坏现存渠道的情况下,如何提供售后服务将是网上企业不得不面对的又一难题。

**4. 对传统促销策略的冲击**

首先,由于网络空间具有无限扩展性,因此在网络上做广告可以较少地受到空间篇幅的局限,尽可能地将必要的信息一一罗列。其次,迅速提高的广告效率也为网上企业创造了便利条件。譬如,有些公司可以根据其注册用户的购买行为很快改变向访问者发送的广告;有些公司可根据访问者特性,如硬件平台、域名或访问时搜索主题等方面的特性,有选择地显示其广告内容。

## 第三节 网络营销对消费者购买行为的影响

### 一、引发消费行为变化的新生因素

如前面章节所述,消费者行为的影响因素涉及诸多方面,网络环境下诸多因素仍会存在。但两个主要影响因素最值得关注,即来自供方的技术进步;来自需求方的生活方式的改变与人口统计指标的变化。

**1. 供应方:技术进步**

新技术正在对消费者的生活产生重要影响,欧美的信息技术战略专家,将我们这个新时代描述为"什么都不要的时代"。即由于科学技术的进步,消费者不用去商店就能购物(不要商店);不用买票即可旅游(不要票);不用去办公室即可工作(不要办公室),等等。

生产技术方面的许多突破,如计算机辅助设计制造、柔性制造系统以及即时制造等都在很多方面影响着竞争性营销。例如,高水平的定制化正在逐步实现、顾客的产品品种选择更加多样化了。生产领域内的其他重要技术包括可视化技术、群体技术(如跨设管理部门、设计制造与销售部门的会议系统)、虚拟现实技术、制造与组装设计数据库、部件运行历史数据库,以及三维实物模拟技术,如立体印刷术。

在分销技术方面的创新包括:①计算机辅助物流(CALS);②扫描与产品识别技术改进以及跟踪技术的发展;③电子数据交换技术(EDI);④销售点(POS)终端机;⑤专家系统;⑥卫星定位系统;⑦零售与仓库订单的自动化处理;⑧通过式物流。

在性价比方面取得较快进步的技术是在个人用途方面的技术。这类技术的一种基础特性是:个体越小,性价比越高。这是因为个体小的产品只要很低的(有时几乎为零的)可变成本就能大批量生产。而个体大的产品,生产批量一般都较小,所以可变成本所占的比例相对较高。

消费者正在对这些技术产生严重的依赖性,尽管有些消费者目前还不太适应这个变化。在消费者的买卖活动中,信息和通信占有重要地位。消费者在营销活动中,不再只是一个被动的"靶子",而是能够规定沟通时机和形式、决定交易时间和地点的主动者。

**2. 需求方:生活方式的改变与人口统计指标的变化**

人口统计状况的巨大变化正在缓慢而又深远地影响着整个社会,相应地,这些影响对消费者的个人行为将产生巨大冲击。

近年来,欧美国家的人口出生率一直处于下降趋势,中年人的价值观将越来越支配着其民族精神。特别是年长的顾客比年轻的顾客更注重关系营销。

更多的女性进入劳动大军,对空余时间的价值更加注重,待在家里做饭正在快速地成为一门消失的艺术,很多人选择在外就餐,而不在外就餐者中,有很多饭菜也是大量的半成品,厨房正在渐渐地成为家庭信息交流的中心而非食品中心。

贫富差距依然存在甚至加大,一部分人口将会越来越富裕,而同时也有相当数量的人口仍然相对贫困,我们将看到一种两极同步增长的现象——越来越多的优质优价产品伴随着越来越多的经济型、廉价型产品同时出现。所以企业也将不得不提高产品的"两级化定制"水平。

价值的多元化和差异化使人们对其隐私权及个人权利将更加注重。

人口的老龄化，收入的再分配，越来越多的人过着单身生活，等等，使得人们对生活安稳、个人安全及公共安全日益关心。

## 二、对消费者行为的影响

网络改变了人们的工作、交流以及生活方式，毫无疑问，这必将影响买卖双方的商务活动方式。习惯了总是通过电子方式与家人和同事进行联系后，消费者会不满于那些死守着传统商业模式的市场营销者。习惯了新的网络营销者对他们的需求信息做出快速反应，并且得到热情的接待，消费者将很难忍受诸如某些供应商长达一周，甚至更长时间的产品延迟。技术的进步，使得消费者能够"花的更少，得的更多"，他们再也不愿意对他们所需要的产品或服务支付太高的成本（主要是时间和精力成本）。

显然，未来的消费者将与过去的甚至现在的消费者有巨大的不同。他们将更苛刻，对时间看得更重，对信息也掌握得更多，行为更加以个人为中心。

**1. 从有时空限制的营销到无时空限制的营销**

传统商业的绝大部分交易客观存在着时空限制，即交易被限定在特定的时间或特定的地点进行。顾客可能因为别无选择而不得不妥协，但通常可能带给顾客潜在的不满意感。

从传统环境里走过来的人们都能够感觉到，忙碌的生活方式、日益激烈的竞争以及无数技术的兴起使消费者产生了新的需求——新的互动型交易模式。

我们正处在从有时空限制的等待式商务向完全不受时空限制的数字化商务的转变之中。未来我们看到的情形将是采购与消费都是随时随地发生的，越来越多的产品和服务通过不同的方式被销售和消费。消费者将"根据需要"接收各种广告以及其他形式的信息。

消费者更需要的是一种新的商业模式。市场营销者要想获取新的竞争优势，必须增强其为顾客提供便利的能力。这种能力包括向消费者提供零距离取货（送货上门）、零距离消费（每个产品都装有专家系统）、零距离搜寻（按需广告，使之能产生最大的价值）以及零距离处置。

**2. 消费者行为新动向**

（1）去中介化与中介重组

传统的市场营销活动对营销中介的依赖相当严重。传统中介的主要作用是为生产者和消费者提供产品接触途径、主要供货渠道和信息渠道。生产者大多都很少或根本就没有直接与最终客户接触，几乎全都依靠中介了解有关客户的信息，中介常常居中起着导向与过滤的作用。

对传统企业而言，建立一个合适的分销渠道，是企业在市场中的立足之本，也是最为困难的工作之一，通常属于市场营销组合实施中进展最慢、代价最高的那部分工作。分销渠道增加了很多的成本因素。

电子世界会改变这一切。企业可以与最终用户之间建立直接的双方信息流。管理工作的自动化使企业能够有效地为大量的顾客提供服务。需求驱动的各种创新营销能够使整个系统的库存大幅度降低。

其结果是，越来越多的企业都发现它们可以直接同越来越多的顾客打交道，中介的大规模瓦解即将发生。

渠道的变化还引起与大量顾客直接打交道的企业所提供的各种新型服务的大幅度增长。例如，小包装运输发展迅速，大大超过了大量运输业务以及仓库建造业务。

渠道变化的另一个趋势是中介重组。即一些新型的中介将会出现，它们将抓住消费者和生产者之间的各种互动所产生的新机会。例如，新型中介提供包括"评估服务、自动订单服务、订单汇合服务"等服务。一些善于将许多供应商的产品搭配到一起，以满足某一单个顾客的特殊需要的"市场专家"也会随之出现。

(2) 个性化：从组合到分裂与重新组合

传统营销的早期大多是相对同质的对大众市场的营销，今天人们已经认识到大众营销正在分裂成越来越小的细分市场营销，甚至有人提供了所谓的个人细分市场——"私人定制"。

上述观点已经越来越被大多数人所认同，在此基础上我们还必须注意以下两点。

首先，并非所有的顾客总是在寻找定制产品，他们对很多设计精良的标准产品仍然感到满意。因此，私人定制的概念不单单是产品方面，还会牵涉所有的市场营销组合要素。所以，即便是产品没有定制，价格、广告信息和分销模式都有可能被定制。

其次，一些新的组合需求形式将会出现。过去，需求组合完全是由生产者来确定的，而未来的需求组合将会变得越来越容易地由顾客确定。例如，很多原本对某一产品的需求数量较少的顾客，会把他们的需求积攒起来或者汇集起来，以便能够争取到更好的成交条件。

(3) 按需购物

按需购物包括随时随地获取产品，随时随地消费产品两个方面。

(4) 消费者成为合作生产者

消费者将越来越主动。比如，他们将会直接卷入他们所要购买产品的设计与定制过程之中。他们将取代某些以往都是由企业执行的支持与服务功能，这种趋势与零售交易中的自助服务的发展趋势是很相似的。例如，很多快递公司现在已经允许顾客在互联网上跟踪自己的邮包。

(5) 专业采购商和外包

值得注意的是，逐步上升的时间和精力压力，不断丰富的产品资源，使得消费者更多地开始寻找外部资源。很多消费者采用专业采购商帮他们购物，因为专业采购商采购能比消费者自己采购产生更大的性价比值。很多服务（贷款管理、房屋清洁和照看小孩）已经在很大程度上采用外购了，将来还会有更多的项目加入外购行列。例如，家庭产品需要可能会外包给那些像宝洁公司那样的企业，家庭做饭的事会外包给那些每天向顾客家庭提供加工食品的餐饮企业。

(6) 价值意识更强

消费者对价值回报的期望直线上升。对于他们在交换中所放弃的四种资源——货币、时间、精力和空间，消费者要求并希望得到更多的价值回报。

对大多数商品而言，消费者自然会期望再少支付一些货币。但是如果企业能够提供更大的产品附加价值，消费者则会愿意多支付一些货币。而且期望产品随时间的推移被改良或革新得越来越好，而价格却越来越便宜。在很多产品的领域内，如计算机、电器产品等，消费者已经明显地感觉到随着时间的推移原有产品在迅速贬值。

对大多消费者而言，如果交易过程能帮助他们节约时间，他们很乐意为那些交易支付更高的费用。对于耗费消费者大量时间的交易行为，市场营销者必须十分警惕。

由于企业的生产活动、交易活动等在许多方面都变得越发复杂，消费者因而渴望在一切可能的地方寻找方便和简单。

为了节约空间，已经有很多消费者不再为低价格而将大量产品存储在家庭空间里。

总之,在知识经济为背景的网络时代,消费者比以往任何时候都有更强烈的价值意识,所以价值购买变得极为重要。关于产品的知识,消费者了解得更多了。企业想不让渡出最大的价值已是不可能之事。与传统营销时代相比,消费者对以创新为基础的差异化营销的热情要大于对以形象为基础的差异化营销的热情。

(7) 消费者市场与组织者市场界线模糊化

住宅和工作场所的界线在快速模糊化,越来越多的人至少有一部分时间在家中工作,在办公室做个人的事的人数也在增加,随着这种趋势的继续发展,很多消费者的个人消费决策将变得越来越仿效商务决策。

以居家为基础的服务向商业转移;以商业为基础的业务也在向家庭转移,电视机、录像机这些传统上属于以家庭为基础的技术应用现在已经"向上延伸"进入商业应用。商业上应用的电子邮件、互联网、电子数据交换(EDC)以及财会软件则向下延伸进入了家庭市场。电视购物、远程学习、旅游规划、新闻点播、法律与财务咨询、信息服务或者在线数据库等都具有同时应用于家庭和商业上的双重功能。

(8) 力量对比的重心从营销方转向消费者

新技术的大量应用,使得聪明的消费者手中的权力加大。消费者不再是市场营销活动的靶子了,而是知识丰富的市场营销活动驱动者和需要者。

市场营销管理者将不得不给予消费者越来越多的关注。他们越发需要把内容丰富的信息和可供展示的产品加以创新。交易的机会将出现在那些围绕消费者生活方式等而形成的各种关系网络中。市场几乎将全部由买方的需求来驱动。

因为消费者将拥有丰富的技术信息,所以单纯的技术是不能给他深刻印象的。消费者在信息搜索与处理方面拥有很高的效率。他们能够在网上进行产品搜寻,而且还可以登录到公告栏同其他的消费者进行互动交流,向对方提供或从对方接收有关产品的一些线索,譬如,产品的用途、产品如何获得,等等。在这样的环境下,"信息邀请"将会流行。所谓信息邀请,即企业在向顾客提供信息时必须通过各种诱导因素寻求得到他们的许可,不能像现在这样把各种杂乱的信息全都推向消费者,要用各种诱导去招待他们。

市场营销者与消费者之间的交流互动性越来越强,关系营销将成为主要的营销手段。买卖双方将实现实时的互动,即时性营销将会取代传统的事件性营销。购买时间和地点的限制(对很多产品而言,甚至是消费者时间和地点的限制)都会解除。到时候,消费者的需要普遍都能得到及时满足,各种提前期(如产品开发、订货以及发运的提前期)都将大大缩短。

(9) 消费自动化

时间节奏加快,信息技术又十分丰富,使得越来越多的市场营销者采用自动化交易系统。与今天市场营销领域的企业对企业(B2B)业务中的自动补货系统相似,自动交易的做法将会越来越普及,如今各大超市已经采用电子自动扫描支付装置进行结账。各种组织市场的营销方式也很快会应用在消费者市场上,包括供应商管理库存、供应链管理、电子数据交换、定制定价法以及各种风险分担方式。

越来越多的精明的消费者会与企业分享因为削减成本而带来的利益。就像沃尔玛公司先是要求宝洁公司降低成本,然后再分享其利益一样,那些终身价值较高的客户也会要求享受同样的待遇。精明的企业会主动这样去满足顾客,它们会事先对那些具有最大长远价值的关系客户进行投资。传统营销的做法往往是,对客户的投资到他成为客户时就会停止,企业在保持客户方面的付出远远低于其在获得客户方面的付出。结果是在获得一个个新的客户的同时,原有客户的忠诚度却在悄然降低。

(10) 私人市场兴起

私人市场(Personal Market,PM)的基本思想是充分利用现有每天产生的海量的消费者数据和交易数据,实施会员制营销。各种产品和服务由顾客指定,并规划成不同的系列组合。所以顾客只要按产品系列组合进行选购,各个公司的服务就会全面跟进。顾客自愿地为仓库店提供尽量详尽的定制信息。企业则承诺只在本店内使用这些信息,不对外销售信息,也不在公司的其他销售渠道内使用这些信息资料。

## 第四节　网络营销组合策略

### 一、网络营销产品策略

**1. 产品整体概念**

在网络营销中,产品即提供给市场的能够满足人们某种欲望和需求的商品和服务。产品是一个整体概念,可分为五个层次。

① 核心利益层次。即产品能够提供给消费者的基本效用或益处,是消费者真正想要购买的基本效用或益处。

② 有形产品层次。是产品在市场上出现时的具体物质形态,主要表现在品质、特征、式样、商标、包装这几个方面,是核心利益的物质载体。

③ 期望产品层次。在网络营销中,顾客处于主导地位,消费呈现出个性化的特征,不同的消费者可能对产品要求不一样,因此产品的设计和开发必须满足顾客这种个性化消费需求。

④ 延伸产品层次。即由产品的生产者或经营者提供的购买者需求,主要是帮助用户更好地使用核心利益和服务。

⑤ 潜在产品层次。是在延伸产品层次之外,由企业提供能满足顾客潜在需求的产品层次,它主要是产品的一种增值服务。

**2. 网络营销产品分类**

在网络上销售的产品,按照产品性质的不同,可以分为两大类:即实体产品和虚体产品。

(1) 实体产品

将网上销售的产品分为实体和虚体两大类,主要是根据产品的形态来区分。实体产品即具有物理形状的物质产品。在网络上销售实体产品已没有传统的面对面的买卖方式,网络上的交互式交流成为买卖双方交流的主要形式。消费者或客户通过卖方的主页考察其产品,通过填写表格传达自己对品种、质量、价格、数量的选择;而卖方则将面对面的交货改为邮寄产品或送货上门,这一点与邮购产品颇为相似。因此,网络销售也是直销方式的一种。

(2) 虚体产品

虚体产品一般是无形的,即使表现出一定形态也是通过其载体体现出来的,但产品本身的性质和性能必须通过其他方式才能表现出来。在网络上销售的虚体产品可以分为两大类:软件和服务。软件包括计算机系统软件和应用软件。网上软件销售商常常提供一段时间的试用期,允许用户尝试使用并提出意见。好的软件很快能够吸引顾客,并成为产品的消费群体。

**3. 网络营销产品特点**

一般而言,适合在互联网上销售的产品通常具有以下特性。

(1) 产品性质

在网上销售的产品一般具有以下特点。第一,具有数字化特征,如图书、音乐等。第二,具有标准化特征。由于网购使消费者不能像现实生活那样到现场去亲身体验,所以消费者对质量的要求尤为严格,这就需要标准化。第三,具有隐私化特征。一些隐私产品顾客不希望和销售人员直接接触,从而能够自由挑选产品以及保护个人隐私。

(2) 产品质量

网络的虚拟性使顾客可以突破时空的限制,实现远程购物和网上直接订购,这使得网络购买者在购买前无法尝试或只能通过网络来尝试产品。

(3) 产品式样

通过互联网对全世界国家和地区进行营销的产品要符合该国家或地区的风俗习惯、宗教信仰和教育水平。同时,由于网上消费者的个性化需求,网络营销产品的式样还必须满足购买者的个性化需求。

(4) 产品品牌

在网络营销中,生产商与经销商的品牌同样重要,一方面要在网络海量的信息中获得浏览者的注意;另一方面,由于网上购买者可以面对很多选择,且网上销售无法进行购物体验,因此,购买者对品牌比较关注。

(5) 产品包装

作为通过互联网经营的针对全球市场的产品,其包装必须适合网络营销的要求。

(6) 目标市场

网上市场是以网络用户为主要目标的市场,在网上销售的产品要适合覆盖广大的地理范围。如果产品的目标市场比较狭窄,可以采用传统营销策略。

(7) 产品价格

互联网作为信息传递工具,在初期是采用共享和免费策略发展而来的,网上用户比较认同网上产品的低廉特性。另外,由于通过互联网络进行销售的成本低于通过其他渠道进行销售的成本,在网上销售产品一般采用低价位定价。

**4. 网络营销新产品的开发**

网络时代,对企业来说既是机遇也是挑战。企业开发的新产品如果能适应市场的需要,就可以在很短时间内占领市场,打败其他竞争对手。

网络营销中的新产品开发程序包括新产品的构思与概念的形成、新产品研制、新产品试销与上市三个阶段。

(1) 新产品的构思与概念的形成

网络营销中新产品开发的首要前提是新产品的构思和概念的形成,这个时期主要是依靠科研人员的创造性推动的。

新产品的构思可以有多种来源,可以是顾客、科学家、竞争者、公司销售人员、中间商和高层管理者,但最主要的还是依靠顾客来引导产品的构思。网络营销的一个最重要特性是与顾客的交互性,它通过信息技术和网络技术来记录、评价和控制营销活动,掌握市场需求情况。因此,企业要充分利用网络营销数据库来进行新产品构思与概念的形成。

(2) 网络营销中新产品的研制

与过去的新产品研制与试销不同,顾客可以全程参加概念形成后的产品研制和开发工作。

顾客参与新产品研制与开发不再是简单地被动接受测试和表达感受,而是主动参与和协助产品的研制开发工作。与此同时,与企业关联的供应商和经销商也可以直接参与新产品的研制与开发,因为网络时代企业之间的关系主流是合作,只有通过合作才可能增强企业竞争能力,才能在激烈的市场竞争中站稳脚跟,也就是所谓的双赢。通过互联网,企业可以与供应商、经销商和顾客进行双向沟通和交流,最大限度地提高新产品研制与开发速度。

值得关注的是,许多产品并不能直接提供给顾客使用,它需要许多企业共同配合才有可能满足顾客的最终需要,这就更需要在新产品开发的同时加强与以产品为纽带的协作企业合作。

(3)网络营销中的新产品试销与上市

大多数网络消费者一般比较愿意尝试新的产品。但需注意的是,网上市场群体还有一定的局限性,并不是任何一种新产品都适合在网上试销和推广的,如大型机械设备等。通过网络营销新产品,一方面可以比较有效地覆盖目标市场,另一方面可以利用网络与顾客直接进行沟通和交互,有利于顾客了解新产品的性能,还可以帮助企业对新产品进行改进。

利用互联网作为新产品营销渠道要注意新产品满足顾客的个性化需求的特性,即同一产品能针对网上市场不同顾客需求生产出功能相同但又能满足个性需求的产品,这要求新产品在开发和设计时要考虑产品式样和顾客需求的差异性。如戴尔公司在推出计算机新产品时,允许顾客根据自己的需要自行设计和挑选配件来组装自己满意的产品,戴尔公司可以通过互联网直接将顾客订单送给生产部门,生产部门根据个性化需求组装计算机。

## 二、网络营销定价策略

无论是传统营销还是网络营销,定价策略是企业营销组合策略中的重要组成部分,是竞争的主要手段之一,是企业实现盈利目标的重要途径。因此,如何制定合适的价格,采取何种定价策略等工作已经成为许多开展网络营销活动的企业关注的焦点。

网络营销价格即在网络营销过程中买卖双方成交的价格。给网上营销的产品和服务制定价格的过程称为网络营销定价。其形成过程受到诸多因素的影响和制约,如企业目标、成本、市场需求、竞争状况等。

**1. 网络营销定价目标**

定价目标,即企业通过制定价格达到所希望的营销目的。定价目标反映了产品的市场定位,即企业进行价格决策的出发点。要使定价策略卓有成效,就必须制定正确可行的定价目标。

定价目标通常以企业的战略和经营目标为基础。在不同的发展阶段,不同的市场竞争条件下,企业的定价目标也不同,一般有以下几种。

(1)以获取预定的利润额为目标

具体包括:在一定期限内收回投资,或追求最大利润,或以适中的价格获得长期稳定的利润等。

追求最大利润的定价目标并不意味着一定要制定最高价,因为最大利润有短期和长期之分,也有单个产品和组合产品之分,有远见的经营者会着眼于长期利润最大化。

企业希望通过制定高价获取高额利润,高价也有利于塑造高品质的形象。但在信息透明、产品同质化严重、竞争激烈的网络市场中,企业很难长期实行高价,利润空间遭到很大的挤压。如果要卖出高价,企业所提供的产品或服务必须具备很强的独特性,且能更细致准确地把握客户的需求心理。

可见无论是线上或线下销售,要想通过高价获得更大的利润,产品和服务永远是根本。这就需要网络营销企业敢于打破固有的思维模式,更深入细致地研究市场、研究产品,善于发现和引导客户的潜在需求。

(2) 以提高市场占有率为目标

市场份额直接反映了产品竞争能力。为提高市场份额,企业最常用的手段是以低价策略吸引消费者,强化市场渗透。

但价格战是把双刃剑,不是对任何企业和产品都适用的,要想取得理想效果必须具备几个条件:产品的价格需求弹性较大,降价对销售量的刺激有明显作用;低价能阻止现有和可能出现的竞争者;企业有实力承受降价所造成的利润减少等。

(3) 以应付竞争为目标

企业根据自身与竞争对手的实力强弱对比,以竞争者的价格为参照,选择领导、跟随或稳定的定价目标。

例如,奇虎360公司在国内杀毒软件市场上打破行规,率先实行了免费策略,领导了市场竞争,传统的软件厂商们作为跟随者,基于各不相同的企业定位和竞争实力调整了价格,是为了应对竞争、遏制对手的急速扩张。

(4) 以维持生存为目标

对于新进入市场的企业或遇到经济危机市场需求大幅下滑时,进行某些局部降价是必要的,此时企业的主要目标是维持生存,因为生存比利润更重要。

在互联网发展初期,一些企业会提供免费产品,其首要目的是吸引大众,建立消费者的网络意识和上网消费习惯,以使企业能在新兴的网络市场中占有一席之地,然后等待时机再谋发展与盈利。

**2. 网络营销定价方法**

定价方法即在定价目标指导下,运用价格决策理论和数学模型,给产品制定一个基本价格或浮动范围的具体计算方法。网络营销的定价方法与传统营销的定价方法大致相同,影响定价的三项基本因素同样也是成本、市场需求和竞争对手。因此网络营销的定价方法也可以分为成本导向定价法、需求导向定价法、竞争导向定价法三种。

**3. 网络营销定价策略**

互联网促使产品的价格水平趋于一致,因此传统营销中的定价策略在网络营销中受到了一定的抑制,如"撇脂定价"在网上鲜有应用。同时,一些适合于互联网特点的定价策略获得了发展和创新。常见的网络营销定价策略主要有以下几种。

(1) 免费定价策略

免费定价策略即企业为了实现某种特殊的目的,将产品和服务以零价格形式提供给顾客所使用的价格手段。企业在网络营销中采用免费定价策略的目的是:①让用户先免费使用,形成习惯后再开始收费。如某些公司允许消费者在互联网上下载限制使用次数版的软件,其目的是想等消费者使用习惯后,再掏钱购买正式软件。②先占领市场再在市场上获取收益。出于这种目的考虑的企业在制定免费定价策略时,主要从战略发展的需要出发,着眼于发掘产品的后续商业价值。

(2) 低价策略

根据有关学者的统计调查,消费者选择网上购物,一方面是因为网上购物比较方便,另一方面是因为从网上可以获取更多的产品信息,从而以最优惠的价格购买商品。因此,低价策略是网络营销定价中除了免费定价外,对消费者最具吸引力的企业定价方式。

(3) 捆绑定价策略

捆绑定价,即将不同的产品组合在一起,以一个价格出售,其销售的是产品组合而不是单个产品,捆绑价格一般小于单品价格之和。网络上常见的方式有以下两种:①同质的产品捆绑,即将有相似功能的产品捆绑在一起销售,如航空公司对往返机票的捆绑销售;②互补式产品捆绑,即把具有不同用途但彼此互补的产品捆绑,如通信公司将手机话费、彩铃下载、移动办公、气象通等产品,以多种组合方式捆绑推广。

(4) 定制定价策略

定制定价策略即企业为满足客户的个性化需求,以量身定制的方式向客户提供定制生产服务并相应地制定不同的价格。

网上个人定制服务充分体现了网络的交互性特点与顾客主导化趋势,满足了人们对产品个性化和生活便捷化的追求,所以已经不仅仅是一种交易行为,更成为一种影响网民价值观的现代生活方式。例如,著名牛仔裤品牌 Levi's 的网络商店推出了"Customized Service"的定制服务:在某经典款的基础上,有多个年份的款型、尺寸、水洗方法、水洗程度、配饰等供顾客选择,并对应不同价格,企业在 2～4 周内完成生产,提供一条仅属于自己的牛仔裤。

另外,由于消费者的个性化需求差异性大,加上消费者的需求量又少,因此企业实行定制生产必须在管理、供应、生产和配送各个环节上,都要适应这种小批量、多样式、多规格和多品种的生产和销售变化。

(5) 使用定价策略

在传统交易关系中,产品买卖是完全产权式的,顾客购买产品后即拥有对产品的完全产权。但随着经济的发展和人民生活水平的提高,人们对产品的需求越来越多,而且产品的使用周期也越来越短。为了应对这种情况,在网上出现了类似租赁的按使用次数定价的方式。

所谓使用次数定价,就是顾客通过互联网注册后可以直接使用某公司的产品,顾客只需要根据使用次数进行付费,而不需要完全购买该产品。这一方面减少了企业为完全出售产品而进行的不必要的大量生产和包装浪费,同时还可以吸引过去那些有顾虑的顾客使用产品,扩大市场份额。顾客每次只是根据使用次数付款,节省了购买产品、安装产品和处置产品的麻烦,还可以节省许多不必要的开销。

(6) 在线拍卖竞价策略

在线网上拍卖是传统拍卖方式在网络上的应用,经济学认为市场要想形成最合理的价格,拍卖竞价是最合理的方式。网上拍卖由消费者通过互联网轮流公开竞价,在规定时间内价高者赢得。目前国外比较有名的拍卖站点是:www.ebay.com,它允许商品公开在网上拍卖,拍卖竞价者只需要在网上进行登记即可。拍卖方只需将拍卖品的相关信息提交给 eBay 公司,经公司审查合格后即可上网拍卖。根据供需关系,网上拍卖竞价方式有以下几种。

① 竞价拍卖。最著名的是 eBay 公司的交易,包括二手货、收藏品,也可以是普通商品以拍卖方式进行出售。

② 竞价拍买。它是竞价拍卖的反向过程。消费者提出一个价格范围,求购某一商品,由商家出价,出价可以是公开的或隐蔽的,消费者将与出价最低或最接近的商家成交。

③ 网络团购。这是目前较为流行的一种网络交易方式。它属于集体议价的一种,也就是说,集合众人的力量进行集体杀价,以数量换价格。

上面几种定价策略是企业在利用网络营销拓展市场时可以考虑的几种比较有效的策略,

并不是所有的产品和服务都可以采用上述定价方法的,企业应根据产品的特性和网上市场发展的状况来决定定价策略的选择。总而言之,不管采用何种策略,企业的定价策略应与其他策略配合,以保证企业总体营销策略的实施。

案例 14-1　Everlane 厚道的定价策略①

Everlane 是一个于 2011 年创立于美国的服装品牌,从创立那天开始,就走出不同于开设实体店、季季出新款的传统道路,坚持只做在线销售、只推出基本款,奉行简约设计理念。近两年,在优衣库、H&M、Gap 等快时尚品牌风靡全球市场的趋势下,Everlane 是如何推出经典款商品路线分得一杯羹的?

Everlane 的创始人兼 CEO Michael Preysman 2011 年从纽约一家私募公司辞职,开始自己创业。当时电子商务对传统零售业的冲击非常大,却没有一家公司可以颠覆较为高端的服装品牌,Preysman 一直在思索如何实现线上高档购物。终于,他想到要让消费者知道每个产品背后的故事,于是,Everlane 成立了。

2012 年,Everlane 的注册用户就达到了 35 万人次。根据 PrivCo 提供的数据显示,2014 年 Everlane 的毛利润就从 810 万美元一跃到 1 800 万美元,收入是之前的 3 倍,从 2013 年的 1 200 万美元涨到了 3 600 万美元。目前 Everlane 在纽约、旧金山以及洛杉矶均设有办事处,现在公司已进入成长阶段。Everlane 也成功请到了前 Gap 创意总监 Rebekka Bay 来领导 Everlane 的产品设计团队。

**高透明度的品牌形象取得消费者信任**

Everlane 的产品定位非常明确:摆脱中间商,为人们提供低价格、高质量的服装。普通 T 恤的成本价只要 7.5 美元,但放在精品店里面就要 50~60 美元。创始人 Michael Preysman 发现服饰奢侈品的零售利润可以高达其生产成本的 8 倍,于是就瞄准这样的价格差,他说:"我们希望尽可能削减传统零售的销售成本,同样的衣服,在网络上只卖 15 美元。"

**降低一切成本,从不打折销售**

因为砍掉了中间成本,Everlane 可以给商品提供比传统零售商更低的价格。Everlane 自己完成所有的商品设计并直接与代工厂联系,这就是 245 美元的羊绒毛衫能够压低定价到 128 美元的主要原因。

Everlane 想方设法地把价格降了下来。为了降低成本,他们没有在商场设立专柜,没有实体商店,还绕过了与零售商合作的环节。不仅如此,Everlane 的广告支出只占到该公司总支出的 5%,Everlane 并没有利用传统的广告或市场营销手段,而是通过口碑扩大自己的粉丝群。

Preysman 认为,"绝大多数品牌的售价都是人为定出的,这些数字是虚高的。而我们对库存的管理非常严格,因此我们从不打折。无论消费者在什么时候光临,都能以最真实的价格买到商品。"当一个消费者可以确信自己所购买的商品在未来时间内都不会打折出售时,也促进了他的购买举动。Preysman 说,"现代消费者的需求?他们想要的就是'信息'。我们相信通过培养消费者并提供给他们足够透明的信息,完全可以打造出一个品牌——具体到某种产品的制造上也同样如此。"

---

① 资料来源:谭爽.Everlane.电商版升级"优衣库"美国制胜.成功营销,2015(12).

**【思考题】**

（1）你认为纯电商的 Everlane 采用了什么定价策略？

（2）这种策略在网上定价成功了，那么你认为可以延续到线下吗？

### 三、网络营销渠道策略

激烈的竞争，多变的市场需求，使各行业渠道发生了深刻的变化，传统的以线性为主、层次分明的主流渠道模式在今天已渐被以客户为中心的渠道模式所代替。整个渠道价值链面临向服务型和增值型方向迅速转型，这势必引发渠道利益的再分配、渠道策略调整与战略大转折等问题。渠道商必须要认清新一轮渠道变革的趋势与方向，认识自身的价值和不足，才能在新一轮的渠道变革中找到自己的位置和生存空间。

网络营销渠道是借助互联网将产品从生产者转移到消费者的中间环节，一方面为消费者提供产品信息，以便消费者进行选择；另一方面，在消费者选择产品后要能完成钱货的交易手续，当然交钱和交货并不一定是要同时进行的。网络营销渠道也可分为直接分销渠道和间接分销渠道。

**1. 网络营销渠道与传统营销渠道的区别**

网络营销渠道简化了传统营销中多种渠道的构成，集售前、销售、售后服务，商品与客户资料查询于一体，同传统营销渠道相比具有很大优势。

① 将企业内部协调转向外部社会化。网络营销使企业有能力在任何时间和地点与供应商、零售商、消费者及各种相关组织进行交互式多媒体通信。这就会改变传统模式下对外封闭和信息不足的情况，使企业专注于与外界的联合，充分利用各种合作方式，从外界更为广泛的来源获取更为优化的资源。

② 促使企业充分利用外部资料，低成本、快节奏地开发和利用市场机会。为适应快速变化的市场需求，企业必须与众多企业、设计与研究单位及相关产业建立动态联系，根据不断出现的新的市场机会迅速重组价值链条，其结果是企业的活动将以价值链、价值网的形式发展，甚至形成"虚拟公司"。

③ 营销结构趋于更直接和高效率。网络营销可以促使营销商与制造商、消费者与制造商直接沟通，形成一个单一的、连续的经济活动业务流。网络营销大大降低了整个经营过程中所消耗的劳动力资源，使企业可以随时掌握商品的销售、库存、价格及利润和畅销程度。

④ 降低企业成本。网络营销使企业节省了大量的广告、促销费用以及门面店的各种成本。产品定制化降低了企业维持库存的压力，甚至可以实现零库存。

⑤ 减少了流通的环节。以传统的分销渠道销售产品时，一般要经过批发商、零售商再到消费者手中，每经过一个环节，必然要使产品的价格上升以满足批发商和零售商的利润要求。而网络营销使得商品流通环节大大减少，必然会引起价格的下降。

⑥ 交流方式的改变。传统营销中，企业与消费者的沟通是单向的。而在网络营销时代，消费者与企业实现了点对点的沟通。这种互动不仅拉近了企业与消费者之间的距离，同时促进了企业数据库营销的发展。另外，消费者在购买商品时往往会在网络上寻求信息，不仅寻找产品信息，还会查找其他使用者的意见和评论。

当然，网络购物不能取代传统到店购物，很多消费者还是习惯到传统的实体商店去购买自己需要的产品。传统的购物心理是眼见为实，消费者可以通过味觉、触觉、听觉等感受商品，从而影响其购买行为，而网上购物基本上属于虚拟式沟通形式，消费者既体验不到实体店购物讨价还价的乐趣,也无法从交易过程中得到自我能力的验证,对于产品的品质和服务等有着很多不确定的因素。况且,网络营销无法适应所有的产品,尽管生产者已尽情展示其产品的内部结构、功能等,但网络营销仍具有一定的虚拟性,这是其最大的缺陷。

**2. 网络营销渠道的分类**

网络营销渠道也可分为直接分销渠道和间接分销渠道。但与传统的营销渠道相比,网络营销渠道的结构要简单得多。网络直接分销渠道和传统的直接分销渠道都是零级分销渠道,这方面没有大的区别。而对于间接分销渠道而言,网络营销中只有一级分销渠道,即只有一个信息中间商(商务中心)来沟通买卖双方的信息,而不存在多个批发商和零售商的情况,所以也就不存在多级分销渠道。

(1) 网络直接营销渠道

网络直销即生产商通过网络直接把产品销售给顾客的分销渠道。目前,通常的做法有两种:一是企业在互联网上建立自己的站点,申请域名,制作主页和销售网页,由网络管理员专门处理有关产品的销售事务;二是委托信息服务商在其网点发布信息,企业利用有关信息与客户联系,直接销售产品。

网络直销有许多优点:一是生产者能够直接接触消费者,企业可以从市场上收集到真实的第一手资料,合理安排生产;二是网络直销减少了流通环节,买卖双方都节约了费用,产生了经济效益;三是通过网络直销,企业能够利用网络工具直接联系消费者,如电子邮件、公告牌等,使企业能够及时了解用户对产品的意见、要求和建议,从而使企业针对这些意见、要求和建议解决疑难问题、提高产品质量,改善企业经营管理。

当然,网络直销也有其自身的缺点。互联网确实使企业有可能直接面对顾客,但这又仅仅是一种可能,面对大量网络,访问者很难有耐心一个个去访问一般的企业主页。特别是对于一些不知名的小企业,大部分网络访问者不愿意在此浪费时间,或者只是"路过"时走马观花地看一眼。据有关资料介绍,我国目前建立的众多企业网站,除个别行业和部分特殊企业外,大部分网站访问者寥寥无几,营销数额不大。为解决这个问题,必须从两方面入手,一方面需要尽快组建具有高水平的专门服务于商务活动的网络信息服务点;另一方面需要从间接分销渠道中去寻找解决办法。

(2) 网络间接营销渠道

为了克服网络直销的缺点,网络商品交易中介机构应运而生。网络间接销售即生产者通过融入互联网技术的中间商机构把产品销售给最终用户。中介机构成为连接买卖双方的枢纽,使网络间接销售成为可能。一般适合小批量商品和生活资料的销售。中国商品交易中心、商务商品交易中心、中国国际商务中心等都属于此类中介机构。此类机构在发展过程中仍然有很多问题需要解决,但其在未来虚拟网络市场的作用是其他机构所不能替代的。

(3) 双渠道法

在西方众多企业的网络营销活动中,双渠道法是最常见的方法,是企业网络营销渠道的最佳策略。所谓双渠道法,即企业同时使用网络直接销售渠道和网络间接销售渠道,以达到销售量最大的目的,在买方市场条件下,通过两条渠道销售产品比通过一条渠道更容易实现市场渗透。

**3. 网络营销渠道的选择策略**

① 产品的搜寻。如果产品的搜索对消费者来说非常容易,产品的技术水平和复杂程度不高,那么网络直销较为便捷。反之,则需要中间商帮助他们对信息进行初级筛选、了解那些复

杂而又关键的技术指标。这时企业更适合采取网络间接营销的方式。

② 产品的定制化。批量化的大生产已经逐渐被个性化的定制生产所取代。如果这种定制可以很容易地为企业带来价值的增值、各个顾客的定制要求又具有很大的差异性、产品的定制化程度对于企业获得市场成功非常关键的话,那么企业更适合采用直面顾客的网络直销的方式,反之,两种方式都可以。

③ 产品的质量保证。如果市场中还没有建立关于产品质量的公认标准,公司的品牌和商誉还没有树立,那么更应考虑采取网络间接营销渠道,以便于消费者向中间商追究责任;反之,则适合采用网络直销。

④ 购买规模。如果产品的单价较高、购买规模较大,则比较适宜采取网络直销;反之,适宜采用网络间接营销方式。

⑤ 产品的归类。如果提供产品归类信息对于消费者来说十分必要的话,那么更适宜采用网络间接营销的方式,由网络中间商为顾客提供有关的信息归类服务;否则,会影响双向选择。

⑥ 市场的分布。这里的市场分布主要指市场在地理空间上的分布,如果市场分散程度较高(即地理位置较分散),则适宜使用网络间接营销;反之,网络直销更具竞争性。对于那些偏远地区的消费者,网络直销的成本太高,企业完全可以利用那些分布在各地的中间商,只需要在网上列出各个分销商的所在地,消费者自然会就近购买。

⑦ 售后服务。企业在提供售后服务时要考虑顾客对等待时间的要求,以及售后服务的复杂程度及技术含量等问题,如果这些影响因素并不关键则可采用网络直销,反之,宜采用网络间接营销。

⑧ 物流。网上可以完成信息流和资金流的传递,但实际的物流还需要在线下实现。如果物流需要企业的专门设备,则宜使用网络直销;如果交通运输的便利性不高而且投资巨大,则应借助中间商。

**4. 电子中间商**

中间商即在企业与消费者之间参加商品交易业务、促使买卖行为发生和实现、具有法人资格的经济组织和个人。

网络的信息资源丰富、信息处理速度快,基于网络的服务便于搜索产品,但对产品(信息、软件产品除外)的实体分销,网络却难以胜任。目前出现了许多基于网络信息服务中介功能的新型中间商,人们将其称为电子中间商(Cyber-mediaries)。电子中间商在网络渠道中扮演着不同的角色,发挥着不同的作用。

① 目录服务。利用互联网上的目录化的 Web 站点提供菜单驱动进行搜索。现在这种服务是免费的,将来目录服务可能收取一定费用。现在有三种目录服务:a.通用目录,可以对不同站点进行检索,所包含的站点分类按层次组织在一起;b.商业目录,提供各种商业站点的索引,类似于印刷出版的工业指南手册;c.专业目录,针对某个领域或主题建立 Web 站点。目录服务的收入主要来源于为客户提供的 Internet 广告服务。

② 搜索服务。与目录服务不同,搜索引擎(如百度)为用户提供基于关键词的检索服务,站点利用大型数据库分类存储页面内容。搜索站点不允许用户直接浏览数据库,但允许用户向数据库添加条目。

③ 虚拟商业街。即在一个站点内链接两个或两个以上的商业站点。虚拟商业街与目录服务的区别是,虚拟商业街定位于某一特定分类的企业和零售商,为其在虚拟商业街销售各种商品,提供不同服务。站点的主要收入来源依靠其他商业站点对其的租用,如我国的新浪网开

设的电子商务服务中,就提供网上专卖店店面出租服务。

④ 网络出版。由于网络信息传输及时而且具有交互性,网络出版的 Web 站点可以提供大量有趣而有用的信息给消费者。目前出现的联机报纸、联机杂志就属于此种分类。由于内容丰富而且基本上免费,此类站点访问量特别大,因此出版商利用站点做互联网广告或提供产品目录,并以广告访问次数进行收费。

⑤ 虚拟零售店(也称网上商店)。不同于虚拟商业街,虚拟零售店拥有自己的货物清单,并直接销售产品给消费者。通常这些虚拟零售店是专业性的,定位于某类商品。它们直接从企业进货,然后以折扣价销售给消费者。由于互联网上的固定费用很少,虚拟零售商可以大幅度降低成本并让利给消费者。消费者可以直接从网上选购,不用出家门就可以购物。虚拟零售店表明在互联网上可以建立有效低廉的中间商,提供低价优质服务,而避免相对麻烦的企业与消费者的直接交易。

⑥ 站点评估。消费者在访问企业站点时,由于内容繁多,往往显得手足无措,不知该访问哪一个站点。提供站点评估,可以帮助消费者根据以往的数据和评估等级,选择合适的站点访问。通常,一些目录搜索站点也提供一些站点评估服务。

⑦ 电子支付。电子商务要求能够在网络上交易的同时,实现买方和卖方之间的授权支付。电子支付手段通常对每笔交易收取一定佣金以减少现金流动风险和维持运转。

⑧ 虚拟市场和交换网络。虚拟市场提供一个虚拟场所,任何只要符合条件的产品都可以在虚拟市场站点内进行展示和销售,消费者可以在站点中任意选择和购买,站点经营者收取一定的管理费用。如我国原对外贸易与经济合作部设立的网上市场站点,中国商品交易市场就属于此种类型——人们交换产品或服务时,实行等价交换而不用现金,交换网络就可以提供以货易货的虚拟市场。

⑨ 智能代理。随着互联网的飞速发展,用户常常在纷繁复杂的互联网上难以选择。智能代理是这样一种软件,它可以根据消费者的偏好和要求预先为用户自动进行初次搜索。在搜索时还可以根据用户自身的喜好和别人的搜索经验自动生成优化搜索标准。用户可以根据自身的需要选择合适的智能代理站为自己提供服务,同时支付一定费用。

## 四、网络营销促销策略

网络营销促销即利用现代化的网络技术向虚拟市场传递有关产品和服务的信息,以激发需求,引起消费者的购买欲望和购买行为的各种活动。它突出地表现为以下三个特点。

① 网络营销促销通过网络技术传递产品和服务的存在、性能、功效及特征等信息。它是建立在现代计算机与通信技术基础之上的,并且随着计算机和网络技术的不断改进而改进。

② 网络营销促销是在虚拟市场上进行的。这个虚拟市场就是互联网。互联网是一个媒体,是一个连接世界各国的大网络,它在虚拟的网络社会中聚集了广泛的人口,融合了多种文化。

③ 互联网虚拟市场的出现,将所有的企业,不论是大企业还是中小企业,都推向了一个世界统一的市场。传统的区域性市场的小圈子正在被一步步打破。

**1. 网络营销促销与传统促销的区别**

虽然传统的促销和网络营销促销都是让消费者认识产品,引导消费者的注意和兴趣,激发他们的购买欲望,并最终实现购买行为,但由于互联网强大的通信能力和覆盖面积,网络营销促销在时间和空间观念上,在信息传播模式上以及在顾客参与程度上与传统的促销活动相比发生了较大的变化。

(1) 时空观念的变化

以产品流通为例,传统的产品销售和消费者群体都有一个地理半径的限制,网络营销大大地突破了这个原有的半径,使之成为全球范围的竞争;传统的产品订货都有一个时间的限制,而在网络上,订货和购买可能在任何时间进行。时间和空间观念的变化要求网络营销者随之调整自己的促销策略和具体实施方案。

(2) 信息沟通方式的变化

多媒体信息处理技术提供了近似于现实交易过程中的产品表现形式;双向的、快捷的、互不见面的信息传播模式,将买卖双方的意愿表达得淋漓尽致,也留给对方充分思考的时间。在这种环境下,传统的促销方式显得软弱无力。

(3) 消费群体和消费行为的变化

在网络环境下,消费者的概念和客户的消费行为都发生了很大的变化。网购者直接参与生产和商业流通的循环,他们普遍大范围地选择和理性地购买,这些变化对传统的促销理论和模式产生了重要的影响。

(4) 网络促销的新理解

网络促销虽然与传统促销在促销观念和手段上有较大差别,但由于它们推销产品的目的是相同的,因此,整个促销过程的设计具有很多相似之处。所以,对于网络促销的理解,一方面应站在全新的角度去认识这一新型的促销方式,理解这种依赖现代网络技术、与顾客不见面、完全通过电子邮件交流思想和意愿的产品推销形式;另一方面则通过与传统促销的比较去体会两者之间的差别,吸收传统促销方式的整体设计思想和行之有效的促销技巧,打开网络促销的新局面。

**2. 网络营销促销形式**

传统营销的促销形式主要有广告、销售促进、宣传推广和人员推销。网络营销是在网上市场开展的促销活动,相应形式有网络广告、销售促进、站点推广和关系营销。其中网络广告和站点推广是网络营销促销的主要形式。

网络广告分类很多,根据形式的不同可以分为旗帜广告、电子邮件广告、电子杂志广告、新闻组广告、公告栏广告等。

网络营销站点推广即利用网络营销策略扩大站点的知名度,吸引网上流量访问网站,起到宣传和推广企业以及企业产品的作用。站点推广主要有两种方法:第一种是通过改进网站内容和服务,吸引用户访问,起到推广效果;第二种是通过网络广告宣传推广站点。第一种方法,费用较低,而且容易稳定顾客访问,但推广速度比较慢;第二种方法,可以在短时间内扩大站点知名度,但费用不菲。

销售促进即企业利用可以直接销售的网络营销站点,采用一些销售促进方法如价格折扣、有奖销售、拍卖销售等方式,宣传和推广产品。

关系营销即企业通过借助互联网的交互功能吸引用户与其保持密切关系,培养顾客忠诚度,提高顾客的收益率。

**3. 网络营销促销实施**

对于任何企业来说,如何实施网络促销都是一个新问题,每一个营销人员都必须摆正自己的位置,深入了解产品信息在网络上传播的特点,分析网络信息的接收对象,设定合理的网络促销目标,通过科学的实施程序,打开网络促销的新局面。

根据国内外网络促销的大量实践,网络促销的实施程序可以由六个方面组成。

(1) 确定网络促销对象

网络促销对象是针对可能在网络虚拟市场上产生购买行为的消费者群体提出来的。随着网络的迅速普及,这一群体也在不断膨胀。这一群体主要包括产品的使用者、产品购买的决策者、产品购买的影响者。

(2) 设计网络促销内容

网络促销的最终目标是希望引起购买。这个最终目标是要通过设计具体的信息内容来实现的。消费者的购买过程是一个复杂的、多阶段的过程,促销内容应当根据购买者目前所处的购买决策过程的不同阶段和产品所处的寿命周期的不同阶段来决定。

(3) 决定网络促销组合方式

网络促销活动主要通过网络广告促销和网络站点推广两种促销方法展开。企业应当根据两种方法各自的特点和优势,根据自己产品的市场情况和顾客情况,扬长避短,合理组合,以达到最佳的促销效果。

网络广告促销主要实施"推式战略",其主要功能是将企业的产品推向市场,获得广大消费者的认可。网络站点推广主要实施"拉式战略",其主要功能是将顾客牢牢地吸引过来,保持稳定的市场份额。

(4) 制定网络促销预算方案

预算方案的制定是企业在网络促销实施过程中感到最困难的。①必须明确网上促销的方法及组合的办法;②需要确定网络促销的目标;③需要明确希望影响的是哪个群体,哪个阶层,是国外的还是国内的?

(5) 衡量网络促销效果

对已经执行的促销内容必须进行评价,衡量一下促销的实际效果是否达到了预期的促销目标。

(6) 加强网络促销过程的综合管理

**4. 网络销售促进策略**

网络销售促进,又称营销推广,即在网上利用销售促进工具刺激顾客对产品的购买和消费使用。这种营销手段既刺激了产品销售,又与顾客建立了互动关系,了解了顾客对产品的需求和评价。网上销售促进主要有以下形式。

(1) 免费促销

从互联网在国内外的发展历史中可以看到,企业促进公众学习新技术、培育市场,让顾客进行免费产品体验和免费使用是最有效的营销手段,可以快速吸引大量客户,占据市场份额,这是众多互联网巨头成功的原因之一。

企业为用户提供产品体验服务和试用,已日益成为企业打开市场的重要方式。体验式营销克服了用户对产品品质是否有保障的担忧情绪,在尚无品牌影响力的情况下,能快速消除用户疑虑,达到以品质决胜的目标。

当然,这种免费体验和使用并非真的免费,其目的或是市场的短期性方法,或是一种为后续收费的其他产品或增值服务吸引流量、奠定用户基础的策略性手段。因此,企业应根据自身条件,设定合适的免费促销目标。

(2) 折扣促销与折价券(优惠券)

折价是最常见的一种网络促销方式。企业可以根据特定的时间(如节假日、季节、有效期等),对于一定的购买数量,购买方式,给出不同的折扣率。

折价券是折扣的一种变形,用户持券购物可以免付一定的金额,折价券可通过网络广告发给顾客,如各种电子优惠券;也可以是实物的,与用户网购的商品一起邮寄给用户,以吸引顾客的再次购买。这给企业带来快速成功的机遇,同时也带来了挑战,如果活动失当,其负面效应也会在短时间内成倍扩散,后果难以估量。

(3) 网上联合促销

即以单一的价格将不同的产品或服务组合出售,企业可以对自己旗下的不同种类产品进行组合,也可以由两家企业联合各自的产品组合销售。如果运用得当,可以有效地提升销量,并且使企业获得规模报酬。

(4) 网上抽奖促销

参与用户购买一定的产品或配合企业互动活动(如网络调查、发表评论等)即可抽取奖品或奖金。企业可按照不同比例的获奖人数,给予获奖者不同等级的奖品,以提高消费者的参与兴趣。

(5) 积分促销

网上积分活动可以通过编程和数据库等来实现,消费者通过多次购买或参加活动来增加积分以获得奖品。现在,不少电子商务网站发行的虚拟货币是积分促销的另一种体现。积分促销有助于商家留住客户,等于把客户变成了企业的会员,提高了客户的忠诚度。如银行提供的刷卡消费;游戏网站以积分来鼓励玩家回访并增加在线时间。

(6) 赠品促销

企业向消费者赠送样品或礼品是企业介绍新产品的有效方式。礼品的意义重在趣味性、实用价值而不在礼品本身。赠品的选择应注意不要选到次品、劣质品,否则只会获得相反的效果。

**5. 网络营销公共关系策略**

网络公共关系又称线上公关,指企业以互联网作为信息沟通渠道,为改善企业形象,提高企业的知名度和美誉度、增进与公众的良好关系而采取的相关措施。

在信息化的社会中,企业间的竞争逐渐由有形资产的竞争转为品牌、形象、商誉等无形资产的竞争。"高服务、高关系"是公共关系的主要方向,企业引导与自己利益相关的客户和社会大众了解企业的文化和政策,与大众建立和谐的关系,以使这种关系对企业的营销产生有利的影响,所以公共关系也属于一种促销手段。

(1) 网络公共关系的主要形式及平台

① 发布新闻或举行网上新闻发布会。遇到重要活动或事件时,企业可以在网上发布企业新闻,或举行专门网上新闻发布会。其应用的主要平台有以下几种。a. 综合性门户网站,如搜狐、新浪、网易等。这类媒体网站的特征是知名度高、网站各类信息比较全面、访问量大、覆盖面广;缺点是专业性不够突出。比较适合目标客户群比较广泛的企业和产品,如手机、计算机、汽车、数码产品、快速消费品、保险等。b. 行业性门户网站或媒体,如太平洋电脑网、中国仪器网、中国美容网等。这些媒体或门户网站锁定某一行业,具备较强的专业性,在同行业中具有较大的影响力,访问人群比较集中,比较适合专业性要求较高的企业或产品,如仪器仪表、医疗器械等。c. 新闻媒体的网络版,如新华网、人民网、中青网、南方网、央视网等,这些网站依托传统媒体的资源优势,也吸引了一定的访问人群,具有权威性高、受众群比较稳定等特点。d. 网络出版物,如数码杂志、电子书籍、网络音像、视频节目等,带有明显的网络特征,娱乐性、互动

性比较强,传播快速,受众面宽,也是比较好的网络媒体。

② BBS论坛或社区公关。其应用的主要平台有以下几种。a.门户网站或行业门户的专业BBS论坛,如新浪、搜狐、腾讯等综合门户网站均开设有不同专业角度的论坛。这些论坛一般具有较集中的人气。一些区域综合门户开设的论坛,也具有比较好的人气,如上海热线社区等。b.专业社区网站如西陆社区、天涯社区、榕树下、西祠胡同等,这些网站专门从事社区服务,受众群相对稳定,专业性比较强。c.网络媒体开设的论坛,如人民网的强国社区、大洋论坛等。这些论坛有些颇具特色,具有较高的知名度。

③ 企业定期向用户发送电子邮件。电子邮件可以与公众建立一对一的互动关系。邮件内容不是商业广告,而是与用户的日常工作和生活密切相关的问题,如普及行业知识、生日或节假日问候等。阿里巴巴经常给用户免费发放提高销售业务技巧的电子书,深受用户欢迎,这有利于增进双方的关系,提高用户的忠诚度。

④ 其他网上公关活动。a.网上沙龙。企业邀请一些嘉宾参与,就某个热点主题展开深层次和多角度的讨论,网友可以参与、互动,这是一种很好的网络公关形式。b.访谈。针对社会或企业的热点事件,对企业的管理层进行访谈,借以提高企业形象。访谈的形式更为正式,可与新闻发布会结合进行。c.参与或赞助网上媒体的活动。对于网络媒体组织的一些活动,企业可选择性地参与或者赞助,借以增进公众对企业的了解,推广品牌,或展示企业热衷公益事业的形象。d.其他。如网络视频演示、直播、招商引资、人才招聘等,多种宣传活动的立体组合能够使企业与公众之间达成更深层次的交流,使公众得到关于企业或产品的更全面的信息。

(2) 事件营销

事件营销(Event Marketing)是企业通过策划、组织和利用具有名人效应、新闻价值以及社会影响的人物或事件,引起媒体、社会团体和消费者的兴趣与关注,以求提高企业或产品的知名度,树立良好品牌形象,并最终促成产品或服务销售的手段和方式。

事件营销是以网络为载体,吸引网民对热点事件的关注,以四两拨千斤的方式挖掘出事件背后的商业价值。与广告和其他传播活动相比,事件营销以最快的速度、在最短的时间内创造强大的影响力。好的事件营销无论是在投入方面还是在知名度的提升方面,回报率都超过了广告形式。

网络上的事件营销是否能成功,取决于事件的目的性以及企业对事件的把握程度。如果把握得好,则会把网络营销带向一个高潮;如果把握得不好,反而会招致公众厌恶,损害企业声誉;若是参与恶性炒作,更会引发公众的信任危机。

(3) 网络危机公关

危机公关,即企业为减轻危机事件对企业形象和品牌所带来的损害,有组织、有计划地实施一系列应对措施,以恢复形象、消除影响。

互联网逐渐变得越来越大众化,信息传播速度之快、影响力之大,已经成为危机事件的触发器和放大器,使危机的负面影响极易扩散,给企业造成严重损失。因此网络危机公关就成为网络营销和企业公共关系的一项重要内容。

网络危机公关与传统危机公关的处理原则是基本一致的,最基本原则是:说真话、赶快说。诚信、尊重、互惠是网络危机公关的基础理念,一旦遇到危机,企业首先应接受它,然后化解它。由于国内网络公关业存在急功近利的情况,因而使用网络技术屏蔽消息、删帖、封堵压制,这种欺骗公众的危机公关,其结果只会事与愿违,引发更大的公关危机,终会造成企业公信力的丧失,并使其失去客户和市场。

### 五、网络营销广告

世界上第一个网络广告出现在 1994 年的美国。美国著名杂志 *Wired* 在 1994 年 10 月 14 日,向公众推出了网络版的 Hotwired,网址为:www.hotwired.com,在网络版的 Hotwired 的主页上,出现了 AT&T 等 14 个企业的旗帜广告,这些旗帜广告标志着一种新型广告——网络广告的诞生,是商业广告史上的一个里程碑。

网络广告的市场发展速度惊人,网络广告逐渐成为继四大传统媒体——电视、广播、报纸、杂志之后的第五大媒体。

1997 年 3 月,中国第一个商业性的网络广告出现了,该网络广告的广告主是 IBM(也有文献称该广告的广告主为英特尔),该广告的发布媒体是网站 Chinabyte,广告表现形式为动画旗帜广告,像素为 468×600。在第一则网络广告之后,中国的网络广告发展起来。当时,中国网络广告的广告来源主要是计算机行业、通信行业及一些国际知名的消费品品牌公司,且绝大多数是外资和合资企业,如英特尔、GBM、诺基亚等。而后,越来越多的中国本土企业也逐渐开始在网络上投放广告,同时网络广告涉及的行业也越来越广泛,从最初集中在计算机行业、通信行业而逐渐地拓展到金融行业、医药行业、消费品行业等传统行业,这一现象说明,网络广告在中国逐渐得到普及。

当然,我们也应当看到,与发达国家相比,中国的网络广告当前发展并不很成熟,还有许多困难和问题亟待克服和解决。

**1. 网络广告的特点**

① 网络广告具有定向性与互动性。网络广告是一种真正意义上的双向信息交流,而且顾客在这个信息交流过程中占主导地位,这就是网络广告的定向性与互动性。

② 从理论上讲,网络广告可发布的信息量是无限的。传统广告可发布的信息量有限,较少的时间(电视、广播)与空间(报纸、杂志与路牌等)使得广告业主根本无法充分展示他们的产品。

③ 网络广告的载体基本上是多媒体、超文本格式文件。通过链接,网络广告的信息量得到极大的扩展。网络广告这种特性使得它的内容极为翔实,一则网络广告可以包括有关企业的各项信息,如企业概况、产品介绍、新产品的信息、企业各项促销活动的信息等。

④ 顾客可以随时查阅网络广告。对顾客来说,只要他需要,可以在一天 24 小时之内的任何时间登录网络来查询相关的广告,并且想看多少时间就看多少时间。这种优势是电视广告、广播广告所不具备的。

⑤ 网络广告的形式十分灵活。随着网络编程技术和多媒体技术的不断发展,网络广告的形式也不断翻新,越来越丰富多彩。目前,计算机技术已经可以实现文字、动画、声音、图像、三维空间与虚拟现实的一体化,比如,一名顾客可以在网上从不同的角度来观察产品,甚至可以查看产品的内部结构;很多网络广告拥有和电视广告一样的效果:既有音响音效,又有可视的动态图像。网络广告灵活多样的形式,大大提升了它的吸引力与说服力。

⑥ 网络广告可以随时修改。在传统媒体上做广告,一旦发布后就很难更改,如果必须改动,往往要付出很大的代价。而网络广告在这方面则具有很大的优势,网络编程技术的发展,使得广告业主与广告代理公司能够按照需要及时变更广告内容,而且成本很低廉。网络广告的这种优点,使企业可以根据自己的营销策略的改变及时地对网络广告进行调整。

⑦ 网络广告的效果可以得到准确评估——受众数量可统计性。传统广告很难准确地对

所选择的媒体的优劣进行准确的评估,造成了大量广告费用使用效率低下的不良局面。网络广告在统计受众数量方面具有优势。目前在国际互联网上,可以用通过国际权威认证的访客流量统计系统,精确地统计出每个广告业主的广告究竟被多少个浏览者看过,并且还可以得到有关这些浏览者所在地区分布和查阅时间分布,这些精确的数据对广告业主和广告代理公司正确地评估广告效果大有帮助,使它们可以根据广告的效果对广告投放策略进行及时的调整,并最终提高广告费用的使用效率。

⑧ 网络广告具有低成本的特点。网络广告与其他的传统广告不同,它的成本相对较低,据有关机构统计,网络广告的平均成本仅为传统广告的3%。低廉的广告费用,使很多资金短缺、没有能力进行大规模传统广告投放的企业,能够通过互联网宣传自己的企业与产品。

⑨ 对广告业主而言,网络广告的计价方法更为科学与合理。传统广告的计价标准一般是根据广告发布的版面、篇幅、时间段、时间长度、次数等因素来确定的,但是这种计价方法往往与广告的实际效果关联不大,对广告业主来说并不十分合理,而网络广告的计价是依据浏览该广告人数来进行的,因而对广告业主来说更加合理。

**2. 网络广告的种类**

(1) 企业主页

企业主页是网络广告的最基本的形式,同时企业主页也是其他形式的网络广告的基础。目前世界上已有许多企业在互联网上建立了自己的主页。在主页上,企业可以详细地介绍自己和产品的情况。

(2) 迷你网站

当广告业主自身网站上内容不完整,或业主希望仅仅针对某一类产品进行重点宣传时,可以建立迷你网站,这类网站与正式的企业网站相比,内容相对简单和有针对性。

(3) 旗帜广告

旗帜广告(Banner)主要是业主在其他浏览量较大的站点上发布的篇幅较小的广告。其目的是将网络上的浏览者吸引到自己的主页上来。一般来讲,这种广告都有超级链接,通过鼠标点击,浏览者可以进入广告业主的主页。因此,从某种意义上讲旗帜广告的使命与传统广告类似,就是要在众多的信息干扰中吸引浏览者的注意力,使他在短时间内对旗帜广告所宣传的产品或事件产生兴趣。

(4) 图标广告

图标广告(Icon)在形式上与旗帜广告类似,只是尺寸较旗帜广告要小一些。图标广告通常放置于网页标题栏下端。

(5) 跳出窗口广告

所谓跳出窗口广告,即当浏览者输入网站名称或使用网络搜索器时,会在页面上方左上角跳出一个新窗口,进行广告宣传。这种广告的优点在于它充分利用了浏览者在等待页面出现之前的那段时间,因而通常具有较高的浏览率。

(6) 按钮式广告

最常用的按钮式广告(Buttons)的尺寸有四种,它们分别是:125×125(方形按钮),120×90,120×60,88×31。由于尺寸偏小,按钮式广告表现手法简单。

(7) E-mail形式的网络广告

目前有很多网民都拥有自己的电子信箱,E-mail形式的网络广告就是企业将广告制成电子邮件直接发送给网民。这种网络广告最大的问题就是很多网民会认为广告邮件属于垃圾邮件,并采取直接删除的方式来对待它。

(8) 新闻讨论组

新闻讨论组(Discuss Group)可以出现在一段游戏开始、中间、结束的时候,也可以根据广告业主的产品特点与宣传需要,为之量身定做一个互动游戏广告。

除了这些主要的网络广告形式之外,实践中还有很多其他的灵活做法,如超链接,也就是在其他网站上,发布一句话式的广告,浏览者通过点击这句广告语,便可以进入企业的主页。

### 3. 网络营销的广告管理过程

从事网络营销的企业,在进行企业宣传时,要运用各种各样的媒体发布广告,既有传统媒体也有新兴媒体。从事网络营销的企业进行广告管理的一般过程如下:明确广告的目标及核心目标群体;确定是否使用网络广告;制定广告组合(传统广告与网络广告);制定网络广告的目标;制定网络广告预算;确定网络广告的形式;选择技术支持提供者和网络媒体;执行网络广告计划;网络广告效果的评估。

**案例 14-2　广汽丰田致炫**[①]

广汽丰田致炫具有世界级的高品质,除了产品和线上活动的亮点外,还离不开自身的品牌号召力。无论是"我是致炫大玩咖"线上互动发布会,还是"解救加班族"创意视频,都巧妙地戳中了年轻消费者的痛点,轻松凸显致炫这款小型车"驾趣时尚"的玩咖形象,以丰富的互动内容,广汽丰田不断创新的年轻化、网络化营销,或成为行业样板。

**创新网络营销,致炫有创意**

2016 年 8 月 11 日,广汽丰田举行了"我是致炫大玩咖"全新致炫线上发布会,引发行业关注。本次发布会以"我是致炫大玩咖"为主题,通过仿游戏闯关的场景形式,贴合年轻受众的玩乐态度。

在"我是致炫大玩咖"线上发布会前三天,一条主题为"生活不仅只有眼前的苟且,还有玩乐和冒险"的 H5 上线,为发布会先行造势,引发朋友圈刷屏。在发布会前 24 小时,广汽丰田致炫策划了一场全网"寻找城市大玩咖"的引流大作战。

在发布会前一天,《Calling 加班族,今天我们不加班!》的预热短视频重磅上线,引爆线上发布会。视频以实景魔术的新颖剪辑手法,话题以"解救加班族"为切入点,号召大家逃离加班,加入"大玩咖"队伍,迅速引发致炫受众的情感共鸣;表达了城市白领的心声,鼓动年轻人除了坚持战斗在加班的第一线之外,更要关注内心真正的声音,关注生活中的趣味。该短视频24 小时点击量超过 400 万次,72 小时点击量超过 700 万次,最终全网点击量超过 900 万次,届时风头一时盖过"奥运第一网红"傅园慧。这部视频掀起了全网关注,在一二线城市打拼的年轻人对"加班族"这种话题充满了玩味的同理心态,致炫点燃了年轻人激情澎湃、想要改变现状的心,广汽丰田这次借视频传播的情感营销预热首战告捷。

全新致炫通过年轻化、网络化的创新营销,成功打动年轻受众,赚足了眼球,赢得了消费者的信赖。

**【思考题】**

(1) 广汽丰田致炫创新网络营销,将"玩儿"进行到底,对其他汽车品牌企业有什么借鉴意义?

---

① 资料来源:杨雨薇.广汽丰田致炫:2016 年度营销事件大盘点将玩进行到底.成功营销,2017(3).

（2）广汽丰田致炫这次将网络营销与情感营销相结合，成功打动人心，你能再举出其他的案例吗？

## 第五节　网络营销工具的主要形式

网络营销工具是企业或个人为实现营销目标而使用的各种网络技术、方法和手段。

作为现代网络技术与营销管理理论相结合的新型营销工具，网络营销工具的主要形式多种多样，如网络广告、媒体营销、事件营销、搜索引擎营销（SEM）、电子邮件营销、数据库营销、短信营销、电子杂志营销、微博营销、微信营销、论坛营销，等等，随着信息技术革命与营销理论的创新，网络营销的表现形式还在不断发展。如下是几种最为常用的网络营销工具。

（1）搜索引擎营销

搜索引擎营销分两种：SEO 与 PPCSEO，即搜索引擎优化（Search Engine Optimization），是通过对网站结构（内部链接结构、网站物理结构、网站逻辑结构）、高质量的网站主题内容、丰富而有价值的相关性外部链接进行优化而使网站对用户及搜索引擎更加友好，以获得在搜索引擎上的优势排名为网站引入流量的一种营销手段。PPC，即购买搜索结果页上的广告位来实现营销目的，各大搜索引擎都推出了自己的广告体系，相互之间只是形式不同而已。搜索引擎广告的优势是相关性，由于广告只出现在相关搜索结果或相关主题网页中，因此，搜索引擎广告比传统广告更加有效，客户转化率更高。

（2）电子邮件营销

电子邮件营销是以订阅的方式将行业及产品信息通过电子邮件的方式提供给所需要的用户，以此建立与用户之间的信任与信赖关系的一种营销手段。大多数公司及网站都已经利用电子邮件营销方式。毕竟邮件已经是互联网基础应用服务之一。开展邮件营销需要解决三个基本问题：向哪些用户发送电子邮件，发送什么内容的电子邮件，以及如何发送这些邮件。邮件营销的优势包括精准直销，个性化定制，信息丰富、全面，具备追踪分析能力。

（3）博客营销

博客营销即建立企业博客，用于企业与用户之间的互动交流以及企业文化的体现，一般以诸如行业评论、工作感想、心情随笔和专业技术等作为企业博客内容，使用户更加信赖企业，深化品牌影响力。博客营销可以是企业自建博客或者通过第三方来实现，企业通过博客来进行交流沟通，达到增进客户关系，改善商业活动的效果。企业博客营销相对于广告是一种间接的营销，企业通过博客与消费者沟通、发布企业新闻、收集反馈和意见、实现企业公关等，虽然这些没有直接宣传产品，但是让用户接近、倾听、交流的过程本身就是最好的营销手段。

（4）SN 营销

SN，即社会化网络（Social Network），SN 营销是基于圈子、人脉、六度空间这样的概念而产生的，即主题明确的圈子、俱乐部等进行自我扩充的营销策略，一般以成员推荐机制为主要形式，为精准营销提供了可能，而且实际销售的转化率偏好。

（5）网络视频营销

网络视频营销是通过数码技术将产品营销现场的实时视频信号和企业形象视频信号传输至互联网上的一种营销方式。"视频"与"互联网"的结合，让这种创新营销形式兼具两者的优点。

网络视频营销的发展有以下两个趋势。一是品牌视频化。很多广告主将品牌广告通过网络视频展现出来,达到宣传或传播品牌的目的。二是广告内容化,一个广告如果成为一个电视节目或电视节目的一个重要组成元素的时候,或者成为一个剧情纽带的时候,会比单纯的广告更易被观众接受。它的一种主要方式是植入式广告。

(6) 微博营销

微博,即微博客(Microblog)的简称,是一个基于用户关系的信息分享传播以及获取平台,用户可以通过Web、Wap以及各种客户端组建个人社区,以140字左右的文字更新信息,并实现即时分享。微博营销以微博作为营销平台,每一个听众(粉丝)都是潜在营销对象,每个企业都可以在新浪、网易等注册一个微博,然后利用更新自己的微博向网友传播企业、产品的信息,树立良好的企业形象和产品形象。每天更新内容和大家交流,或者发起大家感兴趣的话题,这样就可以达到营销的目的。

(7) 微信营销

微信(Wechat)是一款即时语音通信软件,用户可以通过手机、平板计算机和网络快速发送文字、图片、语音和视频。微信营销是网络经济时代企业对传统营销模式的创新,是伴随着微信火热产生的一种点对点的网络营销方式。微信营销主要表现为基于手机或者平板计算机中的移动客户端进行的区域定位营销,商家通过微信公众平台,结合微信会员卡展示商家微官网、微会员、微推送、微支付、微活动,已经形成了一种主流的线上线下互动营销方式。根据腾讯公司2018年第一季度的数据,微信与Wechat总活跃用户达到10.4亿人,已成为国内最大的移动流量平台之一。由于微信、小程序、公众号、微信支付的流量既能相互流转又各具特色,因此容纳各环节的微信生态圈将在展示广告、内容付费、打赏等传统业务基础上,衍生出社交电商、流量推广、小游戏、工具应用等多层次、生态化的新业务模式。

(8) 虚拟游戏营销

虚拟游戏营销是借助虚拟游戏开展的营销活动。根据游戏和营销的关系,虚拟游戏可分为两种:游戏植入广告和品牌定制游戏。游戏植入广告,就是将广告信息融入游戏环节、场景、形象、道具中,让广告和游戏融为一体,从而使这些广告信息间接出现在游戏玩家面前。游戏植入广告出现较早,应用也较多,通常都是品牌和某些用户基数大的游戏合作,在原有的游戏中植入营销信息,或者开展游戏奖励活动。品牌定制游戏,即那些专门为传播品牌、宣传产品而开发制作的游戏。这种游戏的开发制作由有营销需要的品牌主导,完全是为企业的营销活动服务的。

(9) 电子商务营销

电子商务已经不仅仅是一种简单的商业模式或者消费方式了,更是一种新的营销方式,它的发展和壮大正极大地影响和改变着我们每一个人的日常生活,改变着企业的发展模式。电子商务营销是网络营销的一种,是借助互联网完成一系列营销环节,达到营销目标的过程。电子商务营销可以大致分为两种思路,第一是电子商务企业本身的营销,第二是传统企业在数字时代如何借力电子商务进行营销。电子商务企业要注重自身的品牌质量和形象的打造,开创独具特色的营销活动,如阿里巴巴打造的"双十一""双十二"购物狂欢节。同时,电子商务企业也要更加关注消费者需求,并通过数据的挖掘深化产品和品牌服务,推动传统企业的转型与升级。传统企业要通过各种营销工具、物流、信息流、资金链等为消费者提供综合性的服务,以扩大自身品牌的影响力,实现企业的转型。

案例 14-3　欧莱雅开启中国网络营销之旅①

20多年前，怀着"让每一位中国女性拥有一支口红"的初心，欧莱雅开启了在中国的美丽旅程。

2015年欧莱雅在华全年销售总额达149.6亿元人民币，中国市场销售额超过欧莱雅母公司所在地法国，仅居美国之下，中国市场跃升至集团在全球的第二大市场。

然而，在这个喜讯的背后，是中国美妆市场正在发生巨大的变化。年轻的"85后""90后"消费者正在崛起，他们拥有和他们哥哥姐姐、叔叔阿姨相比完全不一样的消费心理、消费习惯：勇于尝试新产品、快速追逐热点、张扬个性、拥有小众主张。而互联网的兴起也支持了这种快速化与小众化需求。以韩国最大的美妆集团爱茉莉为代表的韩妆、本土品牌如韩后、一大批年销售额过亿元的"网红"电商子品牌……它们正在从新的消费者需求中分割越来越多的蛋糕，利用一些手段，如快速的数字社交化渗入收集消费者小众需求进行针对性研发，更大量快速地推出不同主题需求的产品，用电商、试点店测试消费者对新品的反应程度然后选择更受欢迎的产品进行大范围推广，最终打造出一款款爆品，带来销售额与口碑的快速上升。而传统的百货渠道份额正在下降，电商渠道与购物中心里的独立店面渠道也在抢占年轻人市场。

而事实证明，在中国美了二十年的欧莱雅并未"老去"，相对于一些本土品牌与跨国企业，欧莱雅转身速度更胜一筹：有胆识、有魄力、敢投入。

**1. 美宝莲直播**

"Make It Happen"美宝莲纽约携手Angelababy，开启美妆新纪元；发布会邀请50位最热"网红"在9大最热门平台直播，直播在线人数超过500万人；携手天猫边看边买，好气色唇露单品当晚销售量破10 000支。

**2. 美即相约Papi酱**

Papi酱与欧莱雅中国研发和创新中心的科研专家面对面，零距离体验行业前沿科技，通过多平台的互动直播，为网友揭秘美即面膜背后的科技故事；同时美即面膜携手Papi酱倾力打造"集美貌与才华于一身"的"周一放送"，并瞬间引爆网络，这也成为科技护肤界和互联网时代"网红界"的合作互动。

**3. 淳萃携手百度玩转AR**

淳萃(Ultra DOUX)与百度合作，将人工智能引入AR技术，消费者只需要打开手机百度App扫描淳萃产品瓶身、明信片或身边的公交站牌，即可看到美丽的樱花雨、神奇的牛油果等淳萃自然元素，第一时间与美妙的自然环境进行零距离接触。

**4. 兰蔻红唇之夜派对直播**

携手品牌挚友杨幂出席菁纯柔润唇膏发布派对开启兰蔻天猫双十一销售；2小时内直播在线人数超过50万人，并获得1 600万点赞数；10 000支菁纯柔润唇膏10天内在兰蔻天猫旗舰店售罄。

**5. My UV Patch理肤泉UV紫外线感应贴**

这是一款美妆穿戴设备，它运用"手机客户端＋可穿戴设备"的智能联动，通过精准紫外线监测与定制化防晒产品推荐，保护消费者免受紫外线伤害。

在中国市场，相对于其他老牌美妆护肤跨国品牌，欧莱雅无疑是最具开放精神、勇于拥抱

---

① 资料来源：美了二十年，如何实力续撩"小鲜肉".成功营销，2017(1).

互联网的那一个。

【思考题】
(1) 欧莱雅的华丽转身对其他企业有什么借鉴意义？
(2) 欧莱雅采用的网络营销策略的创新点在哪里？

## 本 章 小 结

网络营销有其自身的明显特征，网络消费者的消费行为发生了明显变化。传统企业的营销思想、营销战略要随着网络的发展不断地调整与创新。了解网络营销，把握好网络营销战略、营销组合策略、营销工具、营销技巧是企业在 21 世纪市场竞争中的制胜因素。

## 关 键 名 词

网络营销　互联网电子商务　网络消费行为　网络营销战略　网络营销组合策略
网络营销常用工具

## 思 考 题

1. 什么是网络营销产品？包括哪些产品分类？
2. 如何进行网络新产品的研发？
3. 参加一些网站的团购活动，总结你的消费体验，是失望还是满意？分析其中的定价策略给商家和消费者带来的好处。
4. 以网上某种商品为例，分析它是基于哪种定价目标、定价方法和定价策略进行定价的。
5. 举出一个运用免费定价策略获得盈利的网络营销案例，分析其成功的原因。
6. 比较传统营销渠道与网络营销渠道的优缺点。
7. 网络营销渠道的分类有哪几种？
8. 建立网络营销渠道应考虑哪些因素？
9. 网络促销与传统促销相比，有哪些优点？
10. 联系实际谈谈你认为哪些网络广告形式会在未来得到更广泛的应用？

# 参考文献

[1] DUBOIS P-L,JOLIBERT A,MÜHLBACHER H. Marketing Management:A Value-Creation Process[M]. 2nd ed. London:Palgrave,2012.

[2] PORTER M E. The Competitive Advantage[M]. New York:Simon & Schuster,Inc. ,2005.

[3] SOLOMON M R. Consumer Behavior:Buying,Having,and Being[M]. 9th ed. Upper Saddle River,NJ:Prentice Hall,2011.

[4] DRUCKER P F. The Essential Drucker:The Best of Sixty Years of Peter Drucker's Essential Writings on Management[M]. New York:Harpercollins,2008.

[5] 菲利普·科特勒,凯文·莱恩·凯勒,卢泰宏. 营销管理[M]. 卢泰宏,高辉,译. 13 版·中国版. 北京:中国人民大学出版社,2009.

[6] KOTLER P,KELLER K L. Marketing Management[M]. 14th ed. New York:Pearson Education,Inc. ,2012.

[7] ROKEACH M. The Nature of Human Values[M]. New York:The Free Press,1973.

[8] 阿尔·里斯,杰克·特劳特. 定位:有史以来对美国营销影响最大的观念. 谢伟山,等,译. 北京:机械工业出版社,2011.

[9] 本·恩尼斯,等. 营销学经典[M]. 郑琦,等,译. 大连:东北财经大学出版社,2000.

[10] 陈志军,张雷. 企业战略管理[M]. 北京:中国人民大学出版社,2016.

[11] 邓少灵. 网络营销学教程[M]. 广州:中山大学出版社,2015.

[12] 迪·斯特劳斯,雷蒙德·弗罗斯特. 网络营销[M]. 7 版. 北京:中国人民大学出版社,2015.

[13] 方光罗. 市场营销概论[M]. 大连:东北财经大学出版社,2010.

[14] 菲利普·科特勒,加里·阿姆斯特朗. 市场营销原理与实践[M]. 郭国庆,译. 16 版. 北京:中国人民大学出版社,2015.

[15] 菲利普·科特勒,凯文·莱恩·凯勒. 营销管理[M]. 王永贵,等,译. 16 版. 上海格致出版社,2016.

[16] 菲利普·科特勒. 市场营销原理[M]. 15 版. 北京:清华大学出版社,2017.

[17] 菲利普·科特勒. 营销革命 3.0:从产品到顾客,再到人文精神[M]. 北京:机械工业出版社,2011.

[18] 菲利普·科特勒. 赢在创新:菲利普·科特勒营销管理再造[M]. 上海:上海财经大学出版社,2012.

[19] 高鸿业. 西方经济学[M]. 6 版. 北京:中国人民大学出版社,2014.

[20] 高启华. 情感营销体验经济、场景革命与口碑变现[M]. 北京:人民邮电出版社,2016.

[21] 萨尼,肯鹤. 反传统营销:亚洲市场的竞争战略[M]. 杨阳,译. 北京:高等教育出版社,2004.

[22] 郭国庆,陈凯. 市场营销学[M]. 5 版. 北京:中国人民大学出版社,2015.

[23] 郭国庆. 国际营销学[M]. 2 版. 北京:中国人民大学出版社,2012.

[24] 洪俊杰,张梦霞. 中国奢侈品消费者行为报告 2015:新常态下的中国奢侈品市场发展[M]. 北京:经济管理出版社,2016.

[25] 胡利·格雷厄姆,皮尔西·奈杰尔,尼库洛·布里吉特.营销战略与竞争定位[M].楼尊,译.5版.北京:中国人民大学出版社,2014.

[26] 加里·阿姆斯特朗,菲利普·科特勒.科特勒市场营销教程[M].俞利军,译.6版.北京:华夏出版社,2005.

[27] 江林.消费者心理与行为[M].5版.北京:中国人民大学出版社,2015.

[28] 荆新,王化成,刘俊彦.财务管理学[M].7版.北京:中国人民大学出版社,2015.

[29] 凯文·莱恩·凯勒.战略品牌管理[M].吴水龙,等,译.4版.北京:中国人民大学出版社,2014.

[30] 利昂·希夫曼,约瑟夫·维森布利特.消费行为学[M].江林,张恩忠,等,译.11版.北京:中国人民大学出版社,2015.

[31] 李嘉,严继超,胡向东.市场营销理论与实践[M].北京:中国农业出版社,2013.

[32] 李世化.社群营销-引爆粉丝经济[M].北京:中国商业出版社,2017.

[33] 连漪,窦均林.广告学[M].北京:高等教育出版社,2015.

[34] 刘治江.市场营销学教程[M].5版.北京:清华大学出版社,2017.

[35] 陆剑清.营销心理学[M].北京:清华大学出版社,2016.

[36] 吕一林.市场营销学原理[M].2版.北京:高等教育出版社,2016.

[37] 吕一林.营销渠道决策与管理[M].3版.北京:中国人民大学出版社,2015.

[38] 迈克尔·波特.竞争优势[M].陈丽芳,译.北京:中信出版社,2014.

[39] 迈克尔·波特.竞争论[M].北京:中信出版社,2012.

[40] 迈克尔·所罗门,卢泰宏,杨晓燕.消费者行为学[M].杨晓燕,等,译.10版.北京:中国人民大学出版社,2014.

[41] 纳雷希·K.马尔霍特拉.市场营销研究:应用导向[M].涂平,译.5版.北京:电子工业出版社,2010.

[42] 乔治·达伊.市场驱动战略[M].北京:华夏出版社,2000.

[43] 斯文德·霍伦森.国际营销:以决策为导向的方法[M].王永贵,等,译.5版.北京:北京大学出版社,2017.

[44] 孙艳丽.市场营销[M].哈尔滨:哈尔滨工业大学出版社,2011.

[45] 汤姆·纳格,约瑟夫·查莱,陈兆丰.定价战略与战术[M].龚强,陈兆丰,译.5版.北京:华夏出版社,2012.

[46] 王成慧.企业微营销经典案例集[M].北京:经济管理出版社,2016.

[47] 王丽丽.市场营销策划——理论、实务、案例、实训[M].北京:高等教育出版社,2015.

[48] 沃伦·J.基根,马克·C.格林.全球营销学[M].傅慧芬,等,译.4版.北京:中国人民大学出版社,2009.

[49] 吴健安,钟育赣.市场营销学[M].北京:清华大学出版社,2015.

[50] 夏丹.战略管理与市场营销案例研究[M].北京:中国市场出版社,2013.

[51] 小阿瑟·A.汤普森,玛格丽特·A.彼得拉夫,约翰·E.甘布尔,等.战略管理:概念与案例[M].北京:机械工业出版社,2015.

[52] 叶生洪,涂志军.营销经典案例解读[M].广东:暨南大学出版社,2010.

[53] 易开刚.现代营销策划学[M].上海:上海财经大学出版社,2011.

[54] 张梦霞.女性价值观与购买行为[M].北京:经济管理出版社,2005.

[55] 张梦霞.市场调研方法应用[M].2版.北京:经济管理出版社,2014.

[56] 张梦霞.市场营销学[M].北京:北京邮电大学出版社,2007.

[57] 张梦霞.象征型购买行为的儒家文化价值观诠释[J].中国工业经济,2005(3):106-112.

[58] 张梦霞.中国消费者购买行为的文化价值观动因研究[M].北京:科学出版社,2010.

[59] 张梦霞.中小企业战略品牌管理研究——聚焦品牌资产[M].北京:经济管理出版社,2013.

[60] 张羿.世代商业精英都在用的经典营销案例[M].北京:企业管理出版社,2014.

[61] 郑锐洪,王振馨,陈凯.营销渠道管理[M].北京:机械工业出版社,2016.

[62] 周素萍.企业战略管理——理论与案例[M].北京:清华大学出版社,2012.

[63] 朱华锋.中国市场营销策划[M].2版.北京:中国科学技术大学出版社,2013.

[64] 朱迪·斯特劳斯,雷蒙德·弗罗斯特.网络营销[M].时启亮,陈育君,译.7版.北京:中国人民大学出版社,2015.

[65] 祝海波,黄新爱,王晓晚.市场营销战略与管理[M].北京:中国经济出版社,2011.